Wahrheit und Wirklichkeit

Festgabe für Leo Gabriel

Wahrheit und Wirklichkeit

Festgabe für Leo Gabriel
zum 80. Geburtstag

Herausgegeben von

Peter Kampits · Günther Pöltner
Helmuth Vetter

DUNCKER & HUMBLOT / BERLIN

CIP-Kurztitelaufnahme der Deutschen Bibliothek

Wahrheit und Wirklichkeit : Festgabe für Leo
Gabriel zum 80. Geburtstag / hrsg. von Peter
Kampits . . . — Berlin : Duncker und Humblot, 1983.
   ISBN 3-428-05452-0
NE: Kampits, Peter [Hrsg.]; Gabriel, Leo:
Festschrift

Alle Rechte, auch die des auszugsweisen Nachdrucks, der photomechanischen
Wiedergabe und der Übersetzung, für sämtliche Beiträge vorbehalten
© 1983 Duncker & Humblot, Berlin 41
Gedruckt 1983 bei Berliner Buchdruckerei Union GmbH., Berlin 61
Printed in Germany

ISBN 3 428 05452 0

Inhaltsverzeichnis

Michael Benedikt
Verlust und Inbegriff des transzendentalen Gedankens. Bemerkungen zur transzendentalen Gedankenbewegung in Methodik, Systematik und Anthropologie 7

Erich Heintel
Einige Bemerkungen zum Verhältnis von Theologie und Philosophie mit besonderer Berücksichtigung Karl Barths 23

Peter Kampits
Mythologische Elemente des „Kritischen Rationalismus" 39

Johann Mader
Zur Theorie des Dialogs bei Augustinus 51

André Mercier
Über die Vollkommenheit 69

Otto Muck
Zur Frage nach Gottes Wirken in Welt und Geschichte 75

Erhard Oeser
Naturalisierte Erkenntnistheorie und Methodendynamik 87

Günther Pöltner
Der Gottesbegriff beim späten Schelling 101

Armando Rigobello
Motivi di morale radicale in Spinoza 111

Werner Schulze
Tetraktys — Ein vergessenes Wort der Philosophie 125

Helmuth Vetter
 Über „anfängliches Denken" — am Beispiel des Parmenides 155

Erwin Waldschütz
 Denken und Erfahrung des Nichts bei Meister Eckhart 169

Friedrich Wallner
 Eine Neubesinnung auf Wittgensteins Philosophie 193

Rudolf Weiler
 Humanität in der Weltgesellschaft. Zur Bedeutung der Ethik heute 211

Augustinus Karl Wucherer-Huldenfeld
 Das Weltübel als Einwand gegen Gottes Dasein. Fragen einer heutigen „Theodizee" 219

Herbert Zdarzil
 Prinzipien politischer Bildung 243

Besinnung auf das Ganze 265

Biographie 267

Bibliographie 267

Verlust und Inbegriff des transzendentalen Gedankens

Bemerkungen zur transzendentalen Gedankenbewegung in Methodik, Systematik und Anthropologie

Von *Michael Benedikt*

I. Problemstellung

Nach kompetenten Kritikern wie Michel Foucault oder Richard Rorty löst sich transzendentale Fragestellung zwischen Anthropologie und Methodologie entweder in nichts auf oder wird zerrieben zwischen der Exposition halbwegs tauglicher Strategien zur Tatsachenvoraussage und zur Wert-Optimierung bei Entscheidungen. Unter transzendentaler Fragestellung ist allerdings hier jeweils bloß diejenige nach einem letztbegründenden Subjekt unseres normalen Wohlverhaltens ebenso wie nach einer Garantie gemeint, dereinst eine Affinität zwischen der „Sprache der Natur" und ihrer Auslegung zu erreichen.

Das sogenannte transzendentale Problem der neueren Philosophie liegt aber, diesen Verlust einmal abgerechnet, teils in der Unterscheidung von realen und bloß logischen Relationen, teils in der Einsicht, daß für mathematisch-naturwissenschaftliches Begründungsverfahren die Relationen ihr Fundament nicht in den Relaten, etwa als vorgegebenen Substanzen oder aber in Sinnesdaten, sondern in der Vernunft und ihrer sprachlichen Form, dem Satz, haben. Diese Einsicht spricht sowohl der Substanzenontologie ihre Begründungsstrategie als auch dem Bezugsrahmen zwischen empirischen Ideen und eingeborenen Ideen seine Realitätsgriffigkeit ab, kann jedoch auch für die Zusammenstellung oder Vermittlung beider keine entscheidende Affinität der Erkenntnis zu ihrem eigentümlichen Gegenstand einräumen. Der mit diesem Aussetzen von obsoleten rationalen Strukturen einhergehende Einbruch in unsere Lebenswelt ist unübersehbar. Doch auch der neuere Anspruch der Philosophie, in einen zweifachen Paradigmenwechsel sowohl der Naturwissenschaft als auch der Normenbegründung[1] eingebunden, kam durch jene Reduktion der zentralen Basis ins Wanken. Hat es aber der

---

[1] Vgl. hierzu vom Verfasser: Drei kritische Naturbegriffe und der Übergang von der Gesinnungs- in die Verantwortungsethik. In: Philosophia Naturalis 19, H. 1 - 2, 1982, S. 1 ff.

erste Paradigmenwechsel mit der Begründung der Distanzierung der alten Kosmologie zu tun, so geht es im zweten um die Einbindung selbstorganisierender Prozesse in unsere Lebenswelt. Für die Naturerkenntnis besteht der hier vermerkte zweifache Paradigmenwechsel darin, daß wir einmal zwar im allgemeinen die Ordnung und Regelmäßigkeit an den Erscheinungen ihrer Form nach *selbst* hervorbringen, im besonderen jedoch diese Ordnung durch die Empirie, deren Gesetz und materiales Apriori, gebrochen ist, für welchen Bruch die statistisch-tendentielle Voraussagbarkeit von Sachverhalten eine wesentliche Perspektive darstellt. Als Beispiel hierfür gelte die material gerichtete Zeitform der Wärmeaffektion (später bekannt als Entropie gemäß dem zweiten thermodynamischen Grundsatz) gegenüber der formalen Struktur der Zeit als Bedingung der Vergegenständlichung von Wahrnehmungsinhalten überhaupt. Die *Affinität* beider Zeitstrukturen zueinander ist aber bedingt durch *besondere* Relationsformen, welche den Erfahrungsbestand, etwa im Sinne einer Wirkung, eines Effektes, und messendes Erkennen einem Standard technischer Urteilskraft vermitteln, deren Inbegriff von beiden für sich her gesehen aber als *transzendetal* bezeichnet werden muß. Für die Erkenntnis der Organisation der Gesellschaftsethik und ihrer Handlungsstruktur hingegen gilt jedoch, daß einerseits wir selbst den Maßstab der nach Werten qualifizierbaren Handlung beibringen, anderseits das Gesetz der Affinität zur empirisch, d.h. zweckmäßig bestimmten Handlungsorganisation und ihren Intentionsrelaten, sowohl was die Regeln der Handlungsnormen als auch diejenigen der in die bloße Naturempirie eingebundenen Handlungsfolgen betrifft, transzendental ist.

Zwar ist mit der Entdeckung des Begriffes der Funktion, mit dem die Stellen in der Ordnung des Verstandes gemäß den Urteilsarten nachgezeichnet sind, im Sinne logischer Verstandesbedingungen nämlich, unter denen unser Verstand „es nicht so wohl mit Gegenständen, sondern mit der Erkenntnisart der Gegenstände zu tun hat"[2], schon einmal der Umriß der Möglichkeit solcher Gegenstände exponiert. Aber weder ist hiermit ihre Referenz auf die empirische Realität und deren Differenz zum Individuellen schon erfaßt, daher auch keine gute und treffsichere Basis für den angegebenen weiteren Paradigmenwechsel erreicht, noch auch der spezifische *Handlungs*charakter des Verstandes schon transzendental begriffen.

Der Verlust jenes lebensweltlichen oder dieses habituell für Wissenschaft und Handlungsnormen verantwortlichen Aktvollzuges ist allerdings schon deshalb nicht der Verlust der transzendentalen Synthesis relationaler Funktion, weil dieser in seiner Vollgestalt weder hier noch

---

[2] *I. Kant:* Kritik der reinen Vernunft. B 26.

dort vorliegt oder vorgelegen war; ebensowenig wie er, wie wir sahen, aus einer Einheit von substantialer Fundierung direkter oder gebrochener Relate mit einer Strategie vergleichenden Verhaltens an einem sich subjektivierenden Substrat des Gegebenen, nämlich als deren beider Vermittlung, gedacht werden kann, läßt er sich als Medium bloß wiederhergestellter Plastizität einmal gebrochener Lebenswelt einbringen.

Als Ausweg ergibt sich der Weg des transzendentalen Gedankens, wie er eben noch nicht genügend einprägsam gegangen ist, also mit Bezug a) auf die Propädeutik der Methodologie und der ihr bloß inhärenten Systematik; b) auf das Verhältnis von expliziter Systematik zu dynamischer Architektonik; c) auf deren Verhältnis zu einer kritischen, d. h. transzendentalen Anthropologie, welche die grundlegend aporetische Frage nach der Bestimmung des Kontinuums, unter Voraussetzung des Eingriffes und Überhöhens dieser Komplexion durch Freiheitsbegriffe, zu lösen vermag.[3]

Hat es aber die nachvollziehend hermeneutische Reflexion über vergangene Gestalten der Transzendentalphilosophie immer nur mit Abfallprodukten beim Ausbleiben der transzendentalen Synthesis zu tun, so ist deren Relevanz in wisenschaftstheoretischer Perspektive überhaupt unnötig geworden. Wenn es somit nach Auskunft kundiger und einsichtiger Forscher um den transzendentalen Gedanken schlecht steht und man sich in methodologischer, systematischer und anthropologischer Hinsicht von diesem Gedanken wegwendet, so hat man allerdings dessen eigentümliche Aporie bei ihrem Wegfall gerade nicht aufgelöst, daß wir im nachgeordneten Sprechen über das Sprechen schon einen vorgeordneten Konsens mit je anderen Hörern annehmen und diesen auf den Inhalt des Sprechens ebenso wie auf den Zweck des Sprechens über das Sprechen in „ursprünglicher Erwerbung" beziehen. Doch darum, ebenso wie um Sprachtransformation des Redens, kümmert sich Methodologie, Systematik und Anthropologie der Wissenschaften nicht, ebensowenig wie um die Gedankenstruktur dieser Sprechaporie. Ein gewisser Vorteil der geschichtlich-philosophischen, also hermeneutischen Betrachtung gegenüber derjenigen der Einzelwissenschaften besteht jedoch noch darin, daß jene in ihrem Verfahren schon immer die Grenze zu ihrer eigentümlichen Entwurfsform mitbedenkt: Ist zwar Methodologie der Wissenschaften, wie dies schon Spinozas Strategie der Einklammerung der Substanz vorgezeigt hat, vielfach schon *informativer ohne Philosophie* getrieben, so geht nicht erst ihre technologische Anwendung, was unsere Lebenswelt und deren Philosophie betrifft, zusammen und einher

---

[3] Zur Strukturierung des Gedankens der Geschichte der Vernunft (a. a. O. B 880 ff.) vgl. *L. Gabriel:* Vom Brahma zur Existenz. Wien ²1954.

mit einem *Austreiben* des philosophischen Gedankens; des Gedankens nämlich, daß Vernunft in Natur und Geschichte sei: wenn anders sonst eher jenes als dies, eher solches als andersartiges, eher nichts als überhaupt etwas sei. Und diese Vernunft und ihre Handlung hat nun einmal ihre eigentümliche Unbequemlichkeit, Verlegenheit und Geschichte.

II. Der transzendentale Gedanke in kritischer Reflexion

Ich muß hier die Vorgeschichte von jener radikalen Frage und ihren vier Hauptdimensionen in Antike und Neuzeit unthematisiert lassen, wie sich nämlich die Affinitätsstruktur von Sein und Denken von ihrer ersten Konfiguration bei Parmenides und Heraklit bis zu der Bestimmung des Satzes vom Grunde bei Leibniz, von den Gestalten des Seins zum Wesen bis zur Erfahrung entwickelt. Welche habituelle Anstrengung der Sammlung und des Sammelns eines vom öffentlichen Verkehrsverhältnis des Handels und Wandels der Polis sich unterscheidenden Denkstils diese abgehobene Maßnahme der jetzt für *alles* Maßnehmen verbindlichen Vernunft enthält, ist vielleicht bis zu Leibnizens Satz des Grundes, worin dieser das optimum mit dem possibile im faktischen compossibile vermittelt[4], unerhört. Erst Kant betrachtet in den geschichtlichen, wie auch immer intentional verschieden gerichteten Konfigurationen die Tatsache, daß der transzendentale Gedanke sich seiner Geschichte nach sowohl dem Erfahrungsbereich entzogen hat als auch die volle Dimension der Freiheit unterschlug. Deshalb sucht er nun jenen Punkt auf, „wo sich die allgemeine Wurzel unserer Erkenntniskraft teilt und zwei Stämme auswirft, deren einer Vernunft ist. Ich verstehe hier aber", fährt Kant fort, „unter Vernunft das ganze obere Erkenntnisvermögen und setze also das Rationale dem Empirischen entgegen".[5] In dieser Entgegensetzung entpringt jedoch der Gedanke, daß der durch Anschauung, also Vernunftevidenz ausgerichtete und beschränkte Verstand (als Vermögen willkürlicher Zwecksetzung) seine semantische Tätigkeit und Arbeit einzig in der Transformation von den aus unseren gewöhnlichen Handlungen ablösbaren Mittelbedingungen zu kategorialen, besser synkategorematischen Sprachformen verrichtet und ausbildet, auf die wir weder in Naturbeschreibung noch in Naturbeherrschung verzichten können: Wir können deshalb darauf nicht verzichten, weil wir ohne diese Handlungstransformation keine Referenz unserer Wissenschaft auf die gegenständliche Existenz der Empirie haben, für die Handlungsaffinität jedoch den Bezug zum Individuellen preisgeben müßten: Für solchen Kategorialgebrauch war es nach Kant

---

[4] Vgl. hierzu bes. *G. W. Leibniz'* Opusculum der unbetitelten 24 Sätze in Ed. Gerhardt, Bd. VII, S. 289 ff.

[5] *I. Kant:* a. a. O. A 835, B 863.

deshalb „nötig..., das Organ des Denkens in sich selbst, die Vernunft, nach den zwei Feldern derselben, dem theoretischen und dem praktischen, vorher einzuteilen und zu messen, welche Arbeit aber späteren Zeiten (d. h. dem kritischen Gedanken — M. B.) aufbehalten blieb."⁶

Dieser Gedanke ist zunächst vorläufig exponiert in Kants Erster Kritik: in der ersten Auflage wird seine Verbindlichkeit dargelegt als Übergang zur Vollständigkeit der transzendentalen Deduktion der Kategorien, in der zweiten Auflage jedoch als Erörterung des obersten Grundsatzes aller synthetischen Urteile im Rahmen der Einführung in die Doktrin der Urteilskraft und nochmals, als Leerstelle, im Sinne einer Vermittlung der Postulatorik des zeitbezogenen Verstandesgebrauches mit den Analogien der Erfahrung, vorgeführt⁷: Der Grundsatz ist aber keine Anweisung, wie wir vorwissenschaftlich Erfahrungen haben oder wissenschaftlich-hypothetisch Erfahrungen anstellen. Vielmehr ist der Grundsatz, unter dessen Vorzeichen wir die Eine, einigende Erfahrung *machen*, im Sinne von: „Die Bedingungen möglicher Erfahrung sind zugleich die Bedingungen der Möglichkeit der Gegenstände der Erfahrung" ein philosophischer Umriß unserer Erkenntnis im Ganzen. Im Ganzen? Ja, im Ganzen. Dann wäre Naturwissenschaft, deren doktrinalsystematische Begründung sich ja die Erste Kritik zur Aufgabe macht, die einzige und umfassende Weise unseres In-der-Welt-Stehens? Ist hier nicht einmal mehr, wie auch bei Platon und noch einmal sogar bei Heidegger, wenn man an jenes Abblenden der Erscheinungswelt und wenn man an dessen Ausklammerung des Verhältnisses von Tauschwelt zu Werkwelt in der uneigentlichen Verfallenheit des Daseins denkt, bloß eine Halbwelt mit dem Strahl des transzendentalen Gedankens beleuchtet? Und ist nicht diese Halbwelt in ihrem „Sein", einmal mehr, zu einer des Seienden im Ganzen stilisiert? Diesmal eben in der Halbwelt der Naturwissenschaft?

Wir beachten hier zur Apologie des gemeinten Gedankens Kants, den er hat „sagen wollen", folgende beiden entscheidenden und erweiternden Grundzüge: Ebenso wie der oberste Grundsatz als Einheit und Vereinbarung der Postulate und Analogien nicht eigens ausgesprochen ist, ebenso ist seine Valenz in der Affinität zwischen empirischem Charakter der Kausalität der Freiheit zu deren Gegenstand nicht ausdrücklich

---

[6] Ders.: Von einem neuerdings erhobenen vornehmen Ton in der Philosophie. Akad. Ausg. VIII, 393.

[7] Vgl. die nach Erscheinungs- und Wahrnehmungssynthesis divergierenden Formulierungen der beiden Auflagen der Kr. d. r. V.: „Alle Erscheinungen stehen ihrem Dasein nach a priori unter Regeln der Bestimmung ihres Verhältnisses in der Zeit" (A 176 f.) gegenüber: „Erfahrung ist nur durch die Vorstellung einer notwendigen Verknüpfung der Wahrnehmungen möglich". (B 218).

universell-teleologisch expliziert[8]. Im weiteren: Am stärksten und zugleich verhüllendsten tritt uns der Erfahrungssatz in der Differenzierung zwischen Ideal überhaupt und transzendentalem Ideal entgegen. Zwar sagt Kant in der Exposition des ersteren, daß uns das Ideal, also die extensionale „Bestimmung" der intensionalen Begriffsdistribution in einem System der Erkenntnisse, worin ein Sachverhalt optimal individuierbar als Folge von bestimmter Handlung ist, am weitesten von der Erfahrung entfernt zu sein *scheint*. Allein es bedarf einer spezifischen Analogie der Erfahrung und deren transzendentalen Gedankens der Bestimmung jenes Ideals, worin eben die Affinität der Handlungsinterpretation mit der Bestimmung der Folge der Handlung einem Herausstellen und sich Durchsetzen der Vernunft „inmitten der Erfahrung" ebenso affin ist, wie die Bestimmung jener Handlungsfolge eines je Anderen auf uns her nicht bloß als Echo[9], sondern, zur Überwindung des Narzißmus, als Bedingung der Translation eines Individuellen zur Ausbildung der Individualität inmitten der komplexen Gesellschaft betrachtet werden muß.

Ebenso wie also der Erfahrungssatz nicht bloß auf das Herstellen der synthetischen Einheit in der Begründung der objektiven Erkenntnis der „Physik" und deren Spezifikation auf das System besonderer Erfahrung ausgerichtet ist, welche für Kant auch die Biologie, sogar die Gesellschaft als System unserer Bedürfnisse umfaßt (*methodologisch-systematische Dimension*), ebenso ist seine Spezifikation auf den empirischen Charakter der Kausalität der Freiheit mit Bezug auf deren Gegenstand zwar *architektonisch*-systematisch, jedoch — mit Bezug auf ihre Antinomik gegenüber dem bloß methodologischen Ansatz der Erfahrungserkenntnis — in ständiger Antagonistik der bloß abstrakten Dialektik von bedingter und bedingender Reihe eingeführt.

Die Auflösung dieser Antagonistik, wenn sie nur einmal recht exponiert ist, bezieht sich aber auf den Widerstreit der materialen Abstraktion des intelligiblen Substrates unserer Erfahrung und ihrer instrumentellen Formalbestimmung gegenüber dem formalen Abstraktum eines jeweiligen dem unseren analogen bzw. affinen empirischen Charakters; solche formale Analogie und Forderung in der „Erweiterung des

---

[8] Vgl. Kants sic et non: Einerseits enthält Freiheit „nichts von der Erfahrung Entlehntes" ebenso wie „deren Gegenstand auch in keiner Erfahrung bestimmt gegeben" werden kann (a. a. O. B 561); anderseits kann Freiheit (als positive Vernunftkausalität) „durch Erfahrung bewiesen werden (B 830)". Die im folgenden versuchte Auflösung hält sich mit Bezug auf Freiheit der Vernunft (B 789) an die Bestimmung, also „Erweiterung" des „Vernunftgebrauches inmitten der Erfahrung (B 651)".

[9] Vgl. Leibnizens Briefwechsel mit Des Bosses bezüglich derjenigen Vermittlung zwischen den Monaden als „superadditum", das seinerseits nur als Spiegel oder Echo der optimierenden Vernunft betrachtet wird. (Ed. Gerhardt Bd. II S. 473 ff. sowie S. 502 ff.).

Vernunftgebrauches mitten in der Erfahrung" ist aber durch die „Leitung, welche eine solche Idee auf Ordnung und Zweckmäßigkeit gibt ... zuträglich und nirgend einer Erfahrung zuwider."[10] Dies formale Abstraktum bedarf aber immer einer besonderen, also teleologischen oder „technischen"[11] Materialität und ist nur mit Bezug auf die konkrete Bestimmung jenes Substrates als Handlungsaffinität zu fassen. Deshalb ist es auch nicht verwunderlich, wenn auf dem gemeinsamen Boden des empirischen Charakters die Basisbegriffe des Handelns jener der instrumentellen Kausalität *durch* Freiheit entgegengesetzten Kausalität *aus* Freiheit, näherhin die „Potenzen von Ursprung, Freiheit und Zukunft" ebenso wie deren *Mittelbegriffe*, sowohl in die allgemeine Erfahrungsgegenständlichkeit eingehen, als auch in der Besonderung zwischen normativer und material-empirischer Aufstufung unseres Erfahrungskontinuums von der Wärmelehre über dissipative Strukturen bis zum System der Bedürfnisse in komplexen Gesellschaften die schematischen Synthesis-Bedingungen vorstellen oder, vernunftteleologisch gesehen, verstellen.

Die modalen Basisbegriffe von „Freiheit, Ursprung und Zukunft"[12] können jedoch mit Bezug auf die *Mittelbedingungen* der Bestimmungen der bloß teleologischen Gegenstandsaffinität unserer formalen Abstraktion des Gegenstandes empirischen Charakters, nämlich Besitz-Werkstruktur, Arbeitsteilung-Zeugstruktur und Wertform des Tausches im Sinne von Existentialien der besitzorientierten Umwelt der Zeugstruktur als dynamische Potenzen nur dann in die allgemeine Bestimmung der Erfahrungsgegenständlichkeit eingehen, wenn wir den transzendentalen Gedanken einer Analogie der Erfahrung der teleologischen Affinität zwischen dem empirischen Charakter in der Differenz zwischen unserer instrumentellen Vernunft und derjenigen der Kausalität aus Freiheit einerseits, und der prozessual vorgestellten Realität anderseits annehmen. Es stehen also einander gegenüber eine architektonisch-systematische fortschreitende Strukturisomorphie zwischen empirischem Charakter einer Kausalität aus Freiheit mit Bezug auf deren dynamische Analogien interpretierter Naturdeterminantien einerseits, und eine dynamische je zu erweiternde Modellkonstante apriorischer Intentionalität, deren kategorialer Rahmen einer instrumentellen Vernunft

---

[10] Kr. d. r. V. B 651.

[11] Zum Problem der Naturtechnik objektiv-materialer Zweckmäßigkeit vgl. G. *Lehmann*: Beiträge zur Geschichte und Interpretation der Philosophie Kants. Berlin 1969, bes. S. 290 ff. sowie *M. Benedikt*: Bestimmende und reflektierende Urteilskraft. Wien—Klagenfurt 1981, S. 25 f. sowie S. 41 ff.

[12] Vgl. Refl. 5008 AA XVIII 58: „Die theoretische Bedingungen alles practischen sind Freyheit, Ursprung und Zukunft. oder das innere und die äußere principien aller unsrer Zwecke zusammen. Diese sind auch die crux philosophorum."

sich auf dem gemeinsamen Erfahrungsboden auslegt, anderseits. Genau der Eingang dieser Rationalität in die Form intentionaler Logik des erkenntnisleitenden Interesses bildet nun die Aufgabe der *Methodologie* des transzendentalen Gedankens, dem wir uns nunmehr zuwenden.

III. Der methodologische Gesichtspunkt

Kant nennt diesen Gesichtspunkt auch propädeutisch, weil er bloß in der natura formaliter spectata resultiert, ohne zunächst den ausführlichen Bezug zu derjenigen natura materialiter spectata herzustellen, deren Inbegriff einer Spezifikation der bewegenden Kräfte auf dem Boden des materialen Apriori der Wärmeenergie erst die Voraussetzung für allgemeine Wärmelehre, Energetik, spezielle Molekulartheorie und spezielle Thermodynamik in ihrer methodologischen Logik beizubringen vermag.

Kant unterläuft mit seinem methodologisch-systematischen Konzept jedoch sowohl die substanzontologischen als auch nominalistischen Entwürfe derart, daß er die Relationen als vollständige Symbole darstellt, welche unter gewissen Bedingungen (Zeit-Raum-Schematik) eben referieren, das heißt eine Synthesis in solchen Komplexionen vorstellen, die von Sachverhalts-Begriffen verschiedene, somit differenzierbare Tatsachen-Gegenstände konstituieren.

Bei Kant liegt in formaler Hinsicht jedoch nicht, wie noch Kaulbach meint, eine einfache Prädikationslogik vor, sondern eine Verhältnisbestimmung von Prädikats- zu Aussagenlogik, deren Verhältnis eben transzendental ist. Transzendental heißt aber hier methodisch, daß sich die *Einheit* aller Weisen des Ist-Sagens in Urteilen und Schlüssen einerseits auf einen vom Sprecher (und Hörer) verschiedenen Gegenstand überhaupt bezieht und daß diesem Beziehen voraus eine Identifizierung von Handlungsoperationen mit komplexen modalen und komplexen relationalen Abstraktionstypen liegt: Nur wer immer von seinen Tauschhandlungen, den Werkschemata der Arbeitsteilung und den quasi räumlichen Zeug-Strukturen unserer Mittel-Begierde deren relationale Schematik abheben (abstraktifizieren) und sie als Sprachform im Sinne symbolisch-deskriptiven Gebrauchs zur Objektbestimmung verwenden kann, ist der Bezugnahme auf von uns verschiedene, aber von uns leibhaftig perzipierbare gegen-geworfene Realität fähig. Die Transformation jener pragmatischen Handlungsformen mit Bezug auf deren abstraktifizierbare Mittel eben mittels der darstellenden teleologisch entlasteten Sprachfunktion in eine allgemeine Referenzform des intentionalen Gedankens ist dasjenige, was jede extensionale Logik zusätzlich leisten muß, um sich auf einen Gegenstand überhaupt beziehen lassen zu können. In diesem Gegenstandsbezug, transzendental transformiert, sind somit die von Kant exponierten drei Grundweisen der Referenz einbeschlossen: Erste Möglichkeit: „Gegenstand" macht Erkenntnis möglich (teleologisch-empirisches Syndrom der Pragmatik); zweite Möglichkeit: Handlungsintention bringt Gegenstand hervor (praktisch-pragmatisches Syndrom); dritte Möglichkeit: Erkenntniseinheit (der Urteilsweisen) konstituiert etwas als Gegenstand — der Erfahrung — (transzendental-metaphysisches Syndrom). Im Herausheben der logischen Form aus der Beliebigkeit und Willkür der beiden ersten, und im Sistieren der spekulativen Fiktion der letzteren mit Bezug auf Wahrnehmungsinhalte im Rahmen der zu „Anschauung überhaupt" subsumierten Vernunft gelingt erst die entscheidende formale Einsicht: Ich meine in diejenige Einheit, welche über Beschränkung und Begrenzung der Willkür des intentionalen Verstandes eben durch die unter der subsumierten Vernunft-Anschauung von Individuellem zur Re-flexion, zur Rückbeugung des anschauungsbezogenen Verstandes, auf die Form der Pragmatik der Mittelbestimmungen der Praxis selbst (Modalität von Freiheit, Ursprung, Zukunft) führt. Die Reflexion dieses Rückbezuges (Apperzeption des Selbstbewußtseins) ist also notwendige Bedingung für die folgende Spezifikation der Einheit eines Gegenstandes überhaupt in die erst zureichende Erkenntnisverbindlichkeit der Einheit von quantitativer Anschauung extensiver Größen mit der Erscheinungsrealität intensiver Empfindungsgrößen der Wahrnehmung. Doch erst das Einigende jener sinnlich räumlichen Koordination und zeitlichen Subordination ist als Abstraktion des intelligiblen Substrates unserer Erfahrung dasjenige Erscheinen eines Gegenstandes, worauf hin erst Referenz gerichtet ist, woher alle Synthesis ihre funktionale Einheit bezieht. Direkt wohl aus der Form der Natur, welche einen im theoretischen Sinn allgemein vergangen gesetzten Zeitinbegriff der Reihen unserer Wahrnehmung auf Inhaltsbedingungen unserer Zeitordnungen hin auslegt.

Gegenüber unseren bloß besondern Wahrnehmungsurteilen ist also diese propositionale Erfahrungsform sicher „absolut". Sie ist als Form des als allgemein vergangen gesetzten Zeitinbegriffs unserer Ordnungsreihen- und Interdependenzen jedoch zugleich relativ mit Hinblick auf das materiale Substrat der Wahrnehmungen: Dieser Apperzeptionsbegriff ist somit Sache eines formalisierten Affektionsschematismus einer universellen Antizipation von „Wärmematerie" im Aufbau von Meßbarkeit der Wahrnehmungssystematik im Relationsfeld intensiver Größen der Verräumlichung entgegengesetzter Kraftrichtungen in einer sich zur Erscheinung bringenden Formgebung von Kraft-Relationen[13] (Informations-Dynamik).

---

[13] Zum Affektions-Schema des transzendentalen Überganges von den Metaphysischen Anfangsgründen in die Physik vgl. H. *Hoppe:* Kants Theorie der Physik. Frankfurt 1969, bes. S. 7 ff., 92 ff.

Der als allgemein vergangen gesetzten Struktureinheit unserer referetiellen Objekt-Synthesis ist also der plastische Unbestimmtheits-Inbegriff der universellen Wärmeverteilung und deren beider Durchdringungen gesetzt. Die spätere Konzeption Poppers steht hier, im Zueinander von rigider Objektform und plastischem Wahrnehmungs-Inhalt mit Bezug auf ein universelles plastisches System der Wahrnehmungsaffektion, durchaus auf dem Boden der Kantschen Konkretion der allgemeinen Erfahrungsurteile (Formal-Natur) in den Inbegriff der besonderen Analogien der Erfahrung (Material-Natur).

Dementsprechend ist auch die Einbettung aller Naturphänomene, also der evolutionären komplexen molekularen Stränge von Interdependenzkreisen und Regelmechanismen bis zu organologischen Gestaltungen, wenn immer nur ihre rigide Formgestaltung auch energetisch in die Plastizität des Natursystems eingebettet ist, eine Sättigung und Erfüllung der technischen Rationalität, wenn auch die plastische Formgestaltung aus der Verteilungsstruktur ihrer Elemente nicht eingeholt werden kann. Die von Georg Simmel in Schwang gebrachte Vermutung, daß ebenso wie die Evolution des Lebendigen auch diejenige unserer Bedürfnissysteme der hypothetisch-evolutionären Schematik unserer technischen Entwurfsformen, sogar derjenigen unserer Erkenntnisbegründung, den Materialstrukturen entsprechen, ist allerdings immer nur mit Bezug auf die Skepsis der Differenz zwischen unserer gesagten propositionalen Naturform und derjenigen der *gemeinten* Natur als Inbegriff des Sinnes aus sich selber zu fassen; deren Differenz können wir jedoch gerade im evolutionären Syndrom, d. i. im Aufbau materialer Natur unter der systematischen Konkretisierung ihrer formalen Strukturen, immer nur defizient beibringen; ihre Erfüllung bedeutet zugleich ihre Sistierung: Wir wissen hier nicht, ob wir nur unseren Modellen oder der Natur selbst nachgefahren sind.

Wir halten in diesem Zusammenhang fest, daß die hier implizierte universelle Löschung der Differenz zwischen Bedeutung und ihrem Gegenstand in der universellen systemtheoretischen Aufstufung der energetischen Strukturen bis zu denen der Bedürfnisgesellschaft aber eine solche der Naturtechnik ist, welche, wenn wir sie durchzusetzen vermögen, uns Handlung und Vorliegendes nur instrumentell vermittelt zeigt. Wenn wir also eine Affinität zwischen allgemein vergangener Zeit und partieller Komplexion von Zeitinhalten in einer bestimmten Zeitreihe aufgrund der Verräumlichungsschemate der Kraft-„Anschauung" und Distribution identifizieren, gelangen wir an eine technische Grenze, deren Geschlossenheit wir als Fall unter Regeln, deren Offenheit wir nur im unendlichen Fortschritt einbilden. Dieser offene Fortschritt ist aber eine uneigentliche Komplexion der bloß technisch-operationalen Entwurfsschematik der Crux philosophorum im Sinne offener Zeitlichkeit von „Freiheit, Ursprung und Zukunft". Die Fortschrittszukunft steht deshalb dem Blick in die Zukunft mit dem Rücken, also reflexiv, entgegen und reproduziert nur immer dichtere Muster der als allgemein vergangen gesetzten Zeit. Nur die abstrakte Reflexionsform der Gegenstandsbestimmung verweist in der Uneigentlichkeit des transzendentalen Reflexionssubjektes als Inbegriff instrumenteller Vernunft (Kausalität *durch* Freiheit), auch was die nie voll geglückte Einholung des materialen Apriori betrifft, noch indirekt auf diejenige Einheit von Kausalität aus Freiheit und Kausalität der Freiheit, welche wir, unter Vermittlung der hypothetischen Auslegung unserer Gewesenheit, die praktische Bestimmung des empirischen Charakters nennen.

IV. Der architektonisch-systematische Gesichtspunkt

Es ist ohne Zweifel wichtig zu wissen, daß Kant seine kategorische Spezifikation der Erfahrungserkenntnis nicht bloß methodologisch-systematisch nach dem Prinzip der Konkretion des Transformationssubjektes der objektiven Apperzeptionseinheit in das der instrumentellen Vernunft richtet: Vielmehr läßt er auch eine alternative, wenn auch komplexere Funktionalisierung anhand der Kausalität *aus* Freiheit und deren Dynamik zu[14]. Während aber der architektonische Schulbegriff der Philosophie sich mit der Exposition und Gestaltung der Differenz zwischen Empirie und Vernunft in der Funktionalisierung des kategorialen Verstandes begnügte, trifft der architektonische „Weltbegriff" in den Primat der Praxis, somit in die Funktionalisierung der Erkenntnis-Systematik durch die Differenz in der Kausalität der Freiheit.

Während die herkömmliche Erkenntnistheorie schon vor dem materialen Apriori ebenso wie vor der Frage der kategorialen Selbstanwendung der modalen Einheit des intelligiblen Aktes haltmacht, hat sich die Kausalität der Freiheit gemäß der architektonischen Endabsicht der

---

[14] Ich bin hier nicht der Meinung Heideggers, daß Kant sein Spontaneitätsgefüge, was Natur, auch Geschichte, aus uns gemacht hat, gegenüber dem, was wir daraus machen, auf dem Boden nur der Ontologie der Vorhandenheit im Sinne der Kraftdynamik der Kausalität der Freiheit exponiert und damit Freiheit dem naturalistischen Dynamismus und seiner Überhöhung unterworfen hätte: Zwar schließt Kants Transzendentalkonzept diese Dimensionen auch ein; vielmehr entnimmt er aber gerade seinen pragmatisch-dynamischen Existentialien oder „Potenzen", wie ich mehrfach nachgewiesen habe, auch die propositionale Kategorialstruktur, auch die der Wechselwirkung aus der Mittelbeziehung der uneigentlichen Form des Tausches. Heidegger hat weder in seinen jüngst veröffentlichten Studien zur Freiheitskausalität bei Kant (Vom Wesen der menschlichen Freiheit. Ges. Ausg. Bd. 31, Frankfurt 1982, bes. S. 236 ff., 260 ff.) noch auch sonstwo dieses Fehlende oder Verfehlte der Interpretation dessen, was Kant in der dynamischen Konkretisierung der relationalen und modalen Potenzen hat sagen wollen, nachgetragen.

systematischen Vernunft in sich differenziert. Einesteils ist sie als Kausalität *durch* Freiheit instrumentelle Vernunft und wird für sich bloß durch die indefinite, wie auch immer gegenständlich diversifizierbare materiale Voraussetzung begrenzt; andernteils ist sie Kausalität *aus* Freiheit und bezieht ihre Referenz sogar der Verwirklichung der Handlung jederzeit aus der Differenz zwischen Motiv und dem Gemeinten, das heißt dem Individuellen des Transzendentalen Ideals, das von der Empirie nur am weitesten entfernt zu sein *scheint*. Die Architektonik beruht jedoch im Primat der disjunktiven Wechselbeziehung zwischen dieser Kausalität aus Freiheit und ihrem apperzeptiven Gegenstand, dem Individuellen der Handlung einerseits; und der instrumentellen Vernunft in der Kausalität durch Freiheit der technisch-praktischen Falsifikation der Entwürfe materialer Natur anderseits. „Wie jedoch der empirische Charakter als Lebensgefühl und jener beider Mitte einer Kausalität der Freiheit für die instrumentelle Vernunft die Reflexionsvoraussetzung des Apperzeptionssubjektes ergibt, so das Gemeinte im unendlichen Urteil, als Gemeintes unserer Erkenntnis, zugleich die individuelle Instanz der Handlungskausalität, die wir allerdings, weil sie am weitesten von der Erfahrung entfernt scheint, dem Absoluten, das es onto-theologisch besetzt hält, abwerben müssen."[15]

Anstelle der onto-theologischen Fixierung des im vollen Sinn zu individuierenden Allgemeinen tritt nun eindeutig der Gegenstand praktischer Erfahrung als Individuelles. Doch erst seine Heraufbildung zur Individualität in der dialogischen Form der Anerkenntnis läßt jene Abwerbung in ein kritisches Stadium treten. Das Architektonische des Eintrittes jenes Abgeworbenen ist jedoch einerseits die Durchbestimmung eines praktisch intendierten Gegenstandes durch die Gestaltungen der Formen der Selbständigkeit gemäß der Kausalität aus Freiheit. Anderseits geht es um die Transformation des Systems der Bedürfnisse in naturteleologisch tragbare Beziehungsformen der je Anderen, zu Individualitäten Geformten auf uns her: Instrumentelle Vernunft ist hier als Funktion stimmiger Wechselwirkung in der Überwindung abstrakter Arbeitsteilungs- und Tauschgesellschaft konzipiert und problematisiert. Kant hatte dieser Dimension in seinem ersten Entwurf der Einleitung in die Kritik der Urteilskraft eine volle Abteilung gewidmet, ist dann jedoch der Architektonik der Naturaffinität zur subjektiv-materialen

---

[15] Vgl. *M. Benedikt:* Transzendentalphilosophie und Lebensphilosophie. In: Mitteilungen des Instituts für Wissenschaft und Kunst 37/3. Wien 1982, S. 66 ff., bes. S. 69. Auf die Abstraktionsstufen dieses individualen Substrates als formale und materiale Voraussetzungen unserer Referenz kann ich hier weiter nicht eingehen. Nur so viel: Während sich in den Spielarten der beiden Abstraktionen die Vernunft immer nur auf sich selbst als auf ihr anderes beziehen muß, richtet sie sich aber mit Bezug aufs Individuelle intentione recta auf dieses.

Zweckmäßigkeit ausgewichen. Somit bleibt die Idee der Architektonik, der Fügung der Teilsysteme in ein dynamisches Ganzes[16], als Kunst der Systembildung, zwischen historischer Schultradition und Weltpragmatik, deshalb halbherzig, weil die Ontotheologie gerade nicht durch systematische Affinität der beiden Grundformen materialer Zweckmäßigkeit hindurchgeführt wurde. Unser semantisches Gerüst bleibt hier anders als in der apperzeptionslastigen Erkenntnismetaphysik, funktional an die differenten Formen der Kausalität der Freiheit gebunden, ohne in die transzendentale Interdependenzstruktur überzugehen.

Über das Dargestellte hinaus betrifft aber die systematische Architektonik einen expliziten Widerstreit einer zweifachen, der methodologisch-teleonomischen und der teleologisch-systematischen Architektonik. Letztere ist erst dann voll zu exponieren, wenn uns eine Analogie der Erfahrung des empirischen Charakters in entscheidender, kritischer Perspektive anthropomorpher Betrachtungsart glückt.

Für unseren Zusammenhang nur so viel: Jeder Phase eines prozessual interpretierten Ereignisverlaufes ist — neben der oben angegebenen Zeitordnungsstruktur — zugleich die des empirischen Charakters, also der dynamischen Bestimmung eines Prozesses gemäß seinen Konsequentien zuzumuten. Dies bedeutet — über jeden statistischen Kalkül hinaus — daß einem *von uns* her und auf uns zu interpretierten Ereignis jederzeit auch derjenige Zusammenhang zuzumuten ist, der, von der Zeitordnungsform allgemein vergangengesetzter Schematik gesehen, nur eine zufällige Reihung betrifft. Wann immer wir eine solche in unseren Gegenstandshorizont einführen, vergleichen wir ihn, über die Meßtechnik hinaus, implizit mit dem dynamischen Charakter, der wir zwischen instrumenteller Kausalität durch Freiheit und individuierender Kausalität aus Freiheit, zukunftsorientiert selbst sind bzw. als Habitus vorstellen.

Ein Ereignis ist somit antinomisch einerseits nach seiner interpretativen Einbettung in die Reflexion der teleonomischen Zeitordnung zusamt ihrer vorgeblich offenen Thermodynamik; anderseits jedoch gemäß seiner temporalen Bestimmung als in diejenige Spannung gehängt und analog zu beziehen, welche sich auf die Differenz zwischen Kausalität aus Freiheit als individuierend und Kausalität durch Freiheit als abstraktifizierend ausrichtet. Abstraktifikation bedeutet dann die sukzessive Entsinnlichung der Gegenstandswelt in die Begriffssphäre der „dritten Welt" im Sinne des späten Popper. Auf dieser Ebene der Diskussion ist aber, was Ereignisstrukturen betrifft, zumindest an der antinomischen Gegenläufigkeit ihres Dynamismus festzuhalten.

---

[16] Vgl. *I. Kant:* Kr. d. r. V., Die Architektonik der reinen Vernunft B 860.

Hier kann nun, wie ich in „Transzendentalphilosophie und Lebensphilosophie" gezeigt habe, eine echte antinomische Dialektik, zwischen dem methodologisch-„kybernetischen" Systembegriff einerseits und dem architektonischen Systembegriff als teleologische Vermittlung einer auf kritisch-pragmatische Zweckmäßigkeit bezogenen praktischen Vernunft anderseits, vorliegen: Während die methodologische Systematik in sich das Erfahrungskontinuum von Physik bis zur Bedürfnisgesellschaft vereinnahmt, entschränkt die Architektonik im Primat der praktischen Vernunft den Erfahrungsbegriff ebenso zum empirisch-teleologischen Charakter, wie die methodologische Verfahrensform der Apperzeption zur instrumentellen Vernunft beschränkt wird. Dieses systemtheoretische Dilemma trachtet Kant zuletzt, drittens, in seinem transzendentalen Vollbegriff der Anthropologie aufzulösen.

VI. Der anthropologische Gesichtspunkt

Wir haben anfangs transzendentale Vernunft gegenüber bloß erkenntnistheoretischem Skeptizismus als Funktionsbedingung ursprünglicher, aus der Reflexion von Handlungskonstanten abgehobener „Produktions-Mittel" resultierender Apperzeptionseinheit unserer Gegenstandserkenntnis ausgezeichnet.

Im weiteren Verlauf stellt sich aber Vernunft nicht bloß als Einheit der Apperzeptionsfunktionen der semantischen Referenz, noch auch bloß als Funktionsform der ohne Individuationsreferenz zur Autarkie gerinnenden Handlungskausalität dar: Vielmehr betrachten wir sie jetzt als Disjunktionsbestimmung gegenüber diesen abstrakten Momenten einer wie von selbst die Spannungen der Reflexion auflösenden individuierenden Instanz, die anthropologisch in das dynamische Spannungsgefüge zwischen Interpersonalität und Gattungswesen eintritt: So wie sich homiletisches Sprachverhalten im Übergang der jeweils binnenbezogenen Gestaltung des Gattungswesens von selbst als Gesprächsform den Teilnehmern einbildet, wenn sie nur von sich absehen können, indem sie die Bedingungen der Verunmöglichung der Folgen der Handlung je Anderer sistieren: so *überwindet* auch die disjunktive Dimension des Wörtlichen unserer Rede teils die abstrakte Autarkie der nur je auf sich selbst gerichteten Kausalität der Freiheit in ihrer gesellschaftlichen Expansion, teils die Auflösung der direkt-intentionalen Referenz der Sinnlichkeit in die durch den absoluten Satz (Wittgenstein) vermittelte Form der Bedeutung. Wir haben deshalb unser Augenmerk auch auf den positiven, gleichsam „integralen" Sinn jener Wurzel der Disjunktion zu legen, welcher anthropologisch darin begründet ist, daß wir gegenwendig nie bloß einmal methodologisch aus der Apperzeptionslastigkeit unserer Wissenschaft, ein andermal existential aus der Kausalität aus Freiheit ausgehen. Die *notwendige* Bedingung für transzendentale Anthropologie ist also der jeweils alternative Ausgang unserer Intentionsreferenz. Es geht aber um den *zureichenden Inbegriff* des transzendentalen Gedankens.

In Fortführung der aus der Logikvorlesung bekannten anthropologischen Strukturierung der drei Grundfragen über die Grenzen der Erkenntnis, die Verbindlichkeit des Tuns, die Gunst der Hoffnung, exponiert Kant nun[17] anthropologische Empirie als dasjenige dreidimensionale Spannungsgefüge, das als Dynamismus zwischen der Entwicklung von Personalität zu Gattung unter den mittel-bedingten Sozialisationsformen einer je größeren Gesellschaftskomplexion bei je erweiterter Individualitätsstruktur ausgewiesen ist.

Das Entscheidende liegt in der Einleitung zur anthropologischen Charakteristik. Die transzendentale Systematik wird hier zwischen Natur- bzw. Gesellschaftsdeterminismus und Handlungsspontaneität in den empirischen Charakter des Gemüts, zusammen mit dessen organologisch-pragmatischer Einbettung, eingebracht.

Es steht und fällt also diese anthropologische Eröffnung mit einer transzendentalen Synthesis zwischen den dynamisierten Formen des „empirischen Charakters" (Interpersonalität — Geschlechtlichkeit — Population — Rasse — Gattung) einerseits und den Mitteln oder Bedingungen der Vergesellschaftung, als Tauschform, als Arbeitsteilung, als besitz- oder zeugmäßige Produktivkräfte (Produktionsmittel) anderseits. Nun ist aber „diese transzendentale Synthesis unseres Gemeinwesens mit Bezug auf die Würde des Individuellen der Determination des Verlaufes von Natur-, Zivilisations- und Kulturdynamik und ihrer Produktionsverhältnisse unterworfen, wobei der gemeine, sogar szientifische, eben nicht transzendental kritische Verstand, einmal gegen sich selbst gerichtet, danach strebt, ohne Ethik zur Kultur zu gelangen, somit das Zentrum des empirischen Charakters, das gemeine, aber sublime Leben zu besetzen."[18]

Es sind zu einer Pneumatologie, das heißt der Apologie der Sinnlichkeit in der Würde des mitmenschlichen Daseins, einzelne Schritte seitens der Lebensphilosophie, besonders Simmels und Gehlens, Mischs und Rickerts, der Existentialontologie und der Existenzphilosophie des Neukantianers Jaspers sowie der Phänomenologie des Sprachdenkens, in integrativer Perspektive hierzu desjenigen Leo Gabriels, vorgetragen worden.

---

[17] Vgl. Kants Brief an Stäudlin von 1793 AA XIII 429.
[18] Vgl. *M. Benedikt:* Transzendentalphilosophie und Lebensphilosophie, a. a. O. S. 70.

Wie weit diese Schritte in die teils gegenläufigen Perspektiven von Kausalität *aus* Freiheit und *durch* Freiheit, teils in die entfesselte unkritische Raserei der instrumentellen Unvernunft in ihrer Selbstzerstörung hineinreichen, wissen wir noch nicht. Was wir jedoch zur Kenntnis zu nehmen haben, ist dies: Ohne Schutz durch eine transzendentale Vernunftkritik verkümmert derjenige empirische Charakter, der im Fortschritt vom Geschlechts- zum Gattungswesen allein die Arbeit zu vollbringen vermag, die in der aufs Individuelle gerichteten Umkehr der Tausch- und Arbeitsteilungsverhältnisse in einem Werk leibhaftig konkretisiert ist. Dieses integrative Werk pneumatologischer Anthropologie wird, wenn nicht mehr, ein Werk des Friedens, d. h. der gesammelten Anstrengung, nicht Unterdrückung, wohl unserer schöpferischen Intention sein müssen, die Folgen der Handlung je Anderer in deren Zukunft zu heben und damit der Kantschen crux philosophorum in einem *Inbegriff* von ethischer und temporaler Verbindlichkeit zu entsprechen.[19]

Zusammenfassend und rückblickend ist zu erinnern: In dieser Phase der Weltgeschichte droht nach *Verlust* der bloß methodologischen Leitfäden transzendentaler Systematik der antagonistische Dynamismus von bloß selbstindividuierender Kausalität *aus* Freiheit und der gegenläufige Modellmanierismus der Kausalität *durch* Freiheit instrumenteller Vernunft auseinanderzufallen, wenn wir ihn nicht in einem versammelnden Inbegriff des transzendentalen Gedankens auf deren gemeinsamen Boden hin, den dynamischen empirischen Charakter im Fortschritt vom personalen Geschlechts- zum tauschbedingten Gattungswesen in sprachlich intentionaler Korrespondenz integrieren und so der narzißtischen Selbstzerstörung abwerben können.

Sowohl die pragmatischen Evolutionisten des naturalistischen Historizismus als auch die pragmatischen Idealisten des Historismus sind an der praktischen Einheit von individuierender Handlungsfähigkeit und leibhaftiger Tauschkonkretion, welche die Schanken technischer Schematik passiert, verzweifelt. Es ist nun wieder Sache des kritischen transzendentalen Gedankens, diese Petrifizierungen aufzulösen und dem ankommenden dritten Millenium in pneumatologischer Anthropologie zu entsprechen.

---

[19] Vgl. neben der schon oben Anm. 12 angemerkten crux philosophorum die bekannte Bezugnahme in der Grundlegung zur Metaphysik der Sitten AA IV 425 f.

Einige Bemerkungen zum Verhältnis von Theologie und Philosophie mit besonderer Berücksichtigung Karl Barths

Von *Erich Heintel*

In der Frage von Glauben und Wissen wird häufig die Theologie mit dem Glauben der Philosophie und dem Wissen entgegengesetzt. Dabei ist aber zu bedenken, daß auch Theologie Reflexion auf den vorausgesetzten Glauben ist, woraus allein sich schon ergibt, daß die pauschale Gegenüberstellung in die Irre führen muß, besonders auch dann, wenn wir feststellen müssen, daß es in unserer Tradition seit dem Eintreten der monotheistischen Religionen und speziell des Christentums in die Geschichte immer zweierlei „Theologie" gegeben hat, nämlich eine der Philosophie als Philosophie immanente und eine sich als denkende Aneignung vorausgesetzten bestimmten Glaubens verstehende Theologie. Die der Philosophie immanente Theologie formuliert — in welcher Systematik auch immer — die Selbstbegründungsfrage der Philosophie als Philosophie. Um „Gott" geht es hier zuletzt immer unter dem Begriff des „Absoluten". Wir müssen an dieser Stelle auf diese Problematik nicht näher eingehen, sondern halten nur fest, daß diese Art Theologie auf Platon und Aristoteles zurückgeht und schon seit Aristoteles unter dem Namen der „ersten Philosophie" läuft. Man kann ruhig sagen, daß diese der Philosophie immanente Theologie durch die ganze Tradition bis zu Hegel hin von Bedeutung gewesen ist. Die bei Aristoteles gegebene Situation aber ändert sich für das abendländische Denken mit dem Eintritt der monotheistischen Religionen in die Weltgeschichte. Im Judentum, im Christentum und im Islam tritt jetzt neben die der Philosophie immanente Theologie eine Theologie, die Glauben in bestimmter Positivität voraussetzt und um dessen denkende Aneignung bemüht ist. Und nun stehen diese Bemühungen durch Jahrhunderte hindurch im Zeichen des Aristoteles, des einzigen Philosophen unserer Tradition, der als Philosoph schlechthin (philosophus) zitiert wird. Auf die einzelnen Traditionsstränge einzugehen, ist hier nicht nötig. In allen drei monotheistischen Religionen kam es jedenfalls zu einer gewissen Spannung zwischen den beiden Theologien, die sich ebenfalls über Jahrhunderte erstreckt. Bedeutende Philosophen wurden von ihren Religionsgemeinschaften verdächtigt, daß es ihnen mehr um Aristoteles als um Moses, Christus oder Mohammed ginge. Von der Seite der Verdächtigen wehrte man sich gewöhnlich so, daß man in mehr oder minder echten Beteuerungen den Vorrang der im Denken anzueignenden positiven Religion zum Ausdruck brachte und bekannte. Daß in dieser Haltung über jeden Zweifel erhabene System in die Wirklichkeit treten konnten, zeigt sich etwa an Thomas v. Aquin, an dessen Gläubigkeit und Kirchlichkeit im Grunde niemand zweifeln kann, obwohl auch er von seinem Aristotelismus her zunächst eine deutliche Ablehnung erfahren hat.

Nun gibt es in unserer Tradition eine überragende Persönlichkeit, die den Anspruch stellte, die in der Zweideutigkeit der beiden Theologien liegende Problematik überwunden und gelöst zu haben. Diese Persönlichkeit ist Hegel. Er hat nämlich den Anspruch gestellt mit seiner Fundamentalphilosophie auf der Grundlage der ganzen abendländischen Tradition (mit seiner „Logik") zugleich die ihm vorgegebene Religion, das Christentum als die „Religion des Geistes", angeeignet und auf ihren „Begriff" gebracht zu haben.

An der Aufgabenstellung Hegels, nämlich die denkende Aneignung des vorgegebenen Glaubens zu leisten, kann keine ihres Auftrages bewußte Philosophie vorübergehen. Trotzdem muß man heute wohl zugeben, daß der großartige Versuch Hegels als gescheitert zu betrachten ist, vor allem auch im Hinblick auf den eigenständigen Sinn des Glaubens, gerade auch im Christentum[1].

An anderer Stelle[2] habe ich die Position zu entwickeln versucht, die derjenigen Hegels gewissermaßen diametral entgegengesetzt ist. Sie spricht sich deutlich und eindringlich in Robert Musils Roman „Der Mann ohne Eigenschaften" aus. Ein „Mann ohne Eigenschaften" vermag sich angesichts der Vielfalt von Möglichkeiten nicht zu entscheiden, dem Motivationschaos ausgeliefert, kommt er nicht zum eigentlichen Handeln. An der Stelle eines „Hier stehe ich, ich kann nicht anders!", sagt er zuletzt immer: „Hier stehe ich, ich kann aber auch anders!" Dem Mann ohne Eigenschaften entspricht in „gleichsinniger Gottesvorstellung" ein „Gott ohne Eigenschaften". Von Mensch und Got bleibt dann zuletzt nur der „Name" über. Bei Musil sollte der „Mann ohne Eigenschaften" ursprünglich ohnehin „Anders" heißen. Auch Gott könnte in bezug auf die Schöpfung in dieser Position ohne

---

[1] Vgl. *Erich Heintel:* Das Totalexperiment des Glaubens; Zu Ferdinand Ebners Philosophie und Theologie; Festschrift des NÖ Kulturforums, Teil II, 1982.

[2] Der Glaube und der „Mann ohne Eigenschaften". In: Zeitwende. Die Neue Furche XXXIV/4, Hamburg, April 1963 — Glaube in Zweideutigkeit, R. Musils „Tonka". In: „Vom ‚Törless' zum ‚Mann ohne Eigenschaften'". München—Salzburg 1973.

weiteres „Anders" heißen. Gott und Mensch werden dann durch einen trotzdem beziehungslosen Glauben verbunden, der ebenfalls ohne Eigenschaften „bloß nichts glaubt", wie es im Roman wörtlich heißt.

Doch spielt auch in der philosophischen und theologischen Reflexion ein derartiger „Nominalismus" eine bedeutende Rolle. So ist das in Logosvergessenheit gewissermaßen eschatologisch entrückte unaussagbare Seinsgeheimnis ein solcher „Name": das in der Seinsvergessenheit vergessene Sein des Seienden ist ein Sein ohne Eigenschaften, das mit innerer Notwendigkeit bei dem bloßen Namen des Seins landen und sich prophetisch bemühen muß, von seinem Thron alle Profanierung fernzuhalten. Auf dieses Sein läßt sich so gut wie alles und nichts beziehen: in seinem Namen kann man sich so gut wie alles und nichts schicken und geben lassen, bzw. distanzieren und negieren.

Das letztere z. B. auch, was das angeblich „vorstellende" Denken unserer ganzen Tradition betrifft. Dieses allgemeine Verdikt gestattet keine Gegenüberstellung von (bestimmter) „Vorstellung" und (bestimmtem) Begriff im Sinne Hegels (und der europäischen „Metaphysik" überhaupt) und führt entweder in das „Erschweigen" oder zur Selbstdarstellung (ohne Eigenschaften) an beliebig (wenn auch prophetisch) aufgegriffenen Gegnerschaften, wie eben an der „Metaphysik" überhaupt oder an ihrem angeblichen geschichtlichen Resultat, der Technik und ihrem „Gestell". In theologischer Hinsicht läßt das Sein ohne Eigenschaften eine besonders vornehme (demütige und fromme) Haltung zu, die freilich die Theologie als (positive) Einzelwissenschaft an der vorausgesetzten (positiven) Religion zu einer Weise positivistischen Denkens degradiert und damit aus der gläubigen Existenz (und auch aus Gemeinde und Kirche) völig herausnimmt. In einer solchen „modernen" Situation kann Theologie (in allen Sparten ihrer Fakultäten) große und anerkannte Gelehrsamkeit entwickeln, ohne sich im geringsten um die bekannte Gretchenfrage zu bekümmern. Diese kann ihre Vertreter dann bloß in ihrem „privaten" Dasein angehen, freilich folgenlos, den „öffentlich" bleibt man der (wissenschaftlichen) Theologie ohne (gläubige) Eigenschaften verpflichtet.

Die das Sein des Seienden „vorstellende" und gerade dadurch seinsvergessene „Metaphysik" läßt sich als die fundamentalphilosophische Verallgemeinerung gläubige Existenz entlarvender Aufklärung (als auf ihre Weise „befriedigte" Aufklärung) betrachten. Hegel wendet sich deshalb gegen die an die Vorstellung gebunden bleibende Religion, ebenso freilich gegen die von der gleichen Voraussetzung ausgehende (über sich nicht aufgeklärte) Aufklärung. Seine daraus folgenden Schwierigkeiten haben wir erwähnt: trotzdem bleibt seine Forderung der denkenden Aneignung des Christentums für christliche Existenz unabweisbar, sofern sie denkt (was sie auch dann besonders in der Theologie nicht vermeiden kann, wenn sie den „Begriff" Hegels nicht als Lösung des Problems anerkennen kann). Zwar scheiden sich an diesem Dilemma endgültig Seinsfrömmigkeit ohne Eigenschaften und „Gnosis" des dialektischen Begriffs. Was aber macht ein Theologe, der weder Heidegger noch Hegel zu folgen sich imstande weiß?

Viel scheint für die christliche Existenz in Gemeinde und Kirche gewonnen zu sein, wenn sie sich zunächst von aller Philosophie (in welcher Gestalt auch immer) distanziert, um ihr gegenüber die Eigenständigkeit ihres Anspruchs, bzw. des Anspruchs Gottes an sie zu retten und zu bewahren. Der Name Gottes (Jesu Christi) wird dann zu der Instanz, in deren Namen jeder Anspruch eigenständigen (von „außen" kommenden nur menschlichen und „natürlichen") Denkens und Sagens abgewiesen wird. Er wird damit einerseits zur kritischen Instanz gegen jeden Versuch, den eigenständigen Sinn des Glaubens (das, was er eigentlich meint) und seine Bedeutung für die gläubige Existenz anders als im Glauben („sola fide") anzugehen, gerät andererseits in die Gefahr, selbst nur „einen" Namen (im Sinne ebenso des unbestimmten Artikels wie des exklusiven und dann immer willkürlichen und „positivistischen" Berufenseins) zu behalten, in einem Glauben, dem es in seinem Kampf gegen die Vergessenheit des Namens Jesus ebenso in Logosvergessenheit die Rede verschlagen müßte wie schon der Verkündigung der Seinsvergessenheit. Wir wollen von diesen Betrachtungen her den Versuch machen, das Ringen Karl Barths in seiner „kirchlichen Dogmatik" auf ihren Grundansatz hin näher anzusehen und zu prüfen, wobei trotz der Kritik dieses Grundansatzes die große Leistung Barths durchaus anerkannt bleibt. Es kann zuletzt kein Zweifel darüber bestehen, daß das Gesamtwerk Karl Barths die wohl größte theologische Leistung unserer Tage ist. Auch muß im folgenden der doch deutlich hervortretende Wandel seiner Position im Laufe der Jahrzehnte der Ausarbeitung dieses gewaltigen Gesamtwerkes unberücksichtigt bleiben.

In unserer Tradition (aber keineswegs nur in ihr) wird die Theologie vor allem durch zwei Probleme zu „dialektischer" Rede hingeführt: sie betreffen erstens das Verhältnis Gottes zur Welt, zweitens die „Trinität". Nimmt man dazu noch das Problem von gut und böse, ergeben sich eine Reihe von subtilen und differenzierten Gedankengängen, die sich nicht eliminieren lassen, sofern sich positiver Glaube sein „Gott ist"[3] nicht nehmen läßt. Aber selbst die (konkrete) Reli-

---

[3] Vgl. *Erich Heintel:* Gottes Transzendenz (Balduin Schwarz zum 70. Geburtstag). In: Neue Zeitschrift für Systematische Theologie und Religionsphi-

gionskritik muß sich auf die Dinge einlassen, soll sie eine „Erklärung" des nun einmal in seinem Dasein und in seinem Anspruch nicht einfach zu negierenden gläubigen (wenn auch „falschen") Bewußtseins in seiner jeweiligen Bestimmtheit sein.

Bezüglich Karl Barths ergibt eine erste Orientierung sich aus dem Bezug dieser Problematik auf das, was „Einheit" heißt. Wie nämlich ist Gott „in seiner" Schöpfung zu denken, wenn er in absoluter Differenz von ihr unterschieden und doch nicht in schlechthinnige Transzendenz entlassen werden kann (Problem der „negativen" Theologie in theoretischer und praktischer Hinsicht bzw. der in keiner Weise „innerweltlich" kurz zu schließenden Einheit von Gott und Welt); wie ist Gott trinitarisch zu denken, wenn er sich in gewissermaßen numerischer Mehrzahl und doch als wahrhafte (existierende) Einheit offenbart hat (Problem der „Wesenseinheit" von drei Personen: Monotheismus und Tritheismus); wie ist Gott als „gut" zu denken, wenn es trotz seiner liebenden (zur Schöpfung ja sagenden) Allmacht unleugbar das Böse gibt (Problem der Sprengung der absoluten Einheit Gottes in zwei um die Herrschaft ringende immer nur gewissermaßen „absolute" Mächte und im Zusammenhang damit die Frage der Theodizee und diejenige der „Sünde", bzw. diejenige der „Rechtfertigung" des Sünders und diejenige der „Versöhnung")? Wie ist schließlich die Einheit von Gott und Mensch in Jesus Christus zu denken, wenn dieser ebenso als „wahrer Gott" (als zweite Person der Trinität) wie als „wahrer Mensch" (in der Rechtfertigung und Versöhnung bringenden „Menschwerdung" als dem zentralen Ereignis der Heilsgeschichte) verkündet wird?

Sehen wir uns bei Barth die Sache näher an, und zwar an der Frage der Wesenseinheit von Gott Vater und Gott Sohn. Diese zentrale Wendung in der Christologie formuliert nach ihm eine dreifache Abwehr, nämlich gegen den Arianismus (Jesus Christus als „Halbgott von unten", als Übermensch), gegen Origenes (Jesus Christus als einer „unteren Stufe der Gottheit, als Halbgott von oben", gewissermaßen im Gegensatz zum „Übermenschen" als „Untergott"), vor allem aber gegen jede Art von Polytheismus. Dann aber heißt es von der gegen alle diese Irrlehren angesetzten Einheit folgendermaßen: „Auch von diesem berühmtesten und, technisch betrachtet, zentralsten Begriff des Dogmas ist zu sagen, was wir von allen Formeln ... gesagt haben: wir begreifen von ferne nicht den Gegenstand, demgegenüber wir uns mit diesem Begriff zu verantworten suchen.

---

losophie, hg. v. C. H. Ratschow, 14. Band, Heft 3, Berlin—New York 1972 — Glaube und Religionskritik, in: Sinn und Geschichtlichkeit, Werk und Wirkung Theodor Litts, Stuttgart 1980.

Gerade wenn man den Begriff der Homousie nicht polytheistisch, aber auch nicht modalistisch versteht, gerade wenn man ihn, einerseits mit Athanasius und Augustin versteht als Wesensidentität, aber auch, das Anliegen der Jungnicaener aufnehmend, reden läßt von zwei unterschiedenen gleichen Seinswesen des einen Wesens, gerade dann redet er offenkundig von einem Wesen, von dem wir keinerlei Anschauung haben, gerade dann wird er zu einem Begriff von der Art, die man in der Philosophie (wohl von Kant her) als ‚leere Begriffe' zu bezeichnen pflegt." (I. 1, S. 462.)[4] Was Barth selbst hier unter „Anschauung" versteht, hat er nicht näher angegeben: meint er damit „sinnliche Anschauung, dan gäbe es für ihn (nicht „leere") Begriffe nur im Sinne eines nominalistischen Empirismus; das ist nicht anzunehmen. Am ehesten ist darunter wohl das zu verstehen, was Hegel als „Vorstellung" dem Glauben als „unbefriedigter Aufklärung" imputiert. Dann aber wird sich alle theologische Rede mit Hegel bemühen müssen, einen „Begriff" zu finden, der sie überhaupt erst einmal reden läßt. Barth zeigt in diesem Zusamenhang kein Verständnis für diese Motive und damit wendet sich die „dialektische" Theologie im besonderen gegen jede (philosophisch) dialektische Rede. Er schreibt: „Unterscheidung in der Einheit, Einheit in der Unterscheidung haben wir nun oft genug als den Sinn der ganzen Trinitätstheologie geltend gemacht. Es ist gerade angesichts des Begriffs der Homousie, der beides zugleich besagen will, am Platz, daß wir uns eingestehen: wir kennen letztlich nur Einheiten ohne Unterscheidung, Unterscheidung ohne Einheit. An dieser Schranke unseres Denkens und Sprechens scheitern alle Bilder: das Bild von Vater und Sohn, das Bild von Sprecher und Wort, das Bild von Licht und Licht, das Bild — auch das ist ja ein Bild — von Urbild und Abbild." (Ebenda.) Nun geht es aber bei aller Dialektik um „Einheit in der Unterscheidung", ja für Hegel ist diese Wendung charakteristisch für den eigentlichen „Begriff" im Gegensatz zu allem bloß „vorstellenden" Denken. Dabei wird außerdem zwischen der Transzendenz Gottes als solcher (in seinem Verhältnis zur Welt) und der „Einheit" in der Homousie (bzw. der Trinität überhaupt) zu unterscheiden sein. Barth gegenüber gilt es jedenfalls mit Hegel[5] den „Grundmangel durch die Inkonsequenz das zu vereinen, was einen Augenblick vorher als selbständig somit als unvereinbar erklärt worden ist, zu erkennen. Wie soeben das Vereinte für das Wahrhafte erklärt worden ist, so wird sogleich vielmehr für das Wahrhafte erklärt, daß die beiden Momente, denen in der Vereinigung als ihrer Wahrheit das Für-sich-Bestehen abgespro-

---

[4] Die folgenden Seitenangaben stammen aus: Karl Barth, Kirchliche Dogmatik, 1. Band, 1. und 2. Halbband — Die Lehre von Gotteswort, Zürich 1964[8].

[5] G. F. W. Hegel: Enzyklopädie 1830, § 60.

chen worden ist, nur so, wie sie getrennt sind, Wahrheit und Wirklichkeit haben."

Barth jedenfalls spricht und nimmt dabei im „Scheitern aller Bilder" sein Wort sofort wieder zurück, was notwendig in ein perennierendes Versichern münden muß. Er fährt an unserer Stelle folgendermaßen fort: „Da ist nirgends das eine Wesen in wirklich zwei Seinsweisen oder da sind nirgends zwei Seinsweisen wirklich eines Wesens, sondern da ist immer entweder ein Wesen in nur scheinbar, nur vorübergehend zwei Seinsweisen. Oder da sind zwei Seinsweisen, denen eben auch zwei Wesen entsprechen — je nachdem man die Bilder deutet, und alle diese Bilder können doppelt gedeutet werden. Das wirklich eine Wesen in wirklich zwei Seinsweisen ist Gott selber und Gott allein. Er selber, er allein ist ja auch Vater und Sohn, Sprecher und Wort, Licht und Licht, Urbild und Abbild. Von ihm her empfängt die geschaffene, die sündige Kreatur, die Wahrheit ihrer Verhältnisses durch seine Offenbarung. Ihn muß sie erkennen, nicht eigenständig und eigenmächtig, sondern durch seine Offenbarung im Glauben — um ihre eigene Wahrheit zu erkennen. Der Begriff der Homousie ist kein Versuch eigenständiger, eigenmächtiger sogenannter natürlicher Goteserkenntnis. Er will der Erkenntnis Gotes durch seine Offenbarung im Glauben dienen." Wie gut, daß man sich bei solchen Beteuerungen wenigstens (wie Heidegger vom „Gestell") von der „eigenmächtigen" (dem „Gemächte") der „natürlichen Gotteserkenntnis" erbaulich distanzieren kann! Und so läßt sich eben überhaupt nicht verhehlen, daß der Begriff der Homousie „der Erkenntnis Gottes sehr schlecht dient. Die Philosophen und die philosophierenden Theologen haben von jeher leichtes Spiel mit ihm gehabt. Aber wenn nun auf seine immanente Güte oder Ungüte so viel gar nicht ankäme? Wenn er nun gerade in seiner offenkundigen Zerbrochenheit das notwendige, damals im vierten Jahrhundert notwendig aufzurichtende und seither immer wieder und heute den neuen Arianern zum Trotz erst recht aufrechtzuerhaltende Zeichen wäre, nicht das Zeichen einer verwegenen spekulativen Intuition der Kirche, wohl aber das Zeichen einer unerhörten, der Kirche in der Heiligen Schrift widerfahrenden Begegnung? Was verfinge dann Alles, was gegen ihn zu sagen ist? Hätte sie nicht das Alles zu wissen und dann doch ihn zu anerkennen als das Dogma, das die Kirche, nachdem sie es einmal erkannt, nicht mehr fahren lassen kann? Weil er in seiner ganzen Torheit immer noch wahrer ist als alle Weisheit, die sich im Widerspruch zu ihm zu Wort gemeldet hat! Wir haben keinen Anlaß, es anders anzusehen. Wir täuschen uns nicht darüber, daß wir nicht wissen, was wir sagen, wenn wir diesen Begriff in den Mund nehmen.

Aber noch weniger können wir uns darüber täuschen, daß uns alle Linien unserer Erwägungen über die Gottheit Christi an den Punkt geführt haben, wo wir dem Dogma recht geben müssen: Jesus Christus ist ὁμοούσιος τῷ πάτρι, consubstantialis Patri." (I. 1, S. 463.)

Es ist nun sicher nicht leicht, rechtgebenden Erwägungen dem in ebenso bestimmten wie auch mannigfachen Unterschieden ausgesagten und vermittelten dogmatischen Gehalt gegenüber zu folgen, in denen wir nicht wissen, was wir sagen. Und Barth läßt es dabei auch gar nicht bewenden. Er rekurriert auf einen (auch und besonders in der Philosophie in ähnlichen Schwierigkeiten herangezogenen) Begriff, nämlich denjenigen des absolut „Einfachen", der freilich von seinen Voraussetzungen her zu einem „Zeichen" wird, das gerade in seiner unaussagbaren Leerheit universaler Bezugspunkt christlicher Existenz in Exegese, Systematik und gläubiger Bewährung sein soll. Es soll nämlich für ihn in dieser Art Dialektik (die extremen theologischen Nominalismus mit dem ganzen Reichtum der Offenbarung in Schöpfung und Heilsgeschichte, in biblischem Text und Dogmatik in um das Heil betendem Individuum und Gemeinde zusammenbinden muß) die Wirklichkeit der Offenbarung in Jesus Christus eine „schlechterdings einfache Wirklichkeit [meinen], so einfach wie sonst nichts in der Welt, so einfach wie eben nur Gott ist." (I. 2, S. 11.) Da aber gesagt werden kann, „daß außer dem Namen Jesus Christus ungefähr alles im Neuen Testament: Alles, was sich allenfalls zu einem Prinzip verarbeiten läßt, seine mehr oder weniger genauen außerbiblischen Parallelen hat und also gewiß nicht der Kern des Kernes sein kann!" (ebenda S. 12), so bleibt zuletzt für Barth tatsächlich nur dieser Name überhaupt für die postulierte einfache Wirklichkeit Gottes über. Ähnlich stehe es mit dem Namen Jahwe im Alten Testament. „Das Eigentliche, das Gemeinte selbst, Jesus Christus und vormals Jahwe, ließ sich ja, gerade weil es hier wie dort die einfache Wirklichkeit Gottes war, nicht aussagen. Alles Aussagen der Zeugen konnte und wollte ja nur darauf hinweisen, daß der mit diesem Namen Bezeichnete der sich selber Aussagende, das Wort sei." (Ebenda) Damit ist Jesus Christus „sozusagen der mathematische Punkt, auf den die Linien der sämtlichen Elemente des neutestamentlichen Zeugnisses bezogen sind, schließlich wirklich nur der Name Jesus Christus als solcher gerade in seiner ganzen scheinbaren Leerheit als bloßer Name, der als solcher gar keinen Inhalt ausspricht, kein Prinzip, keine Idee, keine Wahrheit, sondern nur das Zeichen ist für eine Person — nur dieser immerhin aussprechbare, bekannte und bekanntzumachende Name als solcher vertritt innerhalb all jener Elemente des neutestamentlichen Zeugnisses den Gegenstand, den sie alle meinen, auf den sie alle hinweisen." (I. 2, S. 13.)

Es ist klar, daß mit dem Hinweis auf die einfache Wirklichkeit Gottes mit bloßem Namen eigentlich so gut wie nichts gesagt ist. Allenfalls kann man eine solche Haltung — wie schon ausgedrückt wurde — noch als kritischen Vorbehalt verstehen, durch den alle inhaltlich bestimmte Rede von Gott schon im Risiko einer bloß menschlichen Rede stünde. Auf keinen Fall aber kann dann der bloße Name als Wirklichkeit der Offenbarung jeder anderen und inhaltlichen Rede so gegenübergestellt werden, daß diese im Zeichen einer „systematischen und prinzipiellen Einheit" erfolge: „Was wir über den Namen Jesus Christus hinaus zu hören bekommen, das ist das Zeugnis von Gottes Sohn, der ein Mensch geworden — von dem Menschen, der Gottes Sohn war, Eines auf das Andere bezogen, aber nicht so, daß das Erste nicht mehr das Erste, das Zweite nicht mehr das Zweite wäre, nicht so, daß das Erste und Zweite in einem höheren Dritten aufginge. Uns ist aufgegeben, unmittelbar im Ersten das Zweite im Zweiten das Erste und so: nicht in einem System, sondern in einem Weg des Denkens, in beiden das Eine zu hören. Von einer Christologie, die sich auf die Christologie des Neuen Testaments bezieht, das heißt, die das und nur das verstehen will, was uns im Neuen Testament als Wirklichkeit der Offenbarung Gottes bezeugt wird, wird also im voraus zu sagen sein: sie wird in allen ihren Ergebnissen nur Versuch sein können." (I. 2, S. 27.)

Was ist denn dann aber der Name Jesus Christus überhaupt außerhalb und im Gegensatz zu dem Versuch einer Christologie? Was soll man sich denn überhaupt noch denken, „wenn die vorletzten Worte, die Sätze über Gott und Mensch, über Jesus und Christus im Neuen Testament in ihrer relativen Gegensätzlichkeit über sich selbst hinausweisen auf das letzte Wort, Jesus Christus, das als solches nur noch durch die dadurch bezeichnete Wirklichkeit selbst und durch gar nichts sonst interpretiert werden kann." (I. 2, S. 28.) Für Barth aber soll es eine „klare Einsicht" sein, „daß die Wahrheit der christlichen Religion tatsächlich in dem einen Namen Jesus Christus und sonst in gar nichts beschlossen ist. Wirklich in der ganzen formalen Simplizität dieses Namens als des Inbegriffs der göttlichen Offenbarungswirklichkeit, die ganz allein die Wahrheit unserer Religion ausmacht!" (I. 2, S. 376.) Würde sich K. Barth tatsächlich konsequent an die so formulierten Grundsätze halten, dann müßte er den Glauben in der bloßen Wiederholung des Namens Jesus Christus verstummen lassen. In der Tat nähert er sich in seiner Diktion gelegentlich rein tautologischen Wendungen: „durch den Namen Jesus Christus gibt es Menschen, die an diesen Namen glauben. Sofern dies das Selbstverständnis der Christen und der christlichen Religion ist, darf und muß von ihr gesagt werden, daß sie und sie allein die wahre Religion ist." (I. 2,

S. 379.) Freilich wäre auf der anderen Seite diese „christliche Religion ohne die im strengsten Sinn verstanden schöpferische Kraft des Namens Jesus Christus gar nie in die Geschichte eingetreten..." (I. 2, S. 380.) Wir sehen, wie sich nun der bloße Name zu einer Wirklichkeit entfalten soll, die dann freilich die ganze Heilsgeschichte tragen muß. Jedenfalls kann es nicht genügen, die hier allem aneignendem Denken aufgegebene Vermittlungsleistung durch Sätze als erfüllt zu betrachten, wie etwa den folgenden: „Man streiche diesen Namen, so hat man diese Religion nicht nur verstümmelt und geschwächt, so daß sie als ‚Christentum ohne Christus' allenfalls weiter vegetieren könnte, so hat man ihr vielmehr ihren Existenzgrund genommen, so hat man ihr nur ein eiliges Sterben übriggelassen, wie es aus anderen Gründen über andere Religionen gekommen ist." (I. 2, S. 381.) Auch die an diesen Satz anschließenden negativen Abhebungen von allen möglichen irdischen Dingen und Bestrebungen des Menschen kann nicht darüber hinwegtäuschen, daß eine solche „Gottesgelehrsamkeit" bei konsequentem Denken ohne Inhalte bleiben müßte. Es ist eben schon etwas ganz anderes, wenn man den Bestand der christlichen Religion im weiteren ohne besondere Skrupel als „durch diesen Namen bezeichneten Schöpfungsakt" (ebenda) im Grunde als eine Potenz anspricht, aus der man ohnehin alles wieder herausholen muß, was man vorher im Namen des bloßen Namens distanziert hatte.

Barth hilft sich hier mit der Beteuerung, daß es sich bei seinem Anruf des bloßen Namens „Jesus Christus" um keinen Nominalismus im Sinne der theologischen und philosophischen Positionen handle. Ohne weiteres ist dieser Name dann für ihn der „Inbegriff und die Quelle aller Realität". (Ebenda.) Dabei muß nun freilich wie in dem bekannten Spiel vom Kaiser, der Soldaten ausschickt, der Kaiser sich selber ausschicken: der den Namen Jesus Christus in freier Entscheidung wählende Mensch wählt sein Erwähltsein. Dagegen wäre nichts zu sagen, wäre der Name Jesus Christus nun tatsächlich mehr als ein bloßer Name im Sinne der Behauptung Barths. Da er ja das wohl selber spürt, wird nun wieder rein verbal behauptet, daß nun gerade dieser Name kein bloßes „nomen" (ebenda) ist. Wieder soll dann eine im übrigen einfach willkürlich an diese Gedankengänge angereihte Scheinalternative die Scheinargumentation begründen: „Die Kraft der Bejahung des Namens Jesus Christus ist entweder dessen eigene Kraft oder sie ist Unkraft! Und allein in der so geordneten und verstandenen Glaubensentscheidung kann dann auch die Wahrheit in Sicht kommen und zur Gewißheit werden. Sie leuchtet ein, sie überzeugt, sie behauptet sich, indem sich jene Wahl vollzieht, deren Freiheit und Kraft ganz allein die des Namens Jesus Christus selber ist. Als solche wird sie, als solche macht sie sich selbst zur

Wahrheit der christlichen Religion, während wir im angeblichen Besitz einer abstrakten christlichen Religion immer vergeblich nach der Wahrheit des Namens Jesus Christus ausschauen und dann auch der Wahrheit der christlichen Religion gewiß zu werden vergeblich uns bemühen werden." (I. 1, S. 386.) Damit wird freilich auch die Rechtfertigungslehre bei einiger Konsequenz zu einer rein nominalistischen Angelegenheit: „Auf Grund welches Rechtes vergibt Gott und vergibt er nur hier und nicht dort? Und wir werden auf diese Frage gewiß nicht nur mit dem Verweis auf die Freiheit und Unerforschlichkeit des göttlichen Gerichtes antworten dürfen; wir werden uns jedenfalls vor Augen zu halten haben, daß dies Freiheit und Unerforschlichkeit eins ist mit der der offenbaren Gottestatsache des Namens Jesus Christus. Es ist schon in Ordnung, wenn hier vergeben und dort nicht vergeben wird. Es geschieht das nämlich in der Ordnung dieser Gottestatsache, d. h. des Namens Jesus Christus." (I. 1, S. 389 f.) Schon rein sprachlich hat die Wendung „Gottestatsache" einen eigentümlichen positivistischen Zug, die argumentativ gewissermaßen als brutum factum alle weitere Auseinandersetzung beschließt: „Die Gottestatsache des Namens Jesus Christus bestätigt dann, jenseits von aller Dialektik und jede Diskussion ausschließend, was keine andere Tatsache bestätigt noch bestätigen kann, die Schöpfung und Erwählung gerade ihrer Religion zur einen, einzigen, wahren Religion." (Ebenda S. 391.) Was den Gehorsam gegen Gott anbelangt, führt eine solche Position zur Befolgung eines Gebotes, das man gewissermaßen ebenfalls in erster Linie als rein nominalistischen Ausfluß einer willkürlichen Macht akzeptieren müßte: „Einem Gebot gehorchen heißt ja nicht: sich durch dessen Sinn überzeugen lassen, daß es gut sei, um ihm dann daraufhin unseren Beifall und auch wohl unsere tätige Zustimmung zu geben." (Ebenda S. 457.)

Abschließend sei hier nur noch bemerkt, daß der „Nominalismus der Destruktion" ein durchaus geeignetes Instrument darstellt, ganz allgemein bestimmte Positivität zugunsten eines überlegenen Schaffens (als eigentlich Wirklichem) zu distanzieren. Barth z. B. gewinnt damit theologische Argumente für das „Wunder" von Gottes „eigener Tat" im Unterschied von allem menschlichen Wollen und Vollbringen. Er sieht im „Wort Gottes... das Ereignis selbst, in dem die Verkündigung zur wirklichen Verkündigung wird". (I. 1, S. 95.) Dabei könnte freilich „das Wirklichwerden der Verkündigung als eine bloß äußerliche zufällige Charakterisierung, eine Art Bekleidung oder Beleuchtung eines Geschehens verstanden werden, das als solches schließlich doch das Geschehen des Wollens und Vollbringens des verkündigenden Menschen bliebe. Freilich müßte dann schlecht verstanden sein, was das ‚Kleid' und das ‚Licht', die hier in Frage kommen, bedeuten, was das heißt, daß Verkündigung wirklich wird, indem Gott befiehlt, Gott auf den Plan tritt, Gott urteilt. Aber wer würde hier das Subjekt nicht immer wieder schlecht verstehen?" (Ebenda.) Dieses mangelnde Verstehen nennt Barth seinerseits und von einer bestimmten theologischen Problematik her das „nominalistische Mißverständnis". Freilich liegt es „sehr tief in der Natur der Sache, daß das nominalistische Mißverständnis hier nicht eindeutig und nicht endgültig auszurotten ist. Es ist das Wunder der Offenbarung und des Glaubens, wenn dieses Mißverständnis je und je nicht besteht, wenn uns also Verkündigung nicht nur ein irgendwie charakterisiertes menschliches Wollen und Vollbringen, sondern auch und zuerst und entscheidend Gottes eigene Tat, wenn uns menschliche Rede von Gott nicht nur das, sondern auch zuerst und entscheidend Gottes eigene Rede ist." (Ebenda.) Wir sehen: das nominalistische Mißverständnis wird hier nur in gewissermaßen letzter Instanz (Gott) korrigiert, alles Menschliche wird ihm in maiorem verbi divini gloriam ohne weiteres ausgeliefert. Einem Nominalismus der Destruktion des Menschen steht damit zuletzt unüberbrückbar der Realismus des schaffenden Wortes Gottes gegenüber. Zwar sieht Barth die Dialektik seines Ansatzes im „Zusammenwirken" von Gott und Mensch über alles Zusammensetzen von „Faktoren" hinaus, das freilich sofort „im Stande des Ungehorsams" seitens des Menschen restituiert wird. Wirkliche Verkündigung ist „aber, wie Christus nicht nur wahrer Mensch ist, nicht nur Wollen und Vollbringen des verkündigenden Menschen. Sie ist auch und sie ist sogar zuerst und entscheidend göttliches Wollen und Vollbringen. Gerade darum braucht das Menschliche nicht in Wegfall zu kommen. Die hier scheinbar so brennende Frage nach der Art des Nebeneinander- und Zusammenwirkens der beiden Faktoren ist eine höchst unsachgemäße Frage. Gott und das Menschliche sind doch nicht zwei nebeneinander- und zusammenwirkende Faktoren. Das Menschliche ist ja das von Gott Geschaffene. Nur im Stande des Ungehorsams ist es ein Gott gegenübertretender Faktor. Im Stande des Gehorsams ist es Dienst Gottes." (I. 1, S. 96.) Diese Sätze sind sehr aufschlußreich: wenn auch Christus nicht nur „wahrer Mensch" ist, kann man deshalb (ihn und) den wahren Menschen (überhaupt) ohne weiters dem „Nominalismus" überlassen? Nur in der Differenz von Ungehorsam und Dienst dem Schöpfer gegenüber kann dann (im Sinne eines „theokratischen Kurzschlusses") vom Menschen die Rede sein, damit aber ist an die Stelle des wirklichen Menschen in seinem freiheitlichen Verhältnis auch Gott gegenüber eine in der Tat nominalistische theologische Abstraktion getreten, womit im übrigen keineswegs geleugnet werden soll, daß der „wahre" Mensch ohnehin nicht ohne den Bezug zur letzten Sinninstanz (Gott) gedacht werden kann, auch dann nicht, wenn diese letzte Sinninstanz nur religionskritisch als das (gewissermaßen „absolute") Mißverständnis des (mit seiner Erlösung immer noch allein gebliebenen) Menschen über sich selber verstanden wird. Niemand ist freilich einem derartigen pseudoeschatologischen Standpunkt ferner als gerade Karl Barth. Trotzdem bleiben von seinem (zuletzt eben doch undialektischen) Ansatz her die folgenden schönen Sätze nur ein erbauliches Postulat: „Ohne dem Menschlichen seine Freiheit, seine irdische Substanz, seine Menschlichkeit zu nehmen, ohne das menschliche Subjekt auszulöschen oder sein Handeln zu einem mechanischen Geschehen zu machen, ist dann Gott das Subjekt, von dem das menschliche Handeln seinen neuen, wahren Namen bekommen muß. Seinen wahren Namen! Also nicht bloß einen aufgeklebten Titel: nein, den Namen, der ihm nun kraft der ganzen Überlegenheit des Willens seines Schöpfers und Herrn so wesentlich, so primär wie nur möglich, zukommt." (Ebenda I. 1, S. 96 f.) Interessant ist in diesem Zusammenhang Barths Auseinandersetzung mit Fr. Gogarten. Barth berichtet: „Fr. Gogarten hat in seiner... Rezension der ersten Auflage dieses Buches in der Hauptsache zwei Einwände gegen seinen Inhalt erhoben: 1. ihm fehle darin eine ‚eigentliche Anthropologie'... und 2. es rede wenigstens streckenweise ‚das eine Mal von einem an und für sich, gegen den Menschen hin, isolierten Gott, und das andere Mal von einem an und für sich, gegen Gott hin isolierten Menschen', statt durchwegs von Gott und Mensch in ihrer Zusammengehörigkeit. (Vgl. auch ‚Das Problem einer theologischen Anthropologie', Z. d. Z. 1929, S. 493 f.)" (I. 1, S. 139, s. a. S. 177 f.) Barth versteht nicht, worum es hier geht: sonst könnte er sich nämlich nicht einfach wiederum auf „den Menschen des verlorenen status integritatis und also des nunmehr bestehenden status corruptionis" (I. 1, S. 135) berufen, in einem „Aufweis, der nun sicher nicht dazu dienen kann, verständlich zu machen, daß es ‚vom Menschen aus' irgendwelche Möglichkeiten zu Gott hin gibt, der vielmehr gar sehr die Isolierung des Menschen Gott gegenüber zum Inhalt hat, über welchen eine Verständigung mit irgendeinem Philosophen so wenig möglich sein wird, wie über irgendeinen anderen Locus der Dogmatik..." (Ebenda.) Die hier vorliegende Dialektik interpretiert Barth lediglich „hermeneutisch" im Sinne des „Vorverständnisses" bei Bultmann, d. h. eines Zirkels bezüglich dessen es nicht möglich ist, „von außen in ihn hineinzuspringen bzw. eine gemeinsame Plattform aufzuzeigen, auf der man sich mit dem Philosophen, ob er nun Griesebach oder Heidegger heiße, darüber verständigen könnte, inwiefern die Bewegung in diesem Zirkel auch von außen gesehen allenfalls möglich ist." (Ebenda.) Innerhalb des Zirkels, in dem man in der Tat nicht von außen hineingelangen kann, bleibt freilich nur die Berufung auf das dann eigentlich überhaupt nicht interpretierbare nackte „Wort Gottes", das wörtlich zu nehmen ist und dann heißt: „Gott redet." (I. 1, S. 137.) Als ob es keine „Philosophie" wäre, wenn Barth im weiteren über diese verbale Tautologie hinaus nun sofort von der „Geistigkeit", „Persönlichkeit", „Absichtlichkeit" (als den Menschen angehende Anrede), „Gleichzeitigkeit", Regierungsgewalt" und „Entscheidung" spräche und argumentierte. So wechselt bei Barth dauernd ziemlich anspruchsvolle und gleich darauf wieder demütig zurücknehmende Rede im Namen Gottes. Es heißt z. B.: „... es wäre wirklich von einem anderen Logos als dem Logos Gottes die Rede gewesen, wenn wir meinen sollten, dieser Frage gegenüber beweisen zu sollen und zu können: Wir haben uns nicht getäuscht, wir haben wirklich von dem Logos Gottes geredet. Eben mit dieser Meinung, das in irgendeinem Sinne beweisen zu können, würden wir die Sache verraten, oder vielmehr verraten, daß wir diese Sache mit irgendeiner andern Sache verwechselt haben. Denn wenn irgend etwas ernst gemeint war in dem bisher Gesagten, dann müssen wir uns dabei behaften lassen, daß nur der Logos Gottes selbst den Beweis führen kann, daß, wo angeblich von ihm geredet wird, wirklich von ihm geredet wird." (I. 1, S. 169.) Es nützt dann auch nichts, von „Geheimnis und Paradoxon" zu sprechen, wenn die zu vermittelnden Instanzen immer wieder völlig auseinanderfallen bzw. (wie Gogarten Barth mit Recht vorwirft) wenn man dauernd „mit unbesehen aufgegriffenen und ungesäuberten Begriffen" (I. 1, S. 177) arbeitet. Selbst nach dialektischen Wendungen, z. B. über „Gesetz und Evangelium", „Zorn und Gnade" Gottes und „Buchstaben und Geist", heißt es doch wiederum kurz und bündig: „Man wird, wenn man an solche je aus der Verhülltheit oder Enthülltheit des Wortes Gottes sich ergebenden inhaltlichen Begriffe denkt, nicht sagen wollen — man könnte es nur unter heilloser Abschwächung aller dieser ernsthaften Begriffe sagen — daß wir ihren Inhalt gleichzeitig in seiner Wahrheit erfahren und daß wir sie systematisch miteinander verknüpfen könnten. Sondern wahr in Erfahrung und Denken wird uns jeweils das eine, glauben müssen wir jeweils das uns nicht einsichtig werdende andere." (I. 1, S. 187.)

Es sei hier nur noch angemerkt, daß die Gegenüberstellung von Wissen und Glauben im Sinne des letzten Zitats zwar ohne Zweifel die Andersartigkeit des Glaubens und damit seine Eigenständigkeit dem Wissen gegenüber betont, was aber keineswegs heißen kann, daß es nicht ein Wissen unter Voraussetzung des Glaubens (einsichtigen, d. h. denkend angeeigneten Glauben) gibt, bezüglich dessen die nackte Alternative von Wissen und Glauben völlig in die Irre gehen muß. Im Kampf der Wagen (Institutionen) und Gesänge (Ideologien) übersieht man häufig, daß der eigentliche Sinn des Glaubens ebenso (unter Berücksichtigung von Einzelwissenschaft und Philosophie) seine Abhebung vom Wissen überhaupt wie den Einschluß von bestimmten Wissen verlangt, durch welch letzteres allein verhindert wird, daß wir uns (und zwar stets in negativer Vermittlung) in Namens-Tautologien begrifflos bewegen oder gar (vom „Zungenreden" und ähnlichen „Äußerungen" abgesehen) verstummen.

Diese Seite der Sache hat niemand richtiger herausgestellt als Hegel, so z. B. in der Vorrede zur dritten Ausgabe seiner „Enzyklopädie". Was er an dieser Stelle mit Recht sagt, ist unabhängig von dem besonderen Anspruch seiner „absoluten Methode", unabhängig auch von der besonderen Situation der Zeit und ihren Gegnerschaften, auf die er sich bezieht. Es geht ihm zunächst darum, die Kontroverse zwischen Glauben und Wissen über die „Prätension" von Persönlichkeiten hinaus zur sachlichen Behandlung und damit auf das Niveau der Philosophie (des aneignenden Denkens) zu erheben, auf dem allein ein Gespräch der Gegner möglich wird, soferne sie sich um eine „ernsthaftere Untersuchung über Gott, göttliche Dinge und Vernunft" bemühen. Doch weder die „Prätension der anklagenden Frömmigkeit noch die angegriffene Prätension der freien Vernunft erhob sich zur Sache, noch weniger zum Bewußtsein, daß, um die Sache zu erörtern, der Boden der Philosophie betreten werden müsse. Jener Angriff des Persönlichen auf den Grund sehr spezieller Äußerlichkeiten der Religion zeigte sich mit der ungeheuren Anmaßung, über die Christlichkeit von Individuen aus eigener Machtvollkommenheit absprechen zu wollen, und ihnen damit das Siegel der weltlichen und ewigen Verwerfung aufzudrücken." „Das Schiboleth dieser Machtvollkommenheit, als Weltrichter die Christlichkeit anderer Individuen abzuurteilen „ist der Name [!] des Herrn Christus." Dieser theologische „Nominalismus" vermag sich sehr gut mit (positivistischer) Gelehrsamkeit zu verbinden. Aber: „Gelehrsamkeit ist noch nicht Wissenschaft. Indem sie mit der Masse der gleichgültigen Außendinge des Glaubens sich weitläufige Beschäftigungen machen, bleiben sie dagegen in Ansetzung des Gehalts und Inhalts des Glaubens selbst um so dürrer bei dem Namen des Herrn Christus stehen, und verschmähen vorsätzlich und mit Schmähen die Ausbildung der Lehre, welche das Fundament des Glaubens der christlichen Kirche ist, denn die geistige, vollends denkende und wissenschaftliche Expansion störte, ja verböte und tilgte den Eigendünkel des subjektiven Pochens auf die geistlose, am Guten unfruchtbare, nur an den bösen Früchten reiche Versicherung, daß sie im Besitze der Christlichkeit sich befinden, und dieselbe ausschließlich sich zu eigen haben." Die einerseits ebenso dürftige wie andererseits positivistisch-gelehrte „Glaubensgewißheit" kann nicht „gegen den Geist [Hegel spricht zuvor vom „heiligen Geist"], welcher die Expansion der Erkenntnis und erst die Wahrheit, ausgespielt werden. Und wieder geht es für den Hegel von 1830 um die Thematik von „befriedigter und unbefriedigter Aufklärung", die ihn schon in seiner „Phänomenologie" beschäftigt hat: Die „Kahlheit an wissenschaftlichem und überhaupt geistigem Gehalt teilt diese Frömmigkeit mit dem, was sie unmittelbar sich zum Gegenstande ihrer Anklage und Verdammung macht. Die Verstandesaufklärung hat durch ihr formelles, abstraktes, gehaltloses Denken ebenso die Religion von allem Inhalt ausgeleert, als jene Frömmigkeit durch ihre Reduktion des Glaubens auf das Schiboleth des Herrn, Herrn. Beide haben darin nichts voreinander voraus; und indem sie widerstreitend zusammentreffen, ist kein Stoff vorhanden, in dem sie sich berühren und einen gemeinsamen Boden und die Möglichkeit, es zur Untersuchung und ferner zur Erkenntnis und Wahrheit zu bringen, erlangen könnten." Es ist der bestimmte und anzueignende Inhalt des (positiven) Glaubens, an dem beide Seiten, wenn auch aus gegensätzlichen Motiven, scheitern. Die (auch theologische) Aufklärung bleibt der Wirklichkeit dieses Glaubens fremd, „weil die christliche Gemeinschaft durch das Band eines Lehrbegriffs, eines Glaubensbekenntnisses, vereinigt sein muß und es immer noch sein soll, dagegen die Allgemeinheiten und Abstraktionen des abgestandenen, nicht lebendigen rationalistischen Verstandeswassers das Spezifische eines in sich bestimmten, ausgebildeten christlichen Inhaltes und Lehrbegriffes nicht zulassen. Wogegen die Anderen pochend auf den Namen Herr! Herr! frank und frei die Vollführung des Glaubens zum Geist, Gehalt und Wahrheit verschmähen." [Hegel hatte zuvor Joh. 7,38 die „Ströme des lebendigen Wassers zitiert].

Mythologische Elemente des „Kritischen Rationalismus"

Von *Peter Kampits*

Die weitverbreitete Auffassung, Philosophie habe sich im Denken der Griechen aus dem Mythos entwickelt, wird im allgemeinen mit der Anforderung an die Philosophie verbunden, sich vom Mythos abzugrenzen, seinen Forderungen gegenüber auf den Logos zu setzen, auf gesichertes Wissen, Vernunft und Methode. Die Geschichte der Philosophie erscheint dann von hier aus als Geschichte der „Emanzipation" des menschlichen Denkens vom Mythos.

Mit dieser Auffassung verbindet sich aber auch die Forderung an die Philosophie selbst entmythologisierend zu wirken, das menschliche Denken also von der bildhaften und unglaubwürdigen Weltdeutung und Welterklärung im Sinne des Mythos zu befreien.

Diese Vorstellung hält sich um so hartnäckiger, je mehr sich die Philosophie, die sich gegenwärtig einmal mehr in einer Legitimationskrise zu befinden scheint[1], auf Rationalität versteift, um sich aus der — vermeintlichen oder wirklichen — Inferiorität gegenüber den Wissenschaften, ihrer Exaktheit und ihrer spezifischen Methodologie zu befreien. Besonders deutlich wird dies etwa in den Programmen des „kritischen Rationalismus", wo die Funktion der Philosophie in Angleichung an die Methodologie der Einzelwissenschaften im großen und ganzen als synthetisierende und integrierende Grundlagenforschung mit den Schwerpunkten Wissenschaftstheorie, Ideologiekritik, Erkenntnistheorie gesehen wird, wenn sie nicht von Anfang an die Rolle einer „ancilla scientiae" zugewiesen erhält oder schlechtweg mit Wissenschaftstheorie gleichgesetzt wird.

---

[1] Vgl. dazu die sich im deutschen Sprachraum häufenden Publikationen zum Thema „Wozu noch Philosophie?", darunter u. a.: *Theodor W. Adorno:* Wozu noch Philosophie, in Eingriffe, Frankfurt 1963; *J. Habermas:* Wozu noch Philosophie, in: Philosophisch-politische Profile, Frankfurt 1971; *M. Heidegger:* Das Ende der Philosophie und die Aufgabe des Denkens, in: Zur Sache des Denkens, Tübingen 1969; *F. Kambartel:* Was ist und soll Philosophie, Konstanz 1968; *H. Lenk:* Wozu noch Philosophie? in: Philosophie im technischen Zeitalter, Stuttgart 1971; Philosophie—Gesellschaft—Planung, hrsg. v. H. Baumgartner und C. Wild, München 1974 sowie die anschließende Diskussion zwischen G. Schischkoff, H. M. Baumgartner und P. Kampits, in: Zeitschrift f. philos. Forschung, 1975, 29, S. 95 - 107 bzw. 1976, 29, S. 413 - 434 und schließlich *H. Lübbe* (Hrsg.): Wozu Philosophie? Berlin—New York 1978.

Die Forderung an die Philosophie, sich vom Mythos zu emanzipieren und seine Unglaubwürdigkeit zu entlarven, hat sich somit in eine Forderung an die Wissenschaft verwandelt, sich von der Philosophie zu emanzipieren und deren Unglaubwürdigkeit aufzuzeigen. Die Führungsrolle der Wissenschaften scheint nicht allein im akademisch intellektuellen Bereich, sondern auch in unserer Lebenswelt unbestritten: Wissenschaft und wissenschaftlich (d. h. durch die spezifische Methodologie der Wissenschaften) gesicherte Erkenntnis werden im allgemeinen als absolute Werte akzeptiert. Der wissenschaftlich gesicherten Wahrheit und Erkenntnis gegenüber scheinen alle anderen Wege zur Wahrheit (Mythos, Philosophie, Kunst) als überholt, subjektiv und abkünftig. Immer mehr und mehr Einzelfragen und Problemgebiete, die traditionell solche der Philosophie waren, gliedern sich aus ihr aus und in die Wissenschaften ein. Die einstmalige „Königin der Wissenschaften" scheint in der Tat zu einer Dienstmagd herabgesunken, deren Daseinsberechtigung mehr als in Frage gestellt scheint. Daß dieser im Ablösungsgeschehen der Wissenschaften von der Philosophie sichtbar werdende Prozeß, und die darin sich zeigende Orientierung am Vorbild der sich rational verstehenden Methodologie der Wissenschaften selbst wieder auf die Philosophie zurückschlägt, zeigt unter anderem der wachsende Einfluß, den Richtungen wie der „logische Positivismus", die „analytische Philosophie", der „Szientismus", die „Wissenschaftstheorie" und der „kritische Rationalismus" gewinnen, ohne daß mit dieser Aneinanderreihung die Unterschiede zwischen diesen Richtungen negiert oder verwischt werden sollen.

Wie sehr aber alle diese genannten Strömungen sich an der Wissenschaft, ihrer Methodologie und in ihrem Erkenntnisideal orientieren, braucht nicht eigens aufgewiesen zu werden.

Sogar eine Rekonstruktion des die sechziger Jahre im deutschen Sprachraum beherrschenden sogenannten Positivismus-Streites" könnte zeigen, daß bei aller darin deutlich gewordenen Divergenz zwischen den „Dialektikern" (Adorno, Habermas) und den „Rationalisten" (Popper, Albert, Lenk) sich eine Übereinstimmung abzeichnete, deren Richtung zunächst durch die unhintergehbare Verwendung der Maxime des „Kritischen" gegeben ist. Wie immer dann die jeweilige Auslegung von „kritisch", von „Theorie" und von „Vernunft" aussehen mag — sie bilden jedenfalls den Leitfaden, an dem sich das Denken zu orientieren hat. Der etwa von J. Habermas verfochtene herrschaftsfreie Dialog" weiß sich ebenso der Rationalität verpflichtet, wie H. Alberts Überzeugung, das Modell „kritischer Rationalität" in den Bereichen der Gesellschaft und Politik fruchtbar werden zu lassen.

Wohl ist inzwischen das aufklärerische Erbe der mit der Wissenschaft und ihrer Methodologie eng verbundenen Fortschrittsidee von verschiedenen Seiten erschüttert worden. Nicht allein durch theoretische Überlegungen, sondern durch Faktoren wie die allgemeine ökologische Situation unserer Erde, die damit verbundenen Probleme der Energie- und Rohstoffverknappung, die Bevölkerungsexplosion und ähnliches hat sich eine Ernüchterung angebahnt, die nicht allein den Glauben an ein unbeschränktes Fortschreiten menschlicher Erkenntnis, sondern auch die damit verbundene Wissenschaftlichkeit unseres Lebens in Frage stellt. Das Vertrauen in die Wissenschaft und die aus ihr hervorgehende Technologie als alleiniges Mittel zur Lösung unserer Lebensprobleme geriet dabei ebenso ins Wanken, wie die Vorstellung, zunehmende Erkenntnis würde den Menschen immer mehr zu einer Unabhängigkeit von der Natur und zu ihrer Beherrschung führen. Gerade diese Vorstellung aber liegt dem neuzeitlichen Philosophieren letztlich zugrunde und hat die Ausbildung von Wissenschaft überhaupt erst eingeleitet und ermöglicht. Descartes Konzeption des Menschen als „maître et possesseur de la nature" und Bacons Forderung der „restitution and reinvesting of man to the sovereignety and power" stehen hier am Anfang einer Entwicklung, die von der Forderung nach sicherem Wissen ausgehend dieses Wissen auch für die Praxis als Maßstab ansetzte und über Aufklärung und Idealismus die Entfaltung der Wissenschaften bestimmte[2]. Das darin aufgestellte Wissensideal wurde mehr und mehr von der Quantifizierung und Operationalität bestimmt, die Naturwissenschaften zum Leitbild und Maß für Wissenschaftlichkeit schlechthin hinaufstilisiert, wobei die zunehmende Formalisierung und Ausrichtung auf Mathematik auch in die Sozial- und Geisteswissenschaften eindrang, deren Mangel an Exaktheit nur selten zur Ausarbeitung einer eigenständigen Methodologie führte, sondern eher zu einem Eingeständnis von Inferiorität gegenüber den exakten Wissenschaften.

Auch wenn inzwischen nicht nur von seiten hermeneutisch-ontologisch orientierter Denker wie etwa M. Heidegger, oder von der neomarxistisch inspirierten „Kritischen Theorie" (Adorno, Habermas, Marcuse), sondern auch aus dem Lager des rationalistisch-szientistischen Denkens selbst Zweifel an der methodologischen Einheit der Wissenschaften laut wurden — es sei etwa an Thomas Kuhns Untersuchungen zur Struktur wissenschaftlicher Revolutionen erinnert, an Imré Lakatos' Einbeziehung der Geschichte in seine methodologischen Untersuchungen, vor allem aber an den Methodenanarchismus und

---

[2] Vgl. dazu z. B. *P. Kampits:* Natur als Mitwelt, Das ökologische Problem als Herausforderung für die philosophische Ethik, in: O. Schatz (Hrsg.), Was bleibt den Enkeln? Graz—Wien 1979.

Wissenschaftsdadaismus Paul Feyerabends — die methodologische Ausrichtung an einer letztlich quantitativ konzipierten Rationalität bleibt im allgemeinen Bewußtsein bestimmend und fest verankert.

So gibt etwa einer der Hauptvertreter des „kritischen Rationalismus" im deutschen Sprachraum, Hans Albert, zwar Dogmatisierungstendenzen auch innerhalb der Wissenschaften zu, feiert aber zugleich auch den wissenschaftlichen Fortschritt im Zusammenhang mit dem Prinzip „kritischer Rationalität": „Der ungeheure wissenschaftliche Fortschritt in den letzten Jahrhunderten ist vor allem wohl darauf zurückzuführen, daß in diesem Bereich der Hang zur Dogmatisierung immer wieder überwunden werden, daß sich die Tradition des kritischen Denkens in der Konkurrenz der Ideen und Argumente immer wieder durchsetzen konnte[3]." Und ein vor kurzem in Österreich erschienenes allgemeines Lehrbuch für Philosophie für die österreichischen Gymnasien behauptet, daß nur eine „kritisch-wissenschaftliche Philosophie" fortschrittsfähig sei, als deren Aufgabe unter anderem erachtet wird, eine „Desillusionierung im Sinne einer Entmythologisierung der Welt"[4] vorzunehmen. Die Verhaftetheit der traditionellen (d. h. metaphysisch orientierten) Philosophie im mythisch-bildhaften Denken wird dabei besonders hervorgehoben und als eine Vorstufe des Denkens dargestellt, die es zu überwinden gilt.

Die besonders von E. Topitsch betonte Abhängigkeit der Metaphysik vom Mythos und die darin geschehende Weitertradierung mythischer Elemente in der Metaphysik erhält eine negative Akzentuierung und wird als etwas dargestellt, das es durch ein aufklärerisches, kritisch-rationalistisches Denken zu überwinden gilt[5].

Topitsch führt seine Weltanschauungsanalysen, deren Ziel es im wesentlichen ist, die traditionelle Philosophie in ihrer Verwurzelung im Mythos durchsichtig zu machen, unter anderem zur Konsequenz der „Verabschiedung einer menschheitsgeschichtlichen Illusion", weil darin jene „uralten Denkformen hinfällig werden, die der Welt, unserem Ich und dem Erkennen einen den Bedürfnissen nach Verhaltenssicherheit und gefühlsmäßiger Befriedigung entsprechenden, werthaften ‚Sinn' unterlegen."[6] Die sich bei Topitsch daran anschließende Ideologiekritik bleibt von der rationalistischen Überzeugung getragen, daß diese Ideologien auf „archaische Formen der Weltanschauung zurückführbar wären" und daß die „mythisch-metaphy-

---

[3] *H. Albert:* Plädoyer für kritischen Rationalismus, München 1971, 14.
[4] *A. Reutterer:* Philosophie, Wien 1977.
[5] *E. Topitsch:* Ursprung und Ende der Metaphysik, Wien 1958, sowie derselbe, Erkenntnis und Illusion, Hamburg 1979.
[6] *E. Topitsch,* Erkenntnis und Illusion, Hamburg 1978, 8.

sischen Gedankengebilde" nicht allein in hervorragendem Maße als Herrschaftsinstrumente dienen können, wofür Topitsch vornehmlich das Christentum und den Marxismus anführt, sondern daß sich ihre Zählebigkeit unter anderem auch aus ihrem Charakter als „Leerformeln" herleitet. Die sich daran anknüpfende Hoffnung, daß sich das wissenschaftliche Denken einmal endgültig aus der Abhängigkeit von archaischen Formen der Weltanschauung lösen möge[7], kann im Grunde als repräsentativ für die Haltung des „kritischen Rationalismus" gelten und dessen Deutung von Mythos, Metaphysik und Rationalität.

Auf welche Verbreitung derartige Thesen letztlich im allgemeinen Bewußtsein stoßen, ließe sich unter anderem daran belegen, daß das „Handbuch für philosophische Grundbegriffe" unter dem Stichwort „Wissenschaft" die Frage aufwirft „... ob nicht Philosophie in der Perspektive der modernen Wissenschaft gerade als Relikt jener Weise des Wissens angesehen werden muß, wogegen sich Philosophie selbst ursprünglich als Episteme, als Wissen und Wissenschaft, begründete: als Relikt des Mythos, des Glaubens, beziehungsweise irgendwie gearteter weltanschaulicher Meinung[8]."

Es verwundert dann nicht weiter, daß eine Bestandsaufnahme der gegenwärtigen Situation der Philosophie unter dem Titel „Mythos Philosophie" erfolgen kann[9]. Darin wird unter anderem konstatiert, daß in und durch das Weiterwirken „mythisch-gnostischer Denkformen" neben und im philosophischen Denken dieses selbst "wie ein Relikt aus mythischen Zeiten in die wissenschaftlich technologisch verwandelte und entzauberte Welt herüberragt."[10] Die darin offenbar werdende Tendenz, der Philosophie unbewältigte mythische Denkformen zu unterlegen, verbindet sich mit dem aufklärerischen Appell zur Befreiung von solchen archaischen Denkformen, wobei dieser Entmythologisierungsprozeß unumwunden mit einer Überwindung der Philosophie durch die Wissenschaften gleichgesetzt wird.

Läßt sich nun dieses Geschehen tatsächlich als ein Prozeß der Emanzipierung der Wisenschaften von der Philosophie fassen und mit der Emanzipation der Philosophie vom Mythos zum Logos so parallelisieren, daß der Mythos einerseits der Philosophie gegenüber wie ein „Primitivstadium des metaphysischen Denkens" (S. Langer) erscheint und andererseits die Philosophie als historisch notwendiges und bedingtes Vorstadium der Wissenschaft? Steht dahinter nicht — diffe-

---

[7] a. a. O. bes. 15 ff., 225 ff.
[8] Handbuch philosophischer Grundbegriffe, hrsg. v. H. Krings, H. Baumgartner, C. Wild, München 1973, 1740.
[9] Vgl. dazu W. *Hochkeppel:* Mythos *Philosophie,* Hamburg 1976.
[10] a. a. O. 143.

renzierter und um einige Faktoren bereichert — die alte positivistische Dreistadienlehre Auguste Comtes? Oder gälte es hier nicht umgekehrt, etwa im Sinne Paul Feyerabends dem Mythos wiederum sein Recht einzuräumen und ihm zumindest die gleiche Ebene menschlicher Selbstverwirklichung und Weltgestaltung zuzuerkennen, wie der Wissenschaft?

Wenn Paul Feyerabend, der bekanntlich selbst innerhalb der Schule eines wissenschaftstheoretisch ausgerichteten „kritischen Rationalismus" steht, einen Methodenpluralismus verficht, wo dem Mythos, selbst dem absurdesten, eingeräumt wird, daß er „beobachtbare Phänomene genau beschreiben, erklären und in einen verständlichen Zusammenhang bringen will"[11] und wenn Feyerabend im weiteren unumwunden vom „Märchen Wissenschaft" spricht, so ist darin bei aller provokatorischen Tendenz solcher Äußerungen der Angriff gegen die Absolutsetzung der Wissenschaft sehr ernst zu nehmen. Feyerabends Auffassung, daß sich bestimmte empirische Theorien selbst kaum noch von einnem Mythos unterscheiden, seine These, daß Rationalität und Wissenschaft keineswegs miteinander gleichgesetzt werden dürfen, ja einander oft ausschließen[12], und seine Behauptung, daß Mythos und Wissenschaft sich durch das gemeinsame Streben nach Theorie im Sinne einer Einheit der Welterklärung und Weltauffassung auszeichnen, kann mit zum Anlaß genommen werden, die herkömmliche Auffassung des Verhältnisses des Mythos zur Philosophie und zur Wissenschaft neu zu bedenken.

Freilich bleibt zu fragen, ob etwa Feyerabends Deutung des Mythos nicht letztlich ebenso wie K. Poppers zunächst recht freundliche Einschätzung des Mythos doch auf einer Auslegung beruht, die den Mythos erneut von der Wissenschaft aus deutet und bestimmt. Wenn etwa Popper einräumt, daß Wissenschaft in bestimmtem Sinnn Mythenbildung wäre[13], aber als entscheidenden Unterschied zum Mythos die kritische Infragestellung, die dem Mythos verschlossen ist, anführt, so beurteilt er den Mythos ebenso als eine primitive und frühe Vorstufe wissenschaftlicher Theorienbildung, wie Feyerabend den Mythos verkürzt, wenn er davon spricht, daß er „dem Alltagsverstand einen theoretischen Überbau aufsetze"[14], auch wenn der Zusammenhang mit der Lebenspraxis, den Feyerabend anführt, dabei wichtig ist. Sowohl die Ethnologie, die Religionsphilosophie wie auch eine

---

[11] P. *Feyerabend:* Wie wird man ein braver Empirist, in: L. Krüger (Hrsg.). Erkenntnisprobleme der Naturwissenschaften, Köln 1970, 322.

[12] Vgl. dazu besonders P. *Feyerabend:* Wider den Methodenzwang, Frankfurt 1976, 392 ff.

[13] K. *Popper:* Conjectures and refutations, London 1978.

[14] P. *Feyerabend:* Wider den Methodenzwang, 394.

philosophisch orientierte Mythenforschung haben gezeigt, daß die Auffassung des Mythos als eines primitiven, prälogischen und längst überwundenen Stadiums menschlicher Welterklärung und menschlichen Weltverhaltens zu kurz greift. Die strukturalistischen Untersuchungen von C. Lévi-Strauss etwa heben die Eigenständigkeit des Mythos ebenso hervor, wie Mircea Eliades Analysen zum Verhältnis von Mythos und Wirklichkeit oder W. F. Ottos an die Dichtung angelehnte Deutung des Mythos. Lévi-Strauss etwa hat immer wieder darauf verwiesen, daß der Mythos ebenso wie das „magische" oder „wilde Denken" nicht als prälogisch qualifiziert oder auf praktische Bedürfnisse zurückgeführt werden kann, sondern eine Selbstdarstellung des Geistes einschließt[15]. W. F. Otto macht nachdrücklich darauf aufmerksam, daß die sich im Mythos ausdrückende Wahrheit — nicht wie für die spätere, „aufgeklärte" Deutung etwas Unglaubwürdiges, Ungesichertes und Phantastisches darstellt, sondern eine unmittelbar einleuchtende, selbstoffenbarende Kraft besitzt[16]. Der im Mythos in ungebrochener Einheit lebende Mensch erfährt ihn darum nicht als Götterfabel, Welterklärung oder praktisch motivierte Normensetzung, die auch anders sein könnte, sondern als etwas, in das der Mensch unmittelbar einbegriffen und verwoben ist, als einer Wahrheit, in der das ganze menschliche Leben sozusagen „innesteht", als die Sache selbst, wie sich Otto auch ausdrückt[17].

W. Dupré kennzeichnet darum den Mythos auch als etwas, das mit dem „Identitätsbewußtsein menschlicher Gemeinschaft"[18] eng verbunden ist und verweist darauf, daß die Wahrheit des Mythos eng mit dem Fortbestand einer bestimmten Kultur verwoben ist, so daß auch innerhalb einer an den Mythos gebundenen Kultur sehr wohl zwischen der Wahrheit und Gültigkeit des Mythos und fiktiven Erzählungen wie etwa Märchen, unterschieden werden kann.

Otto macht darum mit Recht darauf aufmerksam, daß der Mythos kein Werk des Denkens über Welt und Dasein wäre, sondern diesem vielmehr vorgegeben ist[19]. In jedem Fall entstammt die Interpretation des Mythos als eines unglaubwürdigen Geschehens, das unserem Wissen widersprechen muß, oder als einer primitiven Stufe menschheitsgeschichtlicher Entwicklung bereits einem Deutungsrah-

---

[15] Vgl. dazu *C. Lévi-Strauss:* Das wilde Denken, Paris 1962, Mythologica I - IV, Paris 1964 ff.

[16] Vgl. dazu W. F. *Otto:* Mythos und Welt, Stuttgart 1962.

[17] a. a. O. 259.

[18] *W. Dupré:* Mythos, in: Handbuch philosophischer Grundbegriffe, Hrsg. v. H. Krings, H. Baumgartner, C. Wild, Bd. 4, München 1973, 950 sowie W. *Dupré:* Life-community and mythological praxis, in: Vox Theologia, 1979/4.

[19] *W. F. Otto:* a. a. O. 259.

men, der eine Weise menschlicher Welterfahrung und Weltverhaltens als alleingültig ansetzt: diejenige der Rationalität und Wissenschaftlichkeit. Die darum aus der Perspektive „kritisch-rationalistischer" Philosophie getroffene Feststellung: „Der Mythos ist — rational und kausal erklärend — unwahrscheinlich, ja unsinnig. Er bietet ein geschlossenes Weltbild, das im Gegensatz zum wissenschaftlichen keine offenen Fragen kennt"[20] ist aus dem genannten vorgegebenen Interpretationsrahmen gar nicht unzutreffend. Sie bewertet nur den Mythos falsch und läuft dabei Gefahr zu übersehen, daß der Mythos keine nachträgliche Deutung oder Aussage über die Wirklichkeit darstellt, sondern daß wir Wirklichkeit immer schon aus ihm erfahren und deuten. Dupré hat in diesem Zusammenhang darauf verwiesen, daß im Mythos selbst eine geschichtliche Dimension enthalten ist, die auch die Loslösung vom Mythos noch miteinbegreift. Ausgehend von der Unterscheidung von Mythos und Mythologie als der jeweiligen Artikulation des Logos im Mythos, aus der heraus und in der sich einzelne Kulturen aufbauen, macht Dupré darauf aufmerksam, daß damit Mythologie nicht auf das jeweils gesprochene Wort (etwa einer bestimmten Göttergeschichte) und nicht auf eine vergangene historische Situation oder Stufe reduziert werden kann, sondern daß sie als „mythologische Praxis in der Gestalt der Geschichte" begriffen werden muß[21].

Damit aber wird die einsinnige Vorherrschaft des Logos — in der Sprache des 20. Jahrhunderts, der logisch-kausalen Erklärung des Mythos hinfällig. Die Entscheidung über Wahrheit oder Falschheit eines Mythos kann nicht einfach selbstverständlich von der positiven Rationalität der Wissenschaft aus vollzogen werden, sondern allenthalben nur von einer umfassenden Theorie des Bewußtseins, die sich auch darüber Rechenschaft gibt, daß der Mythos eine bestimmte Spezifikation kultureller und geschichtlicher Wirklichkeit des Menschseins darstellt[22].

Auch ohne in die nur eben andeutbaren Zusammenhänge von Mythos und Logos, von Mythologie und Theorie, Sprache und Sinn, Lebensgemeinschaft und Kultur näher eindringen zu können, läßt auch von seiten einer die Praxis in den Vordergrund stellenden Argumentation zu ähnlichen Resultaten gelangen. Auch wenn man dem Mythos keineswegs nur pragmatische Funktion und Bedeutung zuspricht, bleibt doch die in ihm enthaltene Vorgabe der Weltorientierung und damit der praktisch-kulturellen Normativität auch dort noch wichtig,

---

[20] A. *Reutterer:* a. a. O. 31.
[21] W. *Dupré:* Mythos, a. a. O. 952.
[22] Vgl. dazu bes. W. *Dupré:* Zur grundsätzlichen Bedeutung der Religion in Primitivkulturen, in: Zeitschrift für systemat. Theologie, 1977.

wo die Mythologie und das von ihr ausgehende die Verbindlichkeit eingebüßt hat. Gerade die heute zu konstatierende zunehmende Verwissenschaftlichung unseres Lebens, die komplementär dazu aber auch immer größer werdende Verselbständigung der Lebenswelt gegenüber der Wissenschaft, die immer wieder betonte Kluft zwischen Theorie und Praxis zeigt, daß unser Leben sich keineswegs nur nach rationalen Gesetzen und Normen vollzieht, sondern daß Elemente bestimmend bleiben, die selbst mythischer Herkunft sind und sich der Verbindlichkeit des Mythos zu versichern scheinen. Die sich im Szientismus und Rationalismus findende Vorstellung einer Überwindung des Mythos durch den Logos und die daraus folgende Ausschaltung mythischer Elemente durch die Philosophie, bzw. spätestens durch die Wissenschaft oder eine an ihre Methodologie angepaßte philosophische Weltauffassung, mißdeutet nicht allein das Verhältnis von Mythos und Logos, sondern läuft auch Gefahr, ihre eigenen Prinzipien zu künstlichen und damit unechten Mythen hochzustilisieren.

Gerade dies scheint im „kritischen Rationalismus" gegenwärtig zu geschehen, selbst wenn man die ideologiekritische Komponente, die ja entmythologisierend sein will, weder geringschätzt, noch von Anfang an selbst wieder als ideologieträchtig verdächtigen will. Die durchgängig von den Vertretern des kritischen Rationalismus proklamierte Offenheit, die auf der Falsifikationstheorie Poppers aufbauende antidogmatische Grundeinstellung, der Verzicht auf Letztbegründung und das gelegentlich auftauchende Bekenntnis, daß die Entscheidung zum Rationalismus selbst nicht mehr als rational begründet und ausgewiesen werden könne, scheint zwar zunächst dem zuvor Gesagten zu widersprechen. Bei näherer Betrachtung zeigt sich allerdings, daß die vielfach proklamierte „undogmatische" Grundhaltung des kritischen Rationalismus sehr schnell in handfesten Dogmatismus umschlagen kann, gerade wenn es um philosophische Konzeptionen geht, die nach dem Interpretationsrahmen des Rationalismus mythische, metaphysische oder ideologische Elemente enthalten. Dazu wieder ein Beispiel aus dem genannten Lehrbuch für Philosophie: Dort wird schematisch dem logisch-rationalen Denken, das allein als philosophisch relevantes bezeichnet wird, ein „irrationales Denken" entgegengesetzt, das für den Autor in die Denkform mythisch-magisch, mystisch, hermeneutisch-existentiell, dialektisch zerfällt — mithin alle jene philosophischen Richtungen, die sich nicht zum kritischen Rationalismus bekennen[23].

Die vom kritischen Rationalismus propagierte Offenheit und antidogmatische Einstellung beansprucht eine modifizierte Form von Auf-

---

[23] Vgl. dazu A. *Reutterer:* a. a. O. 41.

klärung als „Idee der permanenten rationalen Kritik, der kritischen Prüfung" für ihre eigene Position. Dabei wird wohl eine rationalistische Letztbegründung, wie sie der klassische Rationalismus oder auch Empirismus versucht hatte, aufgegeben, die gegen die „geschlossenen Ideologien" ins Feld geführte Idee einer „dauernden Kritik", die im sogenannten Münchhausen-Trilemma Alberts ebenso deutlich wird, wie in Poppers Programm der „conjectures and refutations" verfestigt sich aber spätestens dort wiederum zu einem intoleranten Dogmatismus, wo das Kriterium der rationalen Kritik und der Wissenschaftlichkeit dazu verwendet wird, alle nicht darunter subsummierten Denkansätze als Ideologien, als „mythisch" oder metaphysisch — was gelegentlich gleichgesetzt wird — außerhalb des sich selbst als geschlossenes System zeigenden rational-kritischen Ansatzes zu stellen.

Die etwa von E. Topitsch entfaltete Ideologiekritik meint zwar die mythischen Komponenten der traditionellen (metaphysischen) Philosophie aufgespürt und bloßgelegt zu haben, stilisiert aber gerade die Funktion der rationalistischen Philosophie und deren kritische Attitude zu einer selbst wieder unangreifbaren Haltung heraus, die der beklagten Geschlossenheit des Mythos nicht unähnlich ist. Auch die ständige Beteuerung des „Kritischen" schützt dann nicht vor Unduldsamkeit und Dogmatisierungstendenzen, die auch in der Neigung offenbar werden, in den Wissenschaften eine Art Vollendung menschlicher Erkenntnisleistung auf dem Weg vom Mythos über die Philosophie zu erblicken. Wo schon nicht die Wissenschaft selbst als der alleinige Weg zur Wahrheit und zur Erkenntnis angesehen wird, wird zumindest ihre Methodologie grundgelegt, um metaphysisches Denken als begriffliche Umschreibung mythischer Bilder darzulegen (Topitsch), oder als „unkontrollierbare Spekulation", allenthalben als Vorstufe wissenschaftlicher Theoriebildung zu tolerieren. (Albert, Lenk, Stegmüller). H. Alberts Ausführungen bezüglich der methodologischen Einstellung des Rationalismus ist dafür kennzeichnend: „Die Tradition kritischer Prüfung macht weder vor Glaubensbeständen aller Art noch vor Institutionen halt. Sie kultiviert in bezug auf alle Tatbestände eine Einstellung, die nicht auf bloße Bewahrung, sondern auf Bewährung zielt, wobei auch die jeweiligen Kriterien der Bewährung keineswegs von der Kritik ausgenommen sind. Sie hat im Laufe der Geschichte auf immer neue Probleme und Bereiche übergegriffen und hat ältere Weisen die Probleme zu behandeln: dogmatisch-spekulative, naiv-empirische und habituell-tradierte Verfahrensweisen dabei in Frage gestellt. Nicht nur die Ergebnisse der Wissenschaft, gerade auch ihre Methoden haben sich immer wieder als revolutionär erwiesen. In den Methoden vor allem — in der Methodologie der kritischen Prüfung, die sich hier herausgebildet hat — verkörpert sich nämlich die kritische Einstellung, die die Wissenschaften zum Paradigma für die Wirksamkeit der Tradition der kritischen Vernunft gemacht hat."[24]

Gerade die darin deutlich werdende Eindimensionalität des kritischen Denkens, seine Apotheose der Wissenschaft, und seine gerühmte kritische Infragestellung von Dogmen, Institutionen etc. weist viele Merkmale einer neuen Mythenbildung auf. Die von Paul Feyerabend aus dem Prinzip der Offenheit der kritischen Vernunft gezogene Konsequenz eines methodologischen Anarchismus oder Wissenschaftsdadaismus unter dem Prinzip „anything goes" scheint dann gar nicht so absurd: sie wäre sogar die einzige, die aus diesem Ansatz gezogen werden könnte, ohne wiederum in einen Dogmatismus, diesmal den der kritischen Rationalität zu fallen. Es verwundert dann auch nicht weiter, daß Feyerabend etwa Woodoo, Regenzauber oder Handauflegen als gleichberechtigte Methoden wie die Wissenschaft zur Welterklärung und praktischen Weltbewältigung anerkennt. Freilich wäre es allzu einfach, die Ähnlichkeit des Prinzipes des „kritischen Rationalismus" mit dem Mythos zur Bestätigung der These zu verwenden, daß der Mythos eben eine „nicht zu umgehende Konstante der menschlichen Existenz wäre."[25] Denn die mit dieser Akzentuierung aufbrechende Frage nach einem „wahren" und nach „verfälschten" Mythen (W. F. Otto), nach der Notwendigkeit des Mythos auch und in der aufgeklärt-rationalistischen Gegenwart führt zur Frage zurück, wie im geschichtlichen Zusammenhang Mythos und Mythologie in ihrer jeweiligen Artikulation sich zueinander verhalten.

Auch wenn nicht unschwer eingesehen werden kann, daß viele Elemente des kritischen Rationalismus, vor allem die Methodologie, die zur Entmythologisierung eingesetzt wird, die Tendenz zu einer neuen Mythenbildung beinhalten, gilt es sich dabei immer vor Augen zu halten, daß für den aus der Verbindlichkeit des Mythos entlassenen Menschen eine Rückkehr zum Mythos prinzipiell verschlossen bleiben muß. Gerade deshalb ist die Mythisierung mancher Elemente des Rationalismus besonders bedenklich. Man kann in der konkreten Vorgangsweise dieser Denkhaltung durchaus so etwas wie die Wiederkehr von Tabuisierung (der eigenen Grundhaltung) und die Absolutsetzung der Wissenschaftlichkeit selbst in Parallele zur Unhintergehbarkeit des Mythos setzen, worauf etwa Feyerabend aufmerksam gemacht hat[26]. Denn die vom kritischen Rationalismus zweifellos zu Recht gesehene Gefahr, daß auf dem Umweg über die Ideologie und ihre Fixierung an totalitäre Ansprüchen ein mythosähnliches Weltver-

---

[24] *H. Albert:* Plädoyer für kritischen Rationalismus, München 1971.
[25] *Th. N. Munson:* Reflective Theology, New-Haven, London 1968, zit. nach Dupré, Mythos, in: Handbuch philosophischer Grundbegriffe, a. a. O. 951.
[26] Vgl. dazu *P. Feyerabend:* Wider den Methodenzwang, a. a. O. bes. 394 ff.

halten erzeugt wird, läßt sich nicht einfach dadurch ausschalten, daß gegenüber dem Mythos auf Rationalität, Wissenschaft und Aufklärung gesetzt wird. Damit soll keineswegs bestritten werden, daß gegenüber vielen Heilsvorstellungen der Sozialutopien durchaus ein gerütteltes Maß an (auch) rationaler Kritik notwendig ist. Ebenso ist es nicht zweifelhaft, daß etwa Poppers „Stückwerktechnologie" eine Reihe von einnehmenden pragmatischen und realistischen Gesichtspunkten enthält. Gerade aber um einer neuerlichen Mythologisierung zu entgehen, gilt es, das Gesamtverhältnis von Rationalität und Mythos neu in den Blick zu nehmen und darin ein Verständnis des Mythos zu entwickeln, das auch zu einer Revision der sich am Fortschritt von Wissenschaft und Technik orientierenden Rationalität führen muß. Wissenschaft, Philosophie und Mythos wären dabei in ihrer geschichtlich sich wandelnden Verankerung in der selbst geschichtlichen menschlichen Wirklichkeit zu sehen, und nicht von einem Fortschrittsmodell wissenschaftspositivistischer Art aus als einander ablösende, jeweils „höhere" Gestalten zu deuten.

Gerade aber im Betonen der jeweiligen Eigenständigkeit wären sowohl der Prozeß der Entmythologisierung im Sinne einer Befreiung von falschen Mythen, wie auch derjenigen eines Aufdeckens der Entstehung von solchen „falschen Mythen" aufzuweisen und zu beleuchten, wobei man sich durchaus der von Dupré vorgeschlagenen Differenzierung zwischen sich erinnernder und erinnerungsloser Mythologie (Ideologie) bedienen, oder einen ursprünglichen von sekundärem Mythos abheben kann (Otto). Die Verwerfung des Mythos und der Versuch, vom Maßstab kritischer Rationalität aus den Vorwurf der Mythologisierung überall dort anzubringen, wo dieses Prinzip selbst auf seine Grundlagen und Herkunft hin in Frage gestellt wird, ist aber ebenso zurückzuweisen, wie ein pauschales Verwerfen der Rationalität als solcher, sei es unter dem Verdacht einer „Logik der Herrschaft" (Habermas) oder unter religiösen oder hermeneutischen Gesichtswinkeln.

Daß der Mythos im ursprünglichen Sinn auch Wort und Rede bedeutet, zunächst sogar das wahre Wort, das keinen Zweifel zuläßt, während Logos auch schon das bedachte und überredende Wort beinhaltet, sollte nicht gegeneinander ausgespielt werden, auch wenn es verlockend wäre, den gegenwärtigen Aufwand an sprachphilosophischen Bemühungen logisch-logistischer Art an der ursprünglichen Kraft des Mythos zu messen. Denn das Begreifen der im Mythos zunächst deutlich gewordenen Wirklichkeit, das Begreifen, von dem, was ist, bleibt im Spannungsfeld von Mythos und Logos jeweils aufgegeben, zumindest für ein philosophisch sein wollendes Denken und Dasein.

Zur Theorie des Dialogs bei Augustinus

Von *Johann Mader*

Eine Beschäftigung mit Augustinus, seinem Leben und Denken, begegnet wohl sogleich der Frage nach ihrem Sinn in der Gegenwart, die doch die Zeit seines Lebens bereits um 1500 Jahre überholt hat. Wilhelm Windelband[1] hat Augustinus in seiner „Geschichte der Philosophie" den „Urheber des modernen Denkens" genannt und dessen Urheberschaft darin gesehen, daß er das „Prinzip der selbstgewissen Innerlichkeit... zuerst mit voller Klarheit ausgesprochen und als Ausgangspunkt der Philosophie formuliert und behandelt hat". Wenn auch Gerhard Krüger[2] den „Ursprung des Selbstbewußtseins" erst bei Descartes ansetzt, so meint doch auch er, daß eine „vollständige Geschichte des philosophischen Selbstbewußtseins" mit Augustinus beginnen müßte. Aber eben dies scheint mir, wenngleich es die Fundierung der Philosophie in der Neuzeit grundsätzlich betrifft, nicht das gegenwärtig Bedeutsamste am augustinischen Denken zu sein.

Wilhelm Kamlah und Paul Lorenzen haben heute die Problematik der Fundierung der Philosophie in der transzendentalen Wende so weit vorangetrieben, daß sie sie nunmehr im Dialog, in der im Dialog beanspruchten und damit vorausgesetzten „praktischen Grundnorm" fundieren. Jürgen Habermas und Karl-Otto Apel sprechen in diesem Sinne von einem „Apriori der Kommunikationsgemeinschaft". Das Interesse an dieser gegenwärtigen Entwicklung in der Problematik der Fundierung der Philosophie ist, daß mit ihr, allerdings ohne ausdrückliche Reflexion darauf, wiederum sachlich auf die Problematik der Fundierung der Philosophie zurückgegriffen wird, die Augustinus erstmals eingeleitet hatte, die jedoch in der Tradition bislang nicht aufgegriffen und weiterverfolgt wurde. Hiebei wird aus systematischen, nicht bloß aus historischen Gründen auf die geschichtliche Situation zurückgegriffen werden müssen.

Es gilt also die selbstreflexive Grundlegung der Philosophie, so wie sie Augustinus vollzogen hat, aufzudecken und nachzudenken, um

---

[1] *Wilhelm Windelband:* Lehrbuch der Geschichte der Philosophie, 15. Aufl., herausgegeben von Heinz Heimsoeth, Tübingen 1957, S. 237.

[2] *Gerhard Krüger:* Die Herkunft des philosophischen Selbstbewußtseins, in: Freiheit und Weltverwaltung, Freiburg 1958, S. 11 - 70.

ihre mögliche Relevanz nicht nur für die Philosophie, sondern für das praktische Leben der Menschen in Gesellschaft und Geschichte zu eruieren.

I. Die anthropologisch-theologische Wende in der Philosophie bei Augustinus

Die entscheidende und in den Arbeiten zur Geschichte der Philosophie anerkannte Leistung Augustins liegt wohl darin, daß er der antiken Metaphysik gegenüber als erste und fundamentale Frage nicht die Frage nach dem Sein als dem Grund des Seienden, sondern die Frage nach dem Menschen, der nach dem Sein fragt, stellt, also die Wende von der Substanz-Metaphysik zur Subjekts-Metaphysik vollzieht. Nunmehr ist der Mensch in seiner selbstgewissen Innerlichkeit zum Fundament dafür geworden, wie ihm die Welt wird im Leben, wollend, wissend und glaubend. Das, was Augustinus in der Grundlegung von Descartes trennt, ist, daß er den Menschen als Subjekt selbst noch begründet, als Geschöpf von seinem Ursprung, dem Schöpfer, Gott, her denkt; dadurch ist seine anthropologische Wende auch eine theologische. In „De ordine"[3] wird sie artikuliert: „Die erste Frage ist, wie wir uns selbst, die zweite, wie wir unseren Ursprung erkennen." Als methodische Anweisung, die dieser zweifachen Fragestellung entspricht, kann sein Dictum gelten: „Geh in dich hinein und überschreite dich!"[4] Auf ein weiteres sehr entscheidendes Moment des Unterschieds zu Descartes muß nachdrücklich hingewiesen werden: Augustinus will mit der anthropologisch-theologischen Wende wohl die Philosophie, aber doch diese wesentlich als bestimmtgeartete, aus bestimmten — eben den in der philosophischen Reflexion aufgedeckten und bewußtgewordenen — Prinzipien vollzogene Lebensweise begründen. Bereits in „Contra academicos" und bis hin zu „De civitate Dei" gilt, daß man nur durch die Wahrheit — ihre Suche — zum Glück, zum glücklichen Leben gelangt.[5] Derart ist also der Sinn der Wahrheit, des Strebens nach ihr, das glückliche Leben selbst, soweit dies im Leben auf Erden erreicht werden kann. Auch die Formulierung, daß der „echte Philosoph" der „Liebhaber Gottes"[6] sei, belegt diese Auslegung, zumal für Augustinus gilt, daß sich die Liebe zu Gott nur in der „reinen Liebe des Menschen zum Menschen"[7] ereignet. Augustinus intendiert also mit der Begründung der Philoso-

---

[3] De ordine II, 18, 47.
[4] De vera religione 39, 73.
[5] Vgl. C. acad. I, 2, 5.
[6] Vgl. De civ. Dei VIII, 1. I, 26, 48.
[7] Vgl. De morib. Eccl. cath. I, 26, 48.

phie eine Begründung des Lebens, der individuellen Lebenspraxis ebenso wie der gemeinschaftlichen Lebensweise; und dies gegenüber Descartes als primäres Anliegen.

Die These, die hier entfaltet und belegt werden soll, bezieht sich auf diese *fundamentale anthropologisch-theologische Wende*, durch die dem Philosophieren erstmals die selbstgewisse Innerlichkeit zum systematischen Prinzip gegeben wurde, und auf die *nähere Bestimmung* dieses Prinzips der selbstreflexiven Innerlichkeit. Ich meine, daß sie in zweifacher, wenngleich zusammengehöriger Weise vollzogen wird; nämlich einmal als dialogisch-personale und zum anderen als monologisch-dialektische Selbstreflexion.

Augustinus deckt grundsätzlich in der Selbstreflexion das Verhältnis des Individuums zu sich selbst, somit die Struktur des Selbstbewußtseins auf. Hiebei reflektiert er auf das Ich als Subjekt des Welthabens, dem es in diesem um sich selbst, sein Sein, sein Glück und Heil in der Gemeinschaft geht (vgl. z. B. Vita beata; Conf. X.), in einer zweifachen Weise und begründet demgemäß auch die Philosophie in einem zweifachen Sinne: Er reflektiert einmal auf sich selbst als ein Individuum innerhalb der Gemeinschaft: das Individuum weiß sich in ihr als Person in Gemeinschaft mit Personen, zum anderen weiß es sich als ein Mensch überhaupt, gleich allen anderen Menschen, ohne sich als Individuum innerhalb der Gemeinschaft bewußt zu sein. Augustinus hat weiters die dialogisch-personale gegenüber der monologisch-dialektischen Weise der Selbstreflexion als die *fundamentalere* angesehen; wenngleich gerade jene weder von ihm selbst mit der gleichen Deutlichkeit und Differenziertheit wie diese artikuliert wurde noch jene gegenüber dieser in der Augustinus-Forschung die ihr gebührende Beachtung gefunden hat. In der *Augustinus-Forschung* wurde im allgemeinen — problemgeschichtlich gesehen — der selbstreflexive Einstieg in das Philosophieren als erster Ansatz des *transzendentalen Gedankens* und in einer gewissen Weise auch des *absoluten Idealismus* — so die Memoria-interior-Lehre und die Selbstbewußtseinsspekulation der Trinitätslehre — verstanden. Es wurde hiebei vornehmlich auf die, wie ich es nenne, monologisch-dialektische Weise der Selbstreflexion rekurriert, in der Augustinus nach sich als nach einem *Menschen* fragt. Augustinus hat aber nicht bloß diese monologisch-dialektische Selbstreflexion vollzogen und den Menschen nicht bloß als dialektische Einheit begriffen. Es scheint mir vielmehr, daß er die dialogisch-personale Weise der Selbstreflexion als die fundamentalere angesehen hat. Ich möchte daher zuerst die monologisch-dialektische Selbstreflexion kurz charakterisieren, um sie weiterhin als bekannt voraussetzen zu können, und sodann die Bedeutung der dialogisch-personalen Selbstreflexion herausstellen, an Hand der Motive, die zur Niederschrift der „Confessiones" geführt haben, und an Hand der Architektonik des Kapitels in den „Confessiones", das diesen beiden Weisen der Selbstreflexion gewidmet ist.

II. Die monologisch-dialektische Selbstreflexion

Im X. Buch der „Confessiones", im 6. Kapitel, wird das Konzept dieser Selbstreflexion ausdrücklich artikuliert: „Und nun wandte ich mich zu mir selbst und sprach zu mir: Wer bist du? und ich gab zur Antwort: Ein Mensch. Und siehe, es sind Leib und Seele in mir meines Winks gewärtig, der eine draußen, drin der andere."[8] Das Wesen des Menschen überhaupt ‚ist' die Einheit vermittels der Differenz von „Leib und Geist" (corpus, anima vel animus), von „äußerem" und „innerem Menschen" (homo exterior — homo interior), wobei dem „inneren Menschen" der Vorrang vor dem „äußeren" zugesprochen wird. Somit ist die *Einheit des Menschen* unter dem *Vorrang des Geistes* aus der *Differenz* von Leib und Geist begriffen. Dieses selbstreflexive Begreifen kann man wohl mit Recht als ein *monologisch-dialektisches* verstehen, und zwar monologisch, weil es ohne reflexiven Bezug zum anderen Individuum vor sich geht, dialektisch, weil gilt, wie Augustinus in „De trinitate" formuliert, daß der Geist die Sinnlichkeit als das andere seiner aus sich entläßt: „Da also der Geist innerlicher ist, geht er gewissermaßen aus sich selbst heraus, wenn er die Zuneigung seiner Liebe nach den sinnenfälligen Dingen ausschickt..."[9]

III. Die Motive der Abfassung der „Confessiones" und deren Architektonik

Die „Confessiones", 397 fertiggestellt, stehen bereits nach der für Augustins Leben und Denken sehr bedeutsamen Bestellung zum Priester und auch zum Bischof von Hippo Regius. Er bekennt in ihnen sein Leben. Dieses Einbekenntnis war durch die Kritik der Donatisten ausgelöst worden. Augustinus wollte in den „Confessiones" nachweisen, daß er nach dem entscheidenden Wandel in seinem Leben, der Bekehrung vom „alten" zum „neuen Menschen", also von seiner gegenwärtigen Lebensführung und seinem gegenwärtigen Selbstverständnis her, durchaus berechtigt ist, Priester und Bischof zu sein: die Sakramente zu spenden und die Heilige Schrift auszulegen. Aber Augustinus wollte nicht bloß sich selbst in seinem individuellen Lebensgang vor der Gemeinde in Hippo Regius rechtfertigen. Das Ein-

---

[8] Conf. X, 6.
[9] De trin. X, 8.

bekenntnis seines Lebens sollte auch vor den „Augen vieler Zeugen" (X, 1), seinen späteren Lesern, zeigen, „wer" er „jetzt ist", nicht bloß, wer er „gewesen war"[10]. Augustinus wollte also verbindlich sagen, was es überhaupt heißt, *Mensch und Christ* zu sein. Es ist dies etwas, das für die Gemeinschaft, in der er lebt, aber auch für sie weiterhin in ihrer Zukunft von fundamentaler Bedeutung ist.

Diesen Intentionen entspricht auch der Aufbau der „Confessiones" völlig. Die Bücher I - IX bringen die Confession des bisherigen Lebens von Augustinus. Folgerichtig wird diese aber nicht als ein getreuer Bericht über einen zusammenhängenden Ablauf von äußeren Geschehnissen gegeben, sondern als Ereignis einer inneren geistigen Umwandlung, gewissermaßen in einer Bildungsgeschichte seines philosophischen und religiösen Bewußtseins, zur Darstellung gebracht. Das X. Buch bringt die Entfaltung der Selbstreflexion, die sich auch noch in das XI. hinein erstreckt. Buch XII und XIII legen dar, wie die Heilige Schrift, die Lehre von der Schöpfung aus dem Nichts, zu interpretieren ist.

Die Feinstruktur des X. Buches mit seinen 43 Kapiteln zeigt sodann des näheren die Gewichtung, die Augustinus den beiden Weisen der Selbstreflexion zumißt. In den Kapiteln 1 bis 5 reflektiert Augustinus auf sich als derjenige, der sich selbst mitteilt, und er analysiert die Situation, in der er dies tut, er seine Confessio gibt. Er vollzieht hier die Selbstreflexion in ihrer dialogischen Gestalt. Er reflektiert auf *sich selbst als Individuum,* in sein Verhältnis zu sich selbst, und auf sein *Verhältnis zu den anderen Individuen innerhalb der Gemeinschaft.* Es wird ihm im besonderen die Möglichkeit der Wahrheit der Confessio und ihr Sinn zum Thema. Dies hat seinen guten Grund. Da Augustinus in seiner Confessio beansprucht, in Wahrheit zu sagen, was es heißt, Mensch und Christ zu sein, ist er genötigt, auf sein Bekennen *zu reflektieren* und die *Bedingungen* zu eruieren, unter denen die Selbstmitteilung Wahrheit haben kann.

In diesen Überlegungen leistet Augustinus die dialogisch-personale Selbstreflexion. Auch das Verhältnis der dialogisch-personalen zur monologisch-dialektischen Selbstreflexion wird hier deutlich.

Die Kapitel 6 bis 17 bringen sodann die Thematisierung der monologisch-dialektischen Gestalt der Selbstreflexion: die berühmte Memoria-interior-Lehre. Am Ende des Kapitels 17 tritt jedoch wieder die Problematik der dialogisch-personalen Selbstreflexion, wenngleich in neuer Gestalt, aber durchaus folgerichtig auf und hält sich bis zum Ende des X. Buches, verschieden akzentuiert, durch. Es wird hier die

---

[10] Vgl. Conf. X, 4.

die selbstreflexiven Analysen überhaupt leitende Frage nach dem Wissen von Gott wieder ausdrücklich aufgenommen und zu Ende geführt.

Es ist für die *Augustinus-Forschung* bezeichnend, wenn Gottlieb Söhngen[11] in seinem Aufsatz zum Aufbau der augustinischen Gedächtnislehre gerade diese für die dialogisch-personale Selbstreflexion wesentlichen Kapitel 1 bis 5 und 27 bis 43 aus seinen Untersuchungen ausgeklammert hat. Die Abschnitte über die dialogische Selbstreflexion sind aber nicht bloß die Rahmenerzählung für die Entfaltung der monologisch-dialektischen Selbstreflexion, sondern der Ort, an dem die Bedingungen der Wahrheit der Selbstmitteilung entdeckt werden.

IV. Die dialogisch-personale Selbstreflexion

Das Thema dieser Selbstreflexion ist die Analyse des Selbstbewußtseins dessen, der inmitten der Gemeinschaft lebt. In ihr wird aufgedeckt, wie sich das *Individuum zu sich selbst* und zu den *anderen* Individuen in der Gemeinschaft verhält. Es kommt zum Bewußtsein, wodurch das Individuum in seinem Selbstverhältnis und im Verhältnis zu den anderen Individuen begründet ist und wodurch es bestimmt wird.

Da sich das Verhalten zu den anderen in der Gemeinschaft in „Tat und Wort"[12] vollzieht, hat in der dialogisch-personalen Selbstreflexion das Bewußtsein des Verhaltens des Individuums zu den anderen Individuen in seinem *Handeln* und in seinem *Sprechen* analysiert zu werden. Ich nenne dieses Verhalten in „Tat und Wort" *Selbstmitteilung*. Diese geschieht praktisch, nicht bloß theoretisch, wie in einer Selbstaussage. In der Selbstmitteilung „spricht" sich der eine dem anderen zu; er „verspricht" sich ihm: er offenbart seinen Willen, zum anderen, zur Gemeinsamkeit mit diesem zu stehen. Das sich Zusprechen und Versprechen selbst, das Kundtun des Willens zum anderen und der Gemeinsamkeit mit ihm vollzieht sich immer im Ganzen des Lebensvollzugs, also im Handeln und Sprechen. Das Wort deutet die Tat in ihrem Sinn für den anderen und die Gemeinschaft, die Tat bekräftigt das Wort in seiner Bedeutung. Die Selbstmitteilung ist derart keineswegs eine bloße Aussage eines Sachverhaltes, sondern eine Zusage eines praktischen Verhältnisses des Sprechenden zu dem, der angesprochen ist: Es wird behauptet: „So wie ich es sage, verhalte ich mich wirklich zu dir und werde es auch weiterhin tun." In dieser

---

[11] Vgl. *G. Söhngen:* Der Aufbau der Augustinischen Gedächtnislehre, in: Aurelius Augustinus, Festschrift zum 1500. Todestag, herausgegeben von J. Mausbach und M. Grabmann, 1930, S. 367 - 394.

[12] Vgl. Conf. X, 4.

Behauptung ist auch die Erwartung eingeschlossen, daß der andere dieser Selbstmitteilung glaubt und ihr entsprechend sich verhält. Somit wird nicht bloß das Bestehen eines Sachverhaltes behauptet, sondern die Wirklichkeit eines bestimmtgearteten persönlichen Stehens zum anderen und zur Gemeinschaft mit ihm bekräftigt; wobei ein Vorgriff auf eine gemeinsame Zukunft gemacht wird.

Die Selbstmitteilung hat auf Grund ihres „Gegenstandes", der Person, die sich zu- und darin verspricht, der Gemeinsamkeit, die sie begründet, eine lebenspraktische Bedeutung.

Sie ist *konstitutiv* für die bestimmten Formen des Lebens in der Gemeinschaft. Sie schafft die für dieses Leben erforderliche *Öffentlichkeit,* indem sie die konkreten mitmenschlichen Bezüge transparent werden läßt. Die Transparenz wird vor allem durch das die Tat deutende Wort ermöglicht. Es schränkt das immer mögliche Mißverstehen einer Handlung ein und läßt einen Dialog über ihre Intention, ihren Sinn beginnen. In ihm soll dieser Sinn dargetan und bekräftigt werden.

Für Augustinus ergibt sich damit sodann die grundlegende, die entscheidende Problematik: Die Selbstmitteilung hat eine *wahre* Selbstmitteilung zu sein, soll sie die Öffentlichkeit schaffen, die der Gemeinschaft ein Leben in Frieden bringt. Augustinus muß daher auf die Bedingungen reflektieren, unter denen die Wahrheit der Selbstmitteilung steht, und die Kriterien festzustellen suchen, denen die Selbstmitteilung entsprechen muß, soll sie als eine wahre gelten können.

Das bedeutet, daß die dialogisch-personale Selbstreflexion einen Ansatz zu einer *Theorie der Wahrheit* einschließt und daß ihr, insofern das Bekenntnis eine praktische Bedeutung hat, auch ein Ansatz zu einer *Theorie der Gemeinschaft* und des Friedens eigen sein muß.

Es gilt nun die dialogisch-personale Selbstreflexion näher zu entfalten. Hiebei sind zuerst die beiden Weisen des dem Individuum möglichen praktisch bedeutsamen Selbstbezugs mit dem in ihnen begründeten Verhältnis zu den anderen Individuen und zur Gemeinschaft zu thematisieren. Sodann ist auf die Problematik der Wahrheit der Selbstmitteilung einzugehen.

V. Die beiden Gestalten des den Menschen möglichen lebensbedeutsamen Selbstbezugs

Es ist bekannt, daß Augustinus zwei grundsätzliche Weisen des Selbstbezugs und des durch es fundierten Selbstseins — also seines Begründetseins und Bestimmtwerdens — kennt. Er hat sie in der von Paulus übernommenen Lehre vom „alten" und vom „neuen Menschen" (homo vetus, homo novus), dem Leben um seiner selbst willen und dem Leben um Gottes willen (vivere secundum se ipsum, vivere secundum deum), immer thematisiert. In den ersten neun Büchern der „Confessiones" wurde sie ihm zum Prinzip der Deutung seines Lebens. Im X. Buch reflektiert er ausdrücklich darauf, in welcher Art in der Selbstmitteilung dieses fundamentale Selbstverhältnis des Individuums bewußt wird.

Augustinus entdeckt hier in der Reflexion auf sich selbst in der Situation der Confessio, daß er bereits eine bestimmte Weise des Selbstbezugs und damit auch des Verhältnisses zu den anderen Menschen vollzieht; daß es ihm nämlich um die unbedingte Gemeinsamkeit mit ihnen geht. Und er weiß auch, warum es ihm um die unbedingte Gemeinschaft mit den anderen geht: weil er an Gott, der die Liebe ist, glaubt. Aber diese Selbstreflexion macht ihm zugleich auch deutlich, daß dieses Bemühen um die unbedingte Gemeinsamkeit sowie der Glaube an Gott, der die Liebe ist, keineswegs selbstverständlich ist. Er stellt ausdrücklich die Frage nach der Berechtigung der anderen, ihm ein Bekenntnis abverlangen zu können: „Was also habe ich zu schaffen mit den Menschen, daß sie meine Bekenntnisse hören sollen, als könnten sie all mein Gebrechen heilen?"[13]

In der bestimmten Fragestellung wird zugleich deutlich, aus welchem Selbstbezug die unmittelbare Zurückweisung des Rechts der anderen folgt: Unter der Voraussetzung, daß es dem Individuum nur um sich selbst und um sonst nichts geht, hat niemand ein Recht an es, die Forderung der Selbstmitteilung zu stellen. Die anderen Individuen, die es in der faktischen Lebensgemeinschaft angehen, gehen es selbst nichts an. Es ist selbst und sonst nichts. Das Individuum ist hier durch den es isolierenden monologischen Selbstbezug bestimmt. Es ist, um mit Max Stirner zu sprechen, „der Einzige in seinem Eigentum". Wenn sich das Individuum in dieser selbstischen Art als „Eigner" seiner selbst begreift, dann hat es sich als abstraktes Subjekt verstanden. Das Verhältnis zu den anderen Individuen vollzieht sich sodann *negativ*. Es steht ihnen entgegen und muß sie als sich entgegenstehend verstehen: das andere Individuum ist praktisch der Gegner. Auf der Basis dieses monologischen Selbstbezugs ist ein Leben in der Gemeinschaft in einem universellen Frieden letztlich nicht möglich; auch dann nicht, wenn sich das Individuum monologisch unter dem Primat des Geistes begreift. Denn letztlich dominieren die sinnlichen und leiblichen Bedürfnisse und Interessen. Der monologische Selbstvollzug gestattet nur eine partikulare interessenbe-

---

[13] Conf. X, 3.

dingte Öffentlichkeit, läßt die wirklichen Bezüge der Individuen zueinander nicht universell transparent werden. Es vermag auf seiner Basis daher nur ein negativer Begriff von Gemeinschaft gebildet zu werden: Gemeinschaft ist nur unter denen denkbar, denen es um Herrschaft und Lust geht, wenn ihre bestimmten Interessen nicht kollidieren, sondern sich ergänzen und unterstützen. Sie ist demnach nur als partikulare und in sich labile Interessengemeinschaft zu begreifen. Augustinus beschreibt in „De civitate Dei" derart die Situation Roms nach der Zerstörung Karthagos sehr drastisch. „Es soll der Überfluß sicherer genossen", es sollen „neue Lustbarkeiten und unsinnige Verschwendungen" ersonnen werden. Aber statt dessen beginnen „grausame Parteikämpfe" und „Bürgerkriege". „Und schließlich triumphierte bei einigen wenigen Machthabern die Herrschsucht ... und zwang die Menge der Zertretenen und Erschöpften auch noch unter das Joch der Knechtschaft."[14] Die Folge solcher Parteiung ist Terror und Krieg.

In der Reflexion auf sich selbst in der Confessio deckt Augustinus aber auch auf, daß er, wenn er entgegen der unmittelbaren Abwehr dennoch sich selbst mitteilt, einen Selbstbezug vollzieht, der ihm seine Selbstmitteilung den anderen gegenüber sinnvoll sein läßt. Das Individuum versteht sich hier also als ein solches, dem es in der Gemeinschaft wohl um sich selbst geht, dem es aber *so* um sich zu tun ist, daß es ihm darin um das Heil aller, also seiner selbst in der Gemeinschaft, letztlich um das Heil aller Menschen überhaupt — dies ist heilsgeschichtlich gesehen — zu tun ist. Auch der Grund hiefür wird in der Selbstreflexion offenbar: Es geht ihm um sich selbst vor Gott, der die Liebe ist: „Ich will es also solchen offenbaren, denen zu dienen du mir befohlen hast, wenn ich mit dir und aus dir leben will."[15]

Das Verhältnis zu den anderen, das aus diesem Selbstbezug, der über den Glauben an Gott, der die Liebe ist, vermittelt wird, ist in einer bestimmten Weise positiv: die anderen sind *Brüder*, sind *Nächste* und nicht Fremde und Gegner. Augustinus bestimmt in „De disciplina christiana" ausdrücklich das Wesen des Menschen als den „Nächsten" und „Bruder".[16]

Auf der Basis dieses dialogischen Selbstbezugs erscheint ein Leben in der Gemeinschaft in einem universellen Frieden garantiert. Es ermöglicht eine universelle Öffentlichkeit und läßt die wirklichen Ver-

---

[14] Vgl. De civ. Dei I, 30.
[15] Conf. X, 4.
[16] Vgl. De disc. chr. III, 3: „Denn für jeden Menschen ist jeder Mensch Nächster ... Nichts steht sich so nahe wie Mensch und Mensch ... Und zwar sind wir Brüder, weil wir Menschen sind."

hältnisse der Individuen zueinander universell transparent werden. Augustinus entwickelt diese Vorstellung in seiner Lehre von der „civitas dei", wobei er ausdrücklich in „De civitate dei" einerseits negativ formuliert, daß die Menschen nur „über Unvernünftiges... nicht als Menschen über die Menschen"[17] herrschen dürfen und andererseits positiv artikuliert, daß keiner dem anderen etwas voraushaben solle.

Es wird hier deutlich, daß das *Prinzip für ein Leben in Gemeinschaft und Frieden die mögliche Universalität der wirklichen gegenseitigen Verhältnisse* ist. In den „Confessiones" heißt es: „Unsittlich handelt jeder Teil, der sich in Widerspruch setzt zu seinem Ganzen."[18] Wobei allerdings das Verhältnis von Ganzem und Teil, von Gemeinschaft und Individuum auf der Basis des Verhältnisses des Individuums zu sich selbst gedacht werden muß, in dem es über sich selbst hinausgeht, es um willen Gottes lebt, also sich in brüderlicher Liebe zu den anderen verhält. Denn nur in dieser Art vermag die wirkliche Kommunikationsgemeinschaft in ihrer konkreten Art der Gemeinsamkeit die Universalität beanspruchen, die Beurteilung individuellen Verhaltens als „unsittlich" rechtfertigen[19].

Die dialogisch-personale Selbstreflexion deckt also meines Erachtens die Fundamentalität universeller mitmenschlicher Verhältnisse, deckt den Menschen als ein Wesen auf, das seinem Wesen nach primär auf universelle Gemeinschaftlichkeit — Nächstenliebe —, nicht bloß auf je partikulare Ich-Du-Verhältnisse verwiesen ist. Es soll damit nicht die Gewichtigkeit des Ich-Du-Verhältnisses geleugnet, aber seine doch nur sekundäre Bedeutung zum Ausdruck gebracht sein. Hiezu ein Beleg aus dem Kontext, dem X. Buch der Confessiones": „Und nicht nur ich allein oder zusammen mit ein paar anderen, nein, wir wollen alle miteinander glücklich sein."[20] Diese universelle Tendenz wird vor allem in den Überlegungen deutlich, die Augustinus im Horizont der Frage nach der Wahrheit der Selbstmitteilung anstellt.

---

[17] Vgl. De civ. Dei XIX, 15.
[18] Vgl. Conf. III, 8.
[19] Jürgen Habermas und Karl-Otto Apel gewinnen das „Apriori der Kommunikationsgemeinschaft" aus dem Rückgang in die Bedingungen der Möglichkeit des Diskurses als dessen transzendental-pragmatische Voraussetzung, wobei sie die Realisierung dieser transzendental vorausgesetzten idealen Kommunikationsgemeinschaft als implizite Forderung erkennen. Augustinus gewinnt derart die Kommunikationsgemeinschaft aus dem Rückgang in das über den Glauben an Gott vermittelte Selbstverhältnis des Individuums, das um der Liebe willen lebt.
[20] Conf. X, 3.

VI. Die Problematik der Wahrheit in der Selbstmitteilung

Insofern für Augustinus die Selbstmitteilung, speziell im Wort, eine fundamentale Bedingung des gemeinschaftlichen Lebens ist — sie schafft Öffentlichkeit und Transparenz —, stellt sich für ihn die Frage nach ihrer *Wahrheit* radikal. Es sind daher die Bedingungen aufzudecken, unter denen die Wahrheit der Selbstmitteilung steht, die Kriterien zu entdecken, denen sie entsprechen muß.

Die Selbstmitteilung steht unter Bedingungen, die den Aufweis und die Sicherung ihrer Wahrheit in einem besonderen Maße erschweren. Die eigene Erfahrung zeigt, wie leicht sich das Individuum über sich selbst, wie leicht es sich im Sinn seiner Intention, bis in deren Verkehrung hinein, zu täuschen vermag. Augustinus weist immer wieder die „Verblendungen" und die „Verkehrungen" in seinem Leben auf. Er zeigt, daß man sich der Wahrheit seines Selbstseins auch dann nicht gewiß zu sein vermag, wenn man sich seiner selbst gewiß ist.

Doch nicht nur das Individuum vermag sich in seinen Intentionen zu täuschen, es ist auch überaus fraglich, ob diese Intentionen durch die anderen Individuen in ihrem wahren Sinn erkannt werden können. Denn die Wahrheit der Selbstmitteilung ist „nicht zu beweisen." „Sie ... werden mir Glauben schenken; werden sie zur Erkenntnis kommen?"[21] In die Innerlichkeit des Selbstseins vermag „weder das Ohr noch das Auge", aber auch nicht der „Geist" der anderen zu dringen. Es gilt zwar, daß einem „die glauben werden, deren Ohren die Liebe öffnet", aber es bleibt dennoch die Frage offen.

Es genügt also für Augustinus nicht, daß die Selbstmitteilung geglaubt, daß sie als wahr entgegengenommen und durch die eigene Handlung beantwortet wird. Er verlangt, daß die Selbstmitteilung in ihrer Wahrheit erkannt, daß sie in dem, was sie mitteilt, auch als begründet erscheint, so daß ihr eine universelle Verbindlichkeit zukommen kann.

Der Forderung nach einer Begründung der Selbstmitteilung zum Erweis ihrer universellen Verbindlichkeit kommt für Augustinus ein besonderes Gewicht zu, da er in ihr nicht bloß über sein Leben als Individuum spricht, sondern sagen will, was es heißt Mensch und Christ zu sein. Diese persönliche, aber allgemein intendierte Aus-

---

[21] Vgl. Conf. X 3: Sed quis adhuc sim ecce in ipso tempore confessionum mearum, et multi hoc nosse cupiunt, qui me noverunt, et non me noverunt, qui ex me vel de me aliquid audierunt, sed auris eorum non est ad cor meum, ubi ego sum quicumque sum. Volunt ergo audire confitentem me, quid ipse intus sim, quo nec oculum nec aurem nec mentem possunt intendere; credituri tamen volunt, numquid cognituri?

sage ist solcherart, daß sie nicht bloß geglaubt zu werden hat, sondern in Wahrheit gewußt werden muß, wollen die Menschen in Frieden und Freiheit miteinander leben.

Da die Selbstmitteilung im Handeln und Sprechen geschieht, stellt sich ihre Wahrheit zunächst als die Forderung nach der *Übereinstimmung von Tat und Wort* dar. Wird vom Individuum, das sich den anderen mitteilt, selbst die Übereinstimmung beabsichtigt und ist sie auch in der Selbstmitteilung unmittelbar intendiert und *bewußt*, dann erscheint ihm diese als „wahr". Das Individuum ist sich seiner Selbstidentität in diesem Augenblick unmittelbar bewußt. Solcherart ist jedoch die Wahrheit der Selbstmitteilung nur deren *unmittelbare Wahrhaftigkeit*. Das Fundament der Wahrheit ist hier ausschließlich der *unmittelbare Selbstbezug des Subjekts*. Damit bleibt aber die Wahrheit der Aussage subjektiv. Wahrheit ist hier bloße *unmittelbare Selbstgewißheit*. Augustinus weiß jedoch sehr gut, wie unbegründet eben diese unmittelbare Selbstgewißheit auch der sich im Leben oft bewährenden Wahrhaftigkeit ist. Er sucht daher nach *Instanzen*, vor denen sie sich als nicht bloß subjektiv unmittelbare Wahrhaftigkeit ausweisen kann. Zwei solcher Instanzen nennt er in den „Confessiones": *Gott* in der Privatheit des individuellen Gewissens und die konkrete *Gemeinschaft* der Glaubenden als die Öffentlichkeit eines allgemeinen Bewußtseins.

VII. Gott als Instanz der Wahrheit

Wenn Augustinus ausdrücklich „Gott in seinem Herzen" als Instanz nennt, vor der sich die Selbstmitteilung bewähren muß, so deutet er die Forderung nach der Selbstidentität des Individuums *absolut*. Die Übereinstimmung von Tat und Wort hat sich vor einer absoluten Instanz zu bewähren: Gott vermag nicht getäuscht zu werden: Der „Abgrund des menschlichen Bewußtseins" liegt „nackt" vor ihm, denn der Mensch „ist" von Gott erkannt — und er ist nur und so, als wer er erkannt ist[22].

Augustinus fordert somit die absolute Transparenz des Selbstseins für sich selbst und vermag dies nur vermittels einer dem Menschen gegenüber absoluten Instanz, Gott als dessen Ursprung und Grund. Nur unter dieser absoluten Forderung nach Selbstidentität kann die subjektive Wahrhaftigkeit als Fundament der Wahrheit der Selbstmitteilung gedacht werden. Wird die absolute Forderung nach Selbstidentität des Individuums nicht anerkannt und ihr nicht zu genügen gesucht, dann verfehlt sich das Individuum als Mensch und Christ.

---

[22] Vgl. Conf. X, 1.

Die Absolutheit der Selbstidentität vermag aber nur durch eine das Individuum transzendierende Instanz gesichert zu werden.

VIII. Die Gemeinschaft als Instanz der Wahrheit

Da in der Selbstmitteilung das tätige Verhältnis des Individuums zu den anderen Individuen und zur Gemeinschaft mit ihnen ausgesprochen wird, ist es für diese und für die Gemeinschaft wesentlich, daß es nicht bloß *subjektiv „wahrhaftig"*, sondern *„wahr"* ist und als solches anerkannt werden kann. Augustinus stellt daher ausdrücklich die Frage nach den Bedingungen der Wahrheit, der universellen Verbindlichkeit, der Selbstmitteilung: „Und woher wissen sie, wenn sie von mir selbst über mich hören, ob ich die Wahrheit rede, da keine Menschenseele weiß, was drin im Menschen vorgeht, als nur des Menschen Geist, der in ihm ist?"[23]

Als erste Bedingung für eine universelle Verbindlichkeit zeigt sich das *gemeinsame Leben* aus dem Glauben an Gott, der die Liebe ist. Die Selbstmitteilung wird auf dieser Basis von jenen, die sie hören, geglaubt; und zwar eben auf Grund des konkreten Miteinanderlebens und der Bewährung in ihm: „Doch es werden mir die glauben, deren Ohren mir die Liebe eröffnet."[24]

Aber die unbedingte Verbundenheit der Menschen untereinander und die Bewährung der Selbstmitteilung in ihr ist noch keine kritische Instanz für die Wahrheit als universeller Verbindlichkeit der Selbstmitteilung, denn es gilt: „die Liebe glaubt alles, besonders unter denen, die sie verbindet."[25] Diejenigen, die die wahrhaftige Selbstmitteilung hören und erleben, müssen zur *Erkenntnis,* nicht nur ihrer Wahrhaftigkeit gelangen, sondern sie haben auch zur Erkenntnis der universellen Verbindlichkeit gerade dessen zu kommen, was auch theoretisch im Wort *ausgesagt* wird. Für Augustinus stellt sich diese Frage ausdrücklich: „Sie wollen hören und werden mir glauben; werden sie zur Erkenntnis kommen?"[26]

Augustinus schließt an die Frage nach den Bedingungen der Wahrheit der Selbstmitteilung die nach ihrem *Sinn* an, dem Sinn des Glaubens an sie und der Erkenntnis ihrer Wahrheit. Hier wird vor allem die Verklammerung des theoretischen Anspruchs auf Wahrheit mit der praktischen Forderung nach einem gemeinschaftlichen Leben in

---

[23] Conf. X, 3: Et unde sciunt, cum a me ipso audiunt, an verum dicam, quando quidem nemo scit hominum, quid agatur in homine, nisi spiritus hominis, qui in ipso est?
[24] Conf. X, 3: Sed credunt mihi, quorum mihi aures caritas aperit.
[25] Vgl. Conf. X, 3.
[26] Vgl. Conf. X, 3.

Frieden und Freiheit deutlich. Nur eine in ihrer universellen Wahrheit und damit auch universellen Verbindlichkeit erkannte Selbstmitteilung vermag ein gemeinschaftliches Leben in Frieden und Freiheit garantieren. Diese Frage nach den Bedingungen der Wahrheit der Selbstmitteilung wird damit zur Frage nach den Bedingungen des gemeinschaftlichen Lebens in Frieden und Freiheit.

Die Selbstmitteilung hat im augustinischen Verständnis einen zweifachen Gegenstand. Obwohl sich in ihr ein Individuum über sich selbst in seinem Verhältnis zu den anderen Individuen, zur Gemeinschaft mit ihnen mitteilt, spricht es doch nicht bloß über sich in der Zufälligkeit seines individuellen Verhaltens. Indem es über sein Verhältnis zu den anderen, zur Gemeinschaft spricht, spricht es über ein Verhältnis, das nicht bloß für es, sondern für alle, mit denen es lebt, bedeutsam ist. Die Selbstmitteilung betrifft den Sinn der Gemeinsamkeit und der Selbstidentität des Individuums in ihr. Dadurch, daß die wahrhaftige Selbstmitteilung für diejenigen gilt, die hier und jetzt miteinander leben, kommt ihr wohl nur ein bloß partikularer, weil nur auf die unmittelbare Lebensgemeinschaft bezogener Sinn zu, aber es ist doch in ihr eine universelle Verbindlichkeit intendiert, die über alle geschichtliche und damit unaufhebbare Partikularität hinausgeht. Denn es wird in ihr vermeint, daß die Menschen in dieser Art überhaupt leben sollen.

Es ist also wesentlich, daß die subjektive Wahrhaftigkeit der Selbstmitteilung ebenso erkannt wird, wie die universelle Verbindlichkeit des Prinzips des Verhältnisses zu den anderen Individuen und zur Gemeinschaft, das in der Selbstmitteilung zum Ausdruck kommt. Denn nur dann, wenn dieses Prinzip des Verhältnisses ein universelles Miteinanderleben zu konstituieren vermag und auch als solches von den anderen erkannt werden kann, dann kommt der Selbstmitteilung praktische Wahrheit im Sinne auch einer universellen Verbindlichkeit zu.

Augustinus kennt demnach einen zweifachen Begriff der Wahrheit der Selbstmitteilung, je nachdem, ob der mitgeteilte Selbstbezug und das Verhältnis zu den anderen in seinem individuellen oder in seinem allgemeinen Sinn verstanden wird. Einmal ist es die Aufgabe der miteinander lebenden Individuen, kritisch festzustellen, ob die Selbstmitteilung subjektiv wahrhaftig ist, zum anderen gilt es kritisch zu eruieren, ob das Prinzip des in der Selbstmitteilung ausgesprochenen Selbstbezugs und des Verhältnisses zu den anderen Individuen geeignet ist, universelle Gemeinsamkeit zu ermöglichen.

Die subjektive Wahrhaftigkeit der Selbstmitteilung läßt sich aus der Erfahrung beurteilen. Sie steht unter dem Kriterium der immerwährenden, immer zu fordernden Bewährung im Leben. Durch die Bewährung hält sie die bedingte Verbindlichkeit des Vertrauens. Augustinus reflektiert demgemäß in den Kapiteln 28 bis 40 auf sein gegenwärtiges Leben als neuer Mensch.

Für Augustinus kann aber die allgemeine Anerkennung der praktischen Bewährung der Selbstmitteilung im Leben der Gemeinschaft nicht als letzte und fundamentale Instanz ihrer Wahrheit gelten. Es stellt sich daher hier die Frage, wie die Selbstmitteilung von denen, die sie bewährt finden, in ihrem universellen Sinn erkannt werden kann und wodurch in seiner universellen Verbindlichkeit dargetan zu werden vermag. Es gibt hiefür eine doppelte Möglichkeit: je nachdem, wovon in der Selbstmitteilung gesprochen wird. Hier muß ich auf einen weiteren Begriff von Selbstmitteilung übergehen: Sie meint sowohl den lebenstätigen praktischen Zuspruch des einen dem anderen gegenüber als auch die theoretische Aussage über das, was man in der individuellen Selbstreflexion aufgedeckt hat. Es kann also einmal das ausgesagt werden, was in der monologisch-dialektischen Selbstreflexion eingesehen ist, das allgemeine Wesen des Menschen, es kann zum anderen ausgesagt werden, wie das Individuum zu den anderen mit ihm zusammenlebenden Individuen steht und stehen soll, also die Einsicht, die in der konkreten dialogisch-personalen Selbstreflexion gewonnen ist.

Augustinus entfaltet in seiner berühmten Lehre von der „memoria interior" die monologisch-dialektische Selbstreflexion. Über die ist hier nicht ausdrücklich zu handeln. Sie ist allgemein bekannt. Das Kriterium der Wahrheit für diese gewissermaßen transzendentale Analyse ist zunächst die Möglichkeit ihres individuellen, aber allgemeinen *Nachvollzugs* in ihren inhaltlichen Bestimmungen. Augustinus fordert in „De vera religione" an alle gewendet: „So du nicht erfassest, was ich sage, und bezweifelst, ob es wahr sei, sieh doch wenigstens, ob du daran nicht zweifelst, daß du zweifelst."[27] Die Bestimmungen, die die monologisch-dialektische Selbstreflexion bietet, sind von jedem auf Grund seiner eigenen monologisch-dialektischen Selbstreflexion überprüfbar. Diese Überprüfung geht letztlich dahin zu sehen, ob das, was ein Individuum aufgedeckt hat, universell nachvollzogen werden kann und unter welchen Bedingungen dies möglich ist. Darüber vermag nicht bloß ein jedes Individuum für sich selbst zu befinden, sondern sie alle vermögen auch gemeinsam darüber argumentativ zu verhandeln. *Die Wahrheit der transzendentalen Selbstaussage ist hier einerseits unter das Kriterium der individuellen Nachvollziehbarkeit als*

---

[27] De ver. relig. XXXIX, 73.

auch das der Argumentation in der Gemeinschaft gestellt. Speziell in dieser hat der individuell wirkliche Vollzug der monologisch-dialektischen Selbstreflexion in seiner universellen Verbindlichkeit dargetan zu werden. Es wird in den Argumenten theoretisch dargetan.

Augustinus hat somit die transzendentale Analyse des Selbstbewußtseins und die Frage nach ihrer Wahrheit ausdrücklich in den sie umgreifenden Horizont der Frage nach der Wahrheit der letztlich praktischen dialogisch-personalen Selbstmitteilung gestellt. Er hat damit deren Kriterien auch für jene als letztverbindlich angesehen. Diese Kriterien sind aber durchaus nicht mehr theoretischer Art allein. Denn einerseits ist es die subjektive, aber für das Subjekt unbedingte Forderung nach der Selbstidentität im Handeln und Sprechen, und zum anderen ist es die Bewährung dieses subjektiven Kriteriums der praktischen Selbstidentität im gemeinschaftlichen Leben und die Bestätigung durch die anderen Mitmenschen, und zwar im Prinzip durch alle, durch die „Nächsten".

Das, was mir als das Entscheidende der dialogischen Selbstreflexion erscheint, ist aber ein weiteres; ist, daß sich das Individuum in ihr nicht bloß in seiner faktischen Stellung innerhalb der Gemeinschaft entdeckt, sondern daß es sich in seinem Selbstverhältnis als grundsätzlich auf universelle Gemeinschaftlichkeit verwiesen begreift. Und dies so, daß der intendierten universellen Gemeinschaft der Vorrang zukommt: Jeder ist der „Nächste", Mensch sein heißt, der „Nächste" sein. Allerdings verwirklicht sich diese Gemeinschaft nur über die konkreten Bezüge der Individuen zueinander, die jedoch wiederum nicht die Privatheit bloß partikularer Ich-Du-Verhältnisse haben, sondern selbst auf der Basis eines gemeinsamen Willens zu einer universellen Gemeinschaft stehen müssen. *Dies scheint mir der reflexiv erschließbare Sinn der Wahrheitsforderung der Selbstmitteilung. Er ist das Gebot der Liebe.*

Gerade darin, daß Augustinus die Philosophie in der anthropologischen Wende in der Innerlichkeit des Selbst fundiert, in ihr ihm aber die universelle Gemeinschaftlichkeit aller Menschen gewiß und damit zum Fundament seines Denkens wird, sehe ich die, wie mir scheint, bislang nicht zureichend beachtete Bedeutung seines Ansatzes für neuzeitliches und vor allem für gegenwärtiges Philosophieren. Sie liegt im besonderen noch darin, daß Augustinus nicht bloß in der Selbstreflexion die universelle Gemeinschaftlichkeit, sondern daß er sie als eine solche entdeckt, die, soll sie zum Fundament des Philosophierens werden und damit der Wirklichkeit der im Leben sich selbst reflektierenden Menschen entsprechen, auch eine konkret gelebte sein muß.

Diese Forderung nach dem Lebensvollzug als der Grundlage des Erkennens gilt jedoch für alles über die Selbstreflexion vermittelte Wissen. Das bedeutet aber, und hier sind die Reflexionen zum Kriterium der Wahrheit der Selbstmitteilung wesentlich, daß die *konkrete Gemeinschaft* selbst, insofern sie sich über den unbedingten Willen der Individuen zur universellen Gemeinsamkeit konstituiert weiß und sein will, zum Prinzip des Philosophierens und seiner Wahrheit geworden ist.

Wenn Augustinus ausdrücklich für die Erkenntnis Gottes und damit für die Erkenntnis der Liebe und damit für die Erkenntnis des Prinzips des Gemeinschaftslebens sagt: „Liebe also deinen Nächsten; und schau, woher du den Nächsten liebst; dort wirst du Gott sehen, wie du kannst."[28] — dann ist deutlich, daß der Vollzug der Liebe Voraussetzung ist für deren Erkenntnis. Das bedeutet keine Relativierung der Wahrheit der Erkenntnis auf die Lebenspraxis, aber doch ein Aufzeigen der Bedeutung der Lebenspraxis für die Erkenntnis der Prinzipien, die in ihr gelten sollen. Denn auch die Erfahrung des Fehlens von Frieden und Freiheit läßt diese als Sinn des mitmenschlichen Lebens selbst-reflexiv entdecken.

---

[28] In Joh. Tract. 17, 8.

Über die Vollkommenheit*

Von *André Mercier*

I. Argumentum

Wahrhafte Liebe zu den Seienden besteht darin, daß man durch dieselben die göttliche Vollkommenheit sieht. Diese ihre „Transparenz" ist es, welche es uns erlaubt, diese „Perfektion" zu erblicken. Denn es ist ganz klar, daß die göttliche Allmacht vollkommen ist. Die Seienden als Seiende, endlich und mehrfach wie sie sind, sind selber nicht vollkommen — im Gegensatz zu dem, was jene Griechen glaubten, welche die Tendenz aufwiesen, die Vollkommenheit entweder in der φύσις oder in den endlichen geometrischen Figuren zu ersehen. *Pythagoras* zum Beispiel hat die Vollkommenheit in den einzigen, endlichen und mehrfachen „Seienden" erblickt, welche sie analogisch besitzen können: in den mathematischen Entitäten nämlich, und dies hat *Platon* zu seiner Konzeption der Ideen inspiriert, als der einzigen vernünftigen Möglichkeit, von diesen mathematischen „Seienden" auszugehen, welche es indessen *realiter (res* = Ding) unter den existierenden Dingen nicht gibt. *Aristoteles* hat uns allerdings aus diesem Himmel der Ideen (wo wir übrigens nie gewesen sind) heruntergeholt, er hat sozusagen die Türe des Ideenreiches zugeschlossen. Nichts Vollkommenes ist dann bis zum Tage übrig geblieben, an dem Gott uns dank der Liebe Seine Vollkommenheit enthüllte.

Selbst *Diotima* hat im *Gastmahl* den wahrhaften Sinn der Liebe nicht eigentlich verkündet; *Sokrates* kümmerte sich zu sehr um die Menschen, um diesem Sinn beizukommen, obgleich er wohl der erste war, der vermutet hat, daß sich keine echte Metaphysik anders definieren ließe, als daß sie von den zwei Worten ausginge, welche die beiden Pole der Transzendenz bezeichnen: die Liebe und der Tod. Soviel ist auch in der christlichen Denkweise zurückgeblieben, doch hat diese auch mehr und anderes hinzugefügt.

In diesem Zusammenhang können — und müssen wir wohl — uns fragen, was der folgende Ausspruch des hl. *Johannes* zu bedeuten hat:

---

* Verf. ist Frau Prof. Dr. *Luz Garcia Alonso* von der Panamerikanischen Universität und vom „Ateneo Filosofico" in Mexico für Diskussionen über diesen Gegenstand zu Dank verpflichtet.

„*Qui non deligit manet in morte*".[1] Nun ist der Tod, um den es hier geht, nicht der heiligende Tod, sondern ein Tod „diesseits der Grenze" (*limes*), welche den spezifischen Wert der Wahrheit innerhalb der Metaphysik, nämlich des Sublimen (*sub-limis*) oder Erhabenen festsetzt.

Der Tod steht im Zusammenhang mit diesem Limes, mit dieser Grenze. Wenn man den Limes überwindet, die Grenze also überschreitet, ist man „geheilt"; stirbt man, ohne ihm zu begegnen, d. h. bleibt man diesseits, ist man nicht geheilt. Die „Hölle" ist also der Tod „diesseits", das „Paradies" der Tod „jenseits" dieser Grenze; und das „Purgatorium" besteht im Verbleiben auf der Grenze wie auf der Schneide eines Messers. Diese Grenze gleicht einer Grenze zwischen zwei Ländern. Der „Paß", dessen man bedarf, um sie zu durchqueren, ist die Liebe, welche die Gnade übermittelt. Die Grenze muß aber passierbar, durchsichtig: „transparent" sein, um „transzendiert" werden zu können.

Die Seienden in der Welt sind Paradigmata dieser Grenze; sie sind da, um uns die Durchquerung im Moment des Todes vorweg zu lehren. Es kommt nämlich vor, daß sie durchsichtig, also „transparent" erscheinen; dies ist die Art und Weise, wie wir sie lieben: Ein Seiendes zu lieben (ein Mädchen als Liebhaber, eine Geige als Musiker...) heißt, aus Vorwegnehmen durch dieses Seiende die göttliche Vollkommenheit zu ersehen, weil es wie ein Kristall durchsichtig ist, selbst wenn der Liebhaber sich dieser Gottbezogenheit gar nicht bewußt ist und vielleicht glaubt, an Gott nicht einmal zu glauben. Jedoch, sobald im Kristall Unreinheiten die Durchsichtigkeit verhindern, als ob sie eine Wolke von Wirbeln oder trübe Verkrustungen wären, bricht die Liebe zusammen: Die Liebe des Liebhabers zu seinem Gegenstand und die Liebe zu Gott, weil dann Seine Vollkommenheit verborgen bleibt.

Von dieser an sich metaphysischen Warte aus erscheint das Beten als zweierlei: Gott danken dafür, daß Er für die Durchsichtigkeit von uns geliebter Seiender gesorgt hat, dank welcher sich Seine Vollkommenheit erblicken läßt, und Ihn anflehen, jene Seienden nicht trüb werden zu lassen, die wir lieben, um Ihn lieben zu können.

---

[1] JOH. 1. Brief, 3, 14.

II. Kritik und Metakritik

Obiges Argument hat offenkundigerweise einen christlichen Einschlag.

Zumal könnte man sagen, daß es aus der Feder eines Menschen stammt, der selber „Protagonist", also „kompromittiert" ist, und daß folglich das Argument nicht sachlich sei.

So ein Kurzschluß geht aber nicht. Das christliche Denken hat dem ihm vorausgehenden griechischen Denken etwas hinzugefügt, das letzteres einfach nicht ahnte, und wenn es einerseits auch stimmt, daß die christliche Denkweise zuerst ausgeprägt religiöser Natur gewesen ist, so schloß sie nie (und schließt also heute nicht) eine philosophische Besinnung im Gebiet der Metaphysik aus, und andrerseits wies die griechische (hauptsächlich Platonische) Denkweise auch einen religiösen Aspekt auf, der sogar dem philosophischen noch mehr angegliedert (oder angeglichen) war, als dies bei der christlichen Denkweise später der Fall sein sollte. Deshalb ist es nicht recht, das Argument aus dem Grund für unsachlich zu erklären, weil es von einem stammt, der sich der besagten Denkweise verpflichtet fühlt.

Dann, würde man vielleicht sagen, obwohl alles spezifisch Gute sowie jedes Seiende an Sein und Gut teilnehmen, bezöge sich nicht die echte Liebe allein, sondern auch die unechte Liebe auf das, was die Seienden an Gutem besitzen, und was folglich eine Spiegelung des Göttlichen bewerkstelligt, wobei die unechte Liebe deshalb unecht ist, weil sie den guten Aspekt übertreibt, überbietet und folglich übertritt und somit keine Ordnung, sondern eine Unordnung im Sein-Sollen verursacht.

Dies wirft aber sogleich das ganze Problem des Verhältnisses zwischen dem Sein und dem Sein-Sollen auf. Obiger Einwand setzt nämlich voraus, daß Sein und Sein-Sollen auf gleicher ontologischer Ebene stehen und daß auf dieser Ebene die ontologische Alternative des entweder Sein oder (Sein-)Sollen gelte. Dies ist aber nicht unsere Ansicht. Denn ein Sein-Sollen hat keinen Sinn, ohne daß zunächst Sein-oder-Nicht-Sein geklärt ist, da entweder das Sein-Sollen schon so ist wie es sollte und so dem Reich des Seins (schon) gehört, oder (noch) nicht ist und dem Reich des Nicht-Seins gehört, das ihm aber vorausgeht. Im berühmten *Vocabulaire* von *Lalande* wird das Sollen in der Tat entweder dem Sein, oder dem Nicht-Sein-Sollen entgegengesetzt, und dazu noch als Entscheidungsverbum zugunsten echter Werte gegenüber Gegenwerten, und wird deshalb nicht dem ontologischen, sondern dem axiologischen Reich zugeteilt.

Aus diesen Gründen erscheint der Einwand nicht zutreffend. Im übrigen bezeichnen Verben, die — wie sollen — zu den unregelmäßigsten gehören (nennen wir weiter wollen, können, müssen, wissen...), Seinsarten: *modi essendi*, einschl. Arten der Existenz: *modi existentiae sive essendi in tempore, etiam ipsae vitae humanae*. (Diese Zeitverbundenheit jeglicher Existenz wird im *Vocabulaire* hervorgehoben.) Folglich hat u. a. das Sollen, insbesondere das Sein-Sollen keinen Sinn, außer daß es dem Sein, sogar dem zeitlich gebundenen Sein zugeordnet, also mittelbar nur dem Sein zugeordnet werde. Dies will sagen, daß dem Sollen eine Wertbedeutung zukommt.

Höchstens falls man unter dem Sein-Sollen, d. h. dem Guten, das Höchste Gut versteht, und es sogar als eine notwendige und hinreichende Determination allen Seins schlechthin versteht, läßt sich die Argumentation aufrechterhalten, aber sogar in der Aristotelischen Tradition behält das Höchste Gut den Sinn des Zieles jeglicher Aktivität in der Welt, d. h. schließlich in der Zeitlichkeit oder, wie *Kant* sagt (*Kritik der prakt. V.*, I,., 2, 2. Hpt.-St.) „als Gegenstand des Begehrungsvermögens vernünftiger endlicher Wesen". Das Gute ist, ob einfaches Gut oder Höchstes Gut, ursprünglich das, wonach wir streben, weil wir dessen bedürfen; Güter sind zuerst Landgüter, dann (Geld-)vermögen... Falls das (höchste) Gut den Sinn einer „Perfektion" erhalten soll, dann als Vervollkommnung, d. h. als Bewegung des auf die Vollkommenheit hin gerichteten Aktes, und nicht als vollzogene Vollkommenheit (welche utopisch verbleiben muß, da wir nicht selber göttlich sind). In den lateinischen Sprachen behalten die Worte, welche *perfectio* übersetzen (franz. *perfection*, span. *perfección*...) diese Sinnzweideutigkeit, weil sie entweder aus dem Verbum *perficio,.. perficero* (franz. *parfaire*, spanisch *perfeccionar*..., deutsch also vervollkommnen im Sinne von *ergänzen*) oder aus dem anderen Verbum *perfero,... perferre*, d. h. *vollenden*, stammen. Aber beide Termini sind in ihrer Bedeutung an die Zeitlichkeit gebunden und stehen also nicht auf der ontologischen Ebene des Seins als Sein.

Ein weiterer Punkt der Kritik könnte sich auf die Deutung des *„deligit"* stützen, indem gesagt würde, daß das *deligit* sich auf die (selbstverständlich christliche) Barmherzigkeit, bzw. daß der „Tod" (*mors*), von dem in jenem Ausspruch die Rede ist, sich auf die Abwesenheit jeglicher (selbstverständlich auch im christlichen Sinn verstandenen) Gnade zu beziehen habe. (M. a. W., wer nicht im Zustand der Gnade sich befindet, besitzt nicht jene übernatürliche Barmherzigkeit, die tatsächlich Liebe zu Gott ist, so daß, wer in Ungnade stirbt, sich für immer in den Zustand der Gottesfeindlichkeit begibt und somit nur in der „Hölle" enden kann.)

Diese Kritik ist aber theologischer Natur, und was wir hier treiben wollen, ist nicht Theologie, sondern Metaphysik. Daß das Werk, welches im Aristotelischen Korpus *Metaphysik* heißt, den Anstoß zu einer gewissen metaphysischen Tätigkeit der Nachfolgerschaft gegeben hat, ist nicht zu leugnen; aber das besagte Werk ist eigentlich nicht Metaphysik *sui generis*, wie man sie von *Plato* her über *Plotin* bis in die Moderne übertragen kennt; vielmehr ist alles, was *Aristoteles* nicht schon in der *Physik* untergebracht hatte, in seiner „*Metaphysik*" zu finden, und der Rest, der sich auch in der *Metaphysik* befindet, ist Theologie. Selbst wenn Thomas von Aquin die Trennung von Theologie und Metaphysik vollzogen hat, hat dies der Thomismus Aristotelischer Tradition nicht recht begriffen und immer wieder der Metaphysik (christliche) theologische Argumentation beigemischt. Unsere Argumentation erhebt den Anspruch, rein metaphysisch zu bleiben, selbst wenn sie vom Johanneischen Ausspruch ausgeht; sie will eben eine metaphysische und nicht eine theologische Deutung desselben sein; dies ist aus der Tatsache zu folgern, daß sie sich auf den spezifischen Wert stützt, der in der Metaphysik als Darsteller der Wahrheit gilt, nämlich auf das Sublime oder Erhabene, welches die Theologie nicht angeht. (In der Tat ist einerseits Theologie die Lehre der Offenbarung, nicht aber der Erkenntnis, des Göttlichen; andrerseits ist Metaphysik wohl mit der Erkenntnis, nicht aber des Göttlichen an sich, sondern eben des Sublimen zu identifizieren, was ihr nicht verbietet, etwa „Gottesbeweise" zu suchen. Die eigentliche Erkenntnis des Göttlichen ist Sache der Mystik.)

Schließlich würde man in der christlichen Tradition meinen, kein Zweifel könne darüber bestehen, daß die Seienden sich deshalb in der Welt befinden, weil sie einander darüber zu belehren haben, jedem andern den Weg zum Heil zu ebnen, es also insbesondere auf die entsprechenden Hindernisse in dem Sinn aufmerksam zu machen, wie ihn die christliche Moral beinhaltet — und *das* wäre der Weg zur Vollkommenheit.

Abgesehen davon, daß dies wieder Theologie (Bezug auf das Heil) und nicht Metaphysik ist (die, falls sie einen Bezug festhält, ihn auf die Weisheit, nicht aber auf das Heil zu erstellen hat), bleibt zu bedenken, daß man philosophisch die Moral nicht aus der Religion abzuleiten, sondern, unter Berücksichtigung ihrer (durch *Rousseau* und *Kant* nachgewiesenen) Selbständigkeit, sie auf kardinale Unternehmung des menschlichen Geistes aufzustellen hat, und so bleibt sie ein, aber nur ein Weg, der auf die Vollkommenheit zu paradigmatisch weisen kann, wogegen das Argument über die Liebe sozusagen *meta*-metaphysisch über allen spezifischen kardinalen Unternehmungen des menschlichen Geistes waltet, weil die Liebe der Motor zu allen solchen

Unternehmungen ist, einschl. der Metaphysik selber, im Sinne der Gleichung: Ich (er-)kenne nur das (oder jene), was (oder die) ich liebe und ich liebe nur das (oder jene), was (oder die) ich (er-)kenne. Darin ist Liebe „meta-metaphysisch" — nicht aber religiös-theologisch (es sei denn vielleicht meta-religiös) — aufgefaßt.

III. Schlußbemerkung

Obige „Meta-Kritik" (d. h. Kritik der Kritik) deutet darauf hin, daß wenn das Prinzip der Trennung von Philosophie und Religion als zwei komplementäre Weisen des Sich-befreien-aus-der-Einsamkeit (oder in Platonischer Deutung: des Die-Höhle-Verlassens) gültig ist, so gibt es (kann es geben) weder eine Philosophie der Religion noch eine Religion der Philosophie: beide sind sinnlos, insbesondere gibt es weder philosophia ancilla theologiae noch theologia ancilla philosophiae. Was aber stimmt ist, daß wenn erstens zwischen philosophischer Besinnung (einschl., bzw. beruhend auf, spezifische Erkenntnis aus Wissenschaft, Kunst, Moral und Mystik) und religiöser Offenbarung (samt der Theologie dazu) ein Widersinn entsteht, ein Fehler bei der einen oder bei der anderen (oder bei beiden) begangen wird, den es auszutilgen gilt; zweitens aber — und das ist außerordentlich aufregend —, daß es eine Redensart geben kann und muß, die weder rein philosophisch, noch rein religiös-theologisch ist, nämlich die Redensart, welche über das berichtet, was sowohl die Philosophie als auch die Religion angeht, ohne entweder bloße Metaphysik oder bloße Theologie zu sein; es ist also eine Art „Meta-Philosophie" in der Form einer Meta-Metaphysik, die zugleich Meta-Theologie ist: *Arché?* oder *Télos?* einer jeden metasprachlichen Besinnung, die nur noch von eben der Vollkommenheit, der Liebe und kaum von etwas anderes handeln kann: *cogitatio de perfectione et de summo amore.*

Zur Frage nach Gottes Wirken in Welt und Geschichte

Von *Otto Muck*

In den letzten zehn Jahren wurde erneut die Diskussion der Frage aufgegriffen, wie die philosophischen Voraussetzungen der theologischen Aussagen über Gottes Wirken in Welt und Geschichte zu entfalten seien. Als Beispiel für das Wirken Gottes in der Welt wurde besonders die Höherentwicklung im Rahmen der Evolution beachtet, bezüglich des Wirkens Gottes in der Geschichte das Wunder.

Manche stellen derartige Fragen mit dem Hinweise zurück, es handle sich um ganz verschiedene und miteinander nicht vergleichbare Betrachtungsweisen und Sprachebenen. Wir sehen von diesen Ansätzen ab und betrachten den Lösungsvorschlag, der Gottes Wirken in der Schöpfung auf den mit der Schöpfung verbundenen erhaltenden und mitwirkenden Einfluß Gottes zurückführt, auf die erstursächliche Ermöglichung von Fortdauer und Wirken der endlichen Dinge, die als Zweitursachen wirken. Was diese im einzelnen zu wirken vermögen, werde in der generalisierenden erfahrungswissenschaftlichen Erkenntnis nicht voll erfaßt. Somit sei es nicht ausgeschlossen, daß kraft göttlicher Ermöglichung diese endlichen Dinge unter besonderen Umständen etwas hervorbringen, in dem sich „die göttliche Freiheit in der Welt bekundet"[1], obwohl das, was in der Welt geschehen kann, mit dem identisch sei, „was die innerweltlichen Ursachen selber kraft ihrer eigenen Ursächlichkeit hervorbringen können."[2] Dieser Auffassung gegenüber wurde die Frage aufgeworfen, ob damit der Sinn theologischer Aussagen über die Anwesenheit, die Bekundung und das persönliche Wirken Gottes gegenüber Menschen angemessen erfaßt werden könne. Wird das Wirken Gottes auf das Wirken von Zweitursachen und die allgemeine Ermöglichung von deren Wirken durch Gott zurückgeführt, dann scheint dies nicht dem zu entsprechen, was man als besonderes, persönliches, heilsgeschichtliches Wirken Gottes anspricht.[3]

---

[1] B. *Weissmahr:* Gottes Wirken in der Welt. Ein Diskussionsbeitrag zur Frage der Evolution und des Wunders, Frankfurt a. M. 1973, S. 108.
[2] Ebd.
[3] Vgl. *R. Schulte:* Gottes Wirken in Welt und Geschichte: Theologie — Grund und Grenzen, Festgabe für Heimo Dolch, hrsg. v. H. Waldenfels, Paderborn 1982, 161 - 176.

I.

Die generelle erstursächliche Ermöglichung alles Wirkens der Zweitursachen ist eine Folge der Schöpfung. Der philosophisch entfaltete Begriff der Schöpfung setzt die im zweitursächlichen Wirken realisierten Ursachebegriffe und deren metaphysische Verallgemeinerung voraus. Das geschieht durch eine umfassende, zur differenzierten Erfassung zweitursächlicher Zusammenhänge komplementäre Betrachtungsweise.

Zueinander *komplementär* sind diese Betrachtungsweisen in dem Sinn, daß Fragen, die innerhalb der einen gestellt und beantwortet werden können, nicht in der anderen aufgegriffen werden können. Vernachlässigt man diesen Unterschied, führt dies zu Antinomien. So kann innerhalb einer differenzierten Betrachtung zweitursächlicher Erklärungszusammenhänge nicht die Frage nach der erstursächlichen Ermöglichung gestellt werden. In metaphysischer Betrachtung kann die Bedingtheit zweitursächlicher Erklärung durch die erstursächliche zur Sprache kommen, nicht aber die Differenzierung zweitursächlichen Wirkens. Ausgedrückt wird dies dadurch, daß die erstursächliche Ermöglichung sich auf das Sein bzw. Wirken als solches bezieht, d. h. wie immer dies im Detail beschaffen ist, aber ohne dieses zu beschreiben. Von daher könnte man terminologisch diese Betrachtungsweisen unterscheiden, z. B. als *physisch* (das Wirken der Naturdinge im einzelnen betreffend) und *metaphysisch* (das Sein und Wirken der Dinge als solche betreffend).

Die metaphysische Verallgemeinerung der *Ursachebegriffe*, die zunächst in der physischen Betrachtungsweise exemplifiziert sind, geschieht durch Herausarbeiten einer Struktur, die in die metaphysische Betrachtungsweise übertragbar ist. So dient die vom menschlichen Handeln im allgemeinen vorausgesetzte und im einzelnen verbesserungsfähige Erkenntnis von Regelmäßigkeiten im Wirken der Naturdinge — man könnte dies einen stabilen dynamischen Ordnungszusammenhang der Lebenswelt nennen — einerseits zur Erklärung von Ereignissen, andererseits zur Entfaltung der Ursachenbegriffe sowohl der klassischen Metaphysik wie auch ansatzweise der erfahrungswissenschaftlichen Naturerkenntnis.[4] Die metaphysische Verallgemeinerung dieser Ursachebegriffe erfolgt dadurch, daß die metaphysische Kontingenz eines Sachverhaltes als allgemeinster Ansatzpunkt der Warum-Frage herausgearbeitet wird. Der spezifische Beitrag der einzelnen Typen von Ursache zur Erklärung des Bestehens eines solchen kontingenten Sachverhaltes wird zur Definition von Ursachebegriffen

---

[4] Vgl. *O. Muck*: Christliche Philosophie, Kevelaer 1964, 123 - 129 und ders., Philosophische Gotteslehre, Düsseldorf 1983, 123 - 127.

verwendet, die nicht nur auf erfahrbare Seiende, sondern auf Seiende überhaupt grundsätzlich anwendbar sind.

Im Gefolge dieser Verallgemeinerung können dann die Begriffe von Zweit- und Erstursache und der Begriff der Schöpfung konstituiert werden. Die in der physischen Betrachtungsweise verwendeten Ursachebegriffe und Erklärungen werden wegen der metaphysischen Kontingenz des Daseins, Fortbestehens und Wirkens dieser Dinge als weiter erklärungsbedürftig verstanden, daher als *Zweitursachen*, die selbst ihrem Sein und Wirken als solchen nach metaphysisch von einer *Erstursache* ermöglicht sind. *Schöpfung* im allgemeinen ist diese erstursächliche Ermöglichung. Sie wird differenziert nach kontingenten Sachverhalten, die eine erstursächliche Ermöglichung fordern. Demgemäß wird terminologisch die erstursächliche Ermöglichung von diesen Sachverhalten her — einzelnen oder Arten von solchen — bezeichnet (denominiert), z. B. als Schöpfung im engeren Sinn, insofern das Entstehen von etwas ohne Materialursache, also seinem ganzen Sein nach, metaphysisch kontingent ist, als Erhaltung im Sein, insofern die Fortdauer metaphysisch kontingent ist, als Mitwirkung, insofern das Wirken und die Aktualisierung einer Form, zu der die Materie in Potenz ist, kontingent ist. Wird dazu noch die Personalität im Sinn von Geistigkeit der Erstursache berücksichtigt, bietet dies den Anlaß, diese Ermöglichung zugleich als Vorsehung anzusprechen.

Die Diskussion von Fragen, die sich aus einer Entfaltung der erstursächlichen Ermöglichung zweitursächlichen freien Handelns des Menschen ergeben, hat gezeigt, wie notwendig es ist, die Eigenart von Aussagen, die das zum Ausdruck bringen, zu berücksichtigen. B. J. F. Lonergan[5] nennt zusammenfassend vier falsche Voraussetzungen, auf denen typische Trugschlüsse in diesem Bereich beruhen: die Übertragung zeitlicher Bestimmungen des Ermöglichten in die (überzeitliche) Erstursache; die Annahme, das Ermöglichen eines endlichen Seienden oder Wirkens sei in Gott eine Realität, die Gott ohne diese Ermöglichung nicht zukäme; die Verwechslung von hypothetischer und absoluter Notwendigkeit; die Vernachlässigung der Unmöglichkeit, die Erstursache durch etwas von ihr Verschiedenes erklären zu können. Daher müssen wir bei den Aussagen über Gottes Ermöglichung bestimmter Ereignisse beachten, daß die Bezeichnungsweise zwar Zeitlichkeit und Vielfältigkeit insinuiert, daß aber die dadurch bezeichnete und die Ereignisse ermöglichende göttliche Wirklichkeit als Erstursache weder zeitlich ist noch eine Vielzahl von Akten umfaßt, sondern absolut einfach ist. Wenn darum gesagt wird, daß Gott ein be-

---

[5] St. Thomas on Gratia Operans: Theological Studies 3 (1942) 533 - 578, 542 f.; vgl. ders., Insight, London 1957, 661 - 664.

stimmtes Ereignis ermöglicht hat, dann wird das Dasein dieses Ereignisses vorausgesetzt — sonst wüßten wir nicht, daß Gott es ermöglicht hat — und zum Ausdruck gebracht, daß Gott, der überzeitlich und absolut einfach ist, als Erstursache das Geschehen dieses Ereignisses ermöglicht hat.

Auch wenn hier im Sinn von Thomas[6] berücksichtigt wird, daß wir philosophisch von Gott nur erkennen, daß Gott ist und daß ihm zukommt, was ihm als Erstursache zukommen muß, so kann dies dennoch zu einer Bereicherung unseres Verständnisses des Gegebenen führen. So mag zunächst ein Ereignis, das zweitursächlich erklärbar ist, auf das Mitwirken Gottes als erstursächliche Ermöglichung zurückgeführt werden. Insofern aber dem Wirken Gottes Wissen und liebendes Wollen zuzusprechen ist — als Erstursache —, muß das Ereignis auch als in der Vorsehung Gottes umfangen angesprochen werden. Damit ist allerdings dem Ereignis eine neue, bisher nicht beachtete Bestimmung zugesprochen, die auf das Wirken Gottes zurückgeführt wird. Erkannt wird diese Bestimmung gerade nur durch die zunächst geschehene Rückführung auf das Mitwirken Gottes und eine Folgerung, die aus einer dem Wirken Gottes zuzusprechenden Eigentümlichkeit für die Effekte dieses Wirkens in Anspruch genommen wird. Insofern dadurch erkannt wird, daß dem Ereignis diese Bestimmung zukommen müsse, ist für diesen Gehalt zugleich eine entsprechende Erklärung gegeben. Für diese Erklärung gilt nun:

a) Sie geht über das Erklären der Ermöglichung des Wirkens von Zweitursachen hinaus.

b) Sie schließt nicht das Wirken von Zweitursachen aus.

c) Sie bezieht das zweitursächlich erklärbare und durch die Mitwirkung Gottes erstursächlich ermöglichte Geschehen, das aber gerade als in der Vorsehung Gottes umfangen nicht zweitursächlich voll erklärt werden kann, auf das — im einzelnen uns unerforschliche — Wirken Gottes und verweist damit auf Gott als *Hauptursache* dieses Effekts, nämlich des Umfangenseins des Geschehens in der Vorsehung Gottes.

Wird der Erklärung dieses Effekts durch Bezugnahme auf Gott als Hauptursache nicht dadurch Abbruch getan, daß dieser Effekt erst aus der Eigenart Gottes und seines Wirkens erkennbar wurde? So ließe sich einwenden: an der erklärungsbedürftigen Realität des festgestellten Ereignisses ändert sich nichts, wenn man erkennt, daß mit der erstursächlichen Ermöglichung dieses Ereignisses zugleich notwendig mitgegeben ist, daß dieses Ereignis wegen der Personalität der Erst-

---

[6] S. theol. I, 12, 12.

ursache von der Vorsehung umfangen ist. Demgegenüber ist jedoch zu bedenken: wenn — auf welchem Weg immer — das betreffende Ereignis als ein solches verstanden wird, das tatsächlich von der Vorsehung erfaßt ist, dann wird dem Ereignis behauptend eine Qualität zugesprochen, die z. B. nicht erklärbar wäre, wenn der erstursächliche Grund blinder Wille wäre, die aber zugleich den Vorsehenden als Hauptursache auffassen muß. Daß aber Gott Hauptursache der Vorsehung ist, schließt nicht ein, daß er die Ordnung des Wirkens der Zweitursachen aufhebt oder als Deus ex machina korrigierend in sie eingreift! In diesem Sinne ließe sich das zweitursächliche Wirken als Werkzeugursache der Vorsehung verstehen, denn es nimmt zwar Einfluß auf das Eintreffen des betreffenden Geschehens, erklärt aber als solches noch nicht die betreffende Qualität des Ereignisses, nämlich daß es von der Vorsehung umfaßt ist. Dafür braucht es Gott als entsprechenden Erklärungsgrund, als Hauptursache.

Gleicherweise ließe sich diese Überlegung auch auf das ermöglichende Mitwirken anwenden, insofern das metaphysisch Kontingente auf ein zweitursächlich nicht erklärbares Wirken der Erstursache verweist. Der Unterschied zum Beispiel der Vorsehung liegt jedoch darin, daß die metaphysische Kontingenz des am zweitursächlichen Wirken Beteiligten gerade die Einführungssituation für die Unterscheidung zwischen Erst- und Zweitursache ist. Ein Bezug zu einer Hauptursache ist erst dann erforderlich, wenn dem Ereignis eine über die metaphysische Kontingenz hinausgehende Bestimmung zugesprochen wird und diese zu erklären ist und dadurch nicht der Verweis auf die erstursächliche Ermöglichung ausreicht.

Zusammenfassend läßt sich festhalten: Das Wirken Gottes wird von dem tatsächlichen Geschehen her bezeichnet, insofern dieses auf Gott verweist. Wenn Grund des Verweises die metaphysische Kontingenz dieses Geschehens und des an der zweitursächlichen Erklärung Beteiligten ist, dann wird auf Gott als Erstursache und auf seine generelle Mitwirkung Bezug genommen. Wenn jedoch diesem Geschehen eine Qualität zuzusprechen ist, die nicht von den Zweitursachen her erklärt werden kann, wohl aber von Gott als Hauptursache, dann ist von einem persönlichen Wirken Gottes zu sprechen und Gott als Hauptursache dieses Wirkens anzusehen. Das schließt nicht aus, daß das betreffende Ereignis, unter Absehung von der betreffenden Qualität, voll durch das erstursächlich ermöglichte Wirken von Zweitursachen erklärt werden kann.

Von besonderer Bedeutung werden nun Fälle, in denen die betreffende Qualität, von der aus auf Gott als Hauptursache Bezug genommen werden muß, nicht wie im Fall der Vorsehung apriori aus der Eigentümlichkeit der Erstursache gefolgert werden, sondern durch eine entsprechende Analyse an dem Ereignis selbst festgestellt werden.

Zur Klärung dieser Frage muß zunächst entfaltet werden, welche Ereignisse grundsätzlich zweitursächlich durch das erstursächlich ermöglichte Wirken von Zweitursachen angemessen erklärt werden können und wann dies nicht möglich ist. Im zweiten Fall wäre dann die Grundlage zu einem Rückgriff auf Gott als Erstursache gegeben.

II.

Was ist nun unter zweitursächlicher Erklärung zu verstehen? Wir verstehen darunter das Wirken der Dinge gemäß ihrer Natur. Unter *Natur* wird formal die Eigenart der Dinge verstanden, kraft deren sie auf bestimmte Wirkweisen hingeordnet sind. Beim Menschen gehört dazu auch Kulturschöpfung etc. Wenn wir die Natur der Dinge im einzelnen erkennen wollen, müssen wir ihre Wirkweisen beobachten. Wenn wir die Natur der Dinge dadurch auch nicht erschöpfend erkennen, so erfassen wir doch eine Menge von Regelmäßigkeiten, von denen wir sowohl im Alltag wie auch in der technischen Anwendung der Naturwissenschaft Gebrauch machen. Dabei haben wir auch gelernt, bestimmte Unterscheidungen zu berücksichtigen — wenn auch die Kriterien dafür selbst einem Lernprozeß unterliegen.

Wir unterscheiden zwischen *Seinsbereichen*. Was durch menschliches Wirken erklärt werden kann, wird unterschieden von dem, was durch naturhaftes Wirken unbelebter Dinge erklärt werden kann. Die beobachtbare Regelmäßigkeit des Zusammenhangs von Rot-Grün-Wechsel an den Ampeln einer Kreuzung und der Änderung des Bewegungszustandes der Verkehrsteilnehmer ist nicht Anlaß, ein neues physikalisches Gesetz zu formulieren. Ebensowenig ist das Hervorzaubern eines Hasen aus einem Hut im Varieté für uns ein Anlaß, an den Gesetzen der Biologie irre zu werden. In methodischer Forschung suchen wir gerade die Gesetzlichkeiten bestimmter Seinsbereiche in Isolierung vom Einfluß anderer zu erforschen. Abweichungen vom bisher festgestellten Verhalten werden nicht als Gegeninstanz und Anlaß zur Änderung der Formulierung eines Gesetzes angesehen, wenn die Abweichung durch Einfluß aus einem anderen Seinsbereich erklärt werden kann.

Solche Seinsbereiche unterscheiden wir schon in unserer spontanen Erkenntnis, wenn auch weiterer Erkenntnisfortschritt zu einer Korrektur dieser Unterscheidungen beitragen kann. Was in der klassischen Metaphysik von Grundstrukturen einzelner Gattungen von Seienden ausgesagt wird, dient der Entfaltung der Eigenart solcher Seinsbereiche und der Abhebung dieser Seinsbereiche voneinander. Beispiele sind die seit Aristoteles angeführten Unterscheidungen von Belebtem und Unbelebtem, die Arten von Seele, die Unterscheidung von sinnenhaftem und geistigem Erkennen und Streben. Diese philosophische Erkenntnis der Natur ist eine Entfaltung des Vorverständnisses von Seinsbereichen, die der empirischen Erforschung der Wirkweisen und damit der Natur der Dinge in dem jeweiligen Seinsbereich und eventuell auch der Zusammenhänge zwischen den Bereichen zugrundeliegt. Von diesem Verständnis wird auch Gebrauch gemacht, wenn es zu beurteilen gilt, ob ein beobachtetes Ereignis bisher erkannten Gesetzen widerspricht oder ob es als Folge des Einflusses eines anderen Seinsbereiches anzusehen ist.

Die Entwicklung unserer alltäglichen Erkenntnis wie auch der Wissenschaften gibt uns Anlaß, auf *Anwendungsbereiche* bzw. *Geltungsbereiche* der erkannten regelmäßigen Wirkweisen eines Seinsbereiches zu achten. Denn oft stützt sich die empirische Kenntnis auf einen begrenzten Ausschnitt von Fällen — die Beobachtung regelmäßigen Verhaltens von Menschen auf einen bestimmten Kulturkreis zu bestimmter Zeit; die Beobachtungen und Experimente der klassischen Physik auf Makrokörper, mit Geschwindigkeiten, die gegenüber der Lichtgeschwindigkeit klein sind und mit bestimmten Grenzen der Meßgenauigkeit; die Mendelschen Gesetze der Vererbung auf eine nicht allzu große Generationenfolge unter den gegenwärtigen Bedingungen. Oft ist zunächst die Beachtung dieser Geltungsgrenzen nicht von Bedeutung, weil die Anwendungsfälle, die interessieren, innerhalb des betreffenden Bereichs liegen. Sobald aber Fragen auftauchen, die diesen Geltungsbereich überschreiten, entstehen oft Probleme, die erst dann gelöst werden, wenn man den Geltungsbereich und damit die Geltungsbedingung ausdrücklich formuliert und beachtet. Die Geltung der allgemeinen Aussagen, welche die innerhalb des Geltungsbereichs vorliegenden Regelmäßigkeiten ausdrücken, sind dann entsprechend einzuschränken. So schließt die Vertrautheit mit Umgangsformen nicht aus, daß in einem anderen Kulturbereich andere Umgangsformen gelten; die klassische Physik findet ihre Grenzen im Mikrobereich durch die Quantentheorie und im Bereich großer Geschwindigkeiten durch die Relativitätstheorie; die Artgleichheit aufeinanderfolgender Generationen muß nicht eine Evolution in langen Zeiträumen ausschließen.

Was wir aufgrund solcher Erfahrungserkenntnis an Ereignissen in einem Bereich erwarten oder erklären können, das führen wir spontan auf das der Natur der betreffenden Dinge entsprechende Wirken zurück. Von hier aus legt es sich nahe, das „*innerweltliche Wirken*" der Dinge als ein solches zu verstehen, das aus der Natur der Dinge erklärbar ist. Dabei ist zu beachten, daß wir diese Natur aus der Erfahrung, a posteriori, erkannt haben. Außerdem setzt die Erkenntnis dieser Regelmäßigkeiten bestimmte Bedingungen voraus, unter denen die Dinge beobachtet wurden. Bei Änderung dieser Bedingungen und damit Erweiterung des Geltungsbereiches, wie es z. B. bei einem Experiment geschieht, kann auch die Erkenntnis der Natur, d. h. der regelmäßigen Wirkweisen, erweitert werden.

Zu unserer Erkenntnis dieser Regelmäßigkeiten des Wirkens gehört es auch, daß manches als durch Zufall im Sinn eines nicht regelmäßig zu erwartenden Zusammentreffens von Bedingungen anzusehen ist. Andererseits gehört dazu auch, daß wir lernen, in bestimmten Mengen von Ereignissen derartige Zufälle zu erwarten. Auch das lernen wir als Folge des regelmäßigen naturhaften Wirkens der Dinge zu begreifen.

III.

Zweitursächliches Wirken ist seinsmäßig ermöglicht durch die Erstursache. Nicht für eine naturwissenschaftliche Erklärung, wohl aber für eine seinsmäßige Erklärung ist als Gesamtursache die Erstursache einzubeziehen.

Daß das Wirken der Dinge ihrer Natur entspricht, läßt sich als berechtigter Kern des alten Grundsatzes *„omne agens agit sibi simile"* auffassen. In diesem Sinn ist er eine Grundvoraussetzung unserer Erfahrungserkenntnis. Nicht jedoch läßt sich das sagen für jene Deutung dieses Grundsatzes, die verlangt, daß die Seinsvollkommenheit der Wirkung, wie sie in diesem Zusammenhang der Erkenntnis der Natur erforscht wird, nicht höher sein könne als die der Ursache.

Als berechtigt könnte man hier ansehen, daß die *Gesamtursache* seinsmächtiger sein müsse, nicht aber die *Zweitursache*. Wollte man das folgern, würde man wieder die umfassende metaphysische Betrachtungsweise mit der das physische Wirken der Dinge beschreibenden Betrachtungsweise unversehens vermischen.

Stellt man nun die Frage nach dem Seinsgrund, dann muß man von der naturwissenschaftlichen zur metaphysischen Betrachtungsweise wechseln. Dann aber ist der Seinsgrund in der Erstursache und ihrer schöpferischen Ermöglichung des naturhaften Wirkens zu finden. Nicht aber kann a priori abgeleitet werden, welche Bestimmungen die Natur haben müsse, um auf die Hervorbringung bestimmter Wirkungen hingeordnet zu sein. Was hier gezeigt werden kann ist nur, daß eine derartige Hinordnung anzunehmen ist, wenn es überhaupt zweitursächliches Wirken gibt und wenn es die in der Erfahrung bezeugte stabile dynamische Ordnung gibt — ohne welche wir allerdings überhaupt nicht zu ursächlicher Betrachtung gekommen wären und zu einer Zurückführung zweitursächlichen Wirkens auf die Erstursache.

IV.

Wie steht es nun, wenn ein Ereignis nicht zweitursächlich erklärt wird, d. h. wenn es nicht auf das aufgrund des bekannten Wirkens der Dinge zu Erwartende zurückgeführt werden kann? Für solche und ähnliche Fälle sind zunächst drei typische Vorgehensweisen zu unterscheiden, die je nach den konkreten Bedingungen anzuwenden sind:

a) Eine Reaktion ist die, daß man dieses *unerwartete* Ereignis als Herausforderung an die bisherige Kenntnis der Natur der Dinge ansieht. Das ist dann angemessen, wenn keinerlei Anzeichen dafür sprechen, daß die Ausnahme von dem aufgrund bisheriger Kenntnis zu Erwartenden nicht durch Bezugnahme auf einen anderen Seinsbereich erklärt werden kann. Dann wird zu prüfen sein, ob es sich um einen im Bereich des zu Erwartenden gelegenen Zufall handelt und ob die Berücksichtigung der Geltungsbedingungen bzw. des Anwendungsbereiches zu einer Lösung führt. Jedenfalls kann ein solches Ereignis, insbesondere wenn es reproduzierbar ist, zur Erweiterung unserer Naturerkenntnis dienen.

b) Es kann der Fall eintreten, daß ein Ereignis als regelmäßig zu Erwartendes naturwissenschaftlich erklärbar ist. Dennoch mag es sein, daß die *erstursächliche Erklärung* durch die generelle Mitwirkung auf Schwierigkeiten stößt. Das ist insbesondere der Fall bei dem regelmäßig zwar zu erwartenden Entstehen eines Menschen. Während das Entstehen von Lebewesen im allgemeinen nach der aristotelisch-thomistischen Seinslehre als Verwirklichung der Potenz der Materie erstursächlich auf das das Wirken der Naturdinge ermöglichende generelle Mitwirken Gottes zurückgeführt werden kann, wäre dies im Falle des Menschen wegen der geistigen Seele des Menschen nicht möglich. Denn insofern sie geistig ist, ist sie gerade nicht nur Aktualisierung der Potenz der Materie. Wenn man daher das Entstehen der geistigen Seele betrachtet und als Folge der generellen Mitwirkung Gottes ansieht, dann ist in diesem Fall Terminus dieses Mitwirkens gerade die Hervorbringung von etwas, das nicht nur Aktualisierung der Potenz der Materie ist: Insofern die *geistige* Seele als solche betroffen ist, handelt es sich um eine Hervorbringung ohne Materialursache und damit um eine Realisierung des Begriffes der Schöpfung. Insofern sie *Seele* ist, geschieht ihre Schöpfung nicht unabhängig von der Entstehung des ganzen Menschen, der beseelt ist, und auch nicht unabhängig von dem durch das Mitwirken ermöglichte Wirken der Eltern als Zweitursachen.

Wird daher in diesem Fall gesagt, das Entstehen der geistigen Seele des Menschen erfordere Schöpfung, dann wird damit nur gesagt, daß das schöpferische Wirken, das das Wirken der Zweitursachen ermöglicht, sich auf etwas bezieht, das und insofern es nicht nur vorübergehend Verwirklichung an einer Materialursache ist.

Wird jedoch betont, daß dieser schöpferische Einfluß der Ersturcache sich daraus ergibt, daß sich das Mitwirken Gottes auf das Entstehen eines Menschen bezieht, dann wird der Mißdeutung vorgebaut, als hieße schöpferisches Wirken Gottes in bezug auf das Entstehen des Menschen ein vom zweitursächlichen Wirken völlig unabhängiges — menschlich gesprochen — „willkürliches" Eingreifen Gottes.

c) Nun sind aber auch Fälle denkbar, in denen ein Ereignis nicht als zu erwartendes erklärt werden kann, aber dennoch nicht Anlaß ist, unser Wissen über das regelmäßige Wirken der Dinge zu erweitern. Ein solcher Fall ist dann anzunehmen, wenn z. B. mit einer *Überschreitung des betreffenden Seinsbereichs* zu rechnen ist. Rekonstruiert man das spontane Verstehen, dann kommt es auf eine Abwägung hinaus: Gibt es Anzeichen, die wenigstens die Vermutung nahelegen, es könnte sich um eine solche Bereichsüberschreitung handeln, dann ist die Wahrscheinlichkeit, daß dies ein Anlaß sei, das bisherige Wissen über die Natur korrigieren zu müssen, gegenüber der Wahrscheinlichkeit dessen abzuwägen, daß tatsächlich eine Erweiterung des Seinsbereichs zur Erklärung herangezogen werden müsse. Dann würde es sich um eine Anwendung des Begriffs *Werkzeugursache* auf jene Faktoren handeln, die zwar an diesem Geschehen beteiligt sind, die aber von sich aus das Ereignis oder bestimmte Qualitäten dieses Ereignisses nicht zu erklären erlauben, außer man würde eine sehr unwahrscheinliche Korrektur unseres Wissens um das Wirken dieser Dinge in Kauf nehmen. Die *Hauptursache,* die dem zu erklärenden Ereignis oder Qualitäten daran entsprechend ist, ist dann in dem anderen Seinsbereich zu suchen.

Gewohnt sind wir dieses Vorgehen, wenn wir Produkte menschlichen Wirkens sehen, die wir spontan nicht als seltsame Zufallsprodukte der Natur betrachten oder gar als Anlaß nehmen, die Hervorbringung solcher Produkte als neue Gesetzlichkeit der Physik zu postulieren, sondern mit Recht eben auf Menschen als Hauptursache zurückführen, wenn auch bei ihrer Hervorbringung Werkzeuge nach bekannten physikalischen Gesetzen zu erwartende Wirkungen hervorgebracht haben.

Welche *Folgerungen* ergeben sich aus diesen Überlegungen für die zur Diskussion gestellten Fragen?

Bei diesen Folgerungen ist zu beachten, daß es erstens um die Frage der Klärung des *Sinnes* der diskutierten Aussagen geht, nicht um die Frage, ob im Einzelfall unser Verständnis — z. B. eines Ereignisses als Bezeugung Gottes — zutreffend sei. Zweitens soll diese Sinnklärung nicht bloß Besinnung auf das zunächst Gemeinte sein, sondern soll dies im Rahmen einer *metaphysischen* Analyse entfalten. Aufgabe solcher Analyse ist nicht die Beschreibung des Intendierten, sondern dessen

Verständnis und Ortung im Blick auf die Gesamtwirklichkeit und ihren letzten Grund[7].

a) Wenn es eine naturwissenschaftlich erklärbare *Entwicklung* der Organismen gibt, dann ist diese erstursächlich aus der generellen *Mitwirkung* zu erklären. Die naturwissenschaftliche Erklärung sieht methodisch von dieser Erklärung ab. Wird die Frage nach einer umfassenden Erklärung gestellt, dann wird eine metaphysische Betrachtungsweise eingenommen. Das ist auch der Fall, wenn man die naturwissenschaftliche Erklärung als vollständig ansieht. Allerdings liegt dann eine sehr fragwürdige Metaphysik vor.

b) Die erstursächliche Erklärung aus der generellen Mitwirkung reicht nicht aus, wenn die Entstehung eines Lebewesens — wie im Fall des Menschen — ontologisch das Entstehen von etwas — der *geistigen* Seele — einschließt, das nicht nur Verwirklichung der Potenz der Materie ist. In diesem Fall erfüllt nämlich der Bezug des so Entstehenden zur Erstursache den Begriff der *Schöpfung*. Dafür aber ist Gott als Hauptursache anzusprechen und sein Wirken als *persönliches Wirken in der Natur*, ohne daß dies als „willkürlicher Eingriff" mißverstanden werden darf.

c) Wenn ein unerwartetes Ereignis aufgrund der religiösen Umstände[8] als Bezeugung Gottes verstanden wird, dann wird es gerade wegen seiner Qualität als *Bezeugung* auf Gott als Hauptursache zurückgeführt. Daher ist es angemessen, in diesem Fall von einem *persönlichen Wirken Gottes in der Geschichte* zu sprechen. Dem steht nicht entgegen, daß das Ereignis in vielen seiner Momente zweitursächlich erklärt werden kann, wenn auch nicht gerade als Bezeugung Gottes.

Wird angenommen, daß wir im religiösen Bereich Ereignisse als Bezeugung Gottes erfassen und daß uns dies a posteriori darauf hinweist, daß die geschaffenen Dinge und Personen unter bestimmten Umständen — nämlich den religiösen — darauf hingeordnet sind, derartige Ereignisse hervorzubringen, dann scheint auch das Wunder auf die generelle Mitwirkung zurückgeführt zu sein. Dem ist aber entgegenzuhalten, daß erstens dieses Wirken als von der Vorsehung Gottes umfangen zu betrachten ist und zweitens gerade dadurch die religiöse Bedeutung des Ereignisses, nämlich als Bezeugung Gottes, ermöglicht wird, die wesent-

---

[7] Vgl. *O. Muck:* Phänomenologie — Metaphysik — Transzendentale Reflexion: Zeitschrift für Katholische Theologie 96 (1974) 62 - 75.

[8] Religiöse Umstände werden hier in Anschluß an *E. Dhanis:* Un chaînon de la preuve du miracle: Analecta Gregoriana 68 (1954) 63 - 86 jene Umstände einer Situation genannt, kraft derer die Möglichkeit in die Überlegungen einbezogen werden muß, daß eine Bezeugung Gottes vorliegt und in diesem Sinn für die Beurteilung des betreffenden Ereignisses auch eine Erweiterung des betreffenden Bereiches bedacht werden muß.

lich in personalen Kategorien zu fassen ist. Somit wäre das, was religionsphänomenologisch als Mitteilung Gottes aufgefaßt wird, auch ontologisch nicht nur auf Gott als durch sein generelles Mitwirken ermöglichende Erstursache, sondern auf ihn als Hauptursache zurückzuführen, wenigstens insofern er durch die Vorsehung Grund für die Qualität des Ereignisses als Bezeugung ist.

Somit dürfte geklärt sein, daß dem Unterschied von naturhaftem Wirken und persönlichem Wirken Gottes im spontanen religiösen Glaubensbewußtsein durchaus auch in metaphysischer Analyse eine Unterscheidung zwischen erstursächlich ermöglichendem Wirken Gottes und persönlichem Wirken Gottes als Hauptursache entspricht. Diese Unterscheidung beachtet a) die in der Schöpfung grundgelegte stabile dynamische Ordnung des naturhaften Wirkens der Geschöpfe, die nicht durch „Eingriffe" „willkürlich" geändert wird; b) unsere, zwar fortschreitende, aber nicht erschöpfende Erkenntnis dieser Wirkweisen; c) die Vorsicht, die im Sprechen über Gott und Gottes Wirken zu berücksichtigen ist, daß wir nämlich derartige Unterscheidungen auf Unterschiede im geschöpflichen Terminus stützen müssen.

Naturalisierte Erkenntnistheorie und Methodendynamik

Von Erhard Oeser

I. Der Begriff der „Naturalisierten Erkenntnistheorie"

„Naturalisierte Erkenntnistheorie" ist ein Ausdruck, den Willard v. O. Quine bereits im Jahre 1968 am 14. Internationalen Kongreß für Philosophie in Wien verwendet hatte, um einer Disziplin wieder neues Ansehen zu verschaffen, die in unserem Jahrhundert in Mißkredit gekommen ist: „Carnap und die anderen logischen Empiristen des Wiener Kreises hatten bereits den Ausdruck Metaphysik in schlechten Ruf gebracht, als gleichbedeutend mit Sinnlosigkeit, und der Begriff Erkenntnistheorie (epistemology) kam als nächster dran"[1]. Der Grund für diese Destruktion der Erkenntnistheorie ist bekannt: Es war die Undurchführbarkeit des empiristischen Programms, alle Sätze der Erfahrungswissenschaft in Beobachtungsbegriffe einerseits und in die Begriffe der Logik oder Mengentheorie andererseits zu übersetzen. Auf diesem Programm beruhte die strenge Auffassung einer „rationalen Rekonstruktion" der Wissenschaft, die jedoch Carnap selbst nicht vollständig aufrechterhalten konnte[2].

Nach Quine hat aber die schwächere Form der rationalen Rekonstruktion die Vorteile verloren, die die stärkere Version noch besessen hat. Die neue, liberalisierte Form ist so etwas wie eine fiktive Geschichte. Quine hält es für besser, bevor man eine solche fiktive Geschichte des Wissenschaftsprozesses konstruiert, gleich zurück auf die *Psychologie* zu greifen, die uns zeigt, wie wissenschaftliche Erkenntnisse wirklich zustandekommen und weitergegeben werden. An diesem Punkt kommt Quine auf die traditionelle Erkenntnistheorie zurück, von der ja psychologische Fragestellungen nie genau abgetrennt werden konnten. Ganz abgesehen davon, daß ja die Psychologie als selbständige Disziplin damals noch gar nicht aufgetreten war.

Die neue, naturalisierte Erkenntnistheorie ist gegenüber der alten Erkenntnistheorie in zweifacher Weise ausgezeichnet:

---

[1] *Wilard V. Quine:* Epistemology naturalized, in: Akten des XIV. Internationalen Kongresses für Philosophie Bd. VI. Wien 1971, S. 96.

[2] *R. Carnap:* Testability and meaning, 1936.

1. Sie ist eine von Absolutheitsansprüchen befreite Erkenntnistheorie, die jedoch ihre stärkste Seite behalten hat, nämlich die Einsicht, daß die Skepsis aus der Wissenschaft selbst entspringt und mit wissenschaftlicher Erkenntnis bekämpft werden kann. Damit ergibt sich eine wissenschaftsimmanente Position, die keines absoluten Grundes außerhalb der Wissenschaft bedarf.

2. Die naturalisierte Erkenntnistheorie kann daher ohne Verlust ihrer negativ-kritischen und positiv-begründenden Funktion in der Terminologie der Naturwissenschaften formuliert werden. Das bedeutet für Quine, daß an Stelle der mentalistischen Psychologie alten Stils, die mit den Begriffen Bewußtsein, Vorstellung usw. gearbeitet hat, die „naturwissenschaftliche Psychologie" tritt, die auf biologischer Basis bzw. auf Neurophysiologie begründet ist. Am Schluß der erwähnten Arbeit bezieht sich Quine auch auf Campbells Begriff der „evolutionären Erkenntnistheorie", der diesen Übergang zur biologisch fundierten naturwissenschaftlichen Psychologie noch deutlicher werden läßt.

Entscheidend ist bei dieser Argumentation, daß Quine keine Angst vor einem *Zirkelschluß* hat: Nach Quine ist es ohne Widerspruch und ohne Zirkelschluß möglich, einmal die naturalisierte Erkenntnistheorie als einen Teil der Naturwissenschaft, d. h. der Psychologie oder Biologie zu betrachten, das andere Mal die Naturwissenschaften im Sinne des traditionellen Anspruchs der Philosophie als einen Teil der Erkenntnistheorie zu betrachten, und zwar in dem Sinne, daß die Erkenntnistheorie die Begründung und Rechtfertigung der naturwissenschaftlichen Erkenntnis liefert. Dadurch ergibt sich eine Wechselwirkung bzw. eine *positive* Rückkoppelung von Erkenntnistheorie und Naturwissenschaft, die sich auf diese Weise zu immer höheren Strukturen emporschaukeln.

Ein derartiges Vorgehen ist seit jeher in der Geschichte der Erkenntnistheorie von Aristoteles bis Kant festzustellen. Ein direktes Korrelat zu Quines Verbindung von Erkenntnistheorie und Neuropsychologie liefert die traditionelle, über Jahrhunderte hinwegreichende Verbindung der alten Gehirnventrikellehre mit der Erkenntnistheorie, die noch von Kant aufrechterhalten worden ist[3]. Kant war es auch selbst, der zumindest im Ansatz eine evolutionistische Deutung des Apriori als angeborene Strukturen vorgeschlagen hat; aber diese für unzureichend hielt, weil ihr der Charakter der *Notwendigkeit* fehlt. Damit ist allerdings ein Argument ausgesprochen, das sich auch gegen Quines totale Naturalisierung der Erkenntnistheorie richtet. Denn eine totale Naturalisierung würde auch die normative Funktion der Erkenntnistheorie aufheben. Naturalisierung im Sinne einer empirischen Interpretation der klassi-

---

[3] Vgl. *E. Oeser:* Kants Beitrag zur progressiven Begründung der komparativen Wissenschaftstheorie, in: Phil. Nat. Bd. 19, Heft 1 - 2, S. 236 f.

schen Erkenntnistheorie durch die Terminologie der modernen Naturwissenschaften bedeutet daher nicht, daß sich nicht auch noch aus der naturalisierten Erkenntnistheorie ein reiner, oder, wie Kant sagen würde, apriorischer Teil herausheben läßt, der nicht nur deskriptiven, sondern auch präskriptiven Charakter hat.

II. Die Funktion der Erkenntnistheorie im Rahmen der Wissenschaftstheorie

Die Funktion der Erkenntnistheorie für die Wissenschaftstheorie läßt sich im Vergleich zur Funktion der formalen Logik am besten durch den unterschiedlichen Aspekt ausdrücken, unter dem das Phänomen Wissenschaft betrachtet werden kann.

In einer Paraphrase zu einem berühmten Satz aus der Antrittsvorlesung des intuitionistischen Mathematikers Brouwer kann man sagen: „Für den Formalisten existiert die Wissenschaft auf dem Papier, für den Erkenntnistheoretiker im menschlichen Verstand". Allerdings ist diese Unterscheidung nicht als eine Alternative zwischen zwei entgegengesetzten Richtungen der Wissenschaftstheorie zu verstehen, etwa analytische und konstruktive Wissenschaftstheorie, sondern als Teile des Gesamtproblems, das die Wissenschaftstheorie zu lösen hat: Das, was auf dem Papier steht, ist das Endprodukt eines Prozesses, der selbst einer Analyse bedarf. Die logische Analyse und Rekonstruktion von Aussagensystemen, die auf dem Papier stehen, wurde bisher als die Hauptaufgabe der Wissenschaftstheorie angesehen. Die Rekonstruktion aber jenes Prozesses, in dem Wissenschaft erst nach bestimmten Regeln, d. h. methodisch zustandekommt, ist jedoch dieser Aufgabe sowohl systematisch wie auch genetisch vorgeordnet. Diese Rekonstruktion schließt auch die Veränderung von wissenschaftlichen Theorien, d. h. die sog. Theoriendynamik mit ein.

Damit ergibt sich eine weitere Differenzierung der beiden Aufgaben der Wissenschaftstheorie. Während sich die logische Rekonstruktion mit der Überprüfung der logischen Wahrheit oder Korrektheit von wissenschaftlichen Aussagensystemen beschäftigt, beschäftigt sich die erkenntnistheoretische Rekonstruktion mit den Prozessen des Entstehens und Vergehens von Theorien, also im allgemeinen Sinn mit Methodologie. Beide Aufgabenstellungen sind letzten Endes nicht voneinander zu trennen, weil sie sich gegenseitig ergänzen. Nebenbei ist zu bemerken, daß es eine Konsequenz der formalistischen Wissenschaftslogik von Carnap war, daß der Begriff Methodologie in diesem Konzept keinen Platz hat. So hat sich auch Popper, der freilich mit einem völlig ungeklärten Zwitterbegriff von „Erkenntnislogik" arbeitet, immer beklagt, daß der

Begriff „Methodologie" in der Luft hängt; d. h. zwischen der Disjunktion von Formalwissenschaft und Realwissenschaft durchfällt.

Jetzt aber kann man sagen, daß die naturalisierte Erkenntnistheorie als Realwissenschaft mit normativen Konsequenzen die Grundlage für die Methodologie liefern kann.

Was also hat die naturalisierte Erkenntnistheorie zu leisten?

Die naturalisierte Erkenntnistheorie hat ein elementares Modell des menschlichen Erkenntnisprozesses aufzustellen. Sie setzt in diesem Sinn natürlich die Existenz des erkenntnistheoretischen Subjekts voraus, nicht aber die Existenz von Wissenschaft, während Methodologie die Existenz von Wissenschaft bereits voraussetzt. Damit ist auch eine klare Unterscheidung gegeben, die das Verhältnis von Erkenntnistheorie und Wissenschaftstheorie betrifft. Für viele Wissenschaftstheoretiker der Gegenwart war und ist die Erkenntnistheorie deswegen kein Problem mehr, weil sie der Auffassung sind, daß die gesamte Erkenntnistheorie, soweit sie sich nicht auf Semantik oder epistemische Logik reduzieren läßt, von der modernen Wissenschaftstheorie aufgesaugt oder geschluckt worden ist.

Auf der anderen Seite gibt es aber auch die Möglichkeit, auf die Stegmüller[4] hingewiesen hat, von einer progressiven und regressiven Argumentationsstruktur zu sprechen. Genau dieser Unterschied paßt auf das Verhältnis von naturalisierter Erkenntnistheorie und wissenschaftlicher Methodologie. In diesem Sinne stellt die naturalisierte Erkenntnistheorie eine *Prototheorie* der wissenschaftlichen Erkenntnis mit progressiver Argumentationsstruktur dar, während die Methodologie eine *Metatheorie* mit regressiver Argumentationsstruktur ist. Nebenbei ist zu bemerken, daß der Ausdruck *Prototheorie,* den heutzutage die Erlanger Konstruktivisten gepachtet zu haben scheinen, seinem Ursprung nach auf den Neokantianismus zurückzuführen ist. So hat bereits Kurd Lasswitz den Ausdruck Protophysik verwendet, um Kants begründungstheoretische Absichten zu dokumentieren.

Andererseits aber läßt sich auch die Kantische Erkenntnistheorie nicht unverändert übernehmen. Sie bedarf einer Aktualisierung, damit sie jene Form bekommt, die sie für die gegenwärtige wissenschaftstheoretische Problemstellung relevant werden läßt. Ein Mittel der Aktualisierung ist ihre Naturalisierung, d. h. ihre Übersetzung in die Begriffe der gegenwärtigen Naturwissenschaft. Diese Naturalisierung der Kantischen Erkenntnistheorie ist nichts Neues. Kant hat sie selbst initiiert, indem er in seiner Anthropologie in pragmatischer Hinsicht

---

[4] Vgl. *W. Stegmüller:* Personelle und statistische Wahrscheinlichkeit. 1. Halbb., Berlin—Heidelberg—New York 1973, S. 23.

vom Jahre 1798 der apriorischen Lehre von der Erkenntnis, wie sie die „Kritik der reinen Vernunft" darstellt, eine empirische Interpretation gegeben hat, die bis in die Problematik der menschlichen Gehirnfunktionen vorgedrungen ist.

Die empirische Interpretation der reinen oder apriorischen Erkenntnistheorie im modernen Sinn einer Darstellung der Gehirnfunktionen ist in der Geschichte der Philosophie keineswegs etwas Außergewöhnliches, sondern hat eine lange Tradition, die allerdings vergessen oder vielleicht sogar bewußt verdrängt worden ist. Schon Platon hat in Übereinstimmung mit der hippokratischen Medizin das menschliche Gehirn als Sitz der Vernunft angesehen, und die lange Tradition der Aristoteleskommentare hat von Avicenna bis in die beginnende Neuzeit die menschlichen Erkenntnisvermögen Phantasie, Verstand und Gedächtnis in den Gehirnventrikeln lokalisiert. Die Ventrikellehre hatte sowohl bei den Philosophen, wie Albertus Magnus und Raymundus Lullus, als auch bei den Anatomen, wie Leonardo da Vinci, um nur den berühmtesten zu nennen, ihre Anhänger und ist bis zu Kant nicht verschwunden. Kant selbst hat über diese Frage der Lokalisation der menschlichen Erkenntnisfunktionen in den Gehirnventrikeln eine Korrespondenz mit dem berühmten Gehirnanatomen Soemmerring geführt und die Meinung vertreten, daß im Wasser der Gehirnhöhlen eine materielle Grundlage für die dynamische Organisation des Bewußtseins gegeben sei. Wenngleich sich durch den Fortschritt der Hirnforschung bald darauf die alte Ventrikellehre als Irrtum erweisen sollte, blieb die Lokalisationstheorie der Erkenntnisvermögen nicht nur erhalten, sondern erfuhr sogar durch die Phrenologie von Gall und Spurzheim ihre extensivste Entfaltung. Die moderne Hirnforschung, die diese simple Lokalisationstheorie zwar aufgegeben hat, liefert jedoch ein weitaus besseres Äquivalent zur erkenntnistheoretischen Lehre von der dynamischen Organisation der Erkenntnisvermögen und Erkenntniskräfte in der arbeitsteiligen Funktion der beiden Gehirnhemisphären.

Nach den Untersuchungen von Sperry[5], die sich auf Brain-split-Experimente gründen, ist in der rechten Gehirnhälfte jene Operation in dynamischer Weise „lokalisiert", die Bilder und Muster nonverbaler Art und geometrisches Raumerleben betreffen und systematischen Charakter haben, während die linke Gehirnhälfte die verbalen, sequentiellen, analytischen, computerartigen Operationen enthält. In einer Aktualisierung einer Grundidee der klassischen Erkenntnistheorie, die von Aristoteles bis Kant wirksam war, läßt sich nicht nur eine

---

[5] Vgl. *R. W. Sperry:* Lateral Specialisation in the Surgically Separated Hemispheres, in: F. O. Schmitt and F. G. Worden (eds.), The Neurosciences Third Study Programm. MIT Press, Cambridge, Mass/London 1974, S. 5 - 19.

dichotome Typologie von Erkenntnisvermögen und Erkenntniskräften aufzeigen, sondern auch die Topologie ihres Funktionszusammenhanges, in der sich die Gehirnlokalisierungstheorien widerspiegeln. Diese Topologie entsteht dadurch, daß die klassischen Erkenntnisvermögen sinnliche Anschauung, Verstand und Vernunft durch dynamische Erkenntniskräfte wie produktive und reproduktive Einbildungskraft (Phantasie), Erfindungskraft (oder Ingenium) und Urteilskraft untereinander zu einem quasizirkulären Funktionsmechanismus verbunden werden.

Diese erkenntnistheoretische Topologie entspricht sehr genau der Arbeitsteilung der Hirnhemisphären, womit die von Kant selbst intendierte naturalistische Interpretation ihre Bestätigung erfährt.

Es ist kaum notwendig, darauf hinzuweisen, daß dieses Modell nichts anderes darstellt als ein sich selbst regulierendes und selbst organisierendes System im Sinne der modernen Systemtheorie und Kybernetik. Allerdings geht es dabei nicht um eine nachträgliche kybernetische oder systemtheoretische Uminterpretation der klassischen Erkenntnistheorie. Denn die menschliche Erkenntnis wurde schon längst vor dem Auftreten der Kybernetik von N. Wiener und der Systemtheorie von Bertalanffy als ein Phänomen bestimmt, das im höchsten Maß die Eigenschaft der Selbstorganisation besitzt. Die Entwicklung der wissenschaftlichen Methode stellt nichts anderes dar als die ständige Vervollkommnung dieser Merkmale der Selbstkorrektur und Selbstorganisation, die bereits auf der untersten Ebene der materiellen Organisationsprozesse im Gehirn und seiner Peripherie, der Sinnesorgane, und in den höchsten wissenschaftlichen Erkenntnisleistungen ihr jeweils provisorisches Ende findet.

Die Analyse der Mikrostruktur des menschlichen Erkenntnisprozesses ist allerdings eine Möglichkeit, die die Erkenntnistheorie der Entwicklung der Naturwissenschaften und der Beobachtungs- und Experimentiertechnik verdankt. In ähnlicher Weise läßt sich nun die Stagnation der Erkenntnistheorie durch Naturalisierung überwinden, wie die Stagnation der formalen Logik, von der Kant noch sagen konnte, daß sie seit Aristoteles keinen Schritt vorwärts getan hat, durch Mathematisierung überwunden worden ist.

In Entsprechung zum sog. logischen Atomismus, der die Feinstruktur der Aussagenlogik herausgearbeitet hat und gegenüber der alltagssprachlich formulierten Aristotelischen Logik neue und ungeahnte Möglichkeiten ihrer Begründung aufgewiesen hat, kann man hier von einem *erkenntnistheoretischen Atomismus* sprechen, der allerdings noch auf einer tieferen Ebene liegt als der logische Atomismus im Sinne von Russell.

Denn das, was als logisches Atom das Element eines Formungsprozesses bildet, der Begriff als Prädikat möglicher Urteile (= Aussagen), die zu höheren Aussagenverknüpfungen axiomatisch-deduktiver Systeme führen sollen, ist vom Standpunkt des erkenntnistheoretischen Atomismus ein ungeheuer komplexes Gebilde der Informationsverdichtung[6].

Der Grundbegriff des erkenntnistheoretischen Atomismus ist die Information als elementare Ja-/Nein-Entscheidung, wie sie auf der neuronalen Ebene materiell realisiert ist; womit allerdings nicht behauptet werden soll, daß das Gehirn nur digital funktioniert. Das, was als Grundlage höherer komplexer Einheiten im menschlichen Bewußtsein als *Begriff* auftritt, verdankt seine Entstehung einfachen Elementarinformationen, die sich als invariant erweisen und Konstanzphänomene, wie z. B. Form- und Größenkonstanz erzeugen.

Allerdings zeigt sich gerade an dem Auftreten solcher komplexer Einheiten wie „Begriffe", die trotz ihres Ursprunges aus der traditionellen mentalistisch-introspektiven Psychologie auch in der gegenwärtigen Wissenschaftstheorie nicht eliminiert worden sind, daß Quines naturalisierte Erkenntnistheorie unzulänglich ist. Denn die strikte Ablehnung der mentalistischen Psychologie führt Quine ganz offensichtlich in eine behavioristische Psychologie, die das tierische und menschliche Verhalten einschließlich der menschlichen Erkenntnisprozesse nur als eine Reiz-Reaktions-Kette ansieht, die sich im Inneren des Organismus, der als „schwarzer Kasten" gilt, in rein mechanischer Weise als Zwischenreaktionen und Zwischenreize fortsetzt. Gerade diese Auffassung muß aber heute nach den Ergebnissen der modernen Ethologie (Konrad Lorenz) und Gehirnphysiologie (E. v. Holst), die sich gegenseitig stützen, als widerlegt gelten.

Dies bedeutet jedoch nicht einen Rückfall in die traditionelle introspektive Psychologie mentalistischer Prägung, sondern vielmehr die mit dem Informationsbegriff terminologisch genau präzisierte Möglichkeit, zwischen Reiz und Reaktion sowohl die Repräsentationen als auch ein Modell der Entstehung und Weiterverarbeitung der Repräsentationen aufzubauen. Allerdings sind dann solche Repräsentationen keine introspektiv zugänglichen Phänomene, sondern nur theoretische Konstrukte. Diese theoretischen Konstrukte müssen jedoch nicht nur propositionalen Charakter haben, sondern haben vielmehr grundsätzlich „bildhaft" anschaulichen Charakter. Dies gilt nicht nur für die Repräsentationen selbst, sondern auch für die Modelle des Mechanismus der Entstehung und Weiterverarbeitung dieser Repräsentationen, wie z. B.

---

[6] *E. Oeser:* Wissenschaft und Information, Bd. 3, Wien u. München 1976, S. 38 ff.

das Reafferenzmodell von E. v. Holst und P. Mittelstädt oder das Modell von Anochin.

Damit erledigt sich auch die in der Linguistik (z. B. bei Chomsky) und in der kognitiven Psychologie erörterte Frage nach Seinsweise mentaler Entitäten wie „Vorstellung", „Begriffe" usw., oder „mentaler Organe", wie „Phantasie", Gedächtnis", Verstand usw. Wie bereits Chomsky[7] richtig festgestellt hat, handelt es sich hier um ein ähnliches Problem wie die Frage nach der Natur der thermonuklearen Reaktionen im Inneren der Sonne, die von einem Astronomen auf Grund des an den obersten Schichten der Sonne ausgesendeten Lichtes erschlossen werden. Aus denselben Gründen ist es weder sinnvoll noch notwendig, bei der Entstehung und Verarbeitung von Repräsentationen im Gehirn des Menschen nach einer anderen Art von Rechtfertigung zu fragen, die den Konstrukten der Theorie Realität zuschreibt. Denn auch in der Gehirnphysiologie befindet man sich noch in dieser Lage, die Kant beschrieben hat, wenn er in seiner Anthropologie in pragmatischer Hinsicht feststellt, daß der Mensch sich nicht auf die Handhabung seiner „Gehirnnerven und Fasern" zu seiner Absicht versteht und daher immer „Zuschauer" bleiben muß[8].

Für die Erklärung der menschlichen Erkenntnis, insbesondere der wissenschaftlichen Erkenntnis, ist aber auch eine direkte empirische Erfassung dieser Vorgänge nicht notwendig. Eine totale Ersetzung der Erkenntnistheorie durch eine naturwissenschaftliche Disziplin kann daher auch nicht der Sinn des Quineschen Programmes der Naturalisierung der Erkenntnistheorie sein. Zur Begründung der Wissenschaftstheorie ist sie auch nicht nötig. Es genügt die Feststellung, daß die Erkenntnisfähigkeiten des Menschen, wie immer sie auch benannt werden, als funktionale artspezifische Hirnleistungspotenzen in der materiellen Struktur des natürlichen empirischen Erkenntnissubjekts, des konkreten Menschen, verankert sind. Die Methodologie der wissenschaftlichen Erkenntnis ergibt sich dann aus der Beobachtung und Rekonstruktion der Handlungen dieser realen Subjekte, d. h. der Wissenschaftler, die den Prozeß der Wissenschaftsgeschichte bestimmt haben. Auf diese Weise erhält auch die Wissenschaftstheorie durch ihren Bezug zur empirischen Wissenschaftsforschung ein der Naturalisierung der Erkenntnistheorie adäquates Fundament.

---

[7] *N. Chomsky:* Regeln und Repräsentation, Frankfurt a. M. 1981, S. 191 f.
[8] Vgl. Kants Werke, Akademie Textausgabe, Berlin 1968, B VII, S. 119.

III. Die Verbindung von naturalisierter Erkenntnistheorie und Methodendynamik

Mit der naturalisierten Erkenntnistheorie als Grundlage der erfahrungswissenschaftlichen Methodologie ist es möglich, eine Schwierigkeit zu umgehen, die die formalistische Wissenschaftslogik immer hatte. Die rationale Analyse und Rekonstruktion von Aussagensystemen lieferte immer nur eine Momentaufnahme des jeweiligen Zustands einer Wissenschaft (wie er auf dem Papier steht), nicht aber die Rekonstruktion der dynamischen Übergänge, die gewissermaßen Rationalitätslücken darstellen, in denen sich alle möglichen Formen von Irrationalismus und Anarchismus etablieren konnten. Mit Hilfe der naturalisierten Erkenntnistheorie, die ein Funktionsmodell des methodisch geregelten Erkenntnisprozesses liefert, kann man nun die Theoriendynamik in die Methodendynamik einbetten. Hierbei ist ein wesentlicher Unterschied zwischen Methodendynamik und Theoriendynamik festzustellen. Während nämlich man durchaus in der Theoriendynamik im Zweifel sein kann, ob der Fortschritt in der Theorienentwicklung mehr sprunghaft, d. h. revolutionär geschieht oder mehr kontinuierlich, d. h. also evolutionär, ist diese Frage in der Methodendynamik klar. Denn die Evolution der wissenschaftlichen Methode kann von vornherein als Perfektionierungsprozeß angesehen werden, d. h. es werden keine Methoden ausgeschieden, sondern das gesamte Methodenarsenal erweitert sich im Sinne einer immer dichter werdenden Abfolge der einzelnen Methoden. Der Mechanismus der erfahrungswissenschaftlichen Erkenntnis läßt sich daher völlig konform mit dem Modell der naturalisierten Erkenntnistheorie in der Form einer Topologie der wissenschaftlichen Methoden darstellen, aus der der Stellenwert der einzelnen Methoden im Gesamtprozeß ersichtlich ist. Dieses topologische Modell läßt sich aus der Wissenschaftsgeschichte selbst, d. h. aus den Dokumenten rekonstruieren. Denn jedes wissenschaftliche Dokument enthält nicht nur Aussagen über die Inhalte, sondern auch über die Methoden, wie man zu diesen Erkenntnissen gekommen ist. In diesem Sinne müssen auch die methodologischen Reflexionen der Wissenschaftler vom Wissenschaftstheoretiker ernst genommen werden. Zumindest als Bestandteile eines noch zu rekonstruierenden Systems, das jedoch durch die bereits festgelegten elementaren Bedingungen der Möglichkeit wissenschaftlicher Erkenntnis vorbestimmt ist.

So spricht Kepler von Induktion und Analogie, Galilei von der Schritt-für-Schritt-Prozedur des metodo risolutivo und metodo compositivo und Newton von dem Zusammenhang von analytischer und synthetischer Methode, die im wesentlichen mit der logischen Struktur von Induktion und Konstruktion bzw. Deduktion zusammenfällt[9].

Alle diese methodologischen Aussagen enthalten eine bestimmte Modellvorstellung, die bei genauer Vergleichung erstaunlich einheitlich ist, und deren Einheitlichkeit auch sehr früh festgestellt worden ist und zum Allgemeingut wissenschaftstheoretischer Überlegung gehört. So haben Mach, W. v. Ostwald, Paul Volkmann u. a. festgestellt, daß es sich um eine Art Kreislauf der Erkenntnis mit rückwirkender Verfestigung handelt.

Allerdings ist jedoch mit der Einsicht in ein solch grobes Modell zur Charakterisierung der naturwissenschaftlichen Methodik noch wenig erreicht. Denn dieses Kreislaufmodell ist eine seit der Antike wohlbekannte Vorstellung, die nicht nur in den Naturwissenschaften, sondern auch in allen Bereichen menschlicher Erkenntnis anzutreffen ist.

Eine wesentliche Verfeinerung und damit auch rekonstruktive Verbesserung erreicht man, wenn man zu dem im Grunde genommen sehr dürftigen Aussagen über das allgemeine Modell (bei Galilei sind es nur wenige Zeilen) auch jene in den Werken von Galilei und Newton weitverstreuten Aussagen sammelt, die auch die Stelle im Modell fixieren, an der die Methoden der Analogie, Induktion, Konstruktion, Deduktion usw. stehen. Das heißt also, es wird die Festlegung der Reihenfolge rekonstruiert, die eine wesentliche Einsicht in den Phasencharakter des naturwissenschaftlichen Erkenntnisprozesses gewinnen läßt.

Trotz unterschiedlicher Bewertung der einzelnen Methoden ergibt sich auch in der Frage der Reihenfolge ihres funktionalen Zusammenhanges eine einheitliche Meinung. Induktion und Analogie werden als Verfahren der Hypothesenbildung angesehen, Konstruktion, was immer sie bedeuten mag, als Mittel der Theorienbildung, die Deduktion als Verfahren der logischen Ableitung von Erklärungen vergangener Ereignisse und zur Prognose zukünftiger Ereignisse, deren empirische Überprüfung zur Bestätigung oder Falsifikation der Theorie führt.

Mit der Rekonstruktion des allgemeinen Modells der naturwissenschaftlichen Erkenntnis und dessen Verfeinerung ist jedoch erst die Voraussetzung geschaffen für jenen quasi-experimentellen Vorgang, in dem auch die Entscheidung fällt über die Wahrheit des Modells bzw. über seine Brauchbarkeit. Damit läßt sich nun genauer angeben, was mit einer bekannten, von Dijksterhuis stammenden Metapher von der Wissenschaftsgeschichte als „erkenntnistheoretisches Laboratorium" gemeint ist. Es geht hier um die Suche nach Prinzipien zweiter Ordnung, die die Suche nach den naturwissenschaftlichen Gesetzen und Theorien geleitet haben. Entscheidend ist dabei sowohl die Frage, ob

---

[9] Vgl. zu den folgenden Ausführungen: *E. Oeser:* Wissenschaftstheorie als Rekonstruktion der Wissenschaftsgeschichte, Wien u. München 1979.

solche Prinzipien überhaupt einheitlich angenommen werden, als auch die Frage, ob man diese Prinzipien dann auch befolgt. Denn zwischen dem, was der Naturwissenschaftler verbal als seine Methode beschreibt, und den Prinzipien, nach denen er wirklich handelt, kann ja durchaus nicht nur ein Unterschied, sondern sogar auch ein Widerspruch sein.

Einstein hat diese Überlegung ganz drastisch ausgedrückt: „Wenn ihr von den theoretischen Physikern etwas lernen wollt über die von ihnen benutzten Methoden, so schlage ich euch vor, am Grundsatz festzuhalten: Hört nicht auf ihre Worte, sondern haltet euch an ihre Taten".

Die Taten der Naturwissenschaftler sind sowohl ihre naturwissenschaftlichen Entdeckungen, d. h. ihre Erfolge, als auch ihre Irrtümer, d. h. ihre Mißerfolge. Erfolg und Mißerfolg sind in der Geschichte der Naturwissenschaften unterscheidbar, wenn sie soweit zurückliegen wie es die Leistungen von Kepler, Galilei und Newton sind. Die Mißerfolge werden in der Geschichte eines Faches, wenn es der Naturwissenschaftler selbst beschreibt, weggestrichen, da sie keine Bedeutung für den gegenwärtigen Zustand haben. Für die wissenschaftstheoretische Betrachtung, in der es um die Methode geht, ist beides wichtig: Erfolg und Mißerfolg. Denn man kann auch aus Irrtümern lernen. D. h.: sowohl die Entdeckung der Keplergesetze, des Gravitationsgesetzes von Newton, der Fallgesetze von Galilei ist für die Rekonstruktion der Methode wichtig als auch die Probleme, an denen diese Wissenschaftler gescheitert sind oder sich gegenseitig in der Lösung widersprochen haben, wie z. B. in den Theorien über Ebbe und Flut, in der Entdeckung der Planetenbahnen usw. Die genaue Rekonstruktion zeigt eine erstaunliche Übereinstimmung von Einhalten der Regeln und erfolgreicher Entdeckung auf der einen Seite und Mißachtung der Regeln und Irrtum oder Mißerfolg auf der anderen Seite. Wobei entscheidend der funktionelle Zusammenhang ist, in dem der Gesamtprozeß der Erkenntnis überprüft und bewertet wird. D. h. Mißerfolge haben in den Wissenschaften ihren methodischen Grund: entsprechend den Worten Hamlets: „Der Wahnsinn hat Methode" kann man hier sagen: „Der Irrtum hat Methode". Der wissenschaftliche Irrtum ist in der Regel auf eine Überbetonung einer Methode zuungunsten der anderen zurückzuführen (Beispiel: Galileis Ebbe- und Fluttheorie). Der Erfolg ist methodologisch niemals ein geradliniger Vorgang, sondern ein Prozeß der Selbstkorrektur, bei dem selbst im Endeffekt Wahrheit und Irrtum untrennbar vermischt sind und sich gegenseitig sogar stützen. (Beispiel: Keplers kosmischer Magnetismus).

Der gesicherte Erfolg ist immer klein, der ungesicherte Erfolg ist groß, ebenso wie der Irrtum, der daraus resultieren kann. Spekulation ist notwendig. Poppers Idee von den „kühnen Hypothesen" erfährt somit eine gewisse Rechtfertigung. Diese Ideen sind jedoch nicht vom Himmel gefallen, sondern das plötzliche und sprunghafte Ergebnis einer ungeheuer mühseligen Detailarbeit, in der gleichartige Hypothesen mehrmals nach einem rational geregelten Ausscheidungsverfahren variiert werden.

Dieses rational geregelte Ausscheidungsverfahren ist in der neuzeitlichen Physik bekanntlich die experimentelle Methode, die zwar auch in der Antike bekannt war (Galilei beruft sich auf Archimedes), aber erst in der Neuzeit ihre grundsätzliche Bedeutung erhielt. In der Neuzeit treffen ja auch zwei Traditionen zusammen, die sich in getrennter Entwicklung perfektioniert haben: Die sog. „Werkstättentradition", wie Leonard Olschki sie genannt hat, die Tradition der Architekten, Ingenieure und Schiffsbauer auf der einen Seite (Tartaglia, Norman), und die Tradition der Theoretiker, der „Philosophen". Wobei im aristotelisch-scholastischen Sinn „Philosophia" mit „Theoria" gleichgesetzt wird. Aus dieser Verbindung entsteht dann jene für uns nicht mehr unmittelbar verständliche Beziehung der neuzeitlichen Physik als philosophia naturalis oder „philosophia experimentalis" (Newton). Methodologisch bedeutet diese Charakterisierung, daß das Experiment des Naturwissenschaftlers kein bloßes empirisches Herumprobieren ist (wie etwa in der Alchemie), sondern als wissenschaftliches Experiment von einem theoretischen Plan oder Entwurf geleitet ist. Wobei diese Bedingung des theoretischen Entwurfes wegen dessen heuristischer Bedeutung wichtiger ist als die Verwirklichung der Experimente, die von vornherein entweder der technischen Entwicklung wegen noch nicht oder überhaupt niemals realisierbar sind, d. h. reine Gedankenexperimente sind. Beispiel für ein noch nicht realisierbares Experiment, das bei der Entdeckung und Rechtfertigung des Gravitationsgesetzes eine entscheidende Rolle gespielt hat, ist Newtons Vorstellung von der Bewegung der Projektile, die, mit immer größerer Kraft geworfen, schließlich über die Grenzen der Erde hinausgehen und als Satelliten um die Erde kreisen. Ein Beispiel für ein prinzipiell niemals realisierbares Gedankenexperiment ist die Umkehrung des vorigen Experimentes, die ebenfalls Newton explizit durchgeführt hat. Sie besteht in der nicht realisierbaren Vorstellung eines hypothetischen kleinen Erdmondes, der seine Umlaufbahn so nahe der Erde hat, daß er fast die Gipfel der höchsten Berge berührt. Dieses Gedankenexperiment dient Newton zum Nachweis der allgemeinen Schwere. Denn stellt man sich den kleinen Mond so vor, daß er plötzlich der Zentrifugalkraft beraubt wäre, dann würde er mit derselben Geschwindigkeit zu Boden fallen, mit der die Körper von den Gipfeln jener Berge fallen. Damit wird theoretisch berechenbar nachgewiesen, was die berüchtigte apple-moon-story nur illustriert: daß es ein und dieselbe Kraft ist, die den Apfel zu Boden fallen läßt und die den Mond in seiner Umlaufbahn um die Erde festhält.

Galilei, der ja bereits vor Newton die experimentelle Methode praktiziert hat, hat auch eine grundsätzliche Charakteristik der naturwissenschaftlichen Vorgangsweise geliefert: er spricht nämlich vom secondo aspetto, der hier zum Unterschied von dem natürlichen primo aspetto vorwissenschaftlicher Erkenntnis angewendet wird. Der secondo aspetto bedeutet eine Abkehr von den anthropomorphen Vorstellungen. Das heißt eine Überwindung der Subjektivität der menschlichen Erkenntnis durch fortschreitende Objektivierung als methodisches Grundziel. Entscheidend ist nun, daß man mit Hilfe der wissenschaftstheoretischen Rekonstruktion in diesem Prozeß der Objektivierung eine bestimmte Entwicklungsgesetzmäßigkeit erkennen kann. Grob ausgedrückt heißt das, daß diese Entwicklung nur schrittweise erfolgen kann, und zwar so, daß jeder Schritt einen anderen Schritt zur Vorbedingung hat und einen weiteren Schritt als Nachbedingung involviert; so daß eine Entwicklungsreihe zustande kommt, die eine bestimmte logische, oder genauer gesagt, prozeßlogische Struktur besitzt.

Mit diesen Ausführungen sollte nun sowohl die Verbindung von naturalisierter Erkenntnistheorie und Methodologie der Wissenschaften als auch die grundlegende Parallele klar geworden sein: Wie die „reine" Erkenntnistheorie durch „Naturalisierung" eine empirische Grundlage erhält und dadurch zu einer Theorie des realen menschlichen Erkenntnissubjekts wird, so wird auch die Methodologie durch ihren Bezug zum realen Faktum der Wissenschaftsgeschichte zur rekonstruktiven Erklärung eines realen Prozesses. Dadurch wird auch generell die Wissenschaftstheorie von dem Verdacht befreit, mit der „Theoriendynamik" eine „fiktive Geschichte" zu konstruieren, die es niemals gegeben hat.

Der Gottesbegriff beim späten Schelling

Von *Günther Pöltner*

I.

Das Anliegen des späten Schelling ist die „philosophische Religion" (XI,255)[1]. Es geht ihm näherhin um die christliche Offenbarungsreligion und damit um den göttlichen Gott: um Gott, der frei handelnder Ursprung alles Seins und Herr des Seins ist. „Freiheit ist unser Höchstes, unsere Gottheit, diese wollen wir als letzte Ursache aller Dinge" (XIII, 256). Die philosophische Religion ist das begriffene und verstandene Christentum einschließlich seiner Voraussetzung, des Heidentums, und der es konstituierenden Faktoren. Begreifen will Schelling nicht als Aufhebung verstanden wissen. Die philosophische Religion ist „weit entfernt durch ihre Stellung zur Aufhebung der vorausgegangenen berechtigt zu seyn" (XI, 250). In ihr geht es um die Erkenntnis, d. h. um den „Selbstaufschluß" (XI,4) des Gegenstandes. Es kann nicht darum gehen, Religion aufzuheben, sondern sie „in ihrer ganzen Wahrheit und Eigentlichkeit zu begreifen" (XI,250). Das ist freilich eine Maxime, die für die philosophische Bemühung insgesamt gilt. Denn die Religion ist keineswegs ein ausgezeichneter Gegenstand der Philosophie, sondern einer wie alle anderen Gegenstände (Mensch, Natur) auch (XIII,138). Andererseits kommt ihr insoweit eine besondere Funktion zu, als die Möglichkeit, Religion zu begreifen, nicht jederzeit gegeben, sondern in der Geschichte der Religion selber heraufgeführt worden ist. Es ist für Schelling das Christentum, welches die Möglichkeit seines Begriffenwerdens allererst eröffnet hat, indem es die menschliche Vernunft *an sich* befreit hat. Die Geschichte post Christum natum ist die Geschichte der Befreiung der Vernunft *zu sich* selbst, d. h. die Geschichte der Selbsterfassung der Vernunft, die sich im Denken Schellings vollendet.

Das Begreifen hat sich seinen Gegenstand *im allgemeinen Sprachgebrauch vorgeben* zu lassen, worauf Schelling an den entscheidenden Stellen des Gedankengangs ausdrücklich hinweist. „Gott aber, was man wirklich Gott nennt (und ich glaube, daß auch der Philosoph sich in seinem Sprachgebrauch nach dem allgemeinen zu richten hat), ist

---

[1] Schelling wird nach der von K. F. A. Schelling besorgten Originalausgabe zitiert.

nur der, welcher Urheber seyn, der etwas anfangen kann, der also vor allem existiert, der nicht bloße Vernunft-Idee ist" (XIII,172).

Daß der religiöse Sprachgebrauch ein Richtmaß für die Philosophie darstellt, heißt nicht, daß er unreflektiert zu übernehmen oder eine Quelle philosophischer Erkenntnis wäre. Schelling verwahrt sich ausdrücklich gegen die Verwechslung der philosophischen Religion mit einer religiösen Philosophie (XIII,134). Eine solche würde sich den Begriff von Religion vorgeben lassen, was schon deshalb nicht akzeptabel sein kann, weil es ja allererst um die Ausarbeitung eines Begriffs von Religion geht (XIII,134). Ein Gegenstand ist begriffen, wenn er auf dem Wege und mit den Mitteln der selbständigen Vernunft „zum Inhalt unseres eigenen Denkens" (XIII,137) geworden ist. Selbständigkeit und Ursprünglichkeit der Vernunft bestimmt sich für Schelling aus der Tradition des nachkantischen Denkens, an dessen Ausgestaltung seine eigene Frühphilosophie entscheidenden Anteil gehabt hat.

Schelling will weder der Religion noch dem Denken Abbruch tun. Es soll auf der einen Seite dem Denken *Gott* in seiner Göttlichkeit aufgehen, das Denken soll vor Gott — und nicht vor eine bloße Vernunft-Idee gebracht werden. Auf der anderen Seite soll Gott dem *Denken* gegenwärtig werden, d. h. diese Gegenwart soll als der Vollzug der selbständigen Vernunft geschehen.

Gott ist nach Schelling das notwendig Existierende, welche das allgemeine Wesen, die potentia universalis, ist (XIII,174). Die denkende Erarbeitung und Aneignung dieser ‚Formel' bildet das zentrale Bemühen der Spätphilosophie. Schelling weiß sich dabei dem durch Descartes eröffneten Ansatz neuzeitlichen Philosophierens sowie den grundlegenden Einsichten des Kantschen Kritizismus verpflichtet.

Mit *Descartes* geht es ihm um das zweifelsfrei gewisse Fundament der Erkenntnis. Dieses liegt nicht bereits im cogito sum, weil das denkende Ich *nur* das *für uns* Zweifelsfreie ist. Nicht mit diesem ist jedoch in der Philosophie anzufangen, sondern mit dem *an sich* Zweifelsfreien (mit dem reinen Daß, dem reinen Existieren). Im cogito sum — so wendet Schelling gegen Descartes ein — ist 1. weder die unmittelbare Identität von Denken und Sein erreicht (X,9), noch ist 2. das cogito etwas Unmittelbares (X,11). Die Descartes-Kritik eröffnet dabei wesentliche Einsichten in sein eigenes Anliegen. Schelling versteht unter ‚Sein' das unbedingte Sein. Im ‚Ich denke' ist so gesehen die Identität von Denken und Sein keineswegs erreicht, denn weder kann gesagt werden, ich bin nichts anderes als Denken, noch kann gesagt werden, ich bin einfachhin. Mein Denken ist nur eine „Art und Weise des Seyns" und ebenso bedeutet ‚ich bin' nicht ‚ich bin in unbedingter Weise', „sondern nur: Ich bin auf gewisse Weise" (X,11). Was aber nur auf gewisse Weise ist, das ist nicht an sich zweifelsfrei. Damit jedoch etwas auf gewisse Weise Seiendes begriffen werden kann, muß die Vernunft — dies die im Rahmen der Descartes-Kritik unausgesprochene Folgerung — bereits beim absolut Zweifelsfreien sein. Was den zweiten Punkt betrifft, so ist für Schelling das ‚Ich denke' ein Reflexionsprodukt, welches sich einer Identifikation verdankt: das seinen Vollzug reflektierende Ich identifiziert sich mit dem in sich ihm ereignenden Denken. Schelling kennt ein „objektives von mir unabhängiges Denken" (X,11), welches er auch „das ursprüngliche Denken" (X,12) nennt. Und der erste Akt der Philosophie besteht darin, sich auf den Standpunkt dieses ursprünglichen Denkens zu erheben. Denken meint nicht den Vollzug der menschlichen Vernunft (das wäre die bloß subjektive Vernunft), sondern den Vollzug der „Vernunft selbst" (XI,375), der Vernunft „abgesehen von ihrer subjektiven Stellung, abgesehen von ihrem Seyn in irgend einem Subjekt" (XIII,62 f).

Mit *Kant* geht es Schelling um die Ablehnung des von Descartes her überlieferten ontologischen Arguments, das — gemäß der gängigen Deutung — von dem Begriff Gottes auf dessen Existenz schließt. Demgegenüber kann sich die Erkenntnis Gottes nur so vollziehen, daß im Ausgang vom an sich Zweifelsfreien (dem rein Existierenden, dem absoluten Prius) dessen Göttlichkeit dargetan wird, indem gezeigt wird, wie das rein Existierende das allgemeine Wesen (die Allheit) ist. „Ich kann also zwar nicht vom Begriff Gott ausgehen, um Gottes Existenz zu beweisen, aber ich kann von dem Begriff des bloß unzweifelhaft Existirenden ausgehen und umgekehrt die Gottheit des unzweifelhaft Existirenden beweisen" (XIII,159).

II.

Philosophie ist für Schelling die Ausarbeitung der Frage „warum ist überhaupt etwas? warum ist nicht nichts?" (XIII,7). Der Gegenstand dieser Frage ist nicht diese oder jene Sache, sondern das Seiende als solches, das Seiende hinsichtlich seines Seins. Befragt wird nicht eines nach dem anderen — solch ein Unterfangen wäre nicht nur unmöglich, weil eine unendliche Reihe nicht durchlaufen werden kann, sondern es wäre darüber hinaus über sich selbst bewußtlos, weil es nicht nach der Ermöglichung fragte, denkend ‚dieses' von ‚jenem' und damit von dem Unterschiedenen sich selbst noch zu unterscheiden. Befragt wird alles in Einem: das Sein. Das Seiende als solches ist fraglich, weil es überhaupt ist — und nicht nicht ist. Die radikale, das Sein des Seienden betreffende Fraglichkeit ist für Schelling Index der ontologischen Kontingenz. Das Seiende ist fraglich, weil es zufällig ist. Zufällig ist, was ist, obwohl es nicht sein muß, was sein und auch nicht sein kann. Schelling versteht die ontologische Kontingenz primär nicht — wie dies traditionellerweise auf weite Strecken hin geschehen ist — als Hinfälligkeit, Unvollkommenheit (weil Beschränktheit) oder als Mangelhaftigkeit des Seienden, sondern als die Manifestation absoluter Freiheit und Allmacht. Denn nur ein solcher Ursprung ist kraft seiner Unbedürftigkeit imstande, Anderem die Möglichkeit der Selbständigkeit einzuräumen. Daß Seiendes ist, dies muß nicht sein, dafür gibt es keinerlei Notwendigkeit, Seiendes könnte auch nicht sein: warum ist nicht nichts?

Die Frage: warum ist überhaupt etwas? gewinnt erst auf dem Hintergrund der zweiten, warum ist nicht nichts? ihre volle Schärfe. Die zweite Frage zeigt nämlich die Richtung der ersten an: Die Warum-Frage zielt nicht mehr nach einem seienden Grund alles Seienden. „Irgend einmal, um mich so auszudrücken, an irgend einem Punkte seiner Entwicklung wird der menschliche Geist das Bedürfniß empfinden gleichsam hinter das Seyn zu kommen — ... man möchte gern, wie man sagt, hinter eine Sache kommen. Aber was ist hier ‚hinter der Sache'? Nicht das Seyn; denn dieses ist vielmehr das Vordere der Sache, das, was unmittelbar in die Augen fällt, und was hierbei schon vorausgesetzt wird" (XIII,75). Die philosophische Grundfrage geht nicht auf einen Grund nach Art eines Seienden — einem solchen gegenüber würde sie sich ja nochmals erheben —, vielmehr hat sie von vornherein das Seiende im Ganzen auf dessen Ursprung hin überstiegen, genauer: sie wird inne, daß sie das Seiende im Ganzen immer schon überstiegen hat, die Vernunft „sieht ... sich in die apriorische Stellung gegen alles Seyn, aber nur gegen das endliche gesetzt" (XIII, 165). In der Warum-Frage geht es nicht darum, „bloß hinter diese oder jene Sache, sondern hinter das Seyn überhaupt zu kommen, zu sehen, nicht was über, denn dieß ist ein ganz anderer Begriff, aber was jenseits des Seyns ist" (XIII,76), was jenseits des Seienden im Ganzen, das endlichen Seins ist.

Die philosophische Grundfrage ist dadurch möglich, daß für sie das Woher der radikalen Fraglichkeit des Seienden, also das, wonach sie fragt, mit zum Vorschein gekommen ist. Für Schelling ist das Woher der Fraglichkeit zunächst das, „was jenseits des Seyns" (XIII,76) bzw. „*vor* dem Seyn" (XIII,151) ist, letztlich und in erster Linie jedoch das, „was *über* dem Seyn (in diesem Sinn allerdings auch vor dem Seyn)" ist (XIII,151). Diese unterschiedliche Kennzeichnung ergibt sich aus der Grundforderung, die Schellings Philosophieren in Atem hält: das Seiende als Gegründetes zu begreifen. Dazu ist erforderlich, den Grund so zu bestimmen, daß damit auch begreiflich wird, wie er in sein Gegründetes übergehen, bzw. wie dieses aus dem Grund hervorgehen kann. Deshalb wird das Woher der Fraglichkeit zunächst von dem Gegründeten her und auf dieses hin bestimmt. In dieser Sicht ist es zwar kein „Seyn", aber auch nicht nichts: hinter der Sache ist „nicht das Seyn, sondern das Wesen, die Potenz, die Ursache (dieß alles sind eigentlich nur gleichbedeutende Begriffe" (XIII,75 f). Statt dessen kann es auch heißen „unendliche Potenz alles Seyns", „potentia universalis" (XIII,76) oder „das Seyende" (XI,364).

Die Reflexion auf die Ermöglichungsbedingung der Warum-Frage zeigt, daß die Bestimmungen des Seienden solche der Vernunft selber sind, den Inhalt der Vernunft bilden, daß die Vernunft immer schon beim Gefragten gewesen ist (nämlich als objektives Denken), wenngleich nicht auf reflexiv-ausdrückliche Weise (nämlich als subjektives Denken). Im Gefragten haben wir den „apriorischen Inhalt" der Vernunft (XIII,63) zu erblicken, die Schelling als „unendliche Potenz des Erkennens" (XIII,64) begreift. Der unendlichen Potenz des Erkennens kann „nichts anderes als die unendliche Potenz des Seyns entsprechen, und dieß ist also der der Vernunft an- und eingeborene Inhalt" (XIII,64). Die Explikation der Bestimmungen des Seienden geschieht sonach als Selbstreflexion der Vernunft. Mit der Zuwendung der Vernunft zu dem, was jenseits, was vor dem Seyn ist — was ihr entspricht und in diesem Sinn sie selbst ist —, fängt die Philosophie an. „Der Anfang der Philosophie ist das, was vor dem Seyn ist, versteht sich vor dem wirklichen" (XIII,204). Zu dieser Bestimmung des Anfangs kommt es infolge der Grundforderung der Warum-Frage: das Seiende als Gegründetes zu begreifen.

Es ist ein Geschäft der negativen Philosophie, das Woher der Fraglichkeit vom Gegründeten her und auf dieses hin zu bestimmen. In ihr kann es nicht schon darum gehen, den Grund hinsichtlich seiner selbst, sondern hinsichtlich des Gegründeten (des endlichen Seyns) zu begreifen: Was vor dem Seyn ist, wird gesetzt, „eigentlich nicht zunächst um es selbst und an sich kennen zu lernen, sondern um das Seyn aus ihm zu begreifen" (XIII,204). Schelling unterscheidet also zwei Weisen des Begreifens: eine beziehentliche und eine absolute, die erste hat es mit dem zu tun, was *vor* dem Seyn ist, die andere mit dem, was *über* dem Seyn ist.

Gemäß der leitenden Absicht der Warum-Frage muß der Grund so bestimmt werden, daß man von ihm ausgehen kann, d. h. es kommt darauf an, die übergängliche Natur des Grundes auf den Begriff zu bringen. („Die Schwierigkeit liegt nicht darin, einen solchen Anfang zu rechtfertigen, sie liegt in der Möglichkeit, von einem solchen aus fortzuschreiten oder weiter zu kommen." X,211). Was vor dem wirklichen Seyn liegt, wird betrachtet „doch nur in Bezug auf eben dieses

Seyn, denn ein anderes Mittel, es zu bestimmen oder zu erkennen, gibt es für uns nicht" (XIII,204).

Den Grund hinsichtlich seines Gegründeten denken heißt, die Potenzialität der unendlichen Potenz des Seyns begreifen. Sie liegt in der Einheit ihrer konstitutiven Momente, der drei Potenzen. Schelling bezeichnet sie als „das unmittelbar Seynkönnende" (XIII,207), „das rein Seyende" (XIII,210), „das bei sich Bleibende" (XIII, 235), oder als „Subjekt", „Objekt" und „Subjekt-Objekt" (XIII,235). Potentialität besagt nicht potentia passiva, sondern Können, Vermögen, im Sinne der Mächtigkeit zu ... Bei der vor allem Seyn liegenden Mächtigkeit kann es sich nicht mehr um eine bedingte, sondern nur um die unbedingte Mächtigkeit handeln. Denn Bedingtsein hieße, vom Gegründeten abhängig sein. Nun kann eine Mächtigkeit immer nur von dem her bestimmt werden, dessen Mächtigkeit sie ist: Können des Seyns. Der Grund des endlichen Seins erweist sich zunächst als das „Seynkönnende". Vom Gegründeten her gesehen ist die unbedingte Potentialität in erster Linie das Übergehen-können in ihr Anderes, in das Seyn — und zwar, weil an keine Bedingung gebunden, unmittelbares Übergehen-können, unmittelbares Können des Seyns.

Bei dieser ersten Bestimmung kann aber nicht stehengeblieben werden. Denn eine ausschließlich durch Unmittelbarkeit charakterisierte Potenzialität wäre keine, sie wäre weder ihres Vermochten noch ihrer selbst mächtig. Sie wäre in Wahrheit bloße Ohnmacht, weil sie in ihrer Unmittelbarkeit natürlicherweise in das Andere, das Seyn, übergegangen wäre. Sie wäre gar nicht frei, auch nicht zu übergehen. Eine Mächtigkeit- die *nur* unmittelbares Übergehen-können wäre, wäre gerade *nicht* mehr unmittelbares, unbedingtes Übergehen-*können*, sondern bereits wirkliches *Übergehen,* das gar keine Möglichkeit hätte, auch nicht überzugehen. Damit wäre aber ihr Anderes gerade nicht *ihr* Anderes, das von ihr Vermochte. Das Andere würde gerade in die Stellung eines sie Übermächtigenden geraten.

Die Potentialität muß ein Moment implizieren, welches das unmittelbare Übergehen-können in seinem Können beläßt. Es ist das „rein Seyende", welche als zweite Potenz der ersten die Unmittelbarkeit des Übergehen-*könnens* bewahrt, indem sie deren ursprüngliche Mächtigkeit bändigt. Dieses zweite Moment ist das ‚rein' Seyende, weil es sich um das unbedingt und unendlich Vermochte, nicht um das schon eingegrenzt Vermochte handelt. Das „rein Seyende" aber kann — gerade wegen der Unbedingtheit der potentia universalis — dieser nicht äußerlich sein. Nur so ist ja das Andere das bleibend Vermochte. D. h. die potentia universalis muß *Einheit* von „unmittelbar Seynkönnendem" und „rein Seyendem", „Subjekt-Objekt" sein. Die Unbedingtheit der Mächtigkeit des Seyns ist nur dann unzureichend bestimmt, wenn sie Mächtigkeit bleibt, auch wenn das Vermochte möglicherweise für sich besteht. So schließt sich der Kreis: Das Wesen der Potentialität liegt in der Einheit von Mächtigkeit (reinem Können) und Vermochtem (reinem Sein). Schelling nennt die in ihrem Wesen bestimmte Potentialität des (weltlichen) Seins Geist, „und zwar Allheit — der vollendete, in sich selbst beschlossene und in diesem Sinn absolute Geist" (XIII,239).

Mit der Auslegung der Potentialität des allgemeinen Wesens, der potentia universalis, ist das Woher der Fraglichkeit noch nicht hinreichend bestimmt: Der Grund des „Seyns" ist noch nicht hinsichtlich seiner selbst bestimmt. Wäre Gott nichts anderes als die potentia universalis, so wäre er — wie Schelling im Zuge seiner Kantkritik ausführt — „mit einer Beziehung auf die Welt und zwar mit einer ihm wesentlichen gesetzt" (XI,293). Es wäre damit noch nicht Gottes Transzendenz gedacht, Gott wäre dem Denken noch nicht in jener Dimension aufgegangen, in welcher er ‚mehr' ist als der Grund des endlichen Seins. Das Denken hätte das In-sich-Sein Gottes außer acht gelassen, worin Gott *in* aller Weltbezogenheit ihr dennoch enthoben ist. Die Vernunft hätte der Göttlichkeit Gottes noch nicht entsprochen.

Indem der Vernunft die Fraglichkeit des Seienden im Ganzen aufgeht, hat sich ihr das angetan („se objicit" XIII,162), ist sie von dem berührt, was dieser Fraglichkeit enthoben ist und die Warum-Frage von sich abweist — indem sie diese hervorruft. Das Woher der radikalen Fraglichkeit ist als Ursprung des ontologisch zufälligen, des an sich zweifelhaften Seins, das notwendig Existierende, das unzweifelhaft Existierende (XIII,158), das grundlos Existierende (XIII,164). Was einen Grund seines Existierens besitzt, dem kann das Denken zuvorkommen, indem es das Gegründete von seinem Grund her begreift, wobei die Gründe des Seienden den apriorischen Inhalt der Vernunft bilden. Was jedoch nicht in der Weise des Gegründeten ist, dem kann das Denken auch nicht mehr zuvorkommen, das ist das Unvordenkliche des Denkens. Etwas von seinem Grund her begreifen heißt soviel wie es vergegenständlichen. Das Unvordenkliche ist kein Gegenständliches der Vernunft mehr. Ihm gegenüber kann die Vernunft nicht mehr die Stellung des Subjekts einnehmen. Hier kehrt sich der Bezug um: hier ist das Unvordenkliche das wahrhafte Subjekt, das absolute Prius, und die Vernunft das Zweite, das Posterius (XIII,159). Das Unvordenkliche ist anfangloses Existieren, „Abgrund für die menschliche Vernunft" (XIII,164).

III.

Das Eigentümliche seiner Spätphilosophie liegt nun darin, wie Schelling den Bezug von Vernunft und reinem, an sich zweifelsfreiem Existieren faßt.

Einerseits sieht Schelling, daß das aller Fraglichkeit Enthobene eben der Vernunft aufgeht und darin die Vernunft selbst in die Fraglichkeit versetzt — denn es kann immer gefragt werden, warum die Vernunft selber ist (XIII,247). Die Vernunft kann sich selbst keineswegs unbedingt setzen, „denn es ist absolut gesprochen ebenso möglich, daß keine Vernunft und kein vernünftiges Seyn, als daß eine Vernunft und ein vernünftiges Seyn ist" (XIII,247 f). Andererseits kommt diese Einsicht nicht zum Tragen, weil Schelling die philosophische Vernunft vom *Setzen* her begreift und *nicht* als *fragende* Vernunft bedenkt. Fragen heißt für Schelling letztlich Zweifeln. Für ihn bedeutet Fragen das Setzen des Seienden als des an sich Zweifelhaften durch die Vernunft, womit sich diese als die Helle und Lichtung des unvordenklichen, an sich zweifelsfreien Seins setzt.

Der Vernunft kann deshalb alles Seiende als an sich Zweifelhaftes erscheinen, weil sie als Vernunft, d. i. in ihrem Wesen das Unvordenkliche denkt. Die Vernunft ist wesenhaft Denken, d. i. Lichten des Unvordenklichen. In ihrer „reinen Substantialität und Wesentlichkeit" (XIII,165) ist die Vernunft nichts anderes als die Helle des Unvordenklichen: „Ihrer bloßen Natur nach setzt sie nur das unendlich Seyende" (XIII,165).

Indem die Vernunft „ihrer bloßen Natur nach" die Helle des Unvordenklichen ist, so kann sie zu diesem grundsätzlich in kein gegenständliches Verhältnis treten. Sie kann des reinen Existierens nur innewerden, indem sie aufhört, sich zum eigenen Gegenstand zu machen, von sich selbst frei wird und sich ihrem Wesen anheimgibt und so wieder „in ihrer reinen Substantialität und Wesentlichkeit" ist (XIII,165). Dieses Wesentlich-werden der Vernunft denkt Schelling als Negation. Auf dem Weg der Negation ihrer selbst als des Subjekts, für welches alles, was ist — auch die sich selbst gegenständliche Vernunft! — als an sich zweifelhaft entgegensteht, wird die Vernunft des Unvordenklichen inne.

Die Vernunft wird des Seins, „welches vor allem Denken ist" (XIII,163), gewahr, indem sie es „als ein absolutes Außer-sich" setzt (XIII,163). Hier kommt der neuzeitliche Vernunftbegriff voll zum Tragen, dem Schelling verpflichtet ist: es ist *eine* Vernunft, die in verschiedenen Subjekten vollzogen werden kann und die sich in ihnen nur multipliziert, keinem Anderen als Anderem zu begegnen vermag, sondern in allem sich mit sich selbst zusammenschließt. Die so sich selbst begreifende Vernunft faßt den Bezug zum Woher der radikalen Fraglichkeit anti-thetisch. Indem sie sich selbst als Subjekt alles an sich Zweifelhaften negiert, bestimmt sie das Unvordenkliche von sich her, indem sie es zu sagen unternimmt, was ihr absolutes Prius ohne sie wäre: das Unvordenkliche wird demgemäß zum reinen Existieren, wobei ‚rein‘ jetzt heißt: rein von aller Potentialität, als deren Inbegriff die Vernunft sich selbst eingesetzt hat.

‚Reines Existieren‘ ist zwar nicht im Sinne einer logischen Abstraktion, nicht als der allgemeinste Begriff, zu verstehen, der von allem einsinnig ausgesagt werden kann; dennoch ist ‚rein‘ eine Bestimmung, deren Maß die Vernunft bildet. Das reine Existieren wird nämlich als das *blinde,* vernunft-lose Existieren gefaßt, was zur unmittelbaren Folge hat, daß das notwendige Existieren eine Zufälligkeit erhält, die es der Vernunft erlaubt, sich selbst als das einzusetzen, worin das Unvordenkliche allererst zu sich kommt, sich selbst hell ist.

Zufällig, so erklärt Schelling, ist das, was sein Gegenteil noch nicht ausdrücklich ausgeschlossen hat. „Was seinem möglichen Gegensatz nur zuvorkommt, hat gegen diesen selbst, so lange er möglich bleibt, nur ein zufälliges Seyn" (XIV,338). Das reine Existieren ist zwar aller Potentialität voraus — aber so ist die Absolutheit dieses Voraus noch unausdrücklich. Die Zufälligkeit des absoluten Prius ist nur dann aufgehoben, wenn diese selbst die Allheit, die potentia universalis, ist, d. h. wenn es die Allheit sein läßt, indem sie sie vollzieht, oder ihr die „Ursache des Seyns" ist (XIII,174).

Das unvordenkliche Sein erscheint als blinde Faktizität, als factum brutum, weil es von der Vernunft bloß negativ als deren Anderes bestimmt wird. Und weil diese Vernunft sich als *eine* weiß, die im Philosophieren vollzogene Vernunft bloß einen Unterschied des ‚Ortes‘ ausmacht, so weiß die philosophische Vernunft ihren Inhalt als die conditio sine qua non der Göttlichkeit des unvordenklichen Seins. Damit hat sich die Vernunft der Möglichkeiten Gottes versichert und sich zum Mit-Wisser Gottes gemacht, gleichviel wie vermittelt dies auch sein mag. Wenn aber der Vernunftinhalt der Inbegriff aller Möglichkeiten (und damit der Natur und Geschichte) ist, und dieser Inbegriff das ist, worin das absolute Prius sich selbst vollzieht, dann ist die ausdifferenzierte Möglichkeit der Vernunft die Erscheinung des absoluten Prius dergestalt, daß die Menschheitsgeschichte einfachhin die Geschichte der Herrlichkeit Gottes ist: Geschichte wird deckungsgleich mit Heilsgeschichte.

Schelling hat die Fraglichkeit der philosophischen Grundfrage wohl gesehen, sie aber im entscheidenden dennoch übersprungen. Er hat die radikale Fraglichkeit als Index für den göttlichen Ursprung alles Seins genommen. Indem er aber die Vernunft letzten Endes als setzende Vernunft begriffen hat, hat er das Fragen vom Zweifel her gedeutet und damit in einer entscheidenden Dimension verfehlt. Die Vernunft sieht nicht mehr, daß sie als sich selbst fragliche Vernunft in diese ihre Fraglichkeit gestellt ist, d. h. sie kann mit sich selbst nicht mehr ernstmachen und als sich verdankende Vernunft sich annehmen. Das Woher der Fraglichkeit gibt sich nicht mehr der Vernunft zu denken, sondern konstituiert sich — von der Vernunft anti-thetisch als vernunft-loses, blindes Existieren außer sich gesetzt — allererst in dieser. Nicht daß das blinde Existieren erst im Philosophieren sich zu sich selbst vermittelte; indem es aber *eine* Vernunft ist, die jeweils vollzogen wird, ist das Philosophieren die Entfaltung des Inbegriffs der Möglichkeiten Gottes und so deren Vergewisserung. Dadurch entgeht der Vernunft ihr Wesen, zu sich selbst freigegeben zu sein. Sie vermag nicht mehr ihren ursprünglich dialogischen Charakter zu entdecken und für sich fruchtbar zu machen. Die philosophische Warum-Frage wird nicht zum Andenken des Geheimnisses ihres eigenen Ursprungs, sondern zum Ausdenken von dessen Möglichkeiten, sie gerät nicht vor das je Größere der alles Sein gewährenden schöpferischen Freiheit, sondern verfällt der all-einsamen Dialektik, die zu überwinden die Ernstnahme der Fraglichkeit des Seins die Chance geboten hätte: Sein als Gabe zu bedenken.

Motivi di morale radicale in Spinoza

Di *Armando Rigobello*

I. Caratteri generali

Il „pensare fino in fondo", ossia l'esercizio del pensiero nella sua assolutezza, trova nella sostanza spinoziana una compiuta realizzazione. Questa sostanza è attiva nel senso forte (non empirico) dell'espressione, ossia è tesa alla autoconservazione, alla affermazione di sè, un'affermazione assoluta ove il tempo e il movimento si risolvono in eternità e la necessità coincide con l'espressione somma della libertà.

In questo contesto di assolutezza metafisica, come si configura l'atteggiamento morale dell'uomo? In che senso l'assolutezza del pensiero dà luogo ad una radicalità morale? La risposta a queste domande presuppone l' indagine condotta nei libri terzo *(De orgine et natura affectuum)* e quarto *(De servitute humana seu de affectuum viribus)* dell' *Ethica*. Riassumiamo il risultato centrale di questa indagine per cercare poi una più ampia risposta ai nostri interrogativi nel quinto ed ultimo libro dell'*Ethica*: *De potentia intellectus seu de libertate humana*.

L'anima umana da un lato è una modificazione della Mente (della Sostanza in quanto pensiero) e quindi rientra nel caso generale della passività e della dipendenza, dall'altro è capacità rappresentativa che si rappresenta l'ordine necessario delle modificazioni divine e quindi l'idea stessa di Dio. Questa capacità di rappresentazione rende possibile una liberazione progressiva dal determinismo *compreso* quale espressione dell'assoluta libertà divina. Questo processo di liberazione culmina nell'immedesimarsi dell'anima con l'ordine cosmico e col suo risolversi nella libertà divina mediante quell'*amor Dei intellectualis*, che è il centro focale del V° libro dell'*Ethica*.

Il processo di liberazione, che è processo intellettuale di comprensione, passa attraverso i tre noti stadi. Vi è all'inizio un prorompere della forza cieca ed impulsiva della passione (stato di natura) e ciò a causa delle idee inadeguate che abbiamo sul reale (ciò di cui si ha idea inadeguata si presenta come indipendente da noi, è nostra passione. Passione significa qui passività. Il secondo stadio è lo stadio delle virtù, ossia della valutazione delle passioni in ordine all'accrescimento del *conatus* cioè dell'istanza fondamentale di permanere nell'essere e di realizzarsi in esso (in connessione con l'attualità essenziale della Sostanza che è autoaffermazione). In questo stadio, la razionalità si precisa come ricerca dell'utile è ciò che accresce il *conatus* e dà letizia; ciò che lo limita o lo diminuisce reca tristezza. Letizia e tristezza sono sentimenti fondamentali dell'universo emotivo spinoziano. Questo stadio del processo è reso possibile dall'acquisizione della capacità astrattiva e quindi da un primo ordine di idee adeguate. L'ordine causale della struttura analitica della sostanza non è ancora risolto in chiarezza e distinzione (ciò avviene soltanto nel terzo grado di conoscenza) ma quelle idee adeguate che già possediamo permettono di cogliere vari livelli di concatenamenti causali. Il terzo stadio infine (su cui ritorneremo più innanzi) è lo stadio ove la comprensione adeguata della Sostanza mediante l'immediatezza dell'intuizione ci porta ad una completa conoscenza chiara e distinta; il determinismo diviene libertà, la passività è distrutta, entriamo nella beatitudine e nella gloria dell'Amore intellettuale di Dio. Dallo stato di natura si è così pervenuti allo stato di ragione.

La radicalità, quale atteggiamento morale, è quell'atteggiamento che intende trasferire nella pratica l'assolutezza del pensiero, ma mentre il pensiero nella sua assolutezza non ha da fare i conti che con se stesso, la radicalità dell'azione deve confrontarsi con le resistenze empiriche, con l'esperienza. Per questo il radicalismo morale è un atteggiamento polemico. La posizione morale spinoziana risponde compiutamente a queste caratteristiche di radicalità, ma in una prospettiva ove la volontà non ha cittadinanza alcuna. La liberazione morale si compie mediante un processo di comprensione teoretica: è la conoscenza che assume su di sè il compito della morale. La conoscenza è etica, ma in tale etica non è la volontà la protagonista della liberazione dalle passioni.

Dopo quanto si è detto possiamo già raccogliere alcune note caratteristiche dell'atteggiamento radicale della morale spinoziana: a) *il superamento della distinzione tra bene e male*. La distinzione tra bene e male appartiene alla vicenda umana, interessa la volontà geneza conflitti interiori. Ma ciò ha un senso solo nel quadro di una visione inadeguata della realtà[1], non la alcun significato quando si perviene alla

---

[1] Cfr. quanto osserva Benedetto Croce sullo stesso argomento: la distinzione tra bene e male è valida solo nella „storia come azione", ossia nel momento volontaristico, passionale della vicenda umana, momento vissuto dalla coscienza individuale. La distinzione cade nella comprensione storicistica (mentre la comprensione spinoziana è analitico-deduttiva) che caratterizza la „storia come pensiero". Il rigido immanentismo, in entrambi i casi, dello Spinoza e del Croce, porta a conclusioni morali convergenti (cfr. B. Croce: La storia come pensiero e come azione, Bari 1938).

assolutezza stessa della Sostanza. Il conflitto tra bene e male ha volore soltanto se posto in termini volontaristici e particolaristici. b) *il superamento della nozione di anima individuale.* Lo svuotamento del conflitto tra bene e male nella vicenda umana comporta la svalutazione dell'anima umana stessa se considerata a quel livello ove il conflitto ha luogo. A questo livello l'anima è teatro passivo della dinamica delle passioni, luogo ove si disegna la radicalità del loro intreccio. c) *la filosofia come „vitae meditatio".* Le considerazioni interno alla limitatezza della vicenda umana e alla caducità delle cose riguardano quel livello particolaristico che si è visto essere inadeguato. L'autentica vita teoretica non si cura di ciò che svaluta ed invece è fissa nella affermazione del positivo, nella realizzazione del *conatus* vitale, nella tensione verso la identificazione con la Sostanza divina. Per questo essa è *vitae meditatio* (cfr. pars IV, prop. LXII, demonstratio). d) *la distruzione delle passioni in quanto passioni.* Le singole passioni in quanto stati affettivi subiti (dinanzi ai quali siamo passivi) rimangono distrutte appena esse sono comprese nella determinazione universale, cioè a dire, appena le consideriamo necessarie all'ordine infinito delle cause. Ciò avviene quando superiamo l'angolatura particolaristica dell'anima individuale (cfr. pars V, prop. III).

II. Né „riso", né „pianto", ma „vivere per la verità"

Commentando il triste spettacolo delle guerre di religione cui assisteva, Spinoza così si esprime: „Queste turbe non mi inducono né al riso, né al pianto, ma piuttosto a filosofare ed osservare meglio la natura umana... Lascio dunque che ognuno viva a suo talento e chi vuol morire muoia in santa pace, purchè a me sia dato vivere per la verità" (*Epist.,* XXX). Il passo può essere adeguatamente interpretato nella prima parte, se teniamo presenti il criterio tipicamente spinoziano per cui vi è un ordine, inutilmente ignorato da chi consideri l'uomo protagonista della storia. Le vicende della storia umana, obbedendo ad un determinismo divino, non debbono essere occasione di stati emotivi, ma di conoscenza; costituiscono una occasione propizia per osservare la dinamica dell passioni. E'questo un concetto centrale nella prospettiva spinoziana: nel *Tractatus theologicus-politicus,* osserva: „At plerique, ignaros Naturae ordinem magis pertubare, quam sequi credunt, et homines in Natura veluti imperium in imperio concipiunt" (II,6). Alla considerazione umanistica e storica si sostituisce quella analitico-deterministica del filosofare. Se poi soltanto il determinismo logico governa l'universo e l'uomo è solo apparentemente un „imperium", un centro autonomo di potere, è logico che la volontà, in quanto distinta dall'intelletto, non abbia che una sfera fittizzia. Se la volontà sembra estendersi talvolta oltre il pensiero, ed avere una sfera autonoma, è perchè questo non è pervenuto alla chiareza ed alla distinzione (cfr. *Eth.*, II, prop. XLIX, demonstratio, corol.).

Configurata la vita del saggio come quella di chi è libero dalla schiavitù delle passioni, libero dalla compassione come dalla derisione, situato fuori della mobilità delle vicende umane e più precisamente dei turbameti emotivi che esse di solito producono, in che consiste positivamente *vivere per la verità?* La comprensione ideale non è per Spinoza una evasione estatica ed inerte, le idee chiare e distinte non sono „veluti picturas in tabula mutas", ma sono realizzazione completa del *conatus*, ossia dell'energia fondamentale della affermazione, della conservazione ed accrescimento dell'essere. L'ignoranza della natura di questo *conatus* fa invece parlare di volontà autonoma.

Vi è in Spinoza una intuizione fondamentale che costituisce la genesi ed insieme la finalità della sua vita teorica, un'intuizione che contiene il tema generatore del suo sistema: l'intuizione di una coscienza felice di realizzarsi nell'essere (la realizzazione suprema appunto di questo conato), felice in quanto libera perchè ha rinunciato alla lotta con la natura riconoscendola divina ed identificandosi con essa[2]. Si perviene in tal modo alla libertà dalle emozioni attraverso la rinuncia all'individualità particolaristica, e con essa alla stessa persona. Una *nuova moralità* si configura così all'orizzonte della meditazione spinoziana, il suo centro è l'affermazione gioiosa della vita intellettuale, la sua attuazione assoluta nella beatitudine e nella gloria. Condizione di questo nuovo tipo di morale è l'abbandano delle vecchie prospettive moralistiche accentrate attorno al dibattito interiore tra idea e volontà, e conseguente abbandono della sede di questo dibattito, cioè della persona. E'alquanto significativo ciò che Spinoza osserva a proposito del persona: „Non fugit nos vocabulum quod theologi passim usurpant ad rem explicandam; verum, quamvis vocabulum non ignoramus, eius tamen significationem ignoramus, nec ullum clarum et distinctum conceptum illius formare possumus" (*Cogitata Metaphisica,* II, c. 8).

A maggior chiarimento del discorso fatto, ci soffermiamo ancora sulla dottrina spinoziana della passioni. Da un lato, la passione ha un contenuto particolare, dall'altro è una perturbazione, un affetto disordinato. Per quanto concerne il contenuto, esso va ricondotto al determinismo universale: è una articolazione necessaria della Sostanza.

---

[2] Scorgere in Spinoza l'intuizione di un tema generatore del suo sistema e cogliere questo tema in un'intuizione positiva, affermativa dell'affermarsi dell'essere richiama in qualche modo Bergson (cfr. S. Zac: Les thèmes spinozistes dans la philosophie de Bergson, in: Les études bergsoniennes, VIII, Paris 1968, pp. 123 - 158).

L'atto con cui si conosce e si riconduce i singoli contenuti della passione al determinismo divino è contemporaneamente (*simulatque*) un atto che distrugge la passione come nostra passività, come nostro turbamento (cfr. *Eth.*, V, III, demonstratio, corol.). La passività della passione è solo un'apparenza dovuta al livello della coscienza non ancora assurta a chiarezza. Nessuna lotta della volontà quindi, ma comprensione liberatrice. La vita della coscienza realizzando il *conatus* vitale nella sua forma più alta, ci sottrae al dominio di ciò che è estrinseco e dà la gioia del comprendere che supera ogni altra affezione. Una volta conosciuta in modo adeguato, la passione è svuotata dal di dentro e la sofferenza si trasforma in gioia: nessuna vergogna per la passione che si scatena, nessun rimpianto per non poterla soddisfare, ma la beatitudine di chi vede tutto il presunto dramma umano nella chiara luce della necessità logica di Dio. Persistere in questa luce è „vivere per la verità".

Rimangono tuttavia aperti i preblemi dal punto di vista di una considerazione esistenziale: perchè dobbiamo ricorrere necessariamente a questa liberazione mediante la conosenza e non c'è, invece, la possibilità di equazione tra passione soddisfatta e perennità nella gioia? Perchè il piacere che porta soddisfazione e gioia, espone necessariamente alla tristezza a causa della sua contingenza? Questi interrogativi si riconnettono ai termini teoretici della questione che è preliminare ad ogni valutazione del sistema spinoziano: perchè la Sostanza non è pura attualità ed invece costituisce un complesso articolararsi analitico nella pluralità, particolarità ed individualità portando con se gli insolubili problemi che tali elementi portano in un contesto monistico? Sta di fatto che Spinoza inizia enunciando la realtà della Sostanza e poi si impegna a risolvere i problemi non eludibili della pluralità, della particolarità, della individualità.

III. „Sentimus experimurque nos aeternos esse"

La parte V dell'*Ethica*, dopo l'introduzione polemica nei confronti della artificiosa soluzione cartesiana del rapporto tra anima e corpo, si apre con due assiomi sulla necessità di un cambiamento che rimuova ogni possibile contrarietà tra due azioni rivolte ad un medesimo soggetto e sulla relazione causale. Gli assiomi sembrano portarci in una meccanica estranea al nostro problema, ma ad un esame più approfondito ci si accorge della connessione che hanno con le proposizioni che seguono: se la lotta tende alla pace, la molteplicità all'unità (1° assioma), ciò introduce alla comprensione pacificatrice nell'untià della Sostanza; se l'effetto si definisce mediante la sua causa (2° assioma), le passioni si placheranno nell'esperienza di quell'amore che è rivolto alla causa di ogni causa. In tutto il contesto, pur nella forma distaccata di un filosofare „more geometrico", si avverte che stanno avvicinandosi le proposizioni risolutive dell'*amor Dei*. *L'Ethica* era addirittura iniziata con la definizione di Dio, ma nella V parte non si tratta di ritornare aulla questione „de Deo", ma piuttosto della liberazione nostra nell'amore di Dio. Siamo quasi di fronte ad un ciclo plotiniano che si chiude nel ritorno a quell'Assoluto da cui era iniziato il discorso.

Poichè l'„ordo, et connexio idearum idem est ac ordo, et connexio rerum" (prop. I, demonstratio), di ogni passione del corpo possiamo farcene un'idea chiara e distinta (pro. IV) e quindi avere un dominio su di essa. La metodologia della liberazione trova un'afficace espressione nella proposizione II: occorre separare la commozzione dell'anima dalla sua causa esterna (conosciuta come inadeguata), allora, essendosi formata un'„idea chiara e distinta" della passione, essa viene „distrutta" (prop. III). Un tipico esempio di questa separazione di un aspetto dalla sua causa esterna, in modo che conoscerlo chiaramente e distintamente sia distruggerne la concomitante passione, è quello esposto nella propositione V: la passione è più forte se crediamo che l'oggetto de del nostro affetto sia un essere libero. Ed è il caso della passioni di amore e di odio che ci legano o ci contrappongono ad altri uomini. Quando veniamo a sapere che l'oggetto del nostro affetto non è un essere libero, ma una determinazione di un processo infinito di cause, allora quell'odio o quell'amore cessano, la passione è distrutta, il rapporto con l'altro uomo si fa meramente razionale. Tanto più riusciamo a conoscere tutte le cose come necessarie, tanto più si accresce il nostro potere sugli affetti e diminuisce quindi la nostra passività e passionalità nei loro confronti (prop. VI).

Dalla propositione XII in poi il discorso di Spinoza precipita, per così dire, nel suo centro focale che è l'*amor Dei intellectualis*. Vi è un processo di unificazione nel nostro conoscere per cui le immagini si connettono organicamente attorno a ciò che già conosciamo in modo chiaro e distinto (prop. XII) e quanto più questo processo si fa intenso, tanto più l'immagine centrale acquista vigore (prop. XIII). Ogni affezione del corpo si trasforma in immagine ed ogni immagine si connette all'immagine centrale che è l'idea di Dio (prop. XIV). Ed eccoci giunti al punto decisivo in cui conoscenza ed amore coincidono: „Qui se, suosque affectus clare, et distincte intelligit, Deum amat, et eo magis, quo se, suosque affectus magis intelligit" (prop. XV). Questo amore che occupa la mente in sommo grado (prop. XIV), è rivolto a Dio che è al di fuori della letizia e della tristezza (prop. XVII). Senza giustificazione è lo sforzo per farsi amare da Dio (prop. XIX) ed impossibile è che tale amore si trasformi in odio (prop. XVIII). All'amore verso Dio è estranea l'invidia e la gelosia ed invece tanto più si accresce quanto più numerosi sono gli uomini che immaginiamo „eodem Amoris vinculo cum Deo junctos" (prop. XX).

L'amore intellettuale per Dio e la sua equazione con la conoscenza di tutte le cose necessarie definisce un particolare atteggiamento conoscitivo ricco di tensione etica: il vedere ogni cosa „sub specie aeternitatis", il pervenire ad una esultante pienezza conoscitiva: „sentimus experimurque nos aeternos esse". Sebbene la nostra mente non possegga né immagini, né ricordi se non in dipendenza del corpo (pro. XXI), tuttavia in Dio vi è un'idea che esprime l'essenza dei singoli corpi umani, e tale idea riferita ad una realtà temporale è situata, in quanto è divina, in un ambito di eternità, tale idea conosce „sub specie aeternitatis" (prop. XXII). Ne consegue che la mente umana, in quanto conosce Dio in cui l'idea dell'individualità (connessione di anima e corpo) non può assolutamente essere distrutta, non puo finire nel nulla ma qualcosa di essa (*ejus aliquid*) rimane in eterno (prop. XXIII). L'avvertimento di ciò fa nascere in noi il senso della nostra eternità (*sentimus experimurque nos aeternos esse*) e ci situa in quell'atmosfera gnoseologico-etica che è il vedere „sub specie aeternitatis" (prop. XXIII, corol.).

Siamo dinanzi ad uno dei più difficili punti del sistema spinoziano che ha suscitato una pluralità di intepretazioni[3], dato che la sopravvivenza individuale o immortalità (o meglio eternità) dell'anima individuale non trovano né una dimostrazione né un luogo metafisico in cui consistere all'interno di un contesto rigorosamente monistico come quello spinoziano. In realtà a noi sembra che qui Spinoza abbia toccato un vertice di penetrazione intellettuale ove il rigore del discorso geometrico è superato dalla profondità del pensare inteso in tutta la sua globalità fino a pervenire ad una pienezza metaproblematica[4].

---

[3] Per il riconoscimento di una fondata dimostrazione della sopravvivenza dell'anima in Spinoza si cfr. V. *Delbos:* Le problème morale dans la philosophie de Spinoza et dans l'histoire du Spinozisme, Paris 1893; V. *Brochard:* Le Dieu de Spinoza, in: Etudes de philosophie ancienne et moderne, Paris 1912 e 1954. Di avviso contrario *I. Brunschvigg:* Spinoza et ses contemporaines, Paris 1923.

[4] Il rigore logico con cui si dovrebbe escludere la immortalità e il rigore logico con cui si dovrebbe ammetterla dimostrano che vi è qualcosa che supera la contraddicione dei due piani e si esprime (sia pure inadeguatamente) in un'altra prospettiva di pensiero. Esiste una logica della profondità, della pluralità dei valori semantici che permette un „approcio concreto" direbbe Marcel „al mistero dell'essere". Spinoza, giunto al vertice della sua costruzione, ha attinto anche i limiti del suo procedimento e forse del suo modo di intendere la razionalità. Cfr. in proposito del recenti lavori di giovani studiosi: C. *Vinti:* La filosofia come „vitae meditatio". Una lettura di Spinoza, Roma 1979; G. *Giannetto:* Spinoza e l'idea del comprendere, Napoli 1980.

Cerchiamo di chiarire meglio il contesto di idee esposto schematicamente. L'immaginazione ed il ricordo (che sono poi elementi che connotano la individualità) sono condizionati dalla durata del corpo. Distrutto il corpo non vi è più individualità per la mente, poichè non vi è più immaginazione e ricordo. L'individualità è lagata al tempo e quindi non è eterna. Nel rigore deduttivo di questa argomentazione si introduce tuttavia una considerazione che ne altera l'orditura „more geometrico". Nulla è estraneo alla mente di Dio, in Dio non vi è alcun mutamento, tutto ciò che è in lui è eterno. Ma Dio ha un'idea del nostro consistere individuale nella connessione di corpo e mente. La nostra individualità, in quanto pensata da Dio, è eterna. Quel „ejus aliquid" che rimane eterno è appunto l'individualità in quanto è pensata da Dio: „cum tamen aliquid nihilominus sit id, quod aeterna quadam necessitate per ipsam Dei essentiam concipitur, erit necessario hoc aliquid, quod ad Mentis essentiam pertinet, aeternum" (prop. XXIII, demonstr.).

Questa dottrina offre a Spinoza la possibilità di precisare da una singolare angolatura i modi in cui avviene la conoscenza adeguata della necessità delle cose che è allo stesso tempo l'„amor Dei intellectualis". Conoscere nell'ambito dell'amore di Dio, conoscere „sub aeternitatis specie" è conoscere nel modo in cui Dio conosce le individualità temporali, ossia la mente connessa al corpo e le sue operazionei di immaginazione e ricordo situate necessariamente nel tempo. Vivere l'eterno nel tempo, considerare le singole cose nella prospettiva divina, senza compiere alcuna astrazione dalla loro singolarità, conoscere il temporale nell'eternità, sperimentare e sentire (azioni legate alla sensibilità spazio-temporale) la nostra permanenza nell'eterno, tutto ciò costituisce l'audacissima ed insieme quotidiana condizione di vita di chi „vive per la verità". La conclusione di questo atteggiamento etico-teoretico è come riassunta nella proposizione XXX: „Mens nostra, quatenus se, et Corpus sub aeternitatis specie cognoscit, eatenus Dei cognitionem necessario habet scitque se in Deo esse, et per Deum concipi". La consapevolezza sperimentale della nostra eternità inizia dalla sfera del corporeo („sentimus tamen Mentem nostram, quatenus Corporis essentiam sub aeternitatis specie involvi, aeternam esse, et hanc ejus existentiam tempore definiri, sive per durationem explicari non posse"[5]) e si conclude nella prorompente letizia dell'essere nell'amore di Dio.

---

[5] Per una qualche, sia pur lontana, analogia si potrebbe confrontare la dottrina del „sentimento fondamentale corporeo" di *Antonio Rosmini* (Nuovo saggio sull'origine delle idee, Torino 1845, vol. II, n. 726) e le dottrina sulla „corporeità propria" in Husserl e Marcel.

IV. L'intuizione del singolare nella deduzione divina

La trattazione della dottrina dell' „amor Dei intellectualis" e della nostra realizzazione in questo amore tocca il suo vertice nella proposizione XXXVI. Dio ama se stesso in modo infinito, ma all'interno di questa infinitudine c'è un modo che Dio ha di amare se stesso come esplicazione di se da parte della mente considerata „sub aeternitatis specie". L'amore intellettuale della mente per Dio viene così a coincidere con l'amore di Dio per se stesso, sia pure limitatamente a quel se stesso che si esplica nella comprensione della mente umana. In tal modo si può dire che Dio ama gli uomini nella stessa misura in cui gli uomini dovrebbero amarlo esercitando l'intelletto „sub aeternitatis specie": „et consequenter quod Amor Dei intellectualis unum et idem est" (coroll.). In questa reciprocità, che è identificazione, è la nostra *salvezza,* la nostra *beatitudine,* la nostra *libertà* (cfr. schol.).

Il discorso procede „more geometrico", ma acquista un'alta tensione religiosa, pur nella controllata essenzialità disadorna di ogni artificio retorico. Nonostante il presupposto dottrinale monistico e il conseguente razionalismo, la mistica spinoziana vibra qui in un pathos che non ha nulla di laico. Nonostante la scomunica della Sinagoga e le polemiche con i teologi, lo Spinoza di questa pagine non è un illuminista polemico, ma l'espressione di una esaltante pienezza spirituale. Il rigore logico evita alla sua mistica movenze sentimentali e psicologistiche. La sua è una *mistica pubblica* pur toccando le radici della interiorità più profonda, pubblica perchè accessibile a tutti gli uomini forniti di ragione; ma è tuttavia una autentica esperienza mistica e non una esecitazione logica. La misura di tutto ciò lo si coglie quando, sempre nella proposizione XXXVI, Spinoza per chiarire quello stato di salvezza, beatitudine, di libertà, ricorre al concetto di *gloria,* nel senso preciso che esso ha nella Sacra Scrittura. Il concetto di gloria viene ad indicare ciò che è ornai inadeguato chiamare letizia: la soddisfazione piena, l'esaltazione nella conosceza dell'Assoluto (cfr. lo schol.).

La riflessione su questo stato di gloriosa „acquiescentia animi" porta a precisare" qua ratione Mens nostra secundum essentiam, et existentiam ex natura divina sequatur" (ibid.). A questo punto dello scolio Spinoza fa un'osservazione che ci dà il carattere precipuo di questa sua mistica: la dipendenza da Dio è colta nel modo più efficace a partire dalla considerazione di una cosa singola qualsiasi. La relazione delle cose con Dio, la loro dipendenza" per l'essenza e per l'esistenza" si può sicuramente dimostrare con argomenti caratteristici della conoscenza per universali (secondo genere della conoscenza spinoziana). Tale dimostrazione tuttavia „non ita tamen Mentem nostram afficit, quam quando id ipsum ex ipsa essentia rei cujuscumque singularis, quam a Deo pendere dicimus, concluditur" (ibid., cfr. anche prop. XXIV, sempre della parte V). Non si tratta quindi di una mistica che presupponga l'astrazione dal particolare, ma richiede la trasfigurazione-per così dire-del particolare stesso che rimane presente; e la sua conoscenza adeguata conduce direttamente *,intuitivamente* a riconoscere la dipendenza radicale ,la risoluzione in Dio. La vita mistica è un continuo vedere le cose di ogni giorno, ma vederle „sub aeternitatis specie", senza trascenderle, cogliendo la loro temporalità nella prospettiva dell'eterno. Chi vive per la verità vive la giornata di tutti, immerso nelle cosse di tutti, ma vive tutto questo in una prospettiva essenzialmente diversa da quella comune, la prospettiva di Dio nella sua relazione con le cose[6].

Per intendere quanto Spinoza vuole dire possiamo indicare, anche se compiamo un salto di tre secoli, il puntuale rovesciamento della posizione spinoziana nell'estasi negativa descritta da J.-P. Sartre nella *Nausée*. „L'essenziale è la contingenza — afferma Sartre — nel celebre passo ove descrive l'estasi negativa della nausea —. Voglio dire che, per definizione, l'esistenza non è necessaria. Esistere è essere lì, semplicemente; gli esistenti appaiono, si lasciano incontrare ma non li si può mai dedurre" (trad. it., Verona 1965 p. 187). Il singolo esistente è *lì, semplicemente,* senza *deduzione*. Anche Spinoza aveva detto che l'incontrarsi *semplicemente* con qualche cosa scatena un affetto che è più forte di tutti (cfr. prop. V) perchè tale è la carica passionale dell'esistenza senza relazione con l'altro; può portare indifferentemente all'esplosione di una attivismo irrazionale o al disgusto radicale. alla nausea conseguente l'avvertimento della perdita di significato. „La contingenza non è una falsa sembianza - continua Sartre - una apparenza che si può dissipare; è l'assoluto, e per conseguenza la perfetta gratuità. Tutto è gratuito, questo giardino, questa città, io stesso. E quando vi capita di rendervene conto, vi si rivolta lo stomaco e tutto si mette a fluttuare, come l'altra sera al ‚Ritrovo dei ferrovieri': ecco la Nausea" *(ibid.)*. La *gloria* spinoziana sta alla *nausea* di Sartre, come la deduzione alla gratuità, come l'affermazione di Dio essere necessario e

---

[6] E' interessante notare una certa convergenza tra questa intuizione spinoziana della cosa singola nella sua dipendenza da Dio e la teoria di Kant a proposito della *determinazione completa (durchgängige Bestimmung):* la conoscenza adeguata di un singolo è possibile soltanto se potessimo investirlo con tutto l'universo dei giudizi possibili (allora giungeremmo alla conoscenza metafisica della realtà e non solo alla sistemazione del mondo dei fenomeni per mezzo delle forme trascendentali del giudizio), ma la somma di tutti i giudizi possibili è l'idea di Dio. Solo se possedessimo tale idea potremmo attingere la conoscenza esaustiva (metafisica) del concreto (individuale) (cfr. Kritik der reinen Vernunft, A 571 - 584; B 599 - 162) In proposito si cfr. A. *Rigobello:* Die Grenzen des Transzendentalen bei Kant, München u. Salzburg 1968, pp. 180 - 198.

causa delle cause sta alla negazione radicale di Dio e l'assunzione della contingenza come assoluta[7]. Ne conseguono due tipi di atteggiamento radicale: la vita di chi si muove tra le forme della contingenza intuendo la loro deduzione e la nostra salvezza, e la vita di chi si aggira tra le immagini vuote della contingenza pura intuendone la gratuità e comprendo che noi non siamo nulla se non una „inutile passione".

V. Radicalità ed esperienza quotidiana

Nella proposizione XVIII si afferma che nessuno può odiare Dio e che l'idea di Dio non può essere accompagnata da nessuna tristezza (cfr. demonstr.). Ma, concependo Dio come causa di tutte le cose, non si potrebbe attribuire a lui disgrazie, malattie, infortunii e tutto ciò che genera in noi tristezza? La risposta negativa di Spinoza è perentoria: la tristezza cessa di essere passione appena ne conosciamo la causa adeguata: „atque adeo, quatenus Deum Tristitiae causam esse intelligimus, eatenus laetamur" (schol.). Noi siamo nella gioia, anche se dovremmo essere tristi, quando sappiamo che Dio ne è la causa. Ciò costituisce un tipico atteggiamento della radicalità spinoziana: un vivere nelle vicissitudini sconfiggendo alla radice la ragione per cui dovremmo rattristarcene. E ciò che è ancora più sigolare, è che questo atteggiamento non discende da un irrigidirci stoico di fronte alle disgrazie dell'esperienza, ma discende da un'esaltante slancio di vita: la realizzazione piena del *conatus* che, fondandosi sull'utile, conduce all'*amor Dei intellectualis*. Una considerazione analoga va fatta a proposito della vittoria sulle passioni. Per Spinoza non si tratta di lotta ascetica per dominare gli impulsi al fine di conseguire la virtù, ma al contrario di conseguire la virtù in modo che gli impulsi disordinati siano per ciò stesso distrutti: „beatitudo non es virtus praemium, sed ipsa virtus; nec eadem gaudemus, quia libidines coërcemus; sed contra quia eadem gaudemus, ideo libidines coëcere possumus" (prop. XLII). Occorre realizzare in noi stessi la pienezza della vita intellettuale ed allora le passioni progressivamente perdono il loro potere. La singolarità dell'atteggiamento radicale spinoziano sta nell'invito a rivolgersi verso l'esaltante pienezza di vita dell'„amor Dei" senza attardarsi a lotte settoriali contro singole passioni. Quando avremo conseguito lo scopo centrale del nostro *conatus,* il resto sarà dato in sovrappiù. In ben

---

[7] Sartre indica esplicitamente l'unico modo per togliere dalla gratuità il particolare, il singolo: „sormontare" la contingenza connettendola a Dio. Ma egli respinge questa unica possibilità: „C'è qualcuno credo che ha compreso questo. Soltanto ha cercato di sormontare questa contingenza inventando un essere necessario e causa di sè. Orbene non c'è alcun essere necessario che può spiegare l'esistenza". Che Sartre pensasse a Spinoza non lo sappiamo, certamente Spinoza rientra nel numero di coloro che possono essere indicati con quel „qualcuno".

diverso contesto, ma non senza una pertinente analogia, si può citare la famosa esortazione agostiniana: „ama et fac quod vis".

La proposizione XLII, che è l'ultima, è preparata dalla precedente ove si afferma che, anche se non sapessimo che la nostra mente è eterna, tuttavia realizzeremmo una vita virtuosa (prop. XLI). Ciò per il valore intrinseco della virtù e nòn in vista di premi o per timore di castighi. Qui Spinoza precorre la positione di Kant e si differenzia da quella esposta, ad esempio, nel mito con cui si chiude il *Gorgia* platonico. L'atteggiamento radicale si precisa comunque in polemica con l'atteggiamento comune („communis vulgi persuasio alia esse videtur") per il quale i più, se perdessero speranze e timori, oppressi „Pietatis onere" tornerebbero a vivere secondo i desideri sfrenati. Questa aristocrazia morale del saggio ricompare nelle parole con cui si chiude l'*Ethica*. Il saggio „sui, et Dei, et rerum aeterna quadam necessitate conscius" vive nella indipendente serenità, mentre l'ignorante cessa di patire (subire) soltanto quando cessa di vivere. Via difficilissima questa della libertà „sed omnia praeclara tam difficilia, quam rara sunt" (prop. XLII).

Vi è una regola, pur nella difficoltà, che contribuisca a farci pervenire alla saggezza? In una età che era stata inaugurata dal *Discours de la méthode,* anche Spinoza ci ha lasciato uno scritto, interrotto dalla morte, che in qualche modo ricorda la presa di coscienza di Cartesio e narra l'itinerario che lo ha portato a cercare „una nuova condotta di vita". Si tratta del *Tractatus de intellectus emendatione.* Dopo aver riferito la storia delle sue esistazioni e delle sue esperienze, dell'insoddisfazione dei piaceri, delle ricchezze, degli onori, e la dicisione di giungere ad „una nuova condotta di vita", Spinoza precisa il suo impegno ad escogitare un metodo per „guarire l'intelletto". Riecheggiando il concetto di „morale provvisoria" di Cartesio, soggiunge: „Ma mentre ci occupiamo di conseguirlo ed attendiamo a ricondurre l'intelletto sulla retta via, è necessario vivere". Ed ecco, a questo scopo, Spinoza indicarci alcune regole: parlare a livello della gente comune e compiere tutte le azioni che non apportano impedimento al nostro scopo; godere dei piaceri nella misura sufficiente a conservare la salute; cercare denaro, qualsivoglia cosa del genere, quanto basta a conservare la vita e la salute; conformarsi agli usi sociali non contrari al nostro scopo (cfr. *Opera,* ed. Gebhardt, II, p. 9.). E' un programma minimo di compromesso con il mondo, ma tuttavia non si può non cogliere nella pagina spinoziana il senso di un cautelarsi di fronte alla inadeguatezza del convivere con chi pensa con idee inadeguate ed agisce di conseguenza. C'e la consapevolezza di un limite, e la precisa determinazione a non superarlo per potersi garantire lo spazio sufficiente a "vivere per la verità". La pagina del *Tractatus* ricorda lo scolio della proposizione X, ove è detto che "finchè non abbiamo una conoscenza perfetta dei nostri affetti (la cosa migliore che possiamo fare) è di concepire un retto modo di vivere, ossia dei principi certi di vita". Il *Tractatus* continua con una ricca indicazione di atteggiamenti che sono un invito all'accorata valutazione della situazione psicologica ed immaginativa, un incitamento alla fortezza, alla generosità, all'ampiezza d'orizzonte sì che le miserie della vita, le disgrazie dell'esperienza riescano a colpire il meno possibile. Il passo si chiude con quel senso di misura che, pur nella radicalità delle posizioni, è la forza della vita morale. Colui che domina se stesso e riempie l'animo di quella gioia che scaturisce dalla vera conoscenza, non avrà più inquietudine, dispetto o rimpianto per ciò che vede accadere attorno a sè e di cui vede il volgo generalmente godere "at minime hominum vitia contemplari, hominesque obtrectare, et falsa libertatis specie gaudere".

Il radicalismo morale di Spinoza, se ha talvolta accenti polemici, è per lo più caratterizzato dalla assunzione dell'assolutezza liberatrice del vevere "sub aeternitatis specie", della cui prospettiva anche la polemica perde valore. L'esperienza quotidiana è di certo un limite alla realizzazione del *conatus,* alla esaltante affermazione della positività. Dinanzi ad essa l'insegnamento spinoziano è insieme un invito a focalizzare l'esperienza stessa in una prospettiva di eternità e a cautelarsi innanzi ad essa con accorgimenti di sapienziale prudenza. La tonalità stessa della spiritualità spinoziana è come riassunta in questa compresenza: uno sguardo nell'eterno alla luce di amore intellettuale, e l'avvertimento di una limitazione empirica che, nonostante ogni trasfigurazione, non possiamo eliminare[8].

---

[8] In uno scritto, come questo, dedicato alla radicalità morale di Spinoza, non si può non accenare alla singolare posizione che emerge dal recente volume di *Antonio Negri* (professore ordinario di dottrina dello stato all'università di Padova, che ha scritto il saggio in prigione, ove si trova sotto l'accusa di connivenze col terrorismo), L'anomalia selvaggia. Saggio su potere e potenza in Baruch Spinoza, Milano 1981. Il lato oscuro della filosofia moderna è la mediazione normativa di fronte alle quale la filosofia di Spinoza è "anomalia", una specie di "interruzione metafisica" di un processo che, a traverso l'illuminismo, giunge allo storicismo idealista ed al marxismo ortodosso. L'interna struttura di questo processo è la mediazione dialettica o anche la semplice funzione del mediare. Antonio Negri rivendica invece la forza, la potenza originaria dell'immediato; il prodotto della mediazione è lo stato di diritto, lo stato dei partiti e della democrazia parlamentare. Spinoza è un caso emblematico del rifiuto della mediazione. La stessa "gloria" spinoziana si illuminerebbe di una singolare concezione della razionalità: "un'ontologia costitutiva, fondata sulla spontaneità dei bisogni, organizzata dall'immaginazione collettiva" (p. 17).

Tetraktys — Ein vergessenes Wort der Philosophie

Von *Werner Schulze*

0. Vorbemerkung

Julius Schwabe: „In jeder Geschichte der Philosophie, in jedem größeren Lexikon wird die Tetraktys unter dem Stichwort ‚Pythagoras' gewissenhaft erwähnt und erklärt."[1] Stichproben ergaben, daß ausführliche Pythagoras-Artikel der Lexika den tetraktyschen Sachverhalt zwar nicht dem Namen, aber der Sache nach erwähnen. Daraufhin wurden Wörterbücher philosophischer Grundbegriffe bezüglich des Stichworts *Tetraktys* geprüft: Von vierzehn untersuchten Lexika erwähnen nur drei (je ein englisches, italienisches und deutschsprachiges) den Begriff „Tetraktys": dieses Wort sei pythagoreischen Ursprungs, es sei dem pythagoreischen Bund sogar heilig gewesen, es bedeute 1 + 2 + 3 + 4 = 10, was man auch mittels einer Figuralzahl dargestellt habe. Soweit die kärgliche Aussage der philosophischen Lexika, kärglich zumindest im Hinblick auf die eingangs zitierte Auffassung von Julius Schwabe.

Versteht man Tetraktys zunächst *frei von jeder Zahlen-Zuordnung*, gelangt man im Verfolg phänomenologischer Bestandsaufnahme bald und fast unwillkürlich zu etwas wie einer „ursprünglichen Erfahrung von Vierheit". Der nicht spezialisierte, nicht partikular-fortschreitende und fortschrittliche, nicht ent-wickelte, mithin der ganzheitliche, in den Ordnungszusammenhang des Seins ver-wickelte Mensch lebt in der Erfahrung des Ursprungs und weiß sich geborgen im Zusammenhalt der vier Weltalter, Jahreszeiten, Himmelsrichtungen, auch der vier Dimensionen (Punkt, Linie, Fläche, Körper) und Grund-Elemente. Der philosophisch Geschulte kennt vier Kardinaltugenden und Erkenntnisformen, der Theologe den Tetragrammaton der Transzendenz Jod-He-Waw-He (mit den Entsprechungen gr. θεός, lt. Deus, dt. Gott).

Betrachtet man Tetraktys als *Vierheit von Zahlen,* wird es naheliegen, den Ur-Sprung aller Zahlen, die Eins, mit den ihr unmittelbar ent-springenden Zahlen zu verknüpfen (1, 2, 3, 4), zumal sich mit ihrer Summe 10 die Palingenese des Ursprungs, die Wiederkehr des Gleichen in Erneuerung, einstellt. Hinzu kommt die primitiv-mathematische Erfahrung von Dimensionen — zumeist mit der Dreizahl verbunden: 3 Zeit- und 3 Raumdimensionen —, wobei das Wissen um das Werden der Zweiheit aus der Einheit (des nichtdimensionierten Punktes), erweitert zur Vier der Fläche und zur Acht des Körpers, die Folge 1, 2, 4, 8 ins Bewußtsein treten läßt, oder, auf höherer Stufe der Entwicklung, das dekadische System mit 1, 10, 100, 1000.

Anmerkungen
(Römische Zahlen beziehen sich auf die Titel der Literaturübersicht S. 153 bis 154.)

[1] XVIII, S. 427.

Tetraktys ist nun primär und in eigentlicher Bedeutung eine Gruppierung von vier Zahlen, aber es wird zu zeigen sein, daß Tetraktys trotz solcher Einengung ein philosophischer Terminus noch nicht erkannter Reichweite ist.

1. Einleitung

Platon wußte wie kein anderer Philosoph um den Zusammenhang von zahlenmäßiger und nicht-zahlenmäßiger Tetraktys. Er nennt das Wort zwar kein einziges Mal — τετρακτύς ist ein spätgriechisches Vokabel —, aber Vierheiten durchziehen und formen sein Werk wie ein Leitprinzip und lassen ihn somit als den wichtigsten Repräsentanten tetraktyschen Denkens erscheinen.[2] *Der Sache* nach ist bei Platon alles zur Tetraktys zu Sagende ausgebreitet vorhanden; Tetraktys gehört damit zum wesentlichen Bestand pythagoreisch-platonischen Wissens. Die Folgezeit konnte immer nur Teilaspekte sehen, interpretieren, an ihnen entlang vielleicht auch weitergelangen; die Höhe des platonischen Systems wurde nicht erreicht. Sehr konkret läßt sich dies auch anhand der Tetraktys zeigen: Nur Platon kannte *alle* der nachstehend genannten zahlenmäßigen Tetraktysformen (siehe Abschnitt 1.2.), während die Späteren, inklusive Aristoteles, Nikolaus von Kues und Kepler, nicht mehr von allen Formen wußten; ebenso arbeitet Platon mit nicht-zahlenmäßigen tetraktyschen Gruppierungen in einer Vielfalt und an solch prinzipiellen Orten seines Denkens wie keiner nach ihm.

Das *Wort* „Tetraktys" ist, wie gesagt, ein späteres Produkt als seine Verwendung der Sache nach. Greifbar wird es im Neupythagoreismus, bei Theon von Smyrna (Beginn 2. Jahrhundert n. Chr.) und Iamblichos von Chalkis (4. Jahrhundert).

1.1. Theon von Smyrna

In Person der im kleinasiatischen Raum beheimateten philosophischen Gelehrten des frühen 2. nachchristlichen Jahrhunderts willfährt dem platonisierenden Pythagoreismus eine Renaissance. Im heutigen Izmir lebt der Platoniker Theon, von dessen Schriften jene erhalten ist, die darlegt, welches mathematische Wissen man zur Lektüre Platons benötigt[3]. Er kommt darin zu sprechen περὶ τετρακτύων (de quaternionibus) und unterscheidet dort insgesamt elf Bedeutungsfelder der Tetraktys, nicht ohne Wertigkeiten vorzunehmen:

1. Die additive, „synthetische", von uns *dekadische Tetraktys* bezeichnet: *1, 2, 3, 4*. Sie ist in der κατατομὴ τοῦ κανόνος (sectio canonis) maß-

---

[2] Vgl. XV.

[3] *Theon von Smyrna:* Τὰ κατὰ τὸ μαθηματικὸν χρήσιμα εἰς τὴν Πλάτωνος ἀνάγνωσιν (Expositio rerum mathematicarum ad legendum Platonem utilium), ed. E. Hiller, Leipzig 1878.

Tetraktys — Ein vergessenes Wort der Philosophie

gebend für die Intervallproportionen der Basisintervalle (οἱ τῶν συμφωνιῶν λόγοι); gr. dorisch *e, h, a, e,*. Weil diese Form der Tetraktys aber nicht nur die musikalische Konsonanzlehre ausbildet, sondern zugleich der synthetische Faden aller Naturerscheinungen ist, verehrten die Pythagoreer — nach Theons und anderer[4] Auskunft — diese Zahlengruppe vorrangig und leisteten auf sie den in Hexametra gegossenen Eid[5]:

οὐ μὰ τὸν ἁμετέρᾳ ψυχᾷ παραδόντα τετρακτύν,
παγὰν ἀενάου φύσεως ῥίζωμά τ' ἔχουσαν.

Wahrlich, bei ihm, der unserer Seele schenkte die Vierheit,
Quellkraft und Wurzel ewig währenden Seins in sich bergend.

2. Die multiplikatorische (πατὰ πολλαπλασιασμόν), von uns *gerad- und ungeradzahlige Potenz-Tetraktys* genannt: geradzahlig *1, 2, 4, 8* (τετρακτὺς ἄρτια), ungeradzahlig *1, 3, 9, 27* (τετρακτὺς περιττή). Theon schreibt sie in der von oben nach unten symmetrisch ausstrahlenden Weise, also in Form des griechischen Großbuchstabens Lambda:

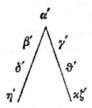

„In diesen Zahlen werden die vollendeteren Intervallproportionen gefunden" (ἐν τούτοις τοῖς ἀριθμοῖς τελειότεροι τῶν συμφωνιῶν εὑρίσκονται λόγοι). Tatsächlich ist im Hinblick auf die Entwicklung zur Diatonik eine höhere Vollkommenheitsstufe erreicht:

(1.)   1, 2, 3, 4   e   h a   e,
(2.)   1, 3, 9, 27   e d h a g   ,e,

Was entsteht, ist die Pentatonik — einfach gesagt, die schwarzen Tasten der Klaviatur —; dies entspricht bei Platon dem Stand der Erörterung nach *Tim.* 36 A.

---

[4] Zum Beispiel Iamblichos von Chalkis. Iamblich weiß über die Tetraktys keinesfalls so gut Bescheid wie Theon, schreibt ihr gleichwohl eine bedeutende Rolle im pythagoreischen Denken zu: Der „göttliche" Pythagoras habe sich dem Kosmos, der Philosophie, der „Seinsheit" *und der Tetraktys* gewidmet.

[5] Einigkeit über den genauen Wortlaut der Schwurformel besteht nicht. *Iambl.* De vita pyth. 162 schreibt statt ψυχᾷ (Theon) γενεᾷ, ibid. 150 ist der erste Vers wie folgt variiert: οὔ, μὰ τὸν ἁμετέρας σοφίας εὑρόντα τετρακτύν. Die zweite Verszeile ist jeweils gleichlautend.

Danach beschreibt Theon neun weitere dem platonischen Wahrheitsbereich zugehörende Tetraktyes, „so daß es elf gibt ..., (wobei) alle in Analogie stehen" (ὥστε τετρακτύες ἕνδεκα ... ἔχουσι δὲ πᾶσαι ἀναλογίαν). Die Analogietafel der 11 Tetraktysformen nach Theon ist auf nebenstehender Seite abgebildet.

Nicht alle Zuordnungen scheinen absolut zwingend zu sein, doch wird ein durchgängiges System gegenseitiger Durchwirkung von Tetraktys und Analogie sichtbar, wie es für den Platonismus kennzeichnend und für einen Autor vom Rang eines Theon, der die Sachlage in klarer Gliederung und pädagogischer Aufbereitung darzustellen vermag, geläufig ist.

Theon kennt *2 tetraktysche Modi;* auch wir übernehmen im Prinzip sein System, wenn wir im folgenden unsere These der *2 mal 2 tetraktyschen Modi* darlegen.

1.2. These zur zahlenmäßigen Tetraktys

Was wir in einer früheren Arbeit[6] nur als „Nebenergebnis" darstellten, kann hier in vollem Umfang und stringenter Systematik erläutert werden. Unsere These lautet: Die *zahlenmäßige Tetraktys* weist *vier Modi* auf mit jeweils *vier Erscheinungsformen.* Unter Modus verstehen wir die Zahlenquaternität, unter Erscheinungsform das mathematische Sein solcher Zahlenvierheit.

Die *Modi* sind:

(1.1.) *Die dekadische Tetraktys:* 1, 2, 3, 4 (musikalisch 1 : 2 : 3 : 4, den Tetrachordrahmen des griechischen Tonsystems konstituierend, analog dazu im lateinischen Mittelalter die „harmonia perfecta maxima"; gr. dorisch *e, h, a, e_1,* lt. dorisch *d, g, a, d^1).*

(1.2.) *Die kanonische Tetraktys:* 6, 8, 9, 12. Sie ist aus der dekadischen hervorgegangen: $1, \frac{4}{3}, \frac{3}{2}, 2$ → 6, 8, 9, 12 (musikalisch 6 : 8 : 9 : 12; da aus der dekadischen Tetraktys direkt hervorgegangen, dieselbe Bedeutung wie diese, jedoch unmittelbarer die Rahmentöne, Hauptkonsonanzen des Tonsystems widerspiegelnd; siehe Abschnitte 2.1.2. und 3.3.).

(2.1.) *Die gerad- und ungeradzahlige Potenz-Tetraktys:* 1, 2, 4, 8 und 1, 3, 9, 27 (musikalisch 1 : 2 : 4 : 8 Oktavfolge, 1 : 3 : 9 : 27 Duodezimfolge beziehungsweise, oktavreduziert, Quintfolge).

(2.2.) *Die dekadische Potenz-Tetraktys* (als „Verschmelzung" aus 1.1. und 2.1.): 1, 10, 100, 1000 (musikalisch 1 : 10 : 100 : 1000, oktavreduziert, Großterzfolge *e, c, as, fes,* damit das Komma 125 : 128 — *fes-e* — bildend).

---

[6] XV, S. 162.

Tetraktys — Ein vergessenes Wort der Philosophie

Nummer	Gegenstand der Tetraktys	Glieder der Tetraktys			
		1	2	3	4
		(μονάς)	(δυάς)	(τριάς)	(τετράς)
1.	Proportionen der Konsonanzen (τῶν συμφωνῶν λόγοι)				
2.	Proportionen der Intervalle wie Dimensionen in der Natur	1 Punkt (σημεῖον)	2 Linie (πλευρά)	4 Fläche (ἐπίπεδον)	8 Körper (κύβος)
3.	Geometrische Figuren (μέγεθος)	1 Punkt (στιγμή)	3 Linie (γραμμή)	9 Fläche (ἐπιφάνεια)	27 Körper (στερεόν)
4.	Elemente (στοιχεῖα)	Feuer (πῦρ)	Luft (ἀήρ)	Wasser (ὕδωρ)	Erde (γῆ)
5.	Geometrische Formen des Körperlichen	Pyramide (Tetraeder)	Oktaeder	Ikosaeder	Würfel
6.	Schema des Wachstums	Same (σπέρμα)	Längenwachstum (μῆκος)	Breitenwachstum (πλάτος)	Wachstum in der Dicke (πάχος)
7.	Gemeinschaftsformen (κοινωνίαι)	Einzelperson (ἄνθρωπος)	Familie, Haus (οἶκος)	Dorf (κώμη)	Stadt (πόλις)
8.	Erkenntnisvermögen (κριτική, νοητή)	νοῦς	ἐπιστήμη	δόξα	αἴσθησις
9.	Seelenteile, Begehrungsvermögen der in einem Körper befindlichen Seele	λογιστικόν	θυμικόν	ἐπιθυμητικόν	σῶμα
10.	Jahreszeiten	Frühling (ἔαρ)	Sommer (θέρος)	Herbst (μετόπωρον)	Winter (χειμών)
11.	Lebensalter	Kindheit (παιδίον)	Jugend (μειράκιον)	Mannesalter (ἀνήρ)	Greisenalter (γέρων)

Die *Erscheinungsformen* sind:

(n.m.1.) *Die Folge:*
(1.1.1.) 1, 2, 3, 4
(1.2.1.) 6, 8, 9, 12
(2.1.1.) 1, 2, 4, 8
         1, 3, 9, 27
(2.2.1.) 1, 10, 100, 1000

(n.m.2.) *Die Reihe:*
(1.1.2.) $1 + 2 + 3 + 4 = 10$
(1.2.2.) $6 + 8 + 9 + 12 = 35$
(2.1.2.) $1 + 3 + 9 + 27 = 40$
(2.2.2.) $1 \quad\quad + 1000 = 1001$

(n.m.3.) *Die Proportion(skette):*
(1.1.3.) $1:2, 2:3:4$
(1.2.3.) $6:8:12, 6:9:12, 8:9$ u. a.
(2.1.3.) $1:2:4:8$
         $1:3:9:27$
(2.2.3.) $1:10:100:1000$

(n.m.4.) *Die Analogie(kette):*
(1.1.4.) $1:2 = 2:4$ Logos $1:2$
(1.2.4.) $6:8 = 9:12$ Logos $3:4$
(2.1.4.) $1:2 \doteq 4:8$ Logos $1:2$
         $1:3 \doteq 9:27$ Logos $1:3$
(2.2.4.) $1:10 \doteq 100:1000$ Logos $1:10$

Diese Übersicht der Modi und ihrer Erscheinungsformen verfolgt ausschließlich das Ziel einer Systematik; entwicklungsgeschichtliche Abkünftigkeiten können daraus nicht abgeleitet werden.

2. Modi der zahlenmäßigen Tetraktys

Unter den Modi der Zahlen-Tetraktys sind nur die vier zuvor genannten (Haupt-)Modi zu verstehen. Gleichwohl gibt es auch uneigentliche quaternarische Zahlengruppierungen, denen kaum Bedeutung zukommt oder die teils sogar auf Interpretationsirrtümern beruhen. Davon zwei Beispiele:

1. Die Analogie $2:3 = 4:6$ verwendet Platon *Tim. 36 A* zur diairetischen Systemerweiterung. An anderer Stelle kommt diese Zahlengruppe nicht vor.

2. Plutarch, nicht der redlichste, gewissenhafteste und hellköpfigste unter den wissenschaftlichen Autoren der Antike, schreibt in seinem Bestreben, die Parallelität von geraden und ungeraden Zahlen zu zeigen, den Pythagoreern die doppel-tetraktysche Reihe *(1 + 3 + 5 + 7) + (2 + 4 + 6 + 8) = 36* zu und identifiziert die Tetraktys als solche mit der Zahl 36.[7]

Im folgenden werden die vier Haupt-Modi, vor allem hinsichtlich ihrer mathematischen Eigenschaften, beschrieben.

2.1.1. Die dekadische Tetraktys 1, 2, 3, 4

1, 2, 3, 4 ist der grundlegendste tetraktysche Zahlenmodus. Zwei Beispiele:

1. Im Griechischen und Lateinischen werden die Zahlen 1 bis 4 dekliniert, während ab der 5 die Zahlwörter undeklinierbar sind; das sprachliche Phänomen deutet auf eine (vorausliegend?) ontologische Gegebenheit.

2. Die Erfahrung der Dimensionen geht parallel einher mit dem Erfassen einfachster Flächen und Körper: Der Punkt ist eo ipso 1 Punkt, die Strecke wird von 2 Punkten begrenzt, das Dreieck von 3, der Tetraeder von 4.

Die Besonderheit der Zahlengruppe 1, 2, 3, 4 liegt aber darin, daß sie primär als *Reihe* aufgefaßt und „angesehen" wird.[8] Im Griechischen war der vierte Großbuchstabe Δ das ursprüngliche Zahlzeichen für 10 (= 1 + 2 + 3 + 4), und die Darstellung der Zehn als Figuralzahl (engl. figure = Zahl) geschah als Punktepyramide (Punktediagramm, Gnomon-Zahl):

```
   o                1
  o o              2 3
 o o o            4 5 6
o o o o          7 8 9 10
```

Mit 11 beginnt *Altes von neuem,* Dagewesenes wird auf eine höhere Stufe versetzt; die Elf „versöhnt" den Gegensatz von Neu und Alt zu erhöhter Einheit. Die Sprache drückt dies adäquat aus: gr. ἕνδεκα, lt. undecim, ahdt. einlif (elf).

---

[7] *Plutarch:* Über Isis und Osiris: „Die sogenannte Tetraktys bestand in der 36 und war, wie bekannt, der größte Eid; sie hieß auch Welt, weil sie aus der Synthesis der ersten vier geraden und der ersten vier ungeraden Zahlen entsteht."

[8] Liegt in der Tatsache, daß die dekadische Tetraktys primär eine visuelle, „anschaubare" ist — und nicht so sehr eine „anhörbare" —, vielleicht die Ursache, weshalb die Harmoniker Albert v. Thimus und Hans Kayser in 1, 2, 3, 4 nur die „exoterische" Tetraktys sehen konnten gegenüber der „esoterischen" 6, 8, 9, 12, eine Tetraktys, die wiederum optisch wenig hergibt?

1, 2, 3, 4 weist als Gleichheit von Verhältnissen das geometrische Mittel auf $(1:2 = 2:4)$ sowie als Gleichheit von Differenzen das arithmetische: $(4 - 3) = (3 - 2) = (2 - 1)$. Die Summe der Kuben dieser Tetraktyszahlen liefert das Quadrat ihrer Summe: $1^3 + 2^3 + 3^3 + 4^3 = 10^2$; ob Aristoteles — in seiner Zusammenstellung von Gründen für die Auszeichnung der 10 — darauf anspielt, ist unklar[9].

Eine künftige Zusammenfassung der historischen Vorkommen der Tetraktyes wird hinsichtlich der dekadischen an folgenden Namen nicht vorbeisehen können: Platon, Aristoteles, Philon, Theon, Iamblichos, Macrobius, Proklos, Nikolaus Cusanus, Raffael, Camerarius / Kepler, Weigel, Fabre d'Olivet, sowie die Vertreter der Wiederbelebung der Harmonik seit Albert von Thimus.

2.1.2. Die kanonische Tetraktys 6, 8, 9, 12

Nikomachos, Ἀριθμητικὴ Εἰσαγωγή *I 29, 3* dürfte der erste gewesen sein, der 6, 8, 9, 12 als Tetraktys bezeichnete (während Platon, *Tim. 36 A*, sie zwar zur Diairesis verwendet, sie aber sonst nicht weiter hervorhebt). Jahoda[10] ist es gelungen, den Zusammenhang von dekadischer und kanonischer Tetraktys geometrisch-anschaulich darzustellen (S. 133):

Weder als Folge noch als Reihe kommt der Tetraktys 6, 8, 9, 12 besondere Bedeutung zu. Auffällig sind bestenfalls die 6 Flächen, 8 Ecken und 12 Kanten des Hexaeders und die 6 Ecken, 8 Flächen und 12 Kanten des Oktaeders. Die Summation $6 + 8 + 9 + 12 = 35$ gab Symbolikern zur Hervorhebung der 35 Anlaß, zumal diese Zahl auch Summe der ersten drei vollkommenen Zahlen 1, 6, 28 ist (vollkommen gemäß mathematischer Definition der summativen Erreichbarkeit durch die Teiler: $6 = 1 + 2 + 3$, $28 = 1 + 2 + 4 + 7 + 14$).

Die Zahlen der kanonischen Tetraktys weisen zwar nicht das geometrische, aber das harmonische und arithmetische Mittel auf; fügt man — damit den Rahmen der Vierheit sprengend — noch die Zahl 10 hinzu, kann man die in Mesotes-Tabellen antiker Schriftsteller an vierter Stelle gereihte harmonisch-subkonträre Medietät ebenfalls nachweisen: 6 / 8 / 12 harmonisches, 6 / 9 / 12 arithmetisches, 6 / 10 / 12 harmonisch-subkonträres Mittel.

---

[9] Arist. *Probl. Phys.* 15,3 910 b 36: „Vier Kubikzahlen — die Pythagoreer sagen, daß aus diesen Zahlen alles entstanden sei — werden in zehn Analogien vollendet" (ἐν δέκα ἀναλογίαις τέτταρες κυβικοὶ ἀριθμοὶ ἀποτελοῦνται, ἐξ ὧν φασιν ἀριθμῶν οἱ Πυθαγόρειοι τὸ πᾶν συνεστάναι). Was dieser Satz besagt, ist nicht entschieden. Vgl. die Ausgabe v. H. Flashar, Berlin 1962, wo 10gliedr. geom. Folgen angenommen werden, welche 4 Kubikzahlen enthalten, z. B. 1, 2, 4, 8, 16, 32, 64, 128, 256, 512, wobei 1, 8, 64, 512 zugleich Kubikzahlen sind. Man könnte auch an $1^3 + 2^3 + 3^3 + 4^3 = 10^2$ denken.

[10] X, S. 52.

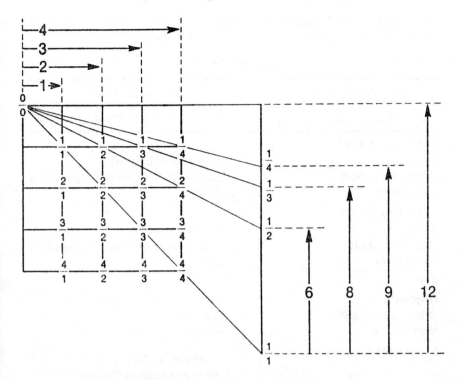

Die kanonische Tetraktys kann auch geschrieben werden als *Analogie* 6 : 8 = 9 : 12 (oder 6 : 9 = 8 : 12; es gilt 6 · 12 = 8 · 9). Medietäten und Analogie zusammen aufgewiesen ergeben dieses Bild[11]:

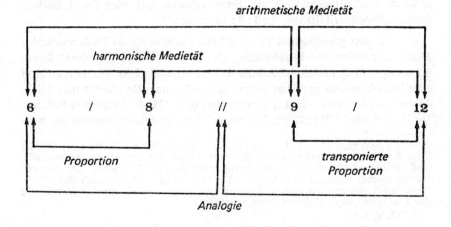

---

[11] XV, S. 118.

In Altertum und Mittelalter konnten auch die *Intervallnamen* von den tetraktyschen Proportionen hergeleitet werden:

Intervallbezeichnungen

nach den Proportionen der Tetraktyes $1:2:3:4$ und $6:8:9:12$	unter systemtheoretischem beziehungsweise praktischem, „handgreiflichem" Aspekt
$3:4 = 6:8 = 9:12$ ἐπιτρίτον „hinzu ein Drittel" sesquitertia	διὰ τεσσάρων (χορδῶν) „über 4 (Saiten) hinweg" (gegriffen) Quart
$2:3 = 6:9 = 8:12$ ἡμίολον „hinzu die Hälfte" sesquialtera	διὰ πέντε (χορδῶν) „über 5 (Saiten) hinweg" (gegriffen) Quint
$8:9$ ἐπόγδοον[12] „hinzu ein Achtel" sesquioctava	τόνος Ganzton Sekund
$1:2 = 6:12$ proportio dupla	διὰ πασῶν (χορδῶν) „über alle (Saiten) hinweg" (gegriffen) Oktav

Ein von den Neupythagoreern genanntes 4saitiges Instrument namens *Helikon* war offensichtlich ein Spannrahmen mit vier fixen Saiten, deren Längenverhältnisse $6:8:9:12$ waren.[13]

Was bei den griechischen Theoretikern σύστημα τέλειον hieß, wurde im Mittelalter unter der Bezeichnung „harmonia perfecta maxima" übernommen und gründete ebenfalls in der kanonischen Tetraktys. Man sehe beispielsweise nach bei Johannes de Grocheo: *De Musica* (um 1300), Johannes de Muris: *Musica speculativa* (um 1350)[14], Francisco Salinas: *De Musica libri VII* (1577)[15]. Die neuzeitliche Harmonik verlegt die har-

---

[12] *Tim* 36 A und 43 D. Vgl. dazu *Plutarch:* Über Isis und Osiris, eine Schrift über Ägypter und Pythagoreer; die Zahl 17 sei den Pythagoreern verhaßt, weil sie 16 und 18 *trennt.* Harmonikale Analogie bzw. Erklärung: Die (oktavtransponierte) kanonische Tetraktys $12:16 = 18:24$ würde durch die 17 die Spannkraft, welche die beiden Tetrachorde *trennt,* einbüßen; die 17 wäre ja der Tri-Tonus, der „diabolus in musica".

[13] Vgl. V, S. 67.

[14] Österr. Nationalbibl., Handschriftensammlung, Cod. 2433, 5.

[15] *Salinas:* De Musica libri VII, lib. II, p. 56; lib. III, p. 105.

monia perfecta maxima in die Stufen des Basses und entwickelt daraus die *Hauptformel der Kadenz* mit der Stufenfolge I - IV - V - I.

Somit interessiert die kanonische Tetraktys primär den Musiktheoretiker und Harmoniker (Thimus, Kayser und andere), aber auch Platon, Nikomachos, Raffael und Camerarius / Kepler wissen die Besonderheit dieser Zahlengruppierung zu würdigen.

2.2.1. Die gerad- und ungeradzahlige Potenz-Tetraktys

1, 2, 4, 8 und 1, 3, 9, 27 sind, rein mathematisch betrachtet, die Quadratzahlen*folgen* b^0, b^1, b^2, b^3 für $b = 2$ und $b = 3$. Für unsere Überlegungen ist die Schreibung $a^3 b^0$, $a^2 b^1$, $a^1 b^2$, $a^0 b^3$ für $a = 1$, $b = 2$ bzw. 3 deutlicher. Sieht man diese Folge mehr mit den Augen des Mathematikers als mit denen des Naturphilosophen, wird hier die zahlenmäßig manifestierte „erste Dimensionenfolge" erkennbar, welche durch die dekadische Potenz-Tetraktys dann noch überhöht und vervollkommnet wird.

Faßt man diese Zahlen-Tetraktys als *Reihe,* gilt der (symbolbeladene) Satz: $1 + 3 + 9 + 27 = 40 = 4 \cdot 10$. Die Summe der ersten vier quadratischen Potenzzahlen von 3 liefert das Produkt der symbolischen Vollkommenheitszahlen 4 und 10. Man kann diesen Sachverhalt in einem größeren mathematischen Rahmen sehen: Durch Addition und Subtraktion der tetraktyschen Zahlen 1, 3, 9, 27 können *alle* Zahlen von 1 bis 40 erreicht werden; wichtigster Sonderfall ist die Summation aller vier Zahlen zur 40, so daß die Vierzig gleichsam das Telos, den Ziel-Grund der (summativen) Möglichkeiten der ungeradzahligen Potenz-Tetraktys darstellt. Einigen Symbolikern fiel eine merkwürdige Summationsverknüpfung von gerad- und ungeradzahliger Potenz-Tetraktys auf: $1 + 2 + 4 + 8 + 3 + 9 = 27$.

Als *Proportionskette* und *Analogie* offenbaren potenz-tetraktysche Zahlenformen die geometrische Mesotes: 3 ist geometrisches Mittel von 1 und 9, 9 ist geometrisches Mittel von 3 und 27.

Die Tetraktys 1, 3, 9, 27, zumal in der „Ausgewogenheit" der Analogie $1 : 3 \doteq 9 : 27$, ist unseres Erachtens die gewichtigste Zahlen-Quaternität des Platonismus (und Pythagoreismus?). Die „geometrisch-platonische Analogie"[16] der logischen Form $a^3 : a^2b \doteq ab^2 : b^3$ ἀνὰ λόγον a : b erreicht im Logos 1 : 3 seine vollkommenste Höhe.

Zu den wichtigsten Deutern dieser Tetraktys sind Platon, Nikomachos von Gerasa, Theon von Smyrna, Macrobius, Nikolaus Cusanus, Camerarius / Kepler und Hans Kayser zu zählen.

---

[16] Vgl. XII.

2.2.2. Die dekadische Potenz-Tetraktys

1, 10, 100, 1000 ist die Quadratzahlen*folge* b^0, b^1, b^2, b^3 für $b = 10$. Die „zweite Dimensionenfolge" verknüpft die dekadische Tetraktys-Reihe mit dem Prinzip des fortlaufend quadratischen Potenzierens.

Bis 1000 konnten die Griechen zahlenmäßig problemlos die Seinswirklichkeit fassen. 10 000 hingegen dürfte eine Zahl-Schwelle gewesen sein, nämlich zum einen noch faßbar als zehntausend, zum anderen auch die Bedeutung „unermeßlich groß, unendlich groß" aufweisend.

Der Platonismus (mindestens) bis Nikolaus von Kues verwendet und deutet die dekadische Potenz-Tetraktys, wie zu erwarten, an den entscheidendsten Orten seines Denkens (Platon: Mythos vom Er, *Polit. X 615*). Die Symbolik sieht besonders die Umschlossenheit des Ganzen, auch als Anfang und Ende: 1 und 1000 ergibt 1001 (Nacht).

3. Sinnverwandte Begriffe

Proportion(alität), Analogie, Medietät, Diairese hängen untereinander zusammen[17], obwohl sie eine Mehrzahl von Momenten vereinen. „So ist der Gedanke der ‚Mitte' nicht notwendig mit dem der Proportionalität verbunden, ... läßt die Geschichte des Analogiebegriffs von Anfang an mehrere Stränge erkennen, die teils ganz unabhängig voneinander verlaufen, dann aber auch wieder in Wechselwirkung treten können ... Es ergibt sich so ein Bild von heterogener Kontinuität, worin nur partiell klare Konturen hervortreten."[18]

Hier geht es darum, die Tetraktys mit diesen der Philosophie wohlvertrauten Begriffen in einen Kontext zu bringen.

3.1. Tetraktys — Diairesis

Da Proportionalitäten häufig zugleich Diairesen sind *(Proportional-Diairese)*, liegt es nahe, auch bei dieser oder jener Tetraktys die Form der Diairese zu vermuten. Musikalisch bedeutet Proportional-Diairese

---

[17] Vgl. u. a. XV.

[18] Dafür sei ein Beispiel, stellvertretend für viele mögliche, gegeben: Die Proportion des Goldenen Schnittes (sectio aurea, divina proportio), ein Streckenteilungsverfahren $m : M = (m + M)$, lautet für $M(aior) = 1$:

a) aufgefaßt als Analogie mit identischem Mittelglied: $0{,}618 : 1 = 1 : 1{,}618$ bzw. $\frac{\sqrt{5}-1}{2} : 1 = 1 : \frac{\sqrt{5}+1}{2}$; damit ist diese *Proportionalität zugleich Medietät*, u. zw. die von den antiken Mathematik-Schriftstellern an 5. Stelle gereihte und mit keinem Namen versehene Mesotes;

b) aufgefaßt als kontinuierlich 4gliedr. Analogie mit differentem Mittelglied: $0{,}382 : 0{,}618 \doteq 1 : 1{,}618$ bzw. $(2 - \frac{\sqrt{5}+1}{2}) : (\frac{\sqrt{5}+1}{2} - 1) \doteq 1 : \frac{\sqrt{5}+1}{2}$.

Tetraktys — Ein vergessenes Wort der Philosophie 137

Intervallteilung; da wir logarithmisch hören, kommt dem mathematischen Vorgang des Multiplizierens gehörsmäßig eine Addition zu (was dann, sofort einsichtig, dem geläufigen Diairese-Modell der summativen Aufgliederung entspricht).

Einfachster Fall ist die dekadische Tetraktys: 1 : 2, durch Mittelgliedeinschub erweitert zur Proportionskette 2 : 3 : 4, lautet als Proportional-Diairese $\frac{1}{2} = \frac{2}{3} \cdot \frac{3}{4}$ (Oktav = Quint + Quart). Andererseits kann eine *Tetraktys* selbst bereits *Diairese* sein: Die geradzahlige Potenz-Tetraktys 1 : 2 : 4 : 8 kann als Aufspaltung von 1 : 8 begriffen werden; $\frac{1}{8} = \left(\frac{1}{2}\right)^3$ wäre dann eine 3gliedrige Diairese. Musikalisch heißt dies, einen Dreioktavschritt in drei einzelne Oktaven aufzulösen, zu zerlegen.

Platon, *Tim. 36 A,* verwendet zur Ausfüllung der geradzahligen Potenz-Tetraktys 1, 2, 4, 8 die kanonische Tetraktys 6, 8, 9, 12 als diairetisches Modell $\left(\frac{1}{2} = \frac{6}{8} \cdot \frac{8}{9} \cdot \frac{9}{12}\right)$; in symmetrischer Analogie dazu füllt er die ungeradzahlige Potenz-Tetraktys 1, 3, 9, 27 durch eine nur an dieser Stelle vorkommende Vierheit 2, 3, 4, 6 aus $\left(\frac{1}{3} = \frac{2}{3} \cdot \frac{3}{4} \cdot \frac{4}{6}\right)$. Die Ermöglichung dieser beiden Diairesen ist mathematisch leicht einsehbar: 1 : 2 = 2 : 4 = 4 : 8 = 6 : 12; 1 : 3 = 3 : 9 = 9 : 27 = 2 : 6. Platon vollzieht somit — an einem der entscheidendsten Punkte seiner (Natur-)Philosophie — *eine Verknüpfung zweier Tetraktys-Modi mittels der* (solchermaßen 3gliedrigen) *Diairese*[19]:

Tetraktysche Progression $2 : \frac{3}{2} \cdot \frac{4}{3} : \boxed{1} : \frac{3}{2} \cdot 2 : 3$ **Tetraktysche Progression**
der Form 6 : 8 = 9 : 12 ↓   :   :   ↓ **der Form 2 : 3 = 4 : 6**

                $4 : 3 = \frac{8}{3} : 2$ $3 : \frac{9}{2} = 6 : 9$
                    ↓   ↓

$8 : 6 = \frac{16}{3} : 4$ $9 : \frac{27}{2} = 18 : 27$
↓   :   :   ↓

8   Einschiebung der arithmetischen und harmonischen Proportionale   27

Auch andere als die hier angeführten Tetraktys-Modi sind als Diairesen denkbar, sie haben allerdings keine praktische Bedeutung. Die Harmonik arbeitet freilich häufig mit Diairesen, doch sind diese dann nur selten Tetraktys-gebunden. Die folgende Tabelle ist ein Beispiel dafür; sie verwendet zur Diairese die Zahlen des arithmetischen Mittels und gewinnt damit die Hauptintervalle des diatonischen Tonsystems[20]. (Die

---

[19] XV, S. 137.
[20] XV, S. 121.

abgebildete Naturzahl-Diairese ist keine bloße Verstandesoperation, sondern sie ist zum einen Grundlage musikalischer Akustik und damit wahrnehmbar, hörbar, zum anderen ist sie als Obertonphänomen Bestand physikalischer Akustik: Die Obertonreihe wäre damit gleichsam physikalisch-akustische „Realisation", naturwissenschaftliches Vorkommen der Diairese, da in nächsthöherer Oktavierung jedes Intervall des vorausliegenden Oktavraums in zwei Teilintervalle aufgespalten wird, jeder höhere Oktavraum der Obertonreihe mithin die doppelte Tonanzahl hat als die darunterliegende Oktav.)

Oktave	8			:		16
Quint, Quart	8		:	12	:	16
große Terz, kleine Terz	8	:	10	:	12	
gr. und kl. Ganzton, diatonischer Halbton	8	:	9	:	10	15 : 16

3.2. Tetraktys — Mesotes

Es versteht sich von selbst, daß die Mesotes, aufgefaßt als 4gliedrige Analogie mit *identischem* Mittelglied (ἀναλογία συνεχής), nur mit einem Ausschnitt, nicht mit der vollen Form einer Tetraktys — welche eo ipso *vier verschiedene* Größen oder Analogate umfaßt — übereinstimmen kann. Dies sowie die Tatsache, daß im Verlauf der bisherigen Ausführungen immer wieder die Medietäten innerhalb der Tetraktyes aufgewiesen wurden, lassen hier das Auslangen mit einer kurzen Zusammenfassung finden: Dekadische Tetraktys: 1, 2, 3 und 2, 3, 4 arithmetische, 1, 2, 4 geometrische Medietät; kanonische Tetraktys: 6, 8, 12 harmonische, 6, 9, 12 arithmetische Medietät; die Zahlen der Potenz-Tetraktyes: geometrische Medietät.

Ein Zusammenhang von Tetraktys und Mesotes besteht auch im außermathematischen Bereich. Diese Frage fällt aber weitgehend mit der nach dem gemeinsamen Grund von Analogie und Mesotes zusammen und deshalb aus der Themenstellung vorliegender Arbeit heraus.

3.3. Tetraktys — Analogia

Aus sich heraus ist es evident, daß nur real 4gliedrige Analogien, also Analogien mit *differentem* Mittelglied (ἀναλογία διῃρημένη), einen Bezug zur Tetraktys haben können. (Erhard Weigel ging, einem Interpretationsirrtum erliegend, so weit zu behaupten, daß die Alten unter Tetraktys die 4gliedrige Analogie selbst verstanden: „ut se habet hoc ad illum, ita tertium ad quartum ... quam TETRACTYN Veteres dixere"[21].) Der Beispiele finden sich hier zur Genüge, der Umfang der Darstellung

---

[21] *Weigel*, Erhard: Philosophia Mathematica, Jena 1693, p. 69.

droht auszuufern. Obzwar das Thema des Zusammengehens von Tetraktys und Analogie nicht nur weiträumig ist, sondern zudem eine gewisse Brisanz birgt, erlegen wir uns die Beschränkung nahezu formelhafter Kürze auf.

Beginnen wir „prae-tetraktysch" mit einen Beispiel aus der abendländischen Geistesgeschichte. Antike und Mittelalter kennen das *Quadrivium*, den „Vier-Weg" der zahlentheoretischen Disziplinen; Nikomachos und andere bringen mittels des Prinzips der Analogie eine Ordnung in diesen Fächerkanon. Bei Hugo von St. Victor[22] lautet die diairetisch-analoge Deutung des Begriffs „Größe" (magnitudo) so:

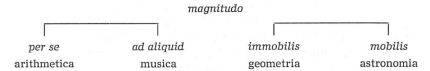

magnitudo

per se	*ad aliquid*	*immobilis*	*mobilis*
arithmetica	musica	geometria	astronomia

Dies als Einstimmung, um das Wesen der Analogie zu sehen. Ihre logische Allgemeinformel lautet nach Platzeck a / b ~ A / B ἀνὰ λόγον x / y. In der Sprache beruht der *Chiasmus* auf der (onto)logischen Form der 4gliedrigen Analogie (mit austauschbaren Innengliedern): a / b ~ A / B oder a / A ~ b / B: *Was dem Vogel die Flügel, Flossen sind es dem Fische.* Ein doppelter Chiasmus ist eine Analogiekette: a / b / c ~ A / B / C: *finden* (a) *den Urstoff* (b) *der Welt* (c), *den Seinsgrund* (C, B) *sehen* (A).

Eine ontologische Analogie harmonikaler Art weist die kanonische Tetraktys auf, welche überhaupt den Harmoniker mehr fasziniert als die dekadische, während diese wiederum den Symbolwissenschafter mehr interessiert als andere Tetraktyes. Es gilt: 6 : 8 = 9 : 12 ἀνὰ λόγον 3 : 4; es gilt ferner 3 : 4 = 6 : 8, in Intervallen: oktavtransponierte Quarten. Dies entspricht den *vier Lagen der menschlichen Stimme:* Baß / Tenor // Alt / Sopran.[23] Die Folge der Themeneinsätze bei 4stimmigen Fugen bestimmt sich nach dem Strukturschema der 4gliedrigen Analogie (B / T // A / S; B / A // T / S; T / B // S / A und analog).

Ferner besteht folgender Zusammenhang zwischen Tetraktys, Analogie und griechischer Tetrachordlehre:

---

[22] *Hugo von St. Victor* (1096 - 1141): Didascalion, lib. II, cap. 7, 9, 13, PL 176, 755 sq.

[23] Schopenhauer, harmonikal und intuitiv begabt, hat in solchen Zusammenhängen manches richtig gesehen. Siehe vom Verf.: Musik als verborgene metaphysische Übung?, Bern 1978.

6 : 8 = 9 : 12	4gliedrige Analogie mit getrenntem Mittelglied	τετράχορδον διεζευγμένων (getrenntes Tetrachord)	e — h — a — e,
9 : 12 = 12 : 16	4gliedrig geometrische Analogie mit identischem Mittelglied = geometrische Mesotes als Proportionalität	τετράχορδον συνημμένων (χορδῶν) (t. connexarum vel coniunctarum (chordarum)) (Tetrachord der verbundenen (Saiten, Töne))	d — a — e,

Ein Meister, geradezu ein „Jongleur" im Konnektieren von Tetraktyes und ontologischen und gnoseologischen Analogien ist Platon; die „geometrisch-platonische Analogie" der logischen Allgemeinform $a^3 : a^2b \doteq ab^2 : b^3$ (Logos a : b) zählt zu den wichtigsten methodischen Instrumenten seiner Wahrheitsfindung. So sehr es angebracht scheint, die Tetraktys als Sonderform der Analogie aufzufassen, ist man bei Platon fast geneigt, den umgekehrten Sachverhalt anzunehmen, also sein Analogiedenken im (pythagoreischen?) Tetraktysbegriff verwurzelt zu sehen (dabei spielt es keine Rolle, daß er die Worte τετρακτύς niemals, τετράς so gut wie nie und ἀναλογία nur überaus selten verwendet).

4. Bedeutungsfelder des Tetraktysbegriffs als Auszug aus seiner Geschichte

4.1. Platon

Erhard-Wolfram Platzeck: „... in Platons Beweisverfahren eine neue Art von Analogie zur sokratischen Analogie hinzutritt. Wir werden sie die geometrisch-platonische Analogie nennen. Diese eigenartige Analogie stellt sich uns als bewußte Nachahmung der mathematisch-geometrischen Proportion dar, mithin als eine transitive, oft auch reihenbildende Relation."[24] *Polit. 509 D, 546 B, 587, Tim. 32 A sqq* ist diese mathematische Form $a^3 : a^2b \doteq ab^2 : b^3$ beschrieben. In Platons Quantität und Qualität überhöhend vereinendem Denken steht diese Gleichung sowohl für *Mengen* wie auch für *Bewertungen* (von Erkenntnis-, Charakter-, Staatsformen) als Entbergung der Ideen des *Guten, Wahren, Gerechten*. *Epin. 991 A* gibt Platon konkret die Wertepaare 1, 2, 4, 8 und $1, \frac{1}{2}, \frac{1}{4}, \frac{1}{8}$ an, *Tim. 35 B sq* 1, 2, 4, 8 sowie 1, 3, 9, 27. Demnach hat Platon folgende Hauptfigur der Zahlentetraktyes gleichsam „vor Augen":

---

[24] Siehe XII, S. 12.

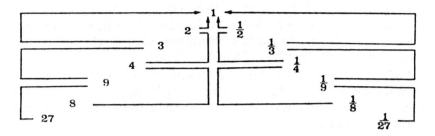

Platon vermittelt und integriert früheres philosophisches Denken (empedokleische Vierelemententheorie, parmenideisches Permanenzprinzip, pythagoreisches Zahlendenken, ...) und greift auch auf die Form der Analogie, die vor allem bei Heraklit[25] und Sokrates vorgebildet ist, zurück. Er festigt das Analogieprinzip — unter pythagoreischem Einfluß? — mathematisch im Sinne der *geometrischen Proportionalität*. Da Tetraktyes gutteils geometrische Reihenprogressionen sind, kann, zumal nichts Schriftliches aus dem Altpythagoreismus vorliegt, Platon als der Begründer eines Denkens mittels des noch nicht eigens als Kategorie reflektierten Prinzips der Tetraktys angesehen werden. Diese erhält bei ihm eine fundamentale Bedeutung hinsichtlich der Wohlgefügtheit von Kosmos und Polis[26].

Mathematisierte Platon, um besser eine Übertragung der allgemeinen Analogieform in metaphysische, kosmologische und erkenntnistheoretische Belange bewerkstelligen zu können, oder war es umgekehrt, daß er also die (pythagoreische) Tetraktys vorfand, sie aus ihrem rein mathematisch-logischen Sinn herauslöste und ihr in Form von $a^3 : a^2b \doteq ab^2 : b^3$ eine ontologische Dimension verschaffte? Diese Frage ist kaum entscheidbar.

Ehe die Zusammengehörigkeit von Analogie und Tetraktys bei Platon sowie die Tetraktyes selbst aufgewiesen werden, sind — in der vermuteten chronologischen Reihenfolge — einige *wichtige Analogien* stichwortartig zu erfassen:

Phaidon 85 B - 86 D: Einwand des Philolaos-Jüngers Simmias, eines Pythagoreers aus Theben: Harmonie / Leier // Seele / Körper; Modell: a / b ~ A / B; Analogans: hinzukommend zum materiellen Sein (wie die Harmonie zur Leier, so die Seele zum Körper).

---

[25] *Fränkel*, Hermann: Eine heraklitische Denkform, Wege und Formen frühgriechischen Denkens, München 1955, S. 253 - 283.
[26] Diesbezüglich ist S. 180 f. Manchem zu widersprechen in Richard Wissers Beitrag: „Schöpfung und Schöpfertum in der Philosophie", in: Die Wahrheit des Ganzen, Wien - Freiburg - Basel 1976, S. 175 - 203.

Phaidon 86 E - 88 B: Einwand des Kebes: Gewand / Mensch(enalter) // Mensch(enalter) / Seele; Modell: a / b / c oder a / b ~ b / c; Analogans: mehrmals benützen (wie ein Menschenkörper viele Gewänder be- und abnützt, so eine Seele mehrere Menschenkörper).

Polit. 332 C sq: Analogieschluß innerhalb einer Analogiekette: Freund / Gutes // Feind / Böses // Kochkunst / Wohlgeschmack der Speisen; Analogans: Erwartung, die eine Person X von einer Person oder Sache für sich hat.

Polit. 508 - 517: Gleichnishafte Darstellung von Erkenntnisformen und Erkenntnisgegenständen: *508 - 509* Sonnengleichnis; *510 - 511 E* Liniengleichnis; *514 - 517 A* Höhlengleichnis[27]; Analogans: Bild / Abbild, Licht / Schatten.

Polit. 534 A: „sokratische" Analogie: Wandelbares (γένεσις) / Meinung (δόξα) // Unwandelbares (οὐσία) / Wissen (νόησις); Scheinwissen (εἰκασία) / Glaube (πίστις) // Verstandeseinsicht (διάνοια) / Wissenschaft (ἐπιστήμη).

Polit. 614 sqq: Mythos vom Er: Höhle als Versammlungsort der Seelen / Emporstieg durch schmalen Gang // überirdischer Ort planetarischer Überschaubarkeit / schmaler, leuchtender Lichtstrahl, eingebettet in die „Spindel der Notwendigkeit".

Nom. 672 D sqq: Analogieverkettung: Seele / sittliche Reinheit // Leib / Gesundheit. Musik / Gesundheit für die Seele // Gymnastik / Gesundheit für den Körper; Analogans: causa / causatum.

Nach dieser knappen Auswahl bedeutender platonischer Analogiebildungen soll eine tabellarische Übersicht die *Zusammengehörigkeit von Analogie und Tetraktys* aufweisen (Abbildung auf nebenstehender Seite).

Die *Tetraktys* selbst finden wir bei Platon in folgenden Zusammenhängen:

Potenz-Tetraktyes: Die Frage beiseite lassend, ob Platon Verfasser des „Anhanges zu den Gesetzen" war oder nicht, bedeutet *Epin. 990 E sqq* eine Hauptstelle zur Potenz-Tetraktys: „Wie sich jede Potenz stets um ein Doppeltes wandelt — wie ebenso aus ihrer Umkehrung das Doppelte dieser entsteht —, so formt auch alle Natur nach dieser Proportionalität je und je Art und Gattung" (καθ' ἑκάστην ἀναλογίαν εἶδος καὶ γένος ἀποτυποῦται πᾶσα ἡ φύσις). Platon nennt konkret die geradzahlige 1, 2, 4, 8 und $1, \frac{1}{2}, \frac{1}{4}, \frac{1}{8}$, damit eine *Naturregel* ansprechend,

---

[27] Vgl. II. Es ist interessant, daß Ferber offenbar ohne Kenntnis der 4gliedrigkeit des platonischen Denkens eine noch mehr ins Detail gehende Analyse des Höhlengleichnisses vornimmt und dabei zu insgesamt 8 Stufen, 4 in der Höhle und 4 außerhalb, kommt. Diese fortgesetzte Diairese der Erkenntnissituationen ist als Bestätigung, nicht als Widerlegung unserer 4gliedrig-analogen Interpretation aufzufassen.

Analogie- und Tetraktystafel nach Platon

Dualität	Metaphysik	Ideenwelt / Wahrheit / Unwandelbares / Gerechtigkeit			Körperwelt / Täuschung / Wandelbares / Ungerechtigkeit	Polit. 534 A
						Polit. 544
Fünfheit	Staatslehre	Aristokratie	Timokratie	Oligarchie	Tyrannis	Polit. 545 C – 576 B
		Königsherrschaft / Aristokratie	Aristokratie / Demokratie	Oligarchie / Oligarchie	Demokratie / Tyrannis	Politikos 291 C sqq
Dreiheit	Seelen- und Körperlehre	vernünftig / Kopf	zornmütig / Brust	begehrend / Unterleib		Tim. 69 u. 90
	Charakterlehre	feurig / a^2	Mischformen / ab	träg, gesetzt / b^2		
Vierheit	Mathematik	a^3	a^2b	ab^2	b^3	Polit. 509 D, 546 B, Tim. 32 A
	Geometrie	Punkt	Linie	Fläche	Körper	
	Kosmologie	Feuer	Luft	Wasser	Erde	Tim. 31 B sqq
	Erkenntnistheorie	ἐπιστήμη	διάνοια	πίστις	εἰκασία	Polit. 534 A
	Zahlen-Tetraktyes	27	36	48	64	Polit. 546 B
		1	2	4	8	Epin. 991 A
		1	½	¼	⅛	
		1	2	4	8	Tim. 35 B
		1	3	9	27	
		1	9	81	729	Polit. 587

welche im γένος/εἶδος-Verhältnis durch fortgesetzte Teilung (als Verdoppelung) aus einer Gattung zwei Arten, aus diesen wiederum je zwei Unterarten entstehen läßt. Dieser Text ist in Zusammenhang mit *Gorg. 508 A* und *Tim. 31 C sqq* zu lesen.

Die ungeradzahlige Potenz-Tetraktys bringt Platon *Polit. 587*, dort allerdings in der nochmals potenzierten Form 1, 9, 81, 729. Diese hohe Zahl 729 gebraucht er, etwas spielerisch, als Ausdruck für die moralische Entfernung des Tyrannen vom Weisheit und Gerechtigkeit idealiter verkörpernden König. Außerdem meint 729 364½ Tage und ebensoviele Nächte, ist also Umschreibung des Jahreskreises. Gerad- *und* ungeradzahlige Potenz-Tetraktys zusammen verwendet Platon *Tim. 36* zur harmonikalen Beschreibung der Weltseele.

Die *dekadische Potenz-Tetraktys* begegnet *Polit. 615* im berühmten „Mythos vom Er", dem Bericht eines Scheintoten. Diese Erzählung ist zur Gänze durch Analogien aufgebaut, so daß es nicht wundert, folgende Tetraktys anzutreffen: 1: das (diesseitige, im Jenseits zu bestrafende) Vergehen, 10: die zehnfache Strafe für dieses Verbrechen; 100 (Jahre): (angenommenes durchschnittliches) Lebensalter (des zu Bestrafenden), 1000 (Jahre): Gesamtausmaß der Strafe. Die Periode von der Geburt der Seele bis zu ihrer Wiedergeburt dauert demnach 1000 Jahre; *Polit. 621 D* und *Phaidr. 249 B* bestätigen diese tausendjährige Wanderung.

Die *dekadische Tetraktys* spielt bei Platon nur eine untergeordnete Rolle. Alle Einteilungen (mehr oder minder) wissenschaftlicher Disziplinen richten sich nach der Vierzahl *(Gorg. 462)*. Über den Umweg der Summe 10 gibt es noch einen losen Zusammenhang: *Nom. 737 E sq* hebt Platon die hohe Bedeutung der Zahl 5040 hervor, weil sie durch alle Zahlen von 1 bis 10 teilbar und zugleich Produkt aus den Zahlen 1 bis 7 sei.

An zwei Stellen begegnet die *kanonische Tetraktys: Tim. 36 A* verwendet sie Platon als 3gliedrige Diairese $\frac{1}{2} = \frac{6}{8} : \frac{8}{9} : \frac{9}{12}$ in Zusammenhang mit der Weltseelenbeschreibung. *Epin. 991 A sq* gibt Platon die Proportionalität 6 : 8 = 9 : 12 als für den Bereich der Musen be-stimmend an: „hat den Menschen den Gebrauch des Zusammenklangs und des Gleichmaßes (σύμφωνον χρείαν καὶ σύμμετρον) erteilt und sie an Rhythmus und Harmonie sich erfreuen gelehrt, indem sie dem seligen Reigen der Musen bestimmt wurde"[28]. Diese Textstelle war mit ein Grund, die Tetraktys 6, 8, 9, 12 als „kanonische" zu bezeichnen.

---

[28] Siehe VI.

4.2. Nikolaus Cusanus

„In der Verknüpfung des Einfachen und des Doppelten ... muß die erste harmonische Verknüpfung bestehen, ebenso in der Verflechtung des Doppelten und Dreifachen die zweite und in der des Drei- und Vierfachen die dritte Verknüpfung. Und weil die Einheit in der Quaternität entfaltet wird, ist es auch bei jeder Harmonie so. — In den Zahlen 1, 2, 3, 4 und ihren Kombinationen besteht alle Harmonie."[29] Diese Sätze des Nikolaus von Kues (1401 - 1464) erwecken den Eindruck, als ob bei Cusanus die dekadische Tetraktys im Vordergrund stünde. In Wahrheit jedoch sind es allgemeine Analogien und Quaternitäten, welche, ähnlich wie bei Nikolaus' geistigem Ahnherrn Platon, umfassend Denken und Sein strukturieren, und *innerhalb* solcher Quaternitäten finden dann Zahlen-Tetraktyes ihren guten Platz. Mit Ausnahme der Gruppierungen 1, 2, 4, 8 — die Potenzreihe der Zahl 2 interessiert den an christlicher Trinitätssymbolik orientierten Denker offenbar wenig — und 6, 8, 9, 12 kommt allen Tetraktyes im Denken des Cusanus erhebliches Gewicht zu; dabei nehmen 1, 3, 9, 27 und 1, 2, 3, 4 die zentrale Rolle ein, 1, 10, 100, 1000 tritt ergänzend hinzu, und zudem bilden beide dekadische Tetraktyes eine Konklusion, welche als denkerische Eigenleistung des Cusanus angesprochen werden darf[30]. Der vierfache Fortschritt (quaterna progressio) lautet demnach in trinitarischer Überhöhung: $1 + 2 + 3 + 4 = 10$, $10 + 20 + 30 + 40 = 100$, $100 + 200 + 300 + 400 = 1000$. Vor allem seinen zentralen Gedanken der Uni-trinität konnte Nikolaus durch ein mehrere Tetraktyes zusammenfassendes Symbolbild, den aus 40 ($= 4 \cdot 10$) Teilkreisen bestehenden *circulus universorum*[31], treffend darstellen. Man beachte, daß in der Anzahl der verschieden großen Kreise auch die Potenz-Tetraktys 1, 3, 9, 27 vorliegt!

Geprägt wird das cusanische Weltbild durch folgende gutteils dem Platonismus zugehörende Vierheiten: Schau // Intellekt / Verstand / Sinnlichkeit; göttliche Weisheit // Vernunft / Seele / Körper; Universum // Gattung / Art / Individuum; Punkt (simplicissimum) // Gerade (radicabile) / Fläche (quadratum) / Körper (solidum); Same // Blatt / Zweig / Baum. Die zugeordneten metaphysischen Dualitäten (und damit zugleich Logos der Analogien) sind: absolutum / contractum; unitas / pluralitas oder unitas / alteritas; explicatio / complicatio; formallogisch $a : b$ in der platonischen 4gliedrigen Gleich-Gewichtung $a^3 : a^2b \doteq ab^2 : b^3$. Jede Einheit expliziert in einer Vielheit, jede Andersheit ist

---

[29] *Nikolaus Cusanus:* De coniect. II/2, Ausgabe Philosophisch-theologische Schriften (lt.-dt.), hrsg. v. L. Gabriel, übers. u. komment. v. D. u. W. Dupré, Wien 1964 ff., Zitat Bd. 2, S. 90.
[30] Vgl. XVI, S. 31 f., S. 75 f.
[31] De coniect. I/16, Bd. 2, S. 74; vgl. auch figura Coniect. I/5, ebd., S. 14.

einer Unität untergeordnet; wie immer die metaphysischen Aussagen des Kardinals lauten, sie sind leicht mit seiner pythagoreisch-platonischen Zahlenmetaphysik in Einklang zu bringen beziehungsweise durch sie darstellbar, vielleicht sogar motiviert.

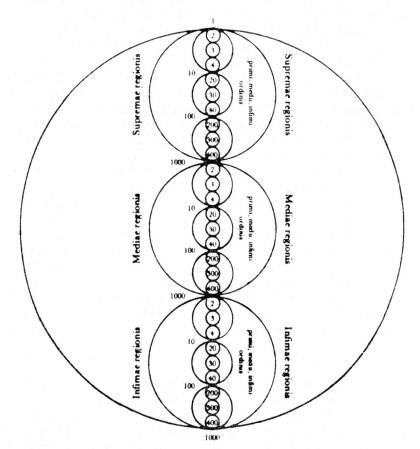

Circulus universorum

Nikolaus von Kues, dem das quaternarische Weltbild vollends, das harmonikale jedoch trotz aller Affinität zu ihm nicht stets griffbereit vorliegt, sieht — weniger aus Fachwissen als aus genialer Intuition heraus — in der dekadischen Tetraktys auch Folgerungen für die Musik, für den musikalischen Konsonanzbegriff. Aus seiner philosophisch-theologischen Grund-Konzeption ist ihm klar, was Musiktheoretiker vor und nach ihm als Konsonanzkriterium ausgeben: „Die ‚Konsonanz' des Kosmos und der Erkenntnisstufen stimmt mit der musikalischen Konsonanz insofern überein, als in den Symbolformen einerseits und in den akusti-

Tetraktys — Ein vergessenes Wort der Philosophie

schen Musikgrundlagen andererseits die quaternarische Folge 1, 2, 3, 4 Wesenskonstitutivität besitzt."[32]

4.3. Raffael

Woher Raffaelo Santi (1483 - 1520), dessen 500. Geburtstag zu feiern ist, sein Wissen über die Tetraktys bezog, ist unklar. Auf seinem um 1510 entstandenen Fresko „Schule von Athen" bildet er die dekadische und die kanonische Tetraktys ab, jene als Figuralzahl, diese in ihrer musikalischen Sinnverknüpfung. Hans Kayser entdeckte diese künstlerische Tetraktys-Darstellung, Julius Schwabe analysierte die Figuren und den möglichen Bedeutungsgehalt des Bildes. Demnach ist es in der Gruppe um Pythagoras vermutlich dessen Tochter, welche eine Tafel mit den beiden Tetraktyes vor Pythagoras hinstellt, dabei nach einer weiblichen Gestalt — Pythagoras' Gattin Theano? — blickend, welche mittels Daumen und Zeigefinger eine „Zwei" andeutet. Näheres dazu möge bei Schwabe[33] nachgelesen werden.

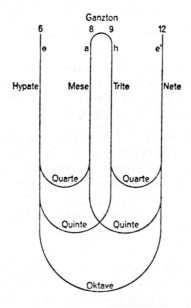

4.4. Kepler

Das dritte von Johannes Keplers fünf Büchern „Weltharmonik"[34] ist musiktheoretischen Inhalts; ein „Excursus de Tetracty Pythagorico"

---

[32] XVI, S. 31.
[33] XVII.
[34] *Kepler,* Johannes: Harmonices Mundi Libri V, Linz 1619.

eröffnet das Buch. Kepler (1571 - 1630), bedeutendster Platoniker der Neuzeit, plädiert dort primär für die Potenz-Tetraktyes 1, 2, 4, 8 und 1, 3, 9, 27. In einer Randnotiz schreibt er, wie Theon von Smyrna, diese beiden Tetraktyes von oben nach unten ausstrahlend und füllt zusätzlich den offenen Dreiecksraum durch weitere Zahlen aus, damit zu einer zehn Glieder umfassenden Zahlenfigur gelangend[35]:

Kepler:

1
2 3
4 6 9
8 12 18 27

Genesis dieser Figur in der Darstellung durch Jahoda:

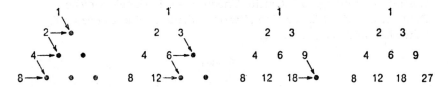

Kepler faßt, in wohltuend wissenschaftlicher Klarheit und Knappheit, seine Meinung zur Tetraktys zusammen, indem er vor allem — ähnlich Nikolaus von Kues — das theologische Moment herausstreicht; bei ihm allerdings verliert die Tetraktys 1, 2, 3, 4 an Bedeutsamkeit.

Des langen und breiten zitiert dann Kepler den Humanisten Joachim Camerarius (1500 - 1574), der sich „über denselben Gegenstand ... in einer ... kaum richtigeren Weise" ausließ, „wenn er nicht durch allzu vieles Lesen der alten Schriftsteller irre geworden ist." Camerarius spekuliert tatsächlich viel: mit Plutarch und der Zahl 36, mit den pseudopythagoreischen „Goldenen Sprüchen" und den hermetischen Weisheitslehren.[36] Was ist in Keplers Camerarius-Auszug zutreffend, was verdient Erwähnung?

1. 6, 8, 9, 12 sei von den Pythagoreern angeblich zur Naturerklärung, in der Psychologie, Ethik und Theologie verwendet worden. Nach unseren streng philologischen Untersuchungen scheint dies zweifelhaft.

2. Die Figuraldarstellung der dekadischen Tetraktys. Damit soll aufgewiesen werden, daß alle Lebewesen in vierförmiger Anpassung exi-

---

[35] X, S. 53 ff.
[36] *Camerarius*, Joachim: Libellus Scolasticus, Basel 1551. Siehe auch Camerarius' Kommentar zur „Arithmetik" des Nikomachos, unter dem Titel: „De graecis latinisque numerorum notis". Dort erwähnt er die Tetraktyes 1, 2, 3, 4; 1, 2, 4, 8; 6, 8, 9, 12; 1, 9, 81, 729.

stieren, nach der Analogie 1 / 2 / 3 / 4 wie Himmel / Luft / Wasser / Erde wie Sterne / Vögel / Fische / Erdbewohner wie — bezüglich des Kriteriums „Bewegung" — 1? / 2 Schwingen / 3 Flossen / 4 Gliedmaßen.

3. Auch Camerarius sieht im platonischen Denken die Prädominanz der Potenz-Tetraktys, wenngleich die Wahl seiner Worte eher auf die dekadische hinzudeuten scheint. Am Ende von Keplers Camerarius-Zitat finden wir den Passus: „Die Eins ist die Welt, die Zwei bedeutet die erste in ihr enthaltene Vielheit, die Drei ist Band und Knoten, ... Die Vier ist Grenze und Zahl der Elemente. Denn die Welt ist ein räumlicher Körper; zwei solcher Körper bedürfen jedoch immer zweier Mittel, damit sie sich in stetiger Proportion zusammenfügen *(ut in continua proportione congruant)*". Davon hatte Platon mehrfach gesprochen, stets auf die kontinuierliche geometrische Proportionale verweisend (Abschnitt 4.1.); *Tim. 31 C sq:* „Die dreidimensionalen Dinge verbinden nie ein, sondern immer zwei Mittelglieder" (τὰ δὲ στερεὰ μία μὲν οὐδέποτε, δύο δὲ ἀεὶ μεσότητες συναρμόττουσιν).

4.5. Weigel

Erhard Weigel (1625 - 1699), erfolgreicher Erfinder, Kalenderreformer, streitbarer Universitätsprofessor, ein Jahr (1663) auch Lehrer von Gottfried Wilhelm Leibniz, sieht sich als „Sophomathematicus", welcher die Menschen zu ihrem Eigentlich-Sein als „rechenschafftliche Creaturen Gottes" führen will. Pythagoras, Euklid, Platon („Haupt-Lehrer der natürlichen und bürgerlichen Weißheit"[37]), Aristoteles (den er platonisierend interpretiert), aber auch Cartesius zählen zu seinen Autoritäten. Er ringt um ein neues Bild der mathematischen Wissenschaften und bringt, oft in Form analoger Gliederung, Ordnungstabellen der Wissenschaften im Stil „Musica & Cantoria differunt ut Geometria & Geodaesia"[38]. Auch sonst sind es immer wieder Analogien oder Analogieketten, mit denen Weigel operiert: „tempus (Weile) / duratio (Fortwehrung) // locus (Ort) / moles (Größe)"[39]; oder scherzhaft eine unsinnige Analogie: „gleichwie der Löw ein grimmig Thier ist; also sollen wir auch in einem neuen Leben wandeln"[40]. Überall, wo es um Wahrheit und Wahrhaftigkeit (veracitas) geht, herrsche eine „Gleich-Proportion derselbigen vier Posten"[41].

---

[37] *Weigel*, Erhard: Unmaßgebliche Mathematische Vorschläge, 1681.
[38] Ibid., p. 209.
[39] Theodixis Pythagorica ..., 1675, p. 40.
[40] Aretologistica (Die Tugend-übende Rechen-Kunst), Nürnberg 1687, IV/§ 10.
[41] Wienerischer Tugend-Spiegel, Nürnberg 1687, cap. 31.

Interessant ist, daß Weigel unter „Tetractys" nicht bloß die Punktepyramide $1 + 2 + 3 + 4 = 10$ versteht[42], sondern, ein solches „Gevierdte" unmittelbar auf Pythagoras rückführend, Tetraktys und 4gliedrige Proportionalität *gleichsetzt*[43]. Zwei Schriften des Jahres 1673 weisen bereits im Titel das Wort „Tetractys" auf[44], was die Wichtigkeit dieses Begriffs für Weigel unterstreicht. Eine Definition der Tetraktys erfolgt in einer Weise, welche mit der aristotelischen Definition der 4gliedrigen Analogie *Eth. Nik. V 1131 a 31* konform geht: „ut se habet hoc ad illud, ita tertium ad quartum ... quam TETRACTYN Veteres dixere"[21]. Sofern solche Tetraktyes-Analogien geometrische Proportionalitäten sind, schreibt Weigel a . b :: c . d, sofern die arithmetische Medietät vorliegt a . b ·.· c . d.

Anliegen Weigels ist es, in seiner „Tugend-übenden Rechen-Kunst" eine Logistik der Tugenden zu entwickeln, eine „arithmetische Moral-Weißheit". Zu diesem Behufe schlägt er vor, sogenannte „Creutz-Zahlen" anstelle des Zehner-Zahlsystems zu verwenden; das aber sind die vier Ziffern 0, 1, 2, 3 — also die Exponentialzahlen der Potenz-Tetractyes —, mit denen seine „Tetractysche Rechen-Kunst" ihr Auslangen findet.

Auf hohem Wissensstand stehend zeigt sich Weigel als eigenwilliger, zuweilen kurioser Geist, dem letztlich aber nicht mehr als nur (philosophie)historisches Interesse gebührt.

4.6. Die Harmonik seit Thimus

Albert von Thimus hat ein relativ breitgefächertes Wissen über die Tetraktys, doch halten seine Ausführungen einer quellenkritischen Überprüfung nur begrenzt Stand. Hans Kayser, nicht frei von Irrtümern[45], hat den Blick stets auf anderes gerichtet (Lambdoma) und veranschlagt deshalb die Tetraktys weit unter ihrem Wert. Wie schon Thimus und, unter Kaysers Einfluß, Rudolf Stössel[46], projiziert auch Kayser sein unhaltbares Dogma einer Differenz von exoterisch und esoterisch überliefertem Wissen der Pythagoreer ebenso in die Tetraktys-Frage, 1, 2, 3, 4 als exoterisch abqualifizierend, 6, 8, 9, 12 in den Esoterik-Himmel hebend.

---

[42] Theodixis Pythagorica, 1675, p. 43.

[43] Wienerischer Tugend-Spiegel, Nürnberg 1687, cap. 29 „Die Schertzhöflichkeit".

[44] 1. Tetractys, Summum tum Arithmeticae ... Radix. 2. Tetractyn Pythagoreae ... Beide Schriften konnten vom Verf. nicht eingesehen werden. Es erwies sich als schwierig, 12 der insgesamt 148 Schriften Weigels zu erreichen.

[45] *Kayser*, Hans: Abhandlungen zur Ektypik harmonikaler Wertformen, Zürich - Leipzig 1938. Der Satz S. 83: „Die Tetraktys (6, 8, 9, 12), aus der sich die Dekas zusammensetzt, ..." zeugt nicht von großer Sachkenntnis.

[46] XIX. Stössels Buch spannt einen mathematisch weiten, jedoch unhistorischen Bogen zum Tetraktys-Problem.

Es ist das Verdienst Rudolf Haases[47], den rechten Stellenwert der Tetraktys erkannt zu haben, wobei Arbeiten vor und parallel zu ihm (Julius Schwabe, B. L. van der Waerden[48]) sowie nach ihm (Gerhard Jahoda[49]) das Wissen um die Tetraktys noch wesentlich erweitern konnten. Hervorstechend sind besonders Jahodas Abhandlungen geometrisch-graphischer Art zu einer Struktur-Isomorphie pythagoreisch-harmonikaler Zahlenschemata.

5. Abschließende Betrachtung

Findet man zwar in allen philosophischen Lexika ausführliche Beiträge zu Diairese, Mesotes, Proportion(alität), Analogie, bleibt *Tetraktys* so gut wie unerwähnt. Das ungerechtfertigte Fehlen von Tetraktys-Artikeln in philosophischen Wörterbüchern war auch Ursache dafür, daß vorliegender Beitrag etwas im lexikalischen Stil geriet.

Wir vertreten die Auffassung, daß die dekadische Tetraktys, als Folge 1, 2, 3, 4 oder als Reihe $1 + 2 + 3 + 4$, wohl die ursprünglichste, historisch früheste sowie eine in zahlreichen Kulturbereichen anzutreffende mythologische, symbolische oder archaisch-mathematische Sprechweise ist, daß sie im abendländischen Denken aber nicht zugleich auch die heftigsten Spuren hinterlassen hat.[50] Diese tetraktysche „Ent-wicklung" begann bei Platon, der die Allgemeinform seiner „geometrisch-platonischen Analogie" $a^3 : a^2b \doteq ab^2 : b^3$ auch auf die Tetraktys übertrug (oder von dort her als Idee gewann?) und folglich 1, 2, 3, 4 kaum nennt, die Potenz-Tetraktyes, ob gerad- oder ungeradzahlig oder dekadisch, aber in den Mittelpunkt stellte; fortgesetzt wird diese Tendenz in der Harmonik neuzeitlicher Prägung, welche — von Kepler bis Kayser — der Tetraktys 1, 2, 3, 4 Unbehagen oder gar Mißtrauen entgegenbrachte, und seit Thimus sogar mit der Hypothese spekulierte, sie verschleiere „exoterisch" etwas, was entschleiert, in Wahrheit, „esoterisch" 6, 8, 9, 12 bedeute.

Trotz Überschneidungen werden wir folgende primäre Zuordnungen zu konstatieren haben: 1, 2, 3, 4: Pythagoreismus; Potenz-Tetraktyes: Platonismus; 6, 8, 9, 12: harmonikale Denker der Neuzeit.

Freilich: Was ist pythagoreisch, was platonisch? Weder im alten noch im neuen Pythagoreismus und Platonismus sind klare Trennungsstriche

---
[47] V und VI.
[48] XVII, XVIII, XX.
[49] IX und X.
[50] Vgl. *Schedl*, Claus: Baupläne des Wortes. Einführung in die biblische Logotechnik, Wien 1974. Schedl versucht in eigenwilliger, geradezu eigenschöpferischer Art, verschiedene Variationen der dekadischen Tetraktys aus der formalen Gestaltung alt- und neutestamentarischer Texte herauszulesen (Verfahrensweise der Gematrie, beispielsweise $23 + 32 = 55 =$ Summe der Zahlen von 1 bis 10; $231 = 11 \cdot 21$). Obzwar offensichtlich frei von Zahlenphantasterei, wird die Tetraktys doch arg überbeansprucht.

gezogen. Ist die Unterscheidung in Neupythagoreer (des 2. bis 4. Jahrhunderts) und Neuplatoniker (des 3. bis 6. Jahrhunderts) nicht eine willkürliche, wird da nicht auseinandergelegt, wo ein gemeinsames philosophisches Bemühen zugrundeliegt? Wieviel besagt wirklich der Satz, Platon habe über Archytas von Tarent pythagoreisches Wissen bezogen und seinem Denken einverleibt? Wenn wir Heraklit und Sokrates als Wegbereiter der logischen Analogieform und die Pythagoreer (Archytas; Philolaos via Simmias und Kebes?) als die Kontaktleute Platons in mathematicis et harmonicis ansehen, wenn wir zudem dafürhalten, Platon habe diese beiden Ausgangspositionen konnektiert, also die logische Analogieform mathematisiert, dann könnten — wir sprechen es bewußt als Vermutung aus — selbst die Potenz-Tetraktyes nicht platonische Eigenleistung, sondern im pythagoreischen Bund gepflegtes mathematisches Wissen gewesen sein.

Andererseits: Der Schwur bei der Tetraktys und die Rede von der τετρακτύς als πηγὴ ἀενάου φύσεως, als „Quelle der immerwährenden Natur", begegnet im Neupythagoreismus und im Neuplatonismus gleichermaßen (Theon, Iamblichos, Proklos[51]), und es erscheint philologisch fast waghalsig zu schließen, die Tetraktys sei deshalb ein altpythagoreisches Philosophem.

Könnte nicht *Platon,* in seiner Mathematisierung der metaphysischen 4gliedrigen Analogie, *Begründer der Tetraktys* gewesen sein, die Tetraktys also geformt haben als Band in der integralen Logik seiner Denkstrukturen?

Vom Boden philologischer Unsicherheit zurück zum Eigentlichen: Vorliegender Beitrag stellt ein Denken vor *jenseits der Geschiedenheit von Philosophie, Mathematik und Musik.* Zwangsläufig erfordert ein Thema im Umkreis von Proportion (λόγος, proportio, ratio), Medietät (ἀναλογία, μέσον, μεσότης, analogia, medium), Analogie (ἀναλογία, analogia, proportionalitas) und Tetraktys (τετρακτύς, τετράς, quaternarius) ein solches „Hinhören" auf die musikalische Grundlagenlehre. Schon der Terminus λόγος birgt die doppelte Bedeutung von *Begriff* und *Proportion;* λόγος vermag zu einen, was offenbar in ursprünglicher Weise zusammengehörte, nämlich im allgemeinphilosophischen und mathematischen Sinn jedes 2gliedrige Verhältnis vergleichbarer Größen sowie in musikalischer Bedeutung die Relation, der „Spannungszustand" zweier Saitenlängen.

---

[51] *Procli Diadochi* In Platonis Timaeum Commentaria (ed. E. Diehl, Leipzig 1903 ff.). In seiner Kommentierung von *Tim 32 C* bringt Proklos die aus dem Tetraktys-Schwur bekannte Redewendung „Quelle der immerwährenden Natur" und führt in concreto die dekadische Tetraktys $1 + 2 + 3 + 4 = 10$ an. Damit hat er Platons $a^3 : a^2b \doteq ab^2 : b^3$ mißverstanden, und an seine Fehlinterpretation schließen zahlreiche mittelalterliche Kommentatoren an.

Ein solches Denken gelangt hinaus über simple Identitätsaussagen. Nach Thomas, *De verit. II 11* muß man mit 6 : 3 = 4 : 2 die Unergiebigkeit bloßer Wiederholung des Gleichen, das Problem einer inhaltsleeren „Aussage" vorliegen haben. Betrachtet man den Sachverhalt metamathematisch, liegt jedoch *keine* Identitätsaussage vor. Die Harmonik bringt hier eine *zusätzliche* Di-mension ins Spiel, eine *inhaltliche* Ausfüllung dessen, was rein mathematisch eine Identitätsaussage wäre; die Harmonik rückt zur Quantität die Qualität, und Identität heißt plötzlich, gewandelt, *Transformation, Transposition.* Jede integrale Philosophie, beispielsweise jene Platons, sieht in der Analogie der Zahlen-Tetraktyes niemals Identität, sondern immer *Gleichgewicht von Verschiedenem* oder *Transformation eines Logos* (musikalisch *Transposition eines Intervalls*).

Die Tetraktys erhält ihre Sinngebung aus solcher Integrität von Philosophie, Mathematik und Musik. Durch die Deklaration des Begriffs *Tetraktys* als eines Wortes der Philosophie wollte der Verfasser nicht zuletzt harmonikales Analogiedenken als philosophisch legitime Methode erweisen, gleichsam „hoffähig" machen.

Literaturübersicht

(I) *Bindel*, Ernst: Pythagoras, Stuttgart 1962, bes. S. 120 - 126

(II) *Ferber*, Rafael: Notizen zu Platons Höhlengleichnis, in: Freiburger Zeitschrift für Philosophie, Bd. 28, H. 3, Freiburg 1981, S. 393 - 433

(III) *Gabriel*, Leo: Integrale Logik, Wien, Freiburg, Basel 1965

(IV) *Gaiser*, Konrad: Platons ungeschriebene Lehre, Stuttgart 1963

(V) *Haase*, Rudolf: Grundlagen der harmonikalen Symbolik, München 1966, bes. S. 60 - 68

(VI) *Haase*, Rudolf: Ein Beitrag Platons zur Tetraktys, in: Antaios, Bd. 10, Nr. 6, Stuttgart 1969, S. 85 - 91

(VII) *Heidegger*, Martin: Platons Lehre von der Wahrheit, Bern 1947

(VIII) *Hirschberger*, Johannes: Vom Sinn des Analogiebegriffes in der Metaphysik, in: Festschrift der Wissenschaftlichen Gesellschaft ..., Wiesbaden 1981, S. 165 - 179

(IX) *Jahoda*, Gerhard: Identische Strukturen pythagoreischer Zahlenschemata, Wien 1971, bes. S. 42 - 45

(X) *Jahoda*, Gerhard: Die Tonleiter des Timaios — Bild und Abbild, in: Festschrift Rudolf Haase, Eisenstadt 1980, S. 43 - 80

(XI) *Kluxen*, Wolfgang: Analogie, in: Historisches Wörterbuch der Philosophie, Bd. 1, Sp. 214 - 229

(XII) *Platzeck,* Erhard-Wolfram: Von der Analogie zum Syllogismus, Paderborn 1954

(XIII) *Platzeck,* Erhard-Wolfram: Term-Eindeutigkeit, in: Franziskanische Studien, Bd. 55, 1973

(XIV) *Schüling,* Hermann: Erhard Weigel (1625 - 1699). Materialien zur Erforschung seines Wirkens, Gießen 1970

(XV) *Schulze,* Werner: Logos, Mesotes, Analogia — Zur Quaternität von Mathematik, Musik, Kosmologie und Staatslehre bei Platon, in: Festschrift Rudolf Haase, Eisenstadt 1980, S. 107 - 180

(XVI) *Schulze,* Werner: Harmonik und Theologie bei Nikolaus Cusanus, Wien 1983

(XVII) *Schwabe,* Julius: Hans Kaysers letzte Entdeckung: Die pythagoreische Tetraktys auf Raffaels „Schule von Athen", in: Symbolon, Jb. f. Symbolforschung, Bd. 5, Basel - Stuttgart 1966, S. 92 - 102

(XVIII) *Schwabe,* Julius: Arithmetische Tetraktys, Lambdoma und Pythagoras, in: Antaios, Bd. VIII, Nr. 5, Stuttgart 1967, S. 421 - 449

(XIX) *Stössel,* Rudolf: Harmonikale Faszination, Schriften über Harmonik Nr. 7, Bern 1982

(XX) *Waerden,* Bartel Leendert van der: Die Pythagoreer, Zürich - München 1979

Über „anfängliches Denken" — am Beispiel des Parmenides

Von *Helmuth Vetter**

Der Ausdruck „anfängliches Denken" meint im Sinne *Martin Heideggers* das Denken der frühen griechischen Philosophie. Im vorigen Jahrhundert wurde diese als vorsokratische, vorplatonische oder voraristotelische Epoche aufgefaßt. So heißen die Bruchstücke der Philosophen aus jener Zeit in der Sammlung von *Hermann Diels* die *Fragmente der Vorsokratiker*. In diesen Bezeichnungen kommt stets das Vorläufige solchen Philosophierens zum Ausdruck. Die Philosophen dieser Epoche werden von späteren Positionen aus als gewissermaßen noch unfertig verstanden. *Aristoteles* hat als erster seine Vorgänger auf diese Weise interpretiert. Bei *Hegel* wurde dies zu Ende gedacht und eigens begründet, daß der Vorläufer von der vollen Endgestalt her seinen philosophiegeschichtlichen Ort zu erhalten habe. Hier ist das Vor-läufige das Un-vollkommene, das lediglich ein Moment in Richtung auf das Vollkommene darstellt.

Dagegen versucht die folgende Überlegung, das Vorläufige als das *für sich* Denkwürdige in den Blick zu nehmen. So gesehen erweist sich der nachkommende Reichtum der Auslegung als Differenzierung *innerhalb* einer bereits gefallenen Vorentscheidung. Damit wird nun nicht im Gegenteil das Nachkommende herabgesetzt (gesetzt daß die Differenzierung ihr eigenes Recht hat), aber der Reichtum des Anfänglichen kann auf diese Weise nicht mehr als ein bloß Vorläufiges verstanden werden. Anfang heißt nun nicht mehr ausschließlich oder primär *zeitlicher* Anfang (als ob das Ältere als solches schon ein Vorrecht hätte), sondern ein Erstes als das *wesensmäßig* Vorausgehende. Im zeitlichen wie im Sinn des Wesensvorranges heißt Anfang im Griechischen ἀρχή. So gesehen, könnte auch vom „archaischen" Denken die Rede sein.

---

* Parmenides und andere frühgriechische Philosophen werden in der üblichen Weise nach dem ersten Band der Fragmente der Vorsokratiker, hrsg. von *Hermann Diels* und *Walther Kranz* (17. Aufl. 1974) zitiert, Parmenides unter Angabe der Fragment- und Zeilenbezifferung. Eine Auseinandersetzung mit der umfangreichen Sekundärliteratur war nicht beabsichtigt. Genannt werden daher nur Arbeiten, auf denen hier unmittelbar Bezug genommen wird, was keinerlei Wertung bedeutet.

Was dies heißen könnte, ist im folgenden unter Bezugnahme auf einen der wichtigsten frühen griechischen Denker zu verdeutlichen. *Parmenides von Elea* wurde ein halbes Jahrtausend vor Christus zum Begründer aller nachfolgenden „Ontologie" und „Metaphysik". Deren erste volle Ausprägung erfuhr diese bei *Aristoteles*. Einer von dessen fundamentalen Texten ist der von *De anima*, Γ 5. Im Zentrum dieses schmalen Textstückes — das seinerseits zum meistkommentierten antiken philosophischen Text wurde — steht der Satz: τὸ δ' αὐτό ἐστιν ἡ κατ' ἐνέργειαν ἐπιστήμη τῷ πράγματι[1]. „Das Selbe aber ist das wirkliche Wissen mit der Sache." Der Bau dieses Satzes — der hier nicht weiter interpretiert werden soll — entspricht genau dem dritten Fragment des *Parmenides*, von dem die folgenden Überlegungen ihren Ausgang nehmen sollen: τὸ γὰρ αὐτὸ νοεῖν ἐστίν τε καὶ εἶναι. „Das Selbe nämlich ist Denken und Sein."

Dieses Fragment steht außerhalb eines uns bekannten Kontextes. Die Texte, innerhalb derer es zitiert wird, kommen bereits von späteren Vorstellungen her und interpretieren von diesen aus. So denkt *Plotin* innerhalb der auf *Platon* zurückgehenden Unterscheidung von Sinnlichkeit und Vernunft. Davon ist aber bei *Parmenides* nicht die Rede.

Das Fragment 3 ist eines von 19 als echt bezeichneten Bruchstücken eines Ganzen, das später „Lehrgedicht" genannt wurde. Jedoch ist auch diese Vorstellung ungemäß. Der Name „Lehrgedicht" legt ja nahe, hier seien die Gedanken zur besseren Verständlichkeit und zum Zweck leichterer Verbreitung in Hexameter „eingekleidet" worden. Aber *Parmenides* bekämpft selbst ausdrücklich die Popularisierung von Gedanken. Dieser Kampf ist ein wesentliches Moment seines Denkens. 7.5 wird dessen Aufgabe als πολύδηρις ἔλεγχος bezeichnet, eine „streitreiche Prüfung". Nicht nur nebenbei, sondern wesentlich gehört der prüfende Charakter zu diesem Denken. 7.4 steht dafür das Wort κρῖναι, „unterscheiden" — die Prüfung ist „kritisch", d. h. wesensmäßig unterscheidende Auseinandersetzung mit der Un-Philosophie. Zur Kennzeichnung der Fragmente des *Parmenides* gebrauche ich daher das Wort *Elenchos*[2].

Der prüfende, widerstreitende und unterscheidende Charakter des Denkens wird im Fragment 3 am γάρ sichtbar. Das „denn" begründet eine Zurückweisung von Sätzen dieser Art: „Es gibt überhaupt kein Sein." „Sein und Denken sind *nicht* dasselbe." In diesen Sätzen spricht sich die Un-Philosophie aus. Diese ist von der Nicht-Philosophie zu

---

[1] De anima 430ᵃ 19 f. (ed. *Ross*, Oxford University Press).

[2] Diesen „polemischen" Charakter finden wir im frühen griechischen Denken nicht nur bei Parmenides, sondern vor allem auch bei Heraklit. Vgl. dazu die grundlegende Arbeit von *Klaus Held*: Heraklit, Parmenides und der Anfang von Philosophie und Wissenschaft (Berlin, New York 1980).

unterscheiden. Diese — etwa das alltägliche Vorstellen oder die Dichtung — kann sehr wohl mit der Philosophie im Einklang sein, ob sie dies nun ausdrücklich weiß oder nicht. Sobald diese aber Ansprüche philosophischer Art stellen, treten sie in eine ausdrückliche Auseinandersetzung mit der Philosophie ein. Das gilt auch für die zuletzt genannten Sätze. Hier wird vorausgesetzt, man wisse, was „Sein" sei. Dabei können solche Behauptungen explizit mit philosophischem Anspruch auftreten oder gleichgültig gegen die Philosophie sein. Beiden Möglichkeiten gilt die Auseinandersetzung. Deren Eigentümlichkeit gilt es im folgenden Schritt näher anzusehen.

Den unterscheidenden Charakter von Fragment 3 verdeutlicht der Anfang des sechsten Fragmentes: χρή τὸ λέγειν τε νοεῖν ἐὸν ἔμμεναι· ἔστι γὰρ εἶναι. „Nötig ist zu sagen wie zu denken, daß Seiendes *ist*: es *ist* nämlich Sein." Notwendig ist es, nicht nur zu denken, daß *Seiendes* ist, sondern — jetzt mit einer Änderung der Betonung — daß Seiendes *ist*, gemeint ist das *Sein* des Seienden. *Parmenides* sagt hier nicht bloß, es sei zu *denken* nötig, sondern auch zu *sagen*. Das Vernehmen (Denken) unterscheidet sich von der Wahrnehmung des sinnlich Vorliegenden dadurch, daß es über den Augenschein hinausgeht, solches „sieht", das es nicht nach der Art von Dingen zu sehen gibt. Dieses ist das Seiende *als Seiendes,* d. h. insofern es *ist,* und nicht etwa insofern es *als Gebrauchsding* abgeschätzt wird. Dieses „Sehen" wird durch das „Sagen" näher bestimmt. Dabei stellt die Wortfolge „sagen — denken" zunächst ein Problem dar. Eher scheint das Umgekehrte der Fall zu sein, so daß jemand zuerst spricht und sodann etwas sagt. Aber das λέγειν ist an dieser Stelle (ebenso wie 7.5 der λόγος) nicht nur von der sprachlichen Verlautbarung her zu verstehen. Die Tätigkeit des 7.5 genannten ἔλεγχος wird als κρῖναι λόγῳ bezeichnet. Κρῖναι heißt „entscheiden", „unterscheiden". Das bedeutet, eine Möglichkeit zu ergreifen und sich von einer anderen loszu*sagen*. Genauer gesagt, sind es zwei Grundmöglichkeiten, um die es hier geht. Die eine ist durch den jeweiligen Augenschein bestimmt. Sie ist daher ihrer inneren Tendenz nach im höchsten Maße inkohärent. Wir werden dies am Beispiel der δόξα näher zu erörtern haben. Die Gegenmöglichkeit, die durch den λόγος gewonnen wird, ist durch ein *Sammeln* bestimmt. So wird durch das λέγειν eigens der unterscheidende Charakter des νοεῖν erläutert. Diese Bedeutungen des λέγειν als „sammeln" und als „unterscheiden" (κρῖναι) sind keine gewaltsamen Neuschöpfungen des *Parmenides,* sondern liegen als Möglichkeiten in der frühen griechischen Sprache bereit[3]. Weshalb aber dann λέγειν zugleich „sagen" bedeutet, kann — abgesehen von der Andeutung, daß darin ein Ab-sagen enthalten ist — erst gegen Ende dieser Arbeit er-

---

[3] Vgl. dazu *Heribert Boeder*: Der frühgriechische Wortgebrauch von Logos und Aletheia, in: Archiv für Begriffsgeschichte 4 (1959), bes. 83 f. und 87 f.

örtert werden. Die Bedeutung des „Sammelns" erlaubt es nun freilich, das λέγειν dem νοεῖν voranzustellen. Sind beide auch ein einziger Vorgang, so geht doch in zeitlicher Folge das Sich-sammeln dem Denken voraus.

Nunmehr ist zu fragen, was dies ist, dem die Absage gilt. Das λέγειν verneint zwei *Wege,* die beide in Wahrheit keine Wege sind. Den einen „Weg" nennt 2.5: ὡς οὐκ ἔστιν τε καὶ ὡς χρεών ἐστι μὴ εἶναι — „daß es nicht ist und daß mit Notwendigkeit Nichtsein ist". Schwierigkeiten hat dabei manchen Interpreten das subjektlose ὡς οὐκ ἔστιν bereitet[4]. Es ist aber Grund zur Annahme, daß diese Schwierigkeit verschwindet, wenn man überlegt, daß es sich um ein Bruchstück handelt, dem ein Satz mit Subjekt durchaus kurz vorher vorangegangen sein kann, so daß sich eine Wiederholung erübrigt hätte. Zudem handelt es sich nicht um irgendein Subjekt, sondern — wenn die Annahme richtig ist — um das Thema des ganzen Elenchos, um das Seiende in seinem Sein. Parallel dazu wird 8.2 das ὡς ἔστιν durch das ἐὸν ... ἔστιν ergänzt. So wird auch 2.5 zu lesen sein ὡς ἐόν ἐστιν, „daß Seiendes *ist*", was wiederum dem ἐὸν ἔμμεναι von 6.1 entspricht. Endlich ist die Ergänzung durch den Gegensatz 2.5 nahegelegt: ὡς χρεών ἐστι μὴ εἶναι. Für μὴ εἶναι gebraucht 6.2 μηδέν, „(ein) Nichts". Die Behauptung, daß Seiendes nicht oder daß Nichtsein ist (also die Verneinung des Seins des Seienden), ist eine Sackgasse, kein Weg also, auf dem forschend weitergegangen werden könnte (vgl. 6.3). Das drückt schärfer der Ausdruck παναπευθέος ἀταρπός aus. Der hiermit gemeinte „Fußsteig" liegt außerhalb jeder Erfahrungsmöglichkeit. Παναπευθής gehört zu πυνθάνομαι, „erfahren", dessen Aoristform πυθέσθαι 1.28 die im Elenchos entfaltete philosophische Erfahrungsform ankündigt. Zu behaupten, daß Sein nicht sei (daß Seiendes nicht *sei*), hieße also, der Erfahrung den Boden wegzuziehen. Freilich ist Sein nicht wie ein sinnlich wahrnehmbares Ding erfahrbar, jedoch einem Vernehmen (Denken), das sich aus der Zerstreuung in das augenschein-

---

[4] Besondere Bedeutung für die Diskussion des hier in Frage Stehenden erhielt die Arbeit von *Ernst Tugendhat:* „Das Sein und das Nichts." In: Durchblicke. Martin Heidegger zum 80. Geburtstag (Frankfurt 1970), 132 ff. Dieser Interpretation hat sich angeschlossen u. a. *Michael Theunissen:* Sein und Schein (Frankfurt 1980), 96 f. *Tugendhat* ist m. E. dabei prinzipiell im Recht, wenn er als Subjekt: φύσις einsetzt als das, „wovon die Philosophen immer schon gehandelt haben" (136 f.). Parmenides gebraucht dieses Wort aber nur in dem schwierigen Fragment 16 (v. 3), das selbst äußerst interpretationsbedürftig ist. *Tugendhat* scheint mir daher seiner kurz vorher aufgestellten Interpretationsmaxime zu widersprechen, die Antwort nach jenem Satzsubjekt lasse „sich nur gewinnen aus dem im Gedicht folgenden, teils begründenden, teils fortführenden Gedanken" (135). Andererseits aber verwirft er die naheliegenden Sätze von Fragment 3, 6.1 f. und 8.34 f. als „Sätze, die, schon in ihrer grammatischen Funktion, umstritten sind" (ebd.). Den Grund ihrer Bestreitung läßt er allerdings offen, so daß zu vermuten ist, daß hier von vornherein ein ganz bestimmtes Ergebnis ins Auge gefaßt wird.

lich allein denkbare Seiende herausgenommen und auf das Sein hin gesammelt hat. Mit 2.7 f. wird dies noch weiter ausgeführt: οὔτε γὰρ ἂν γνοίης τό γε μὴ ἐόν (οὐ γὰρ ἀνυστόν) οὔτε φράσαις. „Weder könntest du das Nichtseiende erkennen (denn dies ist unvollendbar), noch sagen[5]." Das Sein wird hier dasjenige genannt, das aller Erkenntnis und allem Sagen vorausgeht. Etwas *als* dieses oder jenes zu erkennen, wäre ohne die stillschweigende Hinblicknahme auf den Horizont, innerhalb dessen es erscheint, gar nicht möglich. Das οὐκ ἀνυστόν bringt aber noch einen besonderen Aspekt zur Sprache, nämlich den der Vollendung. Ἀνύειν heißt, etwas vollbringen, vollenden; dies deutet darauf hin, daß Erfahrung nur von ihrer Vollendung, nicht also von dem her, was sie *nicht* ist, verstanden werden muß. So bereitet die Begründung οὐ γὰρ ἀνυστόν die Erfahrung des Seins nach einer wesentlichen Hinsicht vor. Was Erfahrung *nicht* ist, ist *jeweils Erfahrenes* (von der Art eines Dinges).

Diese gleichsam formale Ausgrenzung gewinnt konkrete Gestalt in der Abweisung des zweiten „Weges". Der erste „Weg" hat die *philosophische* Feststellung getroffen, daß die Rede vom Sein unsinnig sei. Die Un-Philosophie dieses zweiten Weges tritt nun nicht als Philosophie, sondern in der Gleichgültigkeit gegen diese auf. Allerdings ist in dieser Gleichgültigkeit bereits eine Entscheidung gegen die Philosophie gefallen. Das Nichts, von dem hier die Rede ist, ist nicht die einer bestimmten philosophischen Entscheidung folgende Verneinung, sondern es entspringt einer bestimmten Deutung von Erfahrung. Die Art dieser Deutung nennt *Parmenides* δόξα.

Es geht hier nicht an, die *platonische* Unterscheidung von δόξα und ἀλήθεια in die Auslegung des *Parmenides* hineinzutragen. Zwar ist diese Unterscheidung in gewisser Weise hier vorgedacht, doch nicht in der Weise der späteren Auslegung. *Platon* unterscheidet zwar wie *Parmenides* die δόξα von der ἀλήθεια, aber daraus, daß der Augenschein, die sinnliche Wahrnehmung, das Sein selbst nicht in den Blick bekommt, folgert er, daß das, wodurch Wahrnehmung sich vollzieht, also die Sinnlichkeit selbst, nicht wahrhaft seiend sei (μὴ ὄν). Davon ist jedoch bei *Parmenides* nicht die Rede. Zwar ist die δόξα dadurch bestimmt, daß sie auf das Seiende, und nur auf dieses, bezogen bleibt. Aber damit ist noch keine Kritik an der Sinnlichkeit der leibhaften Erfahrung ausgesprochen, vielmehr bloß eine Kritik des Augenscheins, der sich zum einzigen Maß aufschwingt und behauptet, nur das Seiende *sei*.

---

[5] Diese Sätze haben zu ihrer frühzeitigen Leugnung, Punkt für Punkt, durch Gorgias von Leontinoi geführt. Vgl. dazu *Walter Bröcker:* Gorgias contra Parmenides, in: Hermes 86 (1958), 425 ff. Auf diese Arbeit kann in diesem Rahmen nicht näher eingegangen werden. Auch sie ist aber vor allem daran orientiert, in Parmenides den Begründer der Logik zu sehen, was den Interpretationsansatz wesentlich verkürzt.

Worin dessen Wesen (die der δόξα eigene Notwendigkeit) beruht, sagt 1.31 f.: ὡς τὰ δοκοῦντα χρῆν δοκίμως εἶναι διὰ παντὸς πάντα περῶντα: „daß das Scheinende notwendigerweise scheinhaft sei, indem es alles durchgängig durchdringe." Das „Tun" des Scheines ist ein Durchdringen. Dieses macht vor nichts halt, es durchdringt alles. Und zwar durchdringt die δόξα δοκίμως, „auf scheinhafte Weise", d. h. indem der Augenschein zum Dogma wird. Er nährt, indem er seine Vorherrschaft ausbreitet, seine eigene Wahrscheinlichkeit. Er vermehrt solcherart durchgängig das Vorurteil, daß nur das Seiende sei. Zur δόξα gehört wesentlich die Ausbildung des Dogmas dieser Selbstverständlichkeit. Dies aber gehört zur Seinsverfassung der Menschen als der „Sterblichen"[6].

Es ist hier nicht einfach von den Menschen, ἄνθρωποι, die Rede, sondern mit dem Wort βροτοί wird deren Sterblichsein in einer betonten Weise hervorgehoben. Sie sind solche, die noch nicht von der „Ambrosia", dem Mahl der Unsterblichen, gekostet haben[7], weil sie die Unsterblichkeit auf Grund ihres Vorurteils, nur das Seiende sei, verwerfen. Dieser Blickrichtung ausschließlich auf das Seiende entspringt die Vorstellung von der Vergänglichkeit des Seienden. Seiendes (das mit dem Sein verwechselt wird) ist von Nichtigkeit durchsetzt. „Sein" und „Nichtsein" werden hier für dasselbe gehalten. Zugleich ist aber Seiendes, das jetzt ist, einmal nicht gewesen und wird dereinst nicht mehr sein. So gesehen sind beide, „Sein" und „Seiendes" in dieser Perspektive, nicht dasselbe. Diese Unentschiedenheit ist 6.8 f. ausgesprochen: οἷς τὸ πέλειν τε καὶ οὐκ εἶναι ταὐτὸν νενόμισται κοὐ ταὐτόν — „für diese (die Sterblichen) gilt das Sein und das Nichtsein für dasselbe und dann auch wieder nicht für dasselbe". Νομίζειν bedeutet hier ein Meinen, das dem νόμος, der gewohnheitsmäßigen Überlieferung, entstammt. Diese ist der Nährboden für die δόξα. Zu ihr gehört wesentlich die Unentschiedenheit gegenüber der Frage nach Sein und Nichtsein. Sie ist den eigenen „Entscheidungen" gegenüber gleichgültig.

Dabei erweisen sich die Menschen in dieser Gleichgültigkeit als erfahrungslos in einem besonderen Sinn. Sie sind blind, taub und — da von allem gleichermaßen verblüfft — geschwätzig. Wir können diesen Sachverhalt den einigermaßen parallel gebauten Stellen 6.7 und 7.4 f. entnehmen. Entscheidet man sich für einen Zusammenhang zwischen beiden, so zieht man für das τυφλοί von 7.5 „blind" gegenüber dem in der Übersetzung

---

[6] Literatur vor allem zum philologischen Aspekt dieser Problematik gibt *Andreas Graeser:* Parmenides über Sagen und Denken, in: Museum Helveticum 34 (1977) 145 ff. *Graeser* selbst verbleibt im Horizont der Überlegungen von *Ernst Tugendhat*.

[7] Zum sprachlichen Zusammenhang von ἀ-μβροσίη und βροτός vgl. *Hjalmar Frisk:* Griechisches Etymologisches Wörterbuch (Heidelberg 1960), s. v. βροτός.

bei Diels-Kranz gebrauchten „stumm" vor. Die beiden Stellen lauten: ἄσκοπον ὄμμα καὶ ἠχήεσσαν ἀκουήν καὶ γλῶσσαν — „stumm zugleich und blind, alles töricht bestaunend, unentschiedene Haufen"; νωμᾶν ἄσκοπον ὄμμα καὶ ἠχήεσσαν ἀκουήν καὶ γλῶσσαν — blicklos schauen und nur Lärm hören und geschwätzig sein". Die Sterblichen sehen zwar, hören zwar und reden viel; aber das Auge ist blicklos, es läßt sich auf nichts ein, das es sieht — das Ohr geht im Lärm unter; auch die Rede geht auf nichts ein, sondern bestaunt alles und verliert sich im Geschwätz[8]. Das Nicht-gesehene, Nicht-gehörte, Nicht-gesagte ist das, was gleichwohl in allem Sehen, Hören und Sagen vorausgesetzt ist: das Sein. Daraus ergibt sich der nächste Schritt: zu sagen, was dieses *ist*.

In dem großen Fragment 8 nennt *Parmenides* eine Anzahl von Bestimmungen, die das Sein selbst betreffen. Er nennt diese 8.2 σήματα, „Zeichen". Im Gegensatz zu den ὀνόματα (vgl. 8.53 und 19.3) sind die „Zeichen" nicht auf Seiendes, sondern auf Sein bezogen. Es ist aber zu fragen, ob dieser terminologischen Scheidung auch eine sachliche entspricht[9]. Das ist einer Antwort näherzubringen, indem zunächst einige dieser Zeichen erörtert werden. Ich ziehe hier drei Stellen heran: 8.3 Seiendes *ist* ungeworden und unzerstörbar; 8.5 f. „jetzt an demselben Ort *ist* es Alles, Eines, Zusammenhaltendes"; 8.36 ff. „denn nichts ist oder wird sein anderes außerhalb des Seienden, da es ja die Moira in Fesseln gelegt hat, ein Ganzes und unbeweglich zu sein". Die erste Stelle betrifft den Unterschied von Sein und Seiendem; die zweite das Sein selbst; die dritte die Endlichkeit der Seinserfahrung — von da aus erfolgt der Schritt zum Denken selbst.

Zum ersten. Eine Reihe von „Zeichen" scheinen nur negative Charakterisierungen zu sein, zumeist mit *alpha privativum* eingeleitet: „ungeworden", „unzerstörbar", „unerschütterlich", „unendlich". Dazu kommen „Zeichen", die gleichfalls von dem her, was sie verneinen, verstanden werden können: „vollständig in seinem Gliederbau" (d. h. es fehlt kein Glied), „nicht bedürftig". Daß das Verneinte von dem her, was es verneint, bestimmt wird, ist eine häufig anzutreffende Vorstel-

---

[8] Das dazugehörige Verbum θαμβέω heißt hier „anstaunen", wobei so etwas wie Wundergläubigkeit nicht ausgeschlossen ist.

[9] Eingehend wird das Problem der σήματα behandelt bei *Eugen Fink:* Zur Ontologischen Frühgeschichte von Raum — Zeit — Bewegung (Den Haag 1957), 91 ff. Nach ihm geschieht „das Denken des *Einen* durch die *Viele* der *Semata* hindurch", weshalb „solches Denken immer noch in der Grundsituation der *Doxa*" ist (93). Diese wesenhafte Zugehörigkeit zur δόξα ist ja der Grund dafür, daß das Denken „streithafte Widerlegung" sein muß: in ihm selbst liegt die Tendenz zum Schein. So sehr mit *Fink* die Endlichkeit des Denkens hervorzuheben ist, so problematisch scheint es, mit ihm eine positive Auslegung der δόξα („nicht einen abschätzigen Sinn" 91 habe von vornherein der Schein) von Parmenides her nachzuvollziehen.

lung, die aber für die *neuzeitliche* Philosophie charakteristisch ist. So spricht etwa *Leibniz* von der Un-endlichkeit, meint aber damit lediglich die ent-schränkte, schranken-lose Endlichkeit. Man erhält den Begriff der Vollkommenheit (*perfection*), wenn man die Grenzen oder Schranken der Dinge, die sie haben, wegläßt (*en mettant à part les limites ou bornes dans les choses qui en ont*)[10]. Davon ist hier nicht die Rede. Werden, Vergehen, Bedürftigsein sind Bestimmungen des Seienden. Sein ist demgegenüber nicht Seiendes von un-beschränkter Art, sondern überhaupt nichts Seiendes. So besagen die „negativen" Bestimmungen hier zunächst nur prohibitiv: Sein ist von Seiendem unterschieden. Das führt zur nächsten Frage, was Sein selbst *ist*.

8.5 f. sagt dazu folgendes: οὐδέ ποτ' ἦν οὐδ' ἔσται, ἐπεὶ νῦν ἔστιν ὁμοῦ πᾶν, ἕν, συνεχές· „Niemals war es noch wird es sein, da es jetzt an demselben Ort ist (als ein) Ganzes, Eines, Zusammenhaltendes." Das „jetzt an demselben Ort" bezeichnet die Gegenwärtigkeit des Seins nach Raum und Zeit. Diese Gegenwart *ist*. Das heißt nicht, daß *Seiendes* ewig währt. Seiendes zeigt sich in dieser reinen Gegenwärtigkeit auch nicht dem gewohnheitsmäßigen Hinsehen, es bedarf eines „Empfangenden", bei dem dieses Währen ankommen kann. Das Ankommen dieses Währens, d. h. das Sichzeigen selbst, ist das Sein. Dieses ist für alle Art von Erfahrenem vorausgesetzt, damit dies erfahrbar wird; dies ist mit dem „Ganzen" ausgedrückt. Wohin ich auch blicke, was ich höre und was ich sage, vorausgesetzt ist für jedes Sehen und jedes Vernehmen und Sagen das Sein. Dieses ist damit zugleich Eines. Ἕν meint hier nicht nur das numerisch Eine, sondern das Einzigartige. Jedes Seiende *ist* auf seine einzigartige Weise, was nicht dem bloßen Wahrnehmen, wohl aber dem denkenden Vernehmen aufgeht. Seiendes in seinem Sein vernehmen heißt demnach, nicht einen Allgemeinbegriff zu gewinnen, unter dem sich die verschiedenen Arten des Seienden unterbringen ließen, sondern Seiendes in seiner Einzigartigkeit vernehmen[11]. Ganzes und Eines (Einzigartigkeit) sind zusammengenommen in dem Wort „Zusammenhaltendes". Συνέχειν ist ein Zusammenhalten, das τὸ συνεχές stiftet, einen Zusammenhang. Dem Denken zeigt sich ein Zusammenhang, es ist nicht die Feststellung von zusammenhanglosen Einzelheiten, sondern es bewegt sich immer schon in einem Horizont von *Sinn*. Die Erfahrung von *Sinnlosigkeit* spricht so wenig dagegen, daß diese gar nicht erfahrbar wäre, gäbe es nicht immer schon die Erwartung, daß eines sich ins andere fügt. Diesen Sachverhalt nennt 8.48 mit πᾶν ἐστιν ἄσυλον — alles ist „unverletzlich"[12].

---

[10] *G. W. Leibniz*: Monadologie § 41 (zweisprachige Ausgabe der Philosophischen Bibliothek Meiner).
[11] Sein ist nicht ein Allgemeines wie die Gattung, vgl. *Aristoteles*: Metaphysik B 3, 998ᵇ 22.

Zum dritten. Wäre das Sein ein Seiendes, so müßten die Sätze, die von seiner „Gebundenheit" durch Dike, Ananke und Moira sprechen (8.14, 30, 37) völlig unverständlich bleiben, es sei denn, man behauptet, *Parmenides* habe durch die Zitation „mythischer Autoritäten" seinem Elenchos mehr Beweiskraft geben wollen. Damit freilich wird das hier Gesagte von vornherein der Unverständlichkeit preisgegeben. Ist also die Aussage, daß das Sein „gefesselt" sei, die Rede eines Mystikers, eines Geisteskranken oder von einem, der beides zugleich ist (was nach Meinung mancher ja auf die Philosophie selbst zutrifft)? Wir sahen bisher: Sein ist nichts Seiendes. Der weiterführende Schritt muß nun dasjenige Seiende einbeziehen, *für welches* Sein in der Weise der „Gebundenheit" erscheint. Dieses ist der Mensch in seinem νοεῖν.

Daß Sein *ist*, wird schon im gewöhnlichen Meinen immer vorausgesetzt, wenn auch dann ausdrücklich verworfen. Denn wenn Seiendes begegnet, wird es *immer schon als* dieses oder jenes *verstanden*. Dabei steht für gewöhnlich im Vordergrund des Verstehens das Abschätzen seines Nutzens, seiner Brauchbarkeit für die Sterblichen. Aber bereits hier ist das mitgedacht, *für wen* Sein *ist*. Allerdings ist damit noch nicht die Frage gestellt, was Seiendes *als Seiendes* ist: Was *ist* Seiendes? Diese Frage entstammt einer ausdrücklichen Hinblicknahme auf das Sein selbst, und diese vollzieht sich im denkenden Vernehmen. Neben νοεῖν gebraucht *Parmenides* auch die Worte νοῦς und νόημα (4.1; 8.34), „Geist" und „Gedanke". Dies ist zunächst hinsichtlich seiner Grundzüge zu skizzieren. Ein Dreifaches kann dabei herausgehoben werden: Das Denken erblickt im Anwesenden das Abwesende (4.1); es ist eines mit dem Sein (3; 8.34); es ist „wahre Verläßlichkeit" (1.30; vgl. 8.50). Von da aus wird dann abschließend nach der „Gebundenheit" des Seins zu fragen sein.

Der Satz 4.1 lautet vollständig: λεῦσσε δ' ὅμως ἀπεόντα νόῳ παρεόντα βεβαίως· „Schaue gleichwohl Abwesendes durch den Geist als Anwesendes auf fest gegründete Weise." Liest man mit Hölscher und Bormann[13] statt ὅμως: ὁμῶς, so ist für „gleichwohl" ein „gleichermaßen" einzusetzen. Das ὅμως betont die Abgrenzung gegenüber der Meinung, Abwesendes und Anwesendes seien zweierlei und niemals eines (als Modi eines Seienden). Demgegenüber betont das ὁμῶς das Zumal von An- und Abwesen selbst. Beide Lesarten dürfen als sinnvoll angesehen werden, wobei aber das δέ den Abgrenzungscharakter und damit die Lesart von Diels-Kranz etwas unterstreicht. Andererseits ist durch das ὁμῶς die Gefahr einer Übersetzung von der Art wie in der deutschen Burnet-Überset-

---

[12] Man darf in diesem Satz den Ursprung des Grundgedankens der Philosophie *Leo Gabriels* erblicken: das Sein als integrales Ganzes.

[13] *Karl Bormann:* Parmenides (Hamburg 1971) 94.

zung abgewehrt: „Betrachte ausdauernd mit deinem Geiste die Dinge, obwohl sie fern sind, als ob sie nahe zur Hand wären[14]." Denn gerade von „Dingen" ist hier nicht die Rede, sondern von solchem, was, da kein Ding, auch nicht an- und abwesend von der Art eines Dinges ist. Dieses ist das Sein. Ihm gilt das λεύσσειν. Das bedeutet im frühen Griechisch für gewöhnlich „ein stolzes freudiges Schauen auf ein Helles"[15]. Mit diesem Wort kommt die dem νοεῖν eigene Gestimmtheit zur Sprache: Es ist hell und freudig, weil es auf ein Helles (λευκόν) gerichtet ist — oder besser: nicht auf irgendein Helles, sondern auf die Helligkeit selbst, das Licht. In diesem Licht steht alles, was begegnet. Daher spricht das Eingangslied dieses Elenchos von einem Weg εἰς φάος (1.10), von der Dunkelheit ins Licht[16]. Das Licht ist von anderer Art als das, welches im Licht steht. Es ist dasjenige, dessen es bedarf, damit überhaupt etwas sicht-bar wird. Aber vom Sichtbaren her ist es das unscheinbar „Selbstverständliche", in seiner Anwesenheit nicht eigens sichtbar. Dagegen ist dieses scheinbar Abwesende anwesend schlechthin, solches, in dessen Gegenwart erst einzelnes Anwesendes erscheinen kann. Das Licht *läßt* Seiendes *sein*. Das νοεῖν entspricht diesem Lassen. Es erkennt, daß es nicht selbst der Grund für die Anwesenheit des Seienden ist, sondern daß dieses eines ursprünglicheren Gründens bedarf. Das Denken erfährt sich solcherart selbst gegründet im Sein. Wahrnehmen, das dem einzelnen Seienden zugewendet ist, vermag dies nicht zu erkennen. Deshalb wird aber Wahrnehmung von *Parmenides* gar nicht kritisiert. Die Kritik tritt erst dort in Erscheinung, wo sich die δόξα ausbreitet: die Meinung, Wahrnehmung sei die einzige und alle anderen gründende Weise von Erfahrung. Aus dieser ersten Kennzeichnung des Denkens hinsichtlich der Fundierungsrichtung ergibt sich bereits ein Hinweis auf die zweite Bestimmung.

Diese geht vor allem vom dritten Fragment aus: „Denken und Sein sind dasselbe" Hier sind drei Deutungsmöglichkeiten fernzuhalten: 1. Denken und Sein Homonyme. Wäre dies der Fall, so würde dies nicht nur dem Sprachgebrauch widerstreiten, sondern hätte auch keinerlei Anhalt bei *Parmenides*. 2. Sein ist im Denken gegründet. Dies ist bei *Hegel* zu voller Entfaltung gekommen[17]. Es entspricht zwar der neuzeitlichen Selbstbegründung des Denkens aus sich selbst, kann aber

---

[14] In der deutschen Übersetzung (Berlin 1913) von *John Burnet*: Early Greek Philosophy (London 1892).

[15] *Wilhelm Luther*: Wahrheit, Licht und Erkenntnis in der griechischen Philosophie bis Demokrit, in: Archiv für Begriffsgeschichte 10 (1960) 95. Vgl. dazu auch *Dieter Bremer*: Hinweise zum griechischen Ursprung und zur europäischen Geschichte der Lichtmetaphysik, ebd. 17 (1973).

[16] Vgl. dazu *Fink* (s. Anm. 9) 56 f.

[17] G. W. F. *Hegel*: Vorlesungen über die Geschichte der Philosophie I. Theorie Werkausgabe 18 (Frankfurt 1971) 284 ff.

weder für die antike Metaphysik noch für die des Mittelalters in Anspruch genommen werden. 3. Das Denken ist im Sein gegründet. Dies entspricht zwar formal dem Ansatz des *Parmenides,* ist aber in dieser Allgemeinheit vor seiner materialistischen Mißdeutung nicht gesichert. Versteht man nämlich Sein nach Art eines Seienden, dieses aber als materielles Datum, so wird das Denken nur noch hinsichtlich seiner materiellen Grundlage, dem Gehirn, beurteilt. Das dritte Fragment liefe dann darauf hinaus, Denken sei ebenso ein Seiendes wie anderes Seiende auch. Demgegenüber ist festzuhalten: Denken ist im Sein gegründet — nicht in sich selbst wie in der neuzeitlichen Auslegung, auch nicht in einem Seienden wie in der materialistischen Auffassung.

Inwiefern Denken und Sein dasselbe sind, sagt 8.34: ταὐτὸν δ' ἐστὶ νοεῖν τε καὶ οὕνεκεν ἔστι νόημα. „Dasselbe aber ist Denken und das, worumwillen der Gedanke ist." Das, worumwillen Vernehmen ist, ist nach Fragment 3 das Sein. Damit ist das Fundierungsverhältnis eindeutig ausgesprochen, wie es dann auch für die weitere antike und mittelalterliche Metaphysik bestimmend war. Diese innerste Möglichkeit von Erfahrung als äußerste Weltoffenheit im Denken, die auch heute nichts bloß historisch Vergangenes darstellt, nennt 1.30 πίστις ἀληθής[18].

Was dies ist, wird zunächst in Abwehr gesagt, kommt den Meinungen der Sterblichen nicht zu. Eine solcher Meinungen könnte *Parmenides* konkret vor Augen gehabt haben, zumal eine solche, die sich ausdrücklich der πίστις verweigert. Die Rede ist von *Epicharm,* einem jüngeren Zeitgenossen des *Parmenides,* der in Sizilien lebte und daher auch in geographischer Nähe sich zu diesem befand. Die von ihm überlieferten Texte sind gleichfalls in den *Fragmenten der Vorsokratiker* gesammelt. Das Fragment 13 lautet: νᾶφε καὶ μέμνασ' ἀπιστεῖν· ἄρθρα ταῦτα τᾶν φρενῶν[19]. „Sei nüchtern und sei des Mißtrauens eingedenk; das sind die Gelenke des Geistes." Der Geist — hier: die φρένες — wird ausdrücklich vom Mißtrauen her bestimmt, ja davon her, daß man dessen immer gedenken solle. Sowohl die πίστις ἀληθής als auch die in dem noch zu erörternden 2.1 κόμισαι sich aussprechende „Sorge" könnten direkten Bezug auf das μέμνασ' ἀπιστεῖν nehmen.

Der δόξα steht die πίστις gegenüber. Die Meinung ist, wie gezeigt wurde, durch Sprunghaftigkeit, Berufung auf andere Meinungen, deren gegenseitige Abstützung und, sobald neue Meinungen ins Spiel kommen, Verwerfung des Alten gekennzeichnet. Demgegenüber drückt der Name πίστις „Verläßlichkeit", „Treue" aus. Diese versteht sich nicht

---

[18] Vgl. dazu die umfassende Darstellung von *Friedrich Wolfram:* Zum Begriff der „Pistis" in der griechischen Philosophie (Parmenides, Plato, Aristoteles) (Wien phil. Diss. 1972).

[19] *Diels-Kranz* 23 B 13.

selbst als Grund oder erblickt nicht in einem einzelnen Seienden den Grund, sondern behält dem Grund die Treue. Keineswegs aber meint hier πίστις „Glauben" i. S. des bloßen Fürwahrhaltens und Noch-nichtwissens. Treue besagt hier: nicht-ablassen. Dieses beruht darin, daß das Vernehmen das im Gedächtnis behält, von dem es in Anspruch genommen wird Gesagt wird dies mit dem κόμισαι δὲ σὺ μῦθον ἀκούσας (2.1) — „trage Sorge für das Wort, das du gehört hast"[20]. Das Wort ist das vom Sein Gesagte. Die Sterblichen sind dem Seienden zugewandt, und selbst wären sie jenes Wortes einmal ansichtig geworden, sie würden es nicht festhalten. Ihre „Sorge" gilt der Deckung des Lebensbedarfes — und nur dieser. Gesetzt aber, daß das νοεῖν die Wesensauszeichnung des Menschen ist, so ist die alltägliche Sorge nicht einmal das Vordringlichste. Sie wird sogar zur Gefahr, sobald sie sich an die Stelle jener anderen Sorge setzt.

Die πίστις als treues Eingedenksein des Seins ist πίστις ἀληθής, nicht weil sie *in sich selbst* wahr wäre, sondern weil sie zur Ἀλήθεια gehört. In freier Aufnahme von 8.34 dürfte man sagen: ταὐτὸν δ' ἐστὶ πιστεύειν τε καὶ οὕνεκεν ἔστιν — dasselbe ist das Vertrauen und das, worumwillen es ist. Das aber ist die „Wahrheit". Dieses Wort ist hier der Name für das Sein selbst, *insofern es sich dem Denken gibt*. Das Wort ἀλήθεια kommt in der frühen griechischen Dichtung selten vor[21]. Vor *Homer* ist für das Adjektiv „wahr" das Wort ἐτεόν im Gebrauch. Danach tritt es zurück gegenüber σαφής, νημερτής und besonders ἀληθής: „klar", „untrüglich" und „wahr". Die letztere Form ist eine Privatbildung, abgeleitet von einem Stamm „ladh-", wovon λήθειν kommt, „verborgen sein". Das Verborgene ist nicht nichts. Es zeigt sich allerdings nicht. Es bedarf eines Seienden von solcher Art, die es zum Sich-zeigen kommen *läßt*. Das Vollbringen eines solchen Lassens ist das Denken. Das solcherart bestimmte Denken ist die Aufgabe, die jeder auf seine Weise zu vollbringen hat. Der Vollzug solchen Lassens nimmt den Menschen in seinem Lebens*geschick* in Anspruch. Das Sein ist diesem Geschick zugeeignet.

8.37 wird von der Moira gesagt, sie habe das Sein in Fesseln gelegt. Moira ist es auch, die nach 1.26 den „wissenden Menschen" auf den

---

[20] Zur „Sorge" vgl. Periander von Korinth bei *Diels-Kranz* I 65: μελέτα τὸ πᾶν. „Trage Sorge für das (Sein als das) Ganze." Hier steht μελετᾶν für κομίζειν. Über das ἀκούειν spricht Heraklit 22 B 1 und B 50. Zur „Sorge" vgl. auch *Martin Heidegger: Sein und Zeit.* Gesamtausgabe 2 (Frankfurt 1977) 240 ff. Dieser Hinweis soll auf die Fundamente *Heideggers* hinweisen, ohne etwas historisch verrechnen zu wollen, zumal gerade durch *Heideggers* Arbeit eine neue Sicht der griechischen Philosophie möglich wurde. Dieser begann 1915 - 16 seine Vorlesungstätigkeit mit Parmenides und hat diesem eine Reihe größerer Interpretationen gewidmet.

[21] Vgl. dazu *Boeder* (s. Anm. 3) 91 f.

Weg geschickt hat. Und dieses Geschickhafte wird 1.2 f. ausgesprochen, wo der Weg, auf den sich der „wissende Mensch" begibt, als der einer „Göttin" zugehörige bezeichnet wird: δαίμονος[22]. Die δαίμων vollbringt ein δαίειν: sie teilt zu, nämlich jedem sein Lebensgeschick. Darunter ist hier nicht ein Fatum i. S. einer mechanisch ablaufenden Folge unvermeidlicher Ereignisse zu verstehen, sondern die jedem je eigen beschiedene Weise, zwischen Geburt und Tod zu werden, was einer *ist*[23]. Dies geschieht als „sorgsame Verwahrung des gehörten Wortes" (2.1).

In diesem geschickhaften Lassen kommt die Wahrheit *zu Wort*. Dieses Wort vollzieht sich als Unterscheiden. Nochmals zeigt sich der Name „Elenchos" als charakteristisch für das Ganze dieser Fragmente. Er meint den vielfachen Streit (πολύδηριν ἔλεγχον) und das Sich-sammeln im Zu-Wort-bringen des Einen (κρῖναι λόγῳ). Der λόγος ist allerdings Sammlung, aber nicht irgendeine „Sammlung der Gedanken", sondern auf das dem jeweiligen Lebensgeschick in einzigartiger Weise entsprechenden Wort. Wenn nun gefragt wird, wo dies bei *Parmenides* steht, so lautet die Antwort: *Parmenides* erfährt die Geschickhaftigkeit (Geschichtlichkeit) des Denkens unter dem Namen Ἀλήθεια. Er hat damit einen Grundzug von Erfahrung zur Sprache gebracht, der seither unverlierbar ist. Daß das Denken dabei, für sich gekennzeichnet, ein Lassen ist, zeigen gegenteilige Stellen, wo das Namengeben der Sterblichen (ὀνομάζειν) als ein Festsetzen (κατατιθέναι) bezeichnet wird (8.53; 19.3). Dieses ist ein Von-sich-aus-tun, nicht ein Hören-auf. Dieses Hören hört freilich nicht auf absonderliche Stimmen oder seltsame Eingebungen, sondern es hört auf die Stimme des Seins im Seienden. Dieses ist aber nichts „hinter" dem Seienden, sondern gerade nicht ohne dieses. Nicht im Rückzug vom Seienden, sondern inmitten von diesem, vollzieht sich jenes Hören. Dies macht die Stelle 8.35 f. deutlich: οὐ γὰρ ἄνευ τοῦ ἐόντος, ἐν ᾧ πεφατισμένον ἐστιν, εὑρήσεις τὸ νοεῖν. „Nämlich nicht ohne das Seiende, in dem es (nämlich nach 8.34 das, worumwillen der Gedanke ist) gesagt wird, wirst du das Denken finden." Das Denken vollzieht sich nicht in Abwendung vom Seienden. Es läßt sich auf dieses ein, allerdings ohne auf seine Nutzbarkeit zu sehen. Darin läßt es das Seiende *sein*.

In diesem Sich-einlassen vernimmt *Parmenides* die Ἀλήθεια als θεά, Göttin (1.23)[24]. Damit denkt er eine Erfahrungsmöglichkeit, die heutigem Denken fremd bleibt. Das heißt aber nicht, daß damit über eine solche

---

[22] Ich folge der bei *Diels-Kranz* angeführten Konjektur von Wilamowitz für δαίμονες.

[23] Darin spricht *Pindars* γένοι' οἷος ἐσσί.

[24] Dazu *Martin Heidegger:* Parmenides. Gesamtausgabe 54 (Frankfurt 1982) § 1.

Erfahrung ein endgültiges Urteil gefällt wäre. Nimmt man freilich an, daß ein Denken von der hier skizzenhaft erörterten Art „primitiv" sei, dann kann jene Erfahrung nicht als legitim zugelassen werden, und jeder Versuch, ihr nachzudenken, muß in den Bereich des Restaurativen verbannt werden. Das setzt aber selbst schon eine Entscheidung voraus, was hier als ursprüngliche Erfahrung zu gelten habe. Das frühe Denken ist freilich „primitiv", sofern durch es „primär" eine Erfahrungsmöglichkeit vorgezeichnet wurde, innerhalb derer sich lange Zeit das Nachkommende gehalten hat; erst mit der Metaphysik und Antimetaphysik der Neuzeit wurde dieser Erfahrung der Boden entzogen. Dies hängt mit der genannten Änderung der Fundierungsrichtung zusammen: Das Denken ist ab nun nicht mehr im Sein gegründet, sondern gründet in sich selbst. Diese neue Art der Auslegung wird aber in dem Maß, als der Erkenntnisanspruch der neuzeitlichen Philosophie selbst fragwürdig wird, zum Problem. Damit könnte die von der frühen griechischen Philosophie vorgezeichnete andere Erfahrungsmöglichkeit neu zu bedenken sein — nicht in einem restaurativen Rückgang auf die Griechen, sondern als „sorgsame Verwahrung des gehörten Wortes", jedoch in voller Ernstnahme dessen, was heute *ist*.

Denken und Erfahrung des Nichts bei Meister Eckhart

Von *Erwin Waldschütz*

I. Ver-weisungen

Philosophisch ist es still geworden um das Nichts — es sei denn die Rede selbst vom Nichts der Metaphysik wurde erörtert und mehr oder weniger dezidiert als sinnlos abgetan. Dieser Sachverhalt steht wohl noch ganz unter dem Verdikt R. Carnaps über M. Heideggers Antrittsvorlesung „Was ist Metaphysik?" (1929), der den Sprung vom adverbialen „nichts" zum substantivierten, hypostasierten „Nichts" als Taschenspielertrick entlarvt und die Frage nach dem Nichts insgesamt als Schulbeispiel sinnloser metaphysischer Rede erwiesen zu haben glaubte[1]. Hiermit schienen nicht nur die Akten über die Fragestellung M. Heideggers geschlossen, sondern mit der Frage nach dem Nichts auch es, das „Nichts" selbst erledigt zu sein.

Allenfalls zulässig schien noch eine Rede vom Nichts im Sinne der Metapher, in der das Nichts als Uneigentliches auftrete und daher logischerweise übergangen werden dürfe[2] zugunsten dessen, wovon das Nichts „eigentlich" spreche, worauf sie (die Metapher) im Sinne des Gegenstandes verweise, woher sie die Berechtigung ihrer Übertragung nehme. Abgesehen davon, daß es mit der Gegenständlichkeit im Falle des Nichts seine besondere Schwierigkeit haben dürfte[3], wird auch die dieser Rede eigentümliche Erfahrung, aus der das Wort entspringt, nicht ernst genommen, sondern ein Stück Leben — vielleicht sogar ein

---

[1] Vgl. dazu: *M. Heidegger:* Was ist Metaphysik? Wegmarken. (= Gesamtausgabe Bd. 9), Frankfurt 1976, 103 - 122; *R. Carnap:* Überwindung der Metaphysik durch logische Analyse der Sprache: Erkenntnis 2 (1931) 219 - 241, wieder abgedruckt: *H. Schleichert* (Hrsg.): Logischer Empirismus — der Wiener Kreis, München 1975, 149 - 171; *E. Tugendhat:* Das Sein und das Nichts: *V. Klostermann* (Hrsg.): Durchblicke. Festschrift für Martin Heidegger zum 80. Geburtstag, Frankfurt 1970, 132 - 161; *J. Taubes:* Vom Adverb „nichts" zum Substantiv „Nichts". Überlegungen zu Heideggers Frage nach dem Nichts: *H. Weinrich* (Hrsg.): Positionen der Negativität (= Poetik und Hermeneutik VI), München 1975, 141 - 153.

[2] *H. Weinrich:* Art. „Metapher": Historisches Wörterbuch der Philosophie (HWBPh), Bd. 5, Darmstadt 1980, Sp. 1180.

[3] *K. Riesenhuber:* Art. „Nichts": Handbuch philosophischer Grundbegriffe, München 1973, 991 - 1008, hier: 995 f.

wesentliches — einem vorgefaßten und nicht befragten Begriff von Wirklichkeit und Gegenständlichkeit, letztlich der „Logik"[4], die ja Instrument für die Abbildung dieser Wirklichkeit in der Sprache sein soll, geopfert.

Wenn also im Laufe der Diskussion einsichtig geworden ist, daß sich die Rede vom „Nichts" nicht einfach positivistisch verharmlosen läßt, indem auf die irrtümliche Nominalisierung des Adverbs „nichts" hingewiesen und dieses funktional auf die scheinbar problemlose Negativpartikel „nicht" zurückgeführt wird, so scheint es seine Allgegenwart und Geltung gerade in einer Zeitströmung zu bestätigen, die sich sogar den Namen des Nichts gegeben hat, nämlich im Nihilismus[5]. Weit davon entfernt, in diesem Rahmen auf das vielschichtige Phänomen des Nihilismus eingehen zu wollen, zeigt sich doch, daß dieser nur verstanden werden kann, „wenn auf die ‚Nichts'-Dimension der menschlichen Daseinserfahrung zurückgegangen wird"[6], ja noch mehr: Der Nihilismus als weltanschauliche Position entsteht gerade dort, wo versucht wird, das in der menschlichen Erfahrung auch waltende Nichts seines ursprünglichen Sinnes zu berauben, sei es, daß es auf ein bloß vorgestelltes, begrifflich-fixierbares 'Nichtiges' reduziert oder daß seine Wirklichkeit nicht als Ermöglichung, sondern als tiefste Bedrohung der Freiheit erfahren wird[7].

Deutlich wird das Nichts auch im Nihilismus in verschiedener Weise erfahren — im Nihilismus der Moderne allerdings vielfach in Gegenstellung zu Gott, dem „Sein" und dem „Alles", und einer einseitig, für das Dasein negativ ausgelegten Nichts-Erfahrung, die zumindest fragen läßt, ob in ihr schon der ursprüngliche Zugang zum Phänomen des Nichts gefunden ist.

Eine völlig andere, verhaltene, doch nicht weniger eindringliche Art der Erfahrung des Nichts kommt uns aus dem Osten zu. Während „Sein" das Grundwort des abendländischen Denkens ist und alle anderen Worte (das Absolute, Gott, Geist, Welt) auf den Zusammenhang mit ihrem gemeinsamen Ausgang, eben dem „Sein" befragt werden, darf „Nichts" als Grundwort des fernöstlichen Denkens genannt werden. „Es bestimmt ebensosehr das philosophische wie das religiöse Leben. Es wäre jedoch ein arges Mißverständnis, würde man in diesem Nichts nur den Gegensatz zu jenem Sein erblicken. Nichts steht nicht im

---

[4] *M. Heidegger:* Was ist Metaphysik?, a. a. O. 107 u. ö.

[5] Einen einführenden Überblick gibt *W. Weier:* Nihilismus. Geschichte, System, Kritik, Paderborn 1980 (mit weiterführender Literatur).

[6] *L.-B. Puntel:* Art. „Nihilismus": Sacramentum Mundi. Theologisches Lexikon für die Praxis, Freiburg 1969, Sp. 804 - 805, hier: 805.

[7] ibid.

Gegensatz und auch nicht im Horizont des Seins..."[8] Diese Warnung soll davor bewahren, das Nichts des östlichen (oft auch als Leere oder absolutes Nichts angesprochen) und das Nichts des westlichen Denkens vorschnell ineins zu setzen[9] — nur wenn der Zusammenhang des jeweiligen Denkens des Nichts in den Blick gebracht wird, werden auch die Unterschiede sichtbar; und doch lassen die in solchem Denken sich aussprechenden Erfahrungen „Entsprechungen" vermuten und erahnen, die eine Begegnung verschiedener Welten ermöglichen, ohne daß die Unterschiede „aufgehoben" würden[10].

Nur so kann es als Nichts in seiner je eigenen Weise für uns Menschen des Abendlandes in Erscheinung treten, ohne vereinnahmt und verfremdet zu werden.

Fast unbeschwert und unbefangen möchte man die Art nennen, wie Bernhard Welte den Zugang zum Phänomen des Nichts freilegt. Anregung von und Rückgriff auf M. Heidegger hindern nicht, daß hier eigenständig „Das Licht des Nichts" entdeckt wird, d. h. daß nicht nur das Bedrohliche, sondern gerade das alles Sein Offenlegende in den Vordergrund tritt. Solche Rede weiß sich durchaus abgehoben gegenüber nominalistisch-positivistischen Anfechtungen, weil sie eben das Phänomen des Nichts freilegt und vor jeder apologetischen Auseinandersetzung zu entfalten vermag[11].

Wer heute philosophiert, begegnet also zumindest diesen Hinweisen auf das Phänomen des Nichts — selbstredend versteht sich ihre Nennung nicht als vollständig. Es erstaunt allerdings, daß die hier ge-

---

[8] *K. Tsujimura / R. Ohashi / H. Rombach:* Sein und Nichts. Grundbilder westlichen und östlichen Denkens, Freiburg 1981, 7.
[9] *H. Hisamatsu:* Die Fülle des Nichts. Vom Wesen des Zen — eine systematische Erläuterung, Pfullingen 1980; *M. Nambara:* Die Idee des absoluten Nichts in der deutschen Mystik und seine Entsprechungen im Buddhismus: Archiv für Begriffsgeschichte, Bd. 6, Bonn 1960, 143 - 319; *K. Tsujimura / H. Buchner:* Der Ochs und sein Hirte. Eine altchinesische Zen-Geschichte, Pfullingen (4. Auflage) 1981 (Erstauflage: 1958); *B. Waldenfels:* Absolutes Nichts. Zur Grundlegung des Dialogs zwischen Buddhismus und Christentum, Freiburg 1976.
[10] Vgl. *H. Rombach:* Leben des Geistes. Ein Buch der Bilder zur Fundamentalgeschichte der Menschheit, Freiburg 1977; *L. Gabriel:* Integrale Logik, Wien 1965; *B. Waldenfels:* Absolutes Nichts, a. a. O., bes. 155 - 207; *D. T. Suzuki:* Der westliche und der östliche Weg. Essays über christliche und buddhistische Mystik, Freiburg 1974; *Sh. Ueda:* Die Gottesgeburt in der Seele und der Durchbruch zur Gottheit. Die mystische Anthropologie Meister Eckharts und ihre Konfrontation mit der Mystik des Zen-Buddhismus, Gütersloh 1965.
[11] *B. Welte:* Über die verschiedenen Bedeutungen des Nichts: *A. Schwan* (Hrsg.): Denken im Schatten des Nihilismus. Festschrift für W. Weischedel zum 70. Geburtstag, Darmstadt 1975, 26 - 33; ders.: Das Licht des Nichts. Von der Möglichkeit neuer religiöser Erfahrung, Düsseldorf 1980; ähnlich: *K. Riesenhuber:* Art. „Nichts", a. a. O.

nannten scheinbar zufällig und unwillkürlich — ob ausdrücklich oder einschließlich ist hier zweitrangig — auf eine Rede vom „Nichts" verweisen, die sich im Mittelalter, vor knapp 700 Jahren in der Gestalt des Meister Eckhart (1260 - 1328?) ereignet hat. Die Nachbarschaft des Ansatzes von M. Heidegger und Meister Eckhart wurde schon öfter bemerkt; Heidegger weist selbst darauf hin, daß von dem Meister „viel Gutes zu lernen ist"[12]. Selbstverständlich sollen hier wie in allen anderen Verweisungen die Unterschiede nicht verwischt werden.

Völlig wider Willen bleibt auch die positivistische Kritik an der Rede von einem metaphysischen Nichts an diesen Meister Eckhart zurückgebunden, insoferne bei ihm — was noch zu erweisen ist — denkend und erfahrend überhaupt erst der Grund gelegt wird für die Rede von einem „nicht", sogar noch einmal für die Ablehnung dieser Rede und in einem damit des Phänomens des Nichts. Ähnliches gilt für den neuzeitlichen Nihilismus, der zu seiner Selbstvergewisserung des das Dasein in immer schon je auf einzigartige Weise durchherrschenden „Nichts" bedarf, das sich — seines Ursprungssinnes beraubt — in den Nihilismus hinein auslegt[13].

Wo immer von westlicher oder östlicher Philosophie und Religion aus das „Gespräch zwischen Welten" gesucht wird, steht alsbald die Rede vom „Nichts" im Mittelpunkt und hierfür wird von Seiten der abendländischen Tradition mit Vorliebe Meister Eckhart eingeführt[14]. B. Welte und K. Riesenhuber stützen sich in ihrem Zugang zum Phänomen des Nichts wiederholt auf ihn[15].

Was zunächst nur rein zufälliges Zitieren eines geachteten Autors zu sein schien, wird in der Gesammeltheit dieser Ver-weisungen tatsächlich zum entschiedenen Verweis auf ein Bedenken und Erfahren des „Nichts", das dieses phänomenal als das, was und wie (es) sich zeigt, ursprünglich zu Wort kommen läßt und so auch den Grund für die verschiedenartigsten Verweismöglichkeiten offenlegt.

Entscheidend für das Verständnis dessen, was mit „Nichts" genannt wird, ist der Zugang zu ihm: Legt er frei, was da *ist,* ermöglicht

---

[12] *M. Heidegger:* Gelassenheit, Pfullingen 1959, 36; *J. D. Caputo:* Meister Eckhart and the later Heidegger: The Journal of the History of Philosophy 12 (1974) 479 - 494 und 13 (1975) 61 - 80.

[13] Vgl. *K. Hemmerle:* Art. „Nichts": Sacramentum Mundi, a. a. O., Sp. 800 - 804, hier 801.

[14] Vgl. die in Anm. 10 genannten Autoren. — Dazu noch: *R. Otto:* Westöstliche Mystik, Gotha 1926.

[15] *B. Welte: Meister* Eckhart. Gedanken zu seinen Gedanken, Freiburg 1979; ders.: Das Licht des Nichts, a. a. O., 59 u. ö.; *K. Riesenhuber:* Art. „Nichts", a. a. O., 1005.

er die Erfahrung dessen, oder verdeckt er, indem er schon mit vorgefaßten Schemata deutet, was überhaupt erst zum Aufscheinen gebracht werden soll?

In diesem Beitrag soll daher dem Weg (Methode) Meister Eckharts nachgedacht werden, indem zuerst nach seinem Zugang zum Denken des Nichts gefragt wird: Auch wenn dieser Zugang vom Denken ausgeht, treibt Meister Eckhart ihn doch über dieses hinaus bzw. wird auch das Denken des Nichts selbst schon im Horizont seiner Erfahrung des Nichts ausgelegt. Im zweiten Schritt kann Eckharts Weg weiterverfolgt werden, um die verschiedengestaltigen Weisen der Erfahrung des Nichts in ihrer wesentlichen Zusammengehörigkeit im Einen/Ganzen seiner Welt-, Menschen- und Gotteserfahrung zu erweisen.

Diese Einheit in ihren Unterschieden liegt der heutigen Rede von „Nichts zugrunde, auch wenn diese nicht oder nur mühsam die Vollgestalt jener Erfahrung zur Sprache bringt, auf die sie sich beruft.

II. Meister Eckharts Zugang zur Frage nach dem Nichts

Wo begegnet also Meister Eckhart in der Tradition eine besondere Rede vom Nichts und wie bezieht er sie in sein Denken ein? Wir werden durch Meister Eckhart selbst auf die Spur gebracht:

1. Die „allgemeine Vorrede zum dreigeteilten Werk"[16] und die „Vorrede zum Werk der Thesen"[17] nennen als ersten zu behandelnden Traktat in dem großangelegten Opus: „Vom Sein und vom Seienden und dessen Gegenteil, das heißt vom Nichts"[18]. Die Vorrede des Opus Propositionum mit der exemplarischen Erörterung der ersten These „Das Sein ist Gott" darf wohl mit Recht als der längste and aufschlußreichste Text zur Metaphysik Meister Eckharts angesehen werden[19]. Hier findet sich tatsächlich Meister Eckharts Verständnis vom Sein expliziert, sodaß er immer wieder auf diese Voraussetzungen zurückverweisen kann.

Die „These vom Sein" ist vielfach interpretiert worden und kann daher hier kurz gefaßt werden: Sein kommt im eigentlichen Sinne Gott zu, er ist das ipsum esse, er allein wird auch im eigentlichen Sinne seiend genannt. Soweit weiß sich Eckhart in Einklang mit der Schrift

---

[16] „Prologus generalis in opus tripartitum", LW I, 148, 1 - 165, 15.

[17] „Prologus in opus propositionum", LW I, 166, 1 - 182, 8.

[18] LW I, 150, 1; 166, 3: Primus tractatus est de esse et (de) ente et (de) eius oppositio quod est nihil.

[19] LW I, 166 - 182; vgl. *K. Albert:* Meister Eckharts These vom Sein, Kastellaun—Saarbrücken 1976, 49.

des AT, besonders mit Ex 3, 14, wie er an vielen Stellen auslegt[20]. Demgegenüber wird das „ens hoc et hoc"[21] unterschieden: Darüber müsse man anders urteilen, denn vom Seienden in seiner Bestimmtheit könne Seiendsein *und* Nichtseiendsein ausgesagt werden. Nichts ist daher der kontradiktatorische Gegensatz zu Sein[22]. Seiend-Sein im Sinne des „ens hoc et hoc" wird als abgeleitet aus dem Sein erfaßt, denn diesem kann nichts fremd sein, es muß ja die Ursache des Seins des Seienden sein, von ihm her „ist" alles. Was liegt näher als dieses Sein in der grundlegenden These schon mit Gott gleichzusetzen: „Esse es deus"[23]. Über das Eckhart'sche Seinsverständnis im Kontext dieser These wurde an anderer Stelle gehandelt[24]. Hier allerdings können zwei Charakteristika des Denkens Eckharts beobachtet werden, die sich für manche seiner Differenzierungen des Nichts als bedeutsam erweisen dürften. Beide betreffen das Verhältnis von „Sein als solchem" zum „Dieses-und-das-Sein" (ens et ens hoc et hoc).

a) Obwohl Eckhart nicht müde wird, seine Analogielehre zu erläutern und in diesem Zusammenhang immer wieder Aristoteles, nämlich Met. IV, 1003a 33 - b 10, zu zitieren, erwähnt er weder hier noch anderswo das berühmte und folgenschwere aristotelische „tò dè òn légetai mèn pollachôs", das der eben erwähnten Stelle unmittelbar voransteht und die mehrfachen Bedeutungen des Seienden in bezug auf die eine Leitbedeutung einführt[25]. Man mag erstaunt sein über die Tendenz zur Eindeutigkeit der Begriffe, wie wir sie in der 1. These antreffen, zumal Eckhart vor allem in seinen Bibelkommentaren eine ausgesprochene Vorliebe für eine mehr-, ja vielfache Interpretation der Schriftworte kennt. Unter der bestimmten, aristotelisch-thomistischen Perspektive kann man darin sogar einen „Mangel an Empfindsamkeit für die Mehrdeutigkeit des Wortes ens" sehen[26]. Bei einem Denker vom Format Eckharts, der selbstverständlich die Kommentare Alberts und Thomas' zur Metaphysik des Aristoteles kannte, ist ein achtloses Vorbeisehen an einem Einleitungssatz eher unwahrscheinlich — vielmehr muß von vornehereín eine andere Zielrichtung der Überlegungen vermutet werden.

---

[20] LW I, 167, 9 ff.; LW II, 21, 1 ff.; 587, 3 ff. u. ö.
[21] LW I, 166, 13.
[22] LW II, 587, 6 f.
[23] LW I, 166, 1; 182, 8.
[24] K. *Albert:* Meister Eckharts These, 30 ff., besonders: 49 - 67; W. *Beierwaltes:* Deus est esse — esse est Deus. Die ontotheologische Grundfrage als aristotelisch-neuplatonische Denkstruktur: *ders.:* Platonismus und Idealismus, Frankfurt am Main 1972, 5 - 82, besonders: 37 - 67.
[25] Zuerst hat dies meines Wissens H. *Fischer:* Meister Eckhart, Freiburg 1974, 56 und 118 bemerkt, ohne diese „Auslassung" begründen zu können.

b) aus dem metaphysischen Hauptlehrstück geht klar hervor, daß Eckhart sein Verständnis von Sein und Nichts an die biblische Lehre von der Schöpfung zurückbindet; d. h. aber auch, daß sich von seinem Schöpfungsbegriff wesentliche Einsichten über Sein und Nichts gewinnen lassen[27]: Wenn Schöpfung immer schon „Mitteilung des Seins" ist, so ist dieses Sein immer schon „der Anfang von allem, vor ihm und außer ihm ist nichts"; ja, es ist nicht einmal nötig hinzuzufügen, daß diese Mitteilung des Seins „aus dem Nichts" geschieht, weil eben „vor dem Sein nichts ist"[28].

Der Schöpfungsbegriff erweist sich, trotz seiner biblischen Herkunft, der philosophischen Interpretation bedürftig, weil er den Schöpfer als Sein, das Geschaffene als Seiendes deutet und weil er in der Schöpfung ein bestimmtes Verhältnis des Seins zum Seienden ausspricht, welches wir aus unserem Erfahrungsbereich nicht kennen[29].

Beachtenswert ist auch in diesem Zusammenhang der scheinbar extrem einsinnig gefaßte Seinsbegriff und damit einhergehend die schroffe Abgrenzung gegen alles, was der Positivität dieses reinen Seins Abbruch tun könnte, also gegen alles, was ein „nicht", — was nur den Hauch einer Negation hereinbringen könnte: „Was verschieden ist vom Sein, ist nicht oder ist nichts[30]."

2. In einem zweiten Zusamenhang begegnet Meister Eckhart eine Rede vom Nichts, die zunächst gar nichts mit der Ontologie zu tun zu haben scheint, sondern der traditionellen Erkenntnismetaphysik entstammt. Wie für viele andere Theologen und Philosophen der Zeit sind auch für Meister Eckhart besonders die „Metaphysik" und „De Anima" des philosophus, sc. Aristoteles bedeutsam geworden. Durchforstet man die Schriften Eckharts, fällt alleine die ungeheure Zahl der Verweise auf „De Anima" auf, wobei vieles Zitat aus dem Gedächtnis oder so-

[26] So R. *Imbach:* Deus est Intelligere, Freiburg/Schw. 1976, 301, Anm. 133.
[27] Die Auslegung der Genesis folgt nicht zufällig den Vorreden, sie versteht sich als Expositio der in den Prologen grundsätzlich angesagten metaphysischen Erörterungen; beispielhaft dafür ist die ausführliche Auslegung des ersten Verses der Genesis, „In principio...", LW I, 186 - 206.
[28] LW I, 160, 7 f.: creatio est collatio esse, nec oportet addere ‚ex nihilo', quia ante esse est nihil. — 160, 14 - 161, 1: creatio dat sive confert esse. Esse autem principium est et primo omnium, ante quod nihil et extra quod nihil. — Ähnlich 157, 7 ff. und Parallelen in Anm. 3; 164, 8.
[29] Auch diese Beobachtung wird an dieser Stelle nicht weiter verfolgt. Dazu: K. *Kremer:* Meister Eckharts Stellungnahme zum Schöpfungsgedanken: Trierer Theologische Zeitschrift 74 (1965) 65 - 82, besonders: 66 - 73.
[30] LW I, 153, 6 f.: Qod enim aliud est ab esse, non est aut nihil est. — Besonders aufschlußreich ist die Stelle aus dem Johanneskommentar, LW III, 181, 1 - 4, die sogar behauptet, daß „auch jetzt, nämlich nach Erschaffung der Welt, nichts außer ihm oder neben ihm ist" — nec modo, mundo scilicet creato, aliquid extra ipsum aut praeter ipsum est. — Eine Zusammenfassung dieser Lehre bietet auch: LW I, 181, 4 - 182, 6.

gar nur Anspielung ist — die Kenntnis des Buches bzw. des Autors wird vorausgesetzt. Noch erstaunlicher ist allerdings, daß ein Großteil der Verweise sich auf zwei ausgewählte Abschnitte konzentriert, obwohl Eckhart alle drei Bücher „De Anima" und den Thomas-Kommentar dazu kannte. Es sind dies das 7. Kapitel des 2. und das 4. und 5. Kapitel des 3. Buches[31]. Eine große Anzahl der Zitate würde noch wenig über die Wichtigkeit dieser Stellen aussagen, wenn nicht aus dem methodischen Einsatz dieser für Eckhart ehrwürdigen und fraglos übernommenen Tradition ihre Bedeutung, ja ihre Dienstbarkeit für sein Anliegen ersichtlich gemacht werden könnte.

Aus dem 7. Kapitel des 2. Buches zitiert er mit Vorliebe lateinisch, aber auch in mittelhochdeutscher Übersetzung, daß das Auge, will es Farben wahrnehmen, nicht selbst gefärbt sein dürfe[32]. Nur weil das Auge aller Farben bloß ist, deshalb kann es alle Farben wahrnehmen, so wie ein Gefäß nur aufnehmen kann, wenn es leer ist usw. D. h.: Von dem, was das Auge aufnehmen soll, darf es selbst nichts sein, oder: Das Wahrnehmende ist das Nichts des Wahrgenommenen, das Wahrzunehmende wird überhaupt erst auf dem Grunde eines solchen Nichts wahrgenommen. Diese Einsicht gewinnt ihre Brisanz in Zusammenhang mit dem 4. Kapitel des 3. Buches. Der Meister folgt auch hierhin dem Hinweis des Philosophen und beschreibt das Denkvermögen zunächst in Parallele zum Wahrnehmungsvermögen, erst dann folgt wieder im Anschluß an Aristoteles die Abhebung des Denkens vom Wahrnehmen. So ist für Eckhart völlig einsichtig, „daß das Auge, (will es etwas sehen,) ungemischt sein muß (mit dem zu sehenden Gegenstand) und ebenso auch der Intellekt und so weiter"[33]. Ausdrücklich wird gesagt: „Deshalb ist das Denken *nichts* von allem, damit es *alle*s denke"[34]. Also ist auch der Intellekt, das Denken, das Nichts dessen, was ihm im Denken zukommen kann — freilich mit dem gewichtigen Unterschied zum Wahrnehmungsvermögen: Das Denken kann auch sich selbst denken[35]; aber bevor es denkt, hat es nichts von sich und nennt es nichts

---

[31] *Aristoteles:* De Anima, II c 7, 418 a 26 ff.; III c 4 f. 429 a 10 - 430 a 25.

[32] A. a. O., 418 b 26 f. — dazu besonders: *B. Welte:* Meister Eckhart als Aristoteliker: ders.: Auf der Spur des Ewigen, Freiburg 1965, 197 - 210.

[33] Sermo VIII, n. 93 = LW IV, 88, 6 f.: quod oculum oportet esse immixtum et intellectum etc. — LW IV, 447, 7 - 448, 2; In Joh., n. 100 = LW III, 86, 10 - 87, 2; n. 396 = 337, 4 ff.; In Exodum, n. 125 = LW II, 116, 14 f. — Pr. 12 (Quint) DW 1, 201, 2 f.; Buch der göttlichen Tröstung (BgT) (Quint) DW 5, 28, 10 ff. — In den Anmerkungen zu diesen Stellen werden weitere Parallelen angeführt.

[34] LW III, 86, 14: propter quod intellectus nihil est omnium, ut intelligat omnia. — Vgl. *J. D. Caputo:* The Nothingness of the intellect...: The Thomist 39 (1975) 85 - 115.

[35] LW III, 86, 15 f.: Intelligit autem se sicut alia. Unde nihil sui, nihil suum habet, antequam intelligat.

sein, mit anderen Worten: Der Intellekt ist auch für Eckhart tatsächlich so etwas wie die berühmte Wachstafel, auf der, bevor geschrieben, d. h. eingedrückt wird, nichts in Wirklichkeit geschrieben sein darf[36], auf sie kann der Möglichkeit nach alles geschrieben werden. Von Aristoteles gewinnt Eckhart auch die näheren Bestimmungen des intellectus[37]: Das Denken ist notwendig „unvermischt"[38], nämlich mit den Denkformen; es kann selbst nicht eidos (species) sein, soll es die Dinge als sie selbst und nicht schon verfälscht erkennen[39]. Denken ist auch notwendig „getrennt"[40], nämlich von allem Körperlichen, während das Wahrnehmungsvermögen nicht besteht ohne den Körper. Schließlich ist das Denken noch von der Art, das es „mit nichts etwas gemeinsam hat[41], nämlich mit nichts, was denkbar ist, was Gegenstand des Denkens sein könnte. Mit diesen drei Bestimmungen des Denkens findet Eckhart das Auslangen, indem er jene, die Aristoteles noch anführt (Einfachheit, Reinheit, Leidensunfähigkeit), in den genannten einschlußweise mitdenkt, allerdings nur selten oder in anderem Zusammenhang auf sie zu sprechen kommt[42].

Der Intellekt ist also nicht selbst von der Art wie eben die seienden Dinge, ja, um noch deutlicher zu werden: Der Intellekt als Intellekt ist Nichts[43] im Gegensatz nämlich zu Seiendem, dem immer schon art- und gattungsbestimmtes Was-Sein eignet[44]. Es tut hier nichts zur Sache, daß mit diesem Seinsverständnis besonders die metaphysische Grundstellung Eckharts in den frühen Pariser Quaestionen[45] an-

---

[36] *Aristoteles:* De Anima III c 4, 429 b 31 ff.

[37] Meister Eckhart schreibt konsequent ‚intellectus', wo im griechischen ‚nous' steht, in den deutschen Werken nennt er ihn ‚vernunft'. Die Übersetzungen in die neuhochdeutsche Sprache spiegeln die Bedeutungsvielfalt, die sowohl ‚intellectus' wie auch ‚vernunft' angenommen haben. Ich gebe intellectus mit Intellekt und intelligere mit ‚denken' wieder, für die Übersetzung aus dem mittelhochdeutschen behalte ich das Wort ‚vernunft' bei.

[38] amigēs, immixtus: *Aristoteles:* De Anima III c 4, 429 a 18 f.; c 5 430 a 18.

[39] ib. I c 2, 405 a 16 f., III c 4, 429 a 18 f. Dieser Topos wie auch der, daß der Intellekt „nulli nihil habet commune", wird von Aristoteles an den genannten Stellen auf Anaxagoras zurückgeführt.

[40] chōristós, separatus: ib. III c 5, 430 a 18; c 4, 429 b 5. Vgl. dazu: *E. Waldschütz:* Meister Eckhart. Eine philosophische Interpretation der Traktate, Bonn 1978, 344 - 348.

[41] mēthení mēthèn échei koinón, nulli nihil habet commune, ib. III c 4, 429 b 23 - 24. — Aus den zahlreichen Eckhartstellen, die besonders diese drei „Eigenschaften" des Intellekts hervorheben, seien nur einige genannt: LW I, 313, 13 - 314, 2, dort auch Par.; DW 3, 169, 3 u. Par.

[42] haplous, katharós (mit Hinweis auf Anaxagoras): *Aristoteles:* De Anima I c 2, 405 a 17; apathēs, apátheia: III c 4, 429 a 29; c 5, 430 a 18.

[43] Quaestio Parisiensis 2, LW V, 50, 4 f.: intellectus inquantum intellectus nihil est. — Ähnlich 53, 1 - 2. 5 - 6.

[44] Vgl. *R. Imbach:* Deus est intelligere, 172.

[45] Diese Quaestiones aus den Jahren 1302/03 betreffen die ersten drei in LW V, 37 - 71 edierten Schriften Eckharts. Untersuchungen dazu gibt es ge-

gesprochen ist, die auf dem Hintergrund der Auseinandersetzung mit zeitgenössischen Lehren, vor allem mit der franziskanischen Schule[46], aber auch mit seinen Ordensbrüdern Thomas und Dietrich von Freiberg[47] zu lesen sind. Hier geht es darum, die sachliche Notwendigkeit seines Insistierens auf der gegenüber dem Seienden völligen Andersartigkeit des Intellekts darzustellen und seine Aussagen zum Nichts-Sein des Intellekts nicht als Marotte eines originell sein wollenden Lehrers abzutun. Im übrigen erweist sich diese Besonderheit des Intellekts (mit den drei Bestimmungen) als feste Klammer zwischen den deutschen und lateinischen Werken Eckharts.

Nun fällt auf, daß Meister Eckhart Gott als reinen Intellekt[48] bezeichnet und zumindest in den frühen Pariser Quaestionen in scharfem Gegensatz zur Aussage, Gott sei Sein oder Seiendes[49]. Gott ist ein Nichts, wie es letztlich konsequent in einer deutschen Predigt heißen wird[50]. Wenn auch in anderen Schriften Denken als Nichts und Sein nicht mehr einander ausschließend oder einschränkend gegenübergestellt werden, so wird doch auch in dem wahrscheinlich später anzusetzenden ersten Genesiskommentar auf diese Lehre zurückgegriffen: „Gottes Natur ist Intellekt, und bei ihm ist Sein Denken, also bringt er die Dinge durch den Intellekt zum Sein"[51]. Allerdings läßt Eckhart keinen Zweifel, daß das Nichts-Sein Gottes niemals Mangel, sondern geradezu Überfülle ausdrückt; durch die Seinslosigkeit, die Negation

---

rade in jüngster Zeit immer häufiger, z. B.: *K. Albert:* Meister Eckharts These, 75 - 96; *R. Imbach:* Deus est intelligere, 144 - 212.

[46] Vgl. v. a. Quaestio 3, LW V, 59 - 64.

[47] *R. Imbach:* Deus est . . ., 181 u. ö.; *K. Flasch,* Zum Ursprung der neuzeitlichen Philosophie im späten Mittelalter. Neue Texte und Perspektiven: Philosophisches Jahrbuch 85 (1978) 1 - 18; *B. Mojsisch:* Die Theorie des Intellekts bei Dietrich von Freiberg (= Beiheft 1 der Beihefte zu Dietrich von Freiberg Opera omnia, hrsg. v. K. Flasch), Hamburg 1977.

[48] LW V, 40, 6 f.: ... deus est intellectus et intelligere et est ipsum intelligere fundamentum ipsius esse.

[49] LW V, 41, 13 f.: deus, qui est creator et non creabilis, est intellectus et intelligere et non ens vel esse. — Und Par.

[50] Pr. 71, DW 3, 223, 1 f.: Er sah niht, daz waz got. Got ist ein niht, und got ist ein iht. Swaz iht ist, daz ist ouch niht. — Wie der Herausgeber der deutschen Werke Meister Eckharts, J. Quint, DW 3, 184 ff. bemerkt, weist diese Pr. viele inhaltliche Parallelen mit den Pr. 69 und 70 auf, in denen der Vorrang des Intellekts in ähnlicher Weise dargestellt wird wie in den frühen Pariser Quaestionen.

[51] Expositio libri Genesis, n. 11, LW I, 194, 11 f.: Sed natura dei est intellectus et sibi esse est intelligere, igitur producit res in esse per intellectum. — In demselben Kommentar wird Gott als Intellekt mit den genannten Grundbestimmungen des Anaxagoras eingeführt: LW I, 313, 12 ff.: principium omnium productorum naturalium est intellectus altior natura et omni creato, et hic deus, de quo proprie loquitur Anaxagoras ad litteram quod est ‚separatus', ‚immixtus', ‚nulli nihil habens commune', ut discernat omnia.

von allem, was seiend genannt werden könnte, soll dem menschlichen Denken gerade der tiefe Unterschied zwischen dem Geschaffenen, Endlichen, Seienden und Gott, dem Grund von all diesem einleuchtend dargelegt werden.

Spätestens hier treffen wir auf die Verquickung der biblischen Schöpfungslehre mit der neuplatonischen Ursachenlehre des Liber de Causis: Der Unterschied zwischen dem Geschaffenen, der Wirkung und dem Schöpfer, der Ursache wird als Unterschied von esse und intelligere gefaßt. Für Eckhart gilt nicht nur in den frühen Pariser Quaestionen, sondern auch im ersten Genesiskommentar und in vielen deutschen Predigten, daß das Denken („intellectus", in den deutschen Predigten „vernunft") Fundament des Seins und daher Gottes Denken als causa der Wirklichkeit verstanden wird. Aus der neuplatonischen Ursachenlehre gilt für Eckhart von vorneherein, daß die Ursache nicht im Verursachten sein kann: Wenn das Geschaffene Seiendes im eigentlichen Sinne ist, kann Gott nicht Seiendes sein[52]. Alles Seiende west vor seiner Erschaffung in Gott als Idee, diese ist selbst ein Nichts des Seienden, die im Nichts (Gottes) als in ihrem Ursprung ruht. Erst nach der Erschaffung treten Ursprung und Entsprungenes in die Zweiheit auseinander, nicht ohne wesentlich aufeinander bezogen zu bleiben[53]: Das so Verursachte ist auf die ständige Gegenwart der Ursache angewiesen, ist von seiner Natur her absolut bedürftig, bettelnd, dürstend — nach Sein bzw. nach dem „im-Sein-gehalten-werden", das es nicht aus sich hat. Aus sich wäre es nämlich nichtiges Nichts. Dieses ist aber scharf zu scheiden vom Nichts Gottes und vom Nichts des Seienden, das es als Idee in Gott ist. Auch die Lehre von der Analogie, die Eckhart in den Pariser Quaestionen beizieht, um zu erweisen, daß Gott Denken, aber nicht Sein ist[54], soll — obwohl im Vergleich zu späteren Aussagen „ens" in entgegengesetzter Richtung gebraucht wird — die direkte Abhängigkeit von Gott bei gleichzeitiger radikaler Unterschiedenheit ausdrücken[55].

Meister Eckhart findet den Intellekt aber nicht nur als Gott: Das Vermögen, mit dem der Mensch Gott als Intellekt zu nennen vermag, ist selbst Intellekt, nämlich der des Menschen. In einer Kurzformel, die in verschiedenen Zusammenhängen an vielen Stellen wiederkehrt,

---

[52] LW V, 46, 9 f.: Cum igitur omnio causata sunt entia formaliter, deus formaliter non erit ens. — 46, 2: ens in causa sua non est ens. — Vgl. dazu: R. Imbach: Deus est intelligere, 185 ff.
[53] LW II, 342, 5 - 6: res in sua causa essentiali sive originali non habet esse...; 342, 9 ff.: Omnia autem sunt in deo tamquam in causa prima intellectualiter... Igitur non habent esse suum aliquod formale, nisi causaliter educantur et producantur extra, ut sint.
[54] LW V, 46, 7 - 47, 5.
[55] Ähnlich: R. Imbach: Deus est..., 187.

kann Eckhart im Anschluß an Albert und Thomas sagen: Erst der Intellekt macht den Menschen zum Menschen[56]. Man könnte nun die Würde des Intellekts mit Thomas alleine aus der Ähnlichkeit mit Gott ableiten[57] — so scheint Eckhart selbst in den „rationes Equardi" der 3. Pariser Quaestio argumentiert zu haben, ähnlich in einer lateinischen Predigt[58].

Diese Überlieferung enthält das Gemeinte so gerafft implizit, daß es nötig ist, die eigentlichen Gründe, die die Würde des Denkens und damit des Menschen ausmachen, zu entfalten.

Meister Eckhart spricht sehr oft von den Kräften der Seele (potentiae animae), deren höchste in den lateinischen und deutschen Werken übereinstimmend Vernunft und Wille, intellectus et voluntas, genannt werden. Er wird allerdings auch nicht müde, den Vorrang des Intellekts vor dem Willen zu betonen[59]. Wenn der Intellekt (Vernunft) die „oberste, höchste Kraft der Seele" genannt wird, so bedeutet solche Redeweise keineswegs, daß dieses Vermögen nun abgetrennt würde von den übrigen und als isolierter Teil, zwar in einer Vorrangstellung, aber doch ohne Bezug zu den anderen Teilen, die mit „Willen" nur angedeutet sind, bestehen würde[60]. Ebensowenig ist eine Vergeistigung, Spiritualisierung oder sonst etwas herauszulesen.

Wenn Eckhart von einer „höchsten Kraft der Seele" spricht, so ist genau zu sehen, in welchem Sinne er vom „höchsten" spricht: Das Höchste/Oberste kennt immer ein Unteres/Niederes, also einen Stufenbau des Seienden gemäß der Metaphysik des Neuplatonismus. Allerdings wäre das Oberste nicht Oberstes, wenn es nicht an in der Rangordnung unter ihm stehendes zurückgebunden bliebe: Das Oberste schließt alles unter ihm ein, genauso wie das Untere auf ein Oberes und schließlich auf das Oberste hingeordnet ist, weil es im Obersten als in seinen Ursprung zurückkehrend gedacht wird. Die „höchste Kraft der Seele" meint also nicht irgendeinen isolierten Seelenteil oder die Auflösung aller anderen in diesen, sondern den ganzen Menschen, weil und insofern alle Kräfte und Vermögen im Intellekt ihre Krönung finden und aufgehoben (aufbewahrt) sind. „Intellectus per quem

---

[56] LW I, 358, 10 f.: intellectus enim, per quem homo est homo, abstrahit ab hic et ubi, a nunc et a tempore. — 579, 6: homo id quod est per intellectum est. — Ähnlich an vielen Par.

[57] *Thomas von Aquin:* In Eth. Nic. IX c 4, lect. 4: deo maxime sumus similis secundum intellectum, qui est incorruptibilis et immutabilis.

[58] LW V, 60, 8 - 9; Sermo XXIX, n. 304, LW IV, 269, 16 ff.

[59] BgT, DW 5, 29, 2 ff. — Vgl. dazu: *E. Waldschütz:* Meister Eckhart, 111 ff.

[60] Meister Eckhart hat sich auch hier die Lehre von den „Vermögen der Seele" oder den „Seelenteilen" aus Aristoteles, De Anima angeeignet: Pr. 9 (Quint) DW 1, 151, 1 - 12 und Par.

homo est homo" meint also den ganzen Menschen, weil und insofern er sich als ganzer und in seinen „Teilen" selbst durchsichtig, selbst „intelligibel" wird, im Unterschied zu anderen Lebewesen, die sich aufgrund des Mangels an Intellekt nicht erfassen können. Es gibt übrigens genügend Zeugnisse dafür, daß für intellectus/Vernunft einfach auch anima/Seele oder sogar homo/Mensch eintreten kann; daß sie in dem uns interessierenden Zusammenhang vertauschbar sind, ergibt sich auch daraus, daß Eckhart oft die Grundbestimmungen des Intellekts zur näheren Kennzeichnung auch von anima und homo anfügt[61].

Und doch darf nicht übersehen werden, daß Eckhart einen besonderen Grund hat, den Menschen immer wieder pointiert als Intellekt anzusprechen, ihm überhaupt erst im Vernunft-Haben auch Mensch-Sein zuzusprechen. Nicht gibt es das Denken, weil und insofern ein Seiendes als Mensch angesprochen wird, sondern umgekehrt: Ein Seiendes ist Mensch, weil und insofern er denkt. Eine ähnliche Denkfigur begegnete uns bereits: „Ich bin nicht der Meinung, daß Gott denkt, weil er ist, sondern ist, weil er denkt, in der Weise, daß Gott Intellekt und Denken ist"[62]. Das heißt: Auch wenn der Intellekt des Menschen in der Stufenordnung des Geistigen den niedrigsten Rang einnimmt, ist er als Mensch doch durch den Intellekt das, was er ist. Was ist er aber?

Nach Meister Eckhart ist er wesentlich einer, der zur Einung mit Gott, zur Rückkehr in den Ursprung kommen soll und kann. Er kann dies aber nur aufgrund des den Menschen mit Gott verbindenden Intellekts, oder anders: Indem er ebenso wesentlich wie ganzheitlich Nichts wird, wie das in seinem Intellekt-Sein schon angelegt ist. Nur im Denken vermag der Mensch vorzudringen bis zu Gott. Wenn in einer deutschen Predigt Vernunft als ein Tempel Gottes erscheint, in dem er eigentlich wohne, da er selbst Vernunft sei, die menschliche Seele aber immerhin ein „Tröpflein Vernunft, ein Fünklein, einen Zweig besitzt", dann „wirkt die Seele mit dieser Kraft im Nichtsein und folgt dahin Gott, der im Nichtsein wirkt"[63]. Das Denken — nur es kann Gott erfassen, weil es seinslos, das Nichts von allem ist, nur so kann es sich dem, der im Unterschied zu allem Seienden selbst Nichts ist, nähern. In einer weiteren deutschen Predigt wird

---

[61] DW 5, 116, 1 ff., ähnlich: 29, 2 ff., DW 1, 182, 9 ff.; LW IV, 283, 4 ff.

[62] LW V, 40, 5 - 6: non ita videtur mihi modo, ut quia sit, ideo intelligat, sed quia intelligit, ideo est, ita quod deus est intellectus et intelligere et est ipsum intelligere fundamentum ipsius esse.

[63] DW 1, 143, 3 f.: Vernünfticheit ist der tempel gotes. Niergen wonet got eigenlîcher dan in sînem tempel, in vernünfticheit... 151, 1 f.: Nû nemen wir in der sêle, diu ein tröpfelîn hat vernünfticheit, ein vünkelîn, ein zwîc... 151, 11 f.: — und mit dirre kraft würket diu sêle in unwesene und volget gote, der in unwesene würket.

ausführlich über diese Kraft in der Seele gehandelt, die indem „sie nichts gleicht, gerade darin Gott gleich ist"[64], um anschließend ihre fünf Eigenschaften zu erläutern: „Zum ersten, daß sie ablöst vom Hier und vom Nun. Zum zweiten, daß sie nichts gleicht. Zum dritten, daß sie lauter und unvermengt ist. Zum vierten, daß sie in sich selber wirkend oder suchend ist. Zum fünften, daß sie ein ‚Bild' ist."

Festzuhalten ist, daß Eckart die aristotelischen Bestimmungen der Vernunft als Grundbestimmungen des Menschen schlechthin aufgefaßt wissen will. Dann werden sie allerdings zur Forderung, so zu werden wie die Vernunft, die selbst ein Nichts ist, um schließlich bereit zu werden für die Einigung mit Gott[65]. Nur so wie die Vernunft, nämlich leer, bloß, gelassen, unvermengt, mit nichts etwas gemein habend, getrennt, arm usw. ist, kann der Mensch im Denken Gott in seiner Nicht-Seiendheit auf sich zukommen und anwesen lassen.

Denken des Nichts heißt für Meister Eckhardt, sich von vorneherein einzulassen auf das Nichts des Denkens — nur so ist Denken höchster Vollzug, im Denken selbst gelangt das Nichts zur ersten und modellhaften Gestalt.

Meister Eckharts Arbeit mit der aristotelischen Nous-Lehre kann folgenderweise zusammengefaßt werden:

a) Er *gewinnt wesentliche Begriffe* für das fundamentale Anliegen seines Denkens, das jedoch in seiner ihm eigenen Dynamik die Begriffe über den ihnen ursprünglich gesteckten Rahmen weit hinausdrängt — eben in das, was Eckhart zu Eckhart macht.

b) Er faßt die gesamte Nous-Lehre nicht als ein zwar interessantes und schwieriges, kontroverses Kapitel der Erkenntnismetaphysik auf, sondern gibt ihr von vorneherein den Charakter eines *Modells,* das die Vereinigung von Getrenntem in der einzig authentischen Weise darzustellen vermag.

c) Dies ist möglich, weil er ihr im Zusammenhang mit der biblischen Schöpfungslehre und der neuplatonischen Ursachenlehre einen *ontologischen Sinn* unterlegt, der den Wesenszug des Erkenntnisvorgangs,

---

[64] DW 3, 171, 1: In dem daz disiu kraft nihte glîch enist, sô ist si gote glîch. Rehte, als got nihte glîch enist, als enist ouch disiu kraft nihte glîch. 169, 1 - 5: Ein kraft ist in der sêle, daz ist vernünfticheit. Von êrste, sô diu gotes gewar wirt und gesmecket, sô hât si vünf eigenschafte an ir. Daz êrste ist, daz si abescheidet von hie und von nû. Daz ander, daz si nihte glîch enist. Daz dritte, daz si lûter und unvermenget ist. Daz vierde, daz si in ir selber würkende oder suochende ist. Daz vünfte, daz si ein bilde ist.

[65] Mit Recht haben die Interpreten auf den Zusammenhang von Intellekt-Lehre und Lehre von dem Einen hingewiesen, der Zusammenhang von Einung und Nichts steht weit weniger im Interesse der Betrachtung. Vgl. dazu *R. Imbach:* Deus est..., 188 ff.

nämlich die Vereinigung von Getrenntem, zu dem Grundzug des Seienden schlechthin werden läßt.

Diese beiden einander fordernden Anreicherungen des antiken Nous zum Intellekt und zur Vernunft bei Eckhart wurden in dieser Weise nicht vor Eckhart gedacht, wiewohl der Nous bzw. das Hen des Neuplatonismus und hier insbesondere die Intelligenzen des Liber de Causis Anklänge in diese Richtung bieten. Auch Dietrich von Freiberg, der eine Theorie des Intellekts unter anderem gegen Thomas von Aquin entwickelt und Meister Eckhart nicht unwesentlich angeregt haben dürfte[66], verbleibt mit seiner Lehre innerhalb einer Erkenntnismetaphysik.

Vollends auf dem Boden Eckhart'scher Originalität befinden wir uns mit den entscheidenden Ausdifferenzierungen, die er aus seinem Seins- bzw. Nichts-Verständnis zieht. Die Vereinigung von Getrenntem ist nur möglich, wenn vorher der seinsmäßige Status der zu Vereinenden festgestellt ist.

III. Erfahrung des Nichts

Der sprachliche Befund bietet bei Meister Eckhart folgendes Bild: Er verwendet ohne Scheu das lateinische *nihil* adverbial wie auch nominal; als Ersatz für nominales *nihil* kann auch *non-ens* stehen, um den Gegensatz zu *ens* auch dem Hörer oder Leser besonders einzuprägen. In den mittelhochdeutschen Texten gilt für ihn ja ebenfalls: *iht* ist das positive Indefinitpronomen (etwas), *n-iht* die einfache Negation. Neben dem „bloß" verneinenden *niht* (im adverbialen Sinne) verwendet Eckhart in den deutschen Werken besonders häufig *niht* im Sinne eines Substantivs, ja sogar oftmals die Verstärkung *nihtes niht*, ein „nichtiges Nichts"[67].

Wenn schon in einem so frühen Stadium in der Entwicklung der deutschen Sprache eine mehr- und vielschichtige Rede vom Nichts vorliegt, dann ist doch wohl — bevor sie noch in das Reich der Metaphern verwiesen wird — zu fragen, was denn dieser Rede zugrundeliege.

Mancherorts deutet Eckhart sogar an, daß er sich veranlaßt, gedrängt fühlt[68], in so eindringlicher Weise diese „Wahrheit"[69] zu künden,

---

[66] R. *Imbach:* Deus est..., 181; B. *Mojsisch:* Einleitung zu: Dietrich von Freiberg, Abhandlung über den Intellekt und den Erkenntnisinhalt, Hamburg 1980 (Phil. Bibliothek 322) XV - XXIX.
[67] Vgl. die Wörterverzeichnisse am Schluß jedes Bandes der DW; exemplarisch für Eckharts sprachliche Ausgestaltung seiner Rede vom Nichts ist die Pr. 71, DW 3, 211 - 231 und die dort angeführten Parallelstellen.
[68] Z. B. DW 2, 506, 1 und Anm. 63, S. 516 f. mit Par.
[69] Zu Eckharts Verständnis von Wahrheit, vgl. B. *Welte:* Meister Eckhart, 46 ff.

damit wir ihr ähnlich werden[70]. Es liegt hier etwas zugrunde, das Eckhart in den verschiedensten Wendungen immer wieder anzielt, das ihn drängt, sich auszudrücken, das sein Denken immer wieder provoziert, über bisher Gesagtes und Gedachtes hinauszugehen. Das wird überdeutlich durch die Tatsache, daß Eckharts Rede vom Nichts nicht isoliert bleibt in seinen Schriften; sie ist beileibe nicht nur dort zu fassen, wo eben nach dem Wörterverzeichnis von ‚Nichts' oder ‚nicht(s)' die Rede ist, sondern der Sache nach überall dort aufzuspüren, wo Eckhart in einander ständig überbietenden Negationen das Höchste und Positivste anzielt, wo er aus dem Nicht-festgelegten (auch der Sprache) schöpft, um letztlich das im „Nichts" Gemeinte aufscheinen zu lassen — und in Ehrfurcht davor zurückzutreten[71].

Was also ist es, was ihn so reden läßt? Daß es in der philosophischen und theologischen Tradition Ansätze gibt, die sein Denken über (Sein und) Nichts anregen, wurde zu zeigen versucht. Und doch hält sich Eckhart nicht mit der bloßen Wiedergabe auf, sein Denken wird spürbar noch aus einer anderen Wurzel genährt, die über das von ihm Gedachte hinausdrängt und es erst seinen Ort im Denken Eckharts finden läßt: Es ist das, was Eckhart niemals so nennt, wir aber doch vielleicht ganz vorsichtig mit „Erfahrung" bezeichnen dürfen[72]. In diesem Beitrag kann nicht in allen Facetten dargestellt werden, was Erfahrung überhaupt meint und wie sie sich bei Eckhart zeigt[73]. Zweifellos aber entspringt die Originalität seines Denkens, auch über

---

[70] Vgl. Pr. 22, DW 1, 389, 10 f. u. öfter, v. a. die Predigtschlüsse rufen immer wieder dazu auf, dieser Wahrheit gleich, ja sie selbst zu werden.

[71] Sinn dieser Überlegungen kann es nicht sein, eine Enzyklopädie der Nichts-Aussagen bei Meister Eckhart zu bieten; weiters soll auch nicht eine Darstellung seiner gesamten Ontologie versucht werden, obwohl Sein und Nichts in einer ursprünglichen Weise aufeinander bezogen bleiben, keineswegs nur einander ausschließend, also negativ, sondern vielmehr in einem dialektisch-transzendentalen Fundierungszusammenhang, der für sich beanspruchen kann, die „Gründe für das Ganze des Seienden" zu erfassen und sich solcherart als „Erste Philosophie" zu verstehen. — Zur Metaphysik Meister Eckharts: *K. Albert:* Meister Eckharts These, a. a. O.; *B. Welte:* Meister Eckhart, a. a. O. (mit weiterführenden Literaturangaben).

[72] So z. B. *B. Welte:* Meister Eckhart, an vielen Stellen; um nur einige zu nennen: „die ... neue und außergewöhnliche Erfahrung von Gott und Welt", 20; „Dieses Nichts ist zu sehen, das heißt zu erfahren als...", 86; „Erfahrung des Nichts", „Erfahrung, die das Unbegrenzte und schlechthin Übertreffende... als das Nichts berührt", 89; „Der Gedanke... (ist) gut begründet in der Sache, das heißt in der möglichen Erfahrung." 169; „Erfahrungen... winken einander aus weiter Entfernung zu..." 174; „...Herz, die ursprüngliche Stätte der Erfahrung", 261.

[73] Dazu: *D. Mieth:* Meister Eckhart: Authentische Erfahrung als Einheit von Denken, Sein und Leben: *A. M. Haas / H. Stirnimann* (Hrsg.): Das „Einig Ein". Studien zu Theorie und Sprache der deutschen Mystik, Freiburg/Sch. 1980, 11 - 61; *A. M. Haas:* Sermo mysticus. Studien zu Theologie und Sprache der deutschen Mystik, Freiburg/Sch. 1979, bes. 19 - 36, 136 - 185, 186 - 208.

‚Nichts', gerade nicht dem Motiv, unbedingt Neues, Besseres, Anderes sagen zu wollen als seine Vorgänger oder Kollegen — oft genug ordnet er sich dem Gemeinsamen, der opinio communis (nicht nur der Theologen, sondern auch der Volksmeinung) ein und unter; wo er dies allerdings nicht tut, wo er sich dem allgemeinen Gedankengut widersetzt, wo er gängige Theorien, Weisheiten, Ansprüche ins Unrecht setzt, dort beansprucht er mit einer erstaunlichen Festigkeit, die sich nur von der zu vertretenden „Wahrheit" her erklären läßt, die tiefere und bessere Begründetheit der eigenen Theorie. Gleichlaufend damit deckt er auf der anderen Seite Sperrungen, mangelnde Offenheit, Voreingenommenheiten gegenüber neuen Erfahrungen bzw. unkonsequenten, schlampigen Umgang mit diesen auf. Die Attacke gegen das, was alle zu wissen meinen, die oft die „Unerfahrenen" (imperiti) genannt und der „Unwissenheit" (ignorantia) bezichtigt werden[74] oder gegen das, was einige berühmte und gelehrte Autoren vortragen, die dann nicht selten „grobsinnige" (grop, rudes, phantastici), „unverständige" Leute heißen[75], wird ja gerade deswegen geführt, weil jene aus Mangel an Erfahrung eine Theorie (in Eckharts Sprache: eine „Weise" [wîse]) mit allgemeingültigem Anspruch festlegen wollen, die das Leben, und das heißt für Eckhart: Wandel, Überstieg, Sich-verwandeln-Lassen, ersterben ließe.

Wenn in bezug auf das Denken des Nichts von Erfahrung gesprochen wird, bedarf dies vielleicht noch einer Erklärung. Für Meister Eckhart, das sei hier resümierend, nicht begründend, eingeführt, ist deutlich: Metaphysisches Fragen in einem ursprünglichen Sinne entspringt nicht einer wie immer motivierten Neugierde oder dem menschlichen Wissenstrieb, sondern einer metaphysischen Erfahrung[76]. Sie ist *Erfahrung,* weil und insofern sie sich mit einer unwiderstehlichen Evidenz vor jedem philosophischen Diskurs ereignet, diesen allererst ermöglicht, ja sogar auf ihn hindrängt. Wenn sie sich allerdings einmal die Bahn des Denkens gebrochen hat, widersetzt sie sich jedem Versuch, sie zu übergehen, wegzudiskutieren oder bloß einfach „zur Kenntnis zu nehmen". Nicht jede Erfahrung drängt zum philosophischen Ausdruck; diese allerdings schon, weil und insofern sie eine *metaphysische* in einem ganz ursprünglichen und berechtigten Sinne genannt wird: Dieser Erfahrung geht es immer schon um den Grund der Dinge, des Seienden, ja des Seins schlechthin, d. h. um die grundlegende Hinsicht, von der aus das Ganze zumindest im Ansatz sichtbar werden kann. Zu die-

---

[74] LW II, 365, 1 - 2.
[75] DW 3, 118, 14: DW 5, 60, 5; „grobe meister": DW 1, 145, 7 u. ö.
[76] Vgl. *K. Albert:* Die ontologische Erfahrung, Ratingen—Kastellaun 1974, 31 ff.; *E. Fink:* Zum Problem der ontologischen Erfahrung: *ders.:* Nähe und Distanz. Phänomenologische Vorträge und Aufsätze, Freiburg 1976, 127 - 138.

sem Ganzen gehört aber das staunend-bewundernd-ungläubig-herausfordernd entdeckte, „wahr-"genommene, vernommene Nichts: Meister Eckhart „vernimmt" es (nach allen Seiten hin), um es so „wahr-zunehmen". Zu dieser metaphysischen Erfahrung gehört, daß es (das Nichts) als es selbst aufscheinen kann; daß der, dem es sich zeigt, sich ihr stellt, sich einläßt, um es in der dem Nichts gemäßen Weise zu erfahren; und bis zu einem gewissen Grad gehört zu dieser metaphysischen Erfahrung, daß er Ausschau hält nach ihm. Wie zeigt es sich, wie vernimmt Eckhart dieses Nichts? Um es noch einmal zu betonen: Hier sollen einige Facetten von Eckharts Rede vom „Nichts" äußerst gerafft in dem Zusammenhang dargestellt werden, der geeignet ist, den Grundgedanken seiner Lehre zu verdeutlichen. Der philosophiehistorische und der das Gesamtwerk des Meisters berücksichtigende systematische Hinblick treten deshalb zurück und müssen einer umfangreicheren Arbeit vorbehalten bleiben.

Die wenigen Beobachtungen zur sprachlichen Verwendung von „nihil" und „niht" und die dezidiert ontologische Wende der Lehre von nous/intellectus/vernunft implizieren die scheinbare Selbstverständlichkeit, daß die Rede von „Nichts" sich ständig d. h. hier wesentlich auf ein bestimmtes Seins-Verständnis bezieht, ja daß so etwas wie ein Nicht-Sein überhaupt nur und abkünftig von Sein her verstanden und ausgesagt werden kann. Allerdings hatte diese Selbstverständlichkeit eine Folge, gegen die sich Meister Eckhart schon zur Wehr setzt: Die Unbefangenheit, mit der Seiendes eben (nur) als seiend hingenommen wurde, beschwor eine fatale Vergessenheit des Nichts herauf.

a) Tatsächlich erfährt Eckhart wie jeder andere Mensch auch, daß Seiendes um uns herum ist, ja daß wir fraglos umgehen mit der vorläufigen Totalität dieses Seienden, Welt, und in ihr auf sie hin das einzelnde Seiende, das Dies und Das deuten. Aber der Meister nimmt diesem Umgang seine Fraglosigkeit, indem er alles Seiende, Welt und Mensch, auf ihr Begründet-Sein, in ihren Grund hineinverweist und zunächst unaufhörlich bemüht ist, den Grund als Ursprung von allem aufzuhellen und ihm gemäß, nämlich in ursprünglicher Weise, ins Anwesen zu verhelfen. Der Grund als Ursprung wird aber von der Selbstverständlichkeit des Anwesens des Seienden ständig überdeckt und verdrängt.

Aber, so ist doch zu fragen, was wird denn eigentlich verdeckt und verdrängt? Doch vor allem dies: daß Dinge, Welt und Mensch, Sein nicht aus eigener Kraft besitzen, sondern daß es ihnen verliehen worden ist. Diese „Mitteilung des Seins" (collatio esse) in der Schöpfung[77] ist ein zweischneidiges Schwert: Weigern sich die Kreaturen, ihr Sein als verliehen, geschenkt und gewährt anzunehmen und zu bejahen, daß sie ihren Grund nicht aus sich, sondern ‚vor' sich, in ihrem Ursprung suchen müssen, dann sprechen sie sich selbst das Urteil: „Sie sind ein reines Nichts"[78]. Auch der Mench, der in mannigfaltigen ‚Weisen', in ‚Eigenschaft' und ‚Willen' versucht, Sein festzuhalten, indem er Grund seiner selbst sein will, verfällt in der Wahnwitzigkeit dieses Unterfangens der Nichtigkeit[79]. Welt und Mensch ‚haben' Sein als Empfangenes — oder sie sind Nichts. Der Satz, alle Kreatur sei von sich her lauteres Nichts, ist also die letzte Konsequenz des zu Ende gedachten Schöpfungsgedankens: Alle Kreaturen, Welt und Mensch, sind ganz und gar Kreatur — und sonst: Nichts. Ihre Nichtigkeit wird offenbar, wenn sie in Eigenmacht Sein festhalten wollen und es zur ‚Eigenschaft' degradieren. Wir sind — umgeben von Nichts.

b) Diese Nichtigkeit des Seienden in sich bleibt bestehen, auch wenn das Gegründet-Sein anerkannt wird, allerdings legt es seinen alles bedrohenden Charakter ab und gewinnt seine bergende, ja friedvolle Dimension: Erst und nur im Nichts von Mensch und Ding, im Nicht-festhalten-Wollen am vermeintlich Eigenen werden sie ein „lauteres Nichts in Gott"[80], d. h. nur so können sie, Mensch und Welt, Kreatur, den Schöpfer durchscheinen lassen als den, von dem sie selbst entsprungen sind.

Die Differenz von Schöpfer und Geschöpf läßt Gott im Bild und das Bild mit Gott erscheinen: Kreatur in und aus Gott. Für Eckhart heißt das, daß sie aus sich nichts, weniger als sie selbst sind. Ergreifen sie aber ihre Nichtigkeit und begreifen sie sie, dann werden sie viel mehr als sie selbst, ja sie werden ein lauterer Gott, der ein „Verneinen des Verneinens" ist[81]: Um ihrer Nichtigkeit zu entgehen, suchen sie das Einssein.

c) Es wird immer deutlicher, daß bei Eckhart gar keine Rede davon sein kann, dem Nichts in irgendeiner Weise zu entkommen oder es übergehen zu wollen, indem man es der Bedeutungs- und Sinnlosigkeit anheimgibt. Im Gegenteil: Es begegnet nicht nur als der Interpretation bedürftiger ontologischer Terminus, sondern als wesentliche Bestimmung des Werdens von Welt und Mensch: „Unser ganzes wesenhaftes Sein liegt in nichts anderem begründet als in einem Zunichtewerden."[82] Das ist wohl ein Höhepunkt paradoxer Rede, die gerade

---

[77] Vgl. LW I, 160, 7 f. — s. Anm. 28.
[78] DW 1, 69, 5 - 70, 7 / Übersetzung: 444; 80, 10 ff. / 447; DW 5, 50, 19 f. / 491.
[79] Vgl. DW 5, 193, 3 ff. / 507.
[80] *J. Quint:* Meister Eckhart. Deutsche Predigten und Traktate, München³ 1969, 270, 2 f.; DW 1, 156, 7 ff. / 465; 363, 4 ff. / 514 u. oft.
[81] DW 1, 364, 4: Got ist ein, er ist ein versagen des versagennes.
[82] DW 5, 292, 6 - 294, 8 / 534; hier: 294, 6 - 8: Und alsô wirt daz wort wâr und vollbrâht des êwangelisten: ‚wer sich nidert, der wirt erhoehet!' Wan

deswegen oft nicht in ihrem metaphysisch-anthropologischen Sinn verstanden worden ist. Es geht hier keineswegs mehr nur darum, Welt und Dinge sein zu lassen, in ihrer Nichtigkeit auf den Grund und Ursprung hin zu durchschauen — und dabei sich selbst auszuklammern. Das Gegenteil ist der Fall: Das Zunichtewerden des Selbst ist Bedingung der Möglichkeit, das in Welt und Dingen, in jeder Kreatur waltende Nichts zu ver-nehmen und so im Vernehmen selbst ‚Bild‘, das Vernommene zu sein.

Eckhart deutet ausdrücklich das „Zunichtewerden" als „wesentliches Sein" des Menschen, also als das, wodurch der Mensch Mensch ist. Das Sein des Menschen liegt gerade nicht in einem Festhalten am Sein, wodurch es zum Ort für das vernichtende Nichts würde. Das, wodurch ein Mensch Mensch ist, wurde im Abschnitt 2 schon das Nichts des Intellekts genannt.

Wenn er ‚wahr‘-nehmen soll, muß er Nichts sein. Für den Menschen, der immer schon in einer selbstverständlichen Art *ist* und sich zunächst unausdrücklich als seiend versteht, ist es daher höchste Aufgabe, gerade dies nicht als sein eigentliches Sein zu begreifen: Seiend-sein heißt ja für Eckhart oft, grund-los-sein. Sein aber, als im-Grunde-sein ist nur in einem Werden zum Ursprung hin, also im Nichts-Werden zu finden. Modell für das Zu-nichte-Werden ist seine Metaphysik der Vernunft[83].

d) Vernunft ist allerdings nicht nur Modell für den Zustand des Menschen, der ihn selbst „wesenhaft sein" läßt, sondern auch der Weg dieses Werdens, Methode im philosophischen Sinne. Das wird u. a. auch aus dem schon angeführten Zitat über die fünf Eigenschaften der Vernunft deutlich[84]. Vernunft, und nur sie und nur der Mensch im (Zunichte-)Werden wie die Vernunft vermag „abzusehen vom Nichts"[85] und „durchbrechen"[86] durch alle kategorialen Festlegungen und Bestimmungen zur „unverhüllten Wahrheit", die sich auch nicht mehr begrifflich vermitteln läßt, da sie „gekommen ist aus dem Herzen Gottes unmittelbar". Durchbrochen wird die Festlegung, daß das, was geschaffen ist, auch Seiendes sei, daß daher Seiendes sein Sein eben vom ewigen Sein, d. i. vom Schöpfer, her empfangen habe. Eckhart möchte diese „ontologische Differenz" scharf gezogen wissen, indem er den Grund des Seienden eben nicht mehr Sein, sondern Nichts nennt.

---

allez unser wesen enliget an nihte dan in einem niht-werdenne. — Zur Interpretation vgl. *E. Waldschütz:* Meister Eckhart, 49 - 56.

[83] Vgl. LW V, 50, 1 - 5; 54, 1 - 5; — vgl. Abschnitt 2.2.
[84] Vgl. DW 3, 169, 1 ff. — s. Anm. 64 Zitat.
[85] DW 1, 169, 10 - 170, 5 / 470.
[86] DW 2, 502, 4 - 506, 4 / 730 f. und oft.

Damit bricht er alle Vorstellungsmöglichkeit, gibt keinen Anhalt, um sich daran im Haben festzuhalten oder es als ‚Eigenschaft' zu besitzen. Und doch ist ihm dieses „Nichts" zwar einerseits wirklich das Nichts des Seienden, des Vorstellbaren, Nennbaren, Bestimmbaren usw., andererseits aber als bloße Negativität immer schon mißverstanden: Dieses Nichts läßt als „Verneinen des Verneines" erst alles sein. Durchbrochen wird die Metaphysik mit metaphysischen Mitteln, weil sie gegenüber der erfahrbaren, unermeßlichen Weite des Nichts als Einengung erscheinen muß. Im Durchbrechen läßt der Mensch ab vom Festhalten an in sich Nichtiges, um sich immer freier auf den Ursprung hinzubewegen, d. h. zu-nichte-zu-werden: Nur so wird der Mensch er selbst. Das ist so paradox, daß sogar Meister Eckhart sich wundert: „Ich erschrecke oft, wenn ich von Gott reden soll, wie völlig abgeschieden die Seele sein muß, die zu jener Einswerdung kommen will. Das aber darf niemanden unmöglich dünken."[87] Und doch ist es für ihn eine unverhüllte Wahrheit: Nur die, die Nichts gleichen, also alles durchbrochen und gelassen haben, die alleine sind Gott gleich.

e) Es dürfte nicht überraschen, daß Eckhart, je tiefer er aus seiner Erfahrung schöpft, um so eindringlicher die Forderung des Durchbruchs erhebt, um so in die Erfahrung des Nichts hineinzuführen. Der Mensch, der sich nicht gelassen hat, wird nicht als Sohn geboren — hier wird, zwar in Metaphern, von einem qualitativen Unterschied gesprochen, der diesem Nichts-des-Unterschieds, dem „Noch-nicht-Sohn-Sein"[88] einen ontologischen Sinn verleiht. Eckhart strebt nicht eine Identität der Selbigkeit (des Menschen mit dem Sohn und des Sohnes mit dem Vater/ Schöpfergott) an, sondern spricht von einer Identität des Geschehens[89], in der der Unterschied der Beteiligten nicht aufgehoben ist. Im „Nochnicht" des „Noch-nicht-Sohn-Seins" leuchtet das äußerste Nichts als Möglichkeit und Ziel des Menschen auf, welche nur in einem Werden, dem Zu-nichte-Werden wirklich werden kann.

Ziel ist die Einheit des Geschehens. Aber Meister Eckhart „erschrickt" über den Weg dorthin, *wie* völlig abgeschieden die Seele sein muß — und doch soll es niemanden unmöglich dünken[90]. In „Von abegescheidenheit" wird dieses Thema in Form eines Traktates „systematisch" angegangen, um an zentraler Stelle über den „Gegenstand" der Abgeschiedenheit zu handeln: „... Sie steht auf einem reinen Nichts, und ich sage dir, warum das so ist: Die lautere Abgeschiedenheit steht auf dem Höchsten. Nun aber steht der auf dem Höchsten, in dem Gott

---

[87] DW 3, 266, 9 - 267, 6.
[88] DW 5, 49, 4 - 6; 46, 8 - 13; DW 1, 114, 2 f.
[89] B. *Welte:* Meister Eckhart, 110 ff., bes. 120 f.
[90] s. Anm. 87.

nach seinem ganzen Willen wirken kann ... Soll daher das Herz Bereitschaft haben zum Allerhöchsten, so muß es auf dem reinen Nichts stehen, und darin liegt die größte Möglichkeit, die sein kann. Da nun das abgeschiedene Herz auf dem Höchsten steht, so muß dies auf dem Nichts sein, denn in dem liegt die größte Empfänglichkeit."[91]

Im reinen Nichts der reinen Empfänglichkeit vollendet sich, was dem Menschen möglich ist — ganz analog seiner Lehre vom Nichts der Vernunft, was auch das unmittelbar angefügte, erläuternde „glîchnisse in der natûre", nämlich das Wachstafelbeispiel meint[92]. Im Nichts der Abgeschiedenheit sind wir selbst die Durchsicht auf Gott hin, wir verstellen ihn nicht durch vermeintliches Sein, durch das, was alles „Gegenstand" sein könnte[93].

f) Wenn Eckhart sagen kann, Abgeschiedenheit stehe auf einem reinen Nichts („stân uf einem blôzen nihte"), ist damit natürlich nicht nur die völlige Gegenstandslosigkeit dieses Fundamentes gemeint, sondern eben das Fundament selbst als der Grund von allem angesagt: Er ist das reine Nichts, das/der die Abgeschiedenheit des Menschen, das Zu-nichte-Werden, ermöglicht, aus sich entläßt und zu sich leitet. Schon oft wurde das Nichts des Grundes, des Ursprungs angesprochen. Im genannten Traktat „Von abegescheidenheit" ist es/er noch einmal klar „Gott" genannt als „die höchste Abgeschiedenheit"[94], die selbst nicht nur im Nichts gründet, sondern dieses selbst *ist:* „seine unnennbare Nichtigkeit"[95]... Der Grund und Ursprung von allem ist so wirklich, daß er als Nichts für den Menschen unnennbar ist.

Im Nichts der Abgeschiedenheit, das Gott wirklich und der Mensch möglich ist, werden Gott und Mensch eins, d. h., kann der Mensch sein Wesen entdecken als Gott: im Nichts der Abgeschiedenheit Gottes offenbart sich die Wahrheit des Nichtswerdens des Menchen. Der abgeschiedene Mensch wird in seinem Nichts reine Gegenwart Gottes, der in seiner Abgeschiedenheit den Menschen ganz in sich birgt und sich so als das Wesen des Menschen, jedes Menschen offenbart.

In welch hymnische Worte der Meister diese für den Menschen höchste Wahrheit kleiden kann, verdeutlichen eine Reihe von Predigten: „Du sollst ihn lieben, wie er ein Nicht-Gott, ein Nicht-Geist, eine Nicht-Person, ein Nicht-Bild ist; mehr noch: wie er ein lauteres, klares

---

[91] DW 5, 423, 1 - 5; 425, 2 - 5.
[92] DW 5, 425, 6 - 10.
[93] Zur Erläuterung der in Anm. 91 zitierten Stelle dienen: *B. Welte:* Meister Eckhart, 31 ff., *E. Waldschütz:* Meister Eckhart, 231 ff.
[94] DW 5, 434, 3 f.
[95] DW 3, 443, 7: sin ungenanten nitheit.

Eines ist, abgesondert von aller Zweiheit. Und in diesem Einen sollen wir ewig versinken vom Etwas zum Nichts. Dazu helfe uns Gott. Amen[96]."

Gott als das Wesen des Menschen leuchtet auf, aber es leuchtet vor jeder Verfügbarkeit, vor jedem Zugriff, vor jedem Mißverständnis als das „Licht des Nichts"[97]. Allerdings läßt Eckhart keinen Zweifel, daß in diesem Versinken vom Etwas zum Nichts die Bestimmung und die Erfüllung des Menschseins liegen. Nur so wird er zur lebendigen Gegenwart (als Sohn) Gottes; diese Gegenwart ist wiederum nur möglich im Durchgang durch die verschiedenen Dimensionen und Stufen des Nichts, um schließlich zu-nichte-geworden er selbst zu sein.

IV. Rück-Verweisungen

Der Grund, warum Eckhart das oft genug auch gedankenlos verwendete „das Seiende wird in vielfacher Weise ausgesagt" nicht zitiert, könnte doch sein, daß er im Seienden immer schon Sein und Nichts anwesen sieht, insofern das Seiende immer schon durchzogen ist von einem Nichts — der in den lateinischen Werken stärker betonte negative Zug wurde im Rahmen dieses Beitrags nicht ausführlich entfaltet. Allerdings ist nicht nur das Seiende vom Nichts durchzogen — Sein selbst läßt ein ursprüngliches Nichts erahnen. So kennt er nicht nur vielfältige Bedeutungen des Seienden, sondern ebenso vielfache Bedeutungen des Nichts[98].

All dies, weil es schon ein Nichts gibt, das ursprünglicher ist, weil es in jedem Sein waltend anzutreffen ist, das jedenfalls nicht erst im Nachhinein als solches dazuerfunden, dazu-gedeutet, hineininterpretiert werden kann, nämlich zum Seienden hinzu, in es hinein usw. Mit Meister Eckhart ist vielmehr zu fragen, ob nicht Seiendes insgesamt ins Nichts hinein zu interpretieren ist, ob sich nicht vielmehr erst so der Schlüssel zu einer adäquaten Deutung der Wirklichkeit als Ganzer gewinnen läßt. Denn es gilt für Meister Eckhart: Wir sind — aus Nichts; wir leben — umgeben von Nichts; wir gehen — ins Nichts. Es ist für Eckhart ein zu Bedenkendes, weil es sich erfahren läßt und den, der es erfährt, nicht mehr losläßt. In dem Nichts begegnen die Grenzen des Seienden, des Menschen und der Welt, und gleichzeitig der offene, weite Raum, der jedem Seienden die Gewähr gibt zu sein.

Vom Nichts her gesehen ist Sein auch für Eckhart keineswegs das Selbstverständliche, sondern das jederzeit Fragwürdige, ja oft sogar

---

[96] Z. B. Pr. 52 = DW 2, 486 ff.; Pr. 71 = DW 3, 211 ff.; Pr. 83 = DW 3, 437 ff. — Hier: DW 3, 448, 7 - 10.

[97] s. Anm. 11.

[98] *Aristoteles,* Met. IV, 1003 a 33. — vgl. *B. Welte:* Anm. 11 und *K. Riesenhuber:* Anm. 3.

das Fremde, das erst wieder sich selbst verständlich und vertraut wird, wenn es sich von seinem Ursprung her erschließen läßt.

Eckharts Denken gewinnt Gestalt auf dem Grunde einer reichen Erfahrung des Seins des Nichts und des Nichts des Seins: Diese Erfahrung ist deshalb so reich, weil Eckhart beides erfahrend denkt und denkend erfährt, weil er Sein und Nichts (noch) nicht als einander ausschließende Gegenpole, sondern als einander wechselseitig hervorrufende Grunderfahrungen aushält.

Nur so ist es möglich und denkbar, daß heutige Rede vom Nichts zwar von Eckharts Denken und Erfahrung angeregt wird, daß sie aber, geprägt durch die Erfahrung der Zeit seither, nur bestimmte Dimensionen in Eckharts Nichts-Verständnis auf sich wirken läßt. Umgekehrt sollte aber auch gezeigt werden, daß ein umfassendes Verständnis des Nichts für die Deutung des Seienden im Ganzen unerläßlich ist, wenn Denken und Erfahrung des Menschen nicht in einer Teilwahrheit verfallen und damit Menschsein überhaupt verfehlt werden soll.

Der Wahrheit des Ganzen galt das Lebenswerk Leo *Gabriels* — ihm ist dieser Beitrag zur Vollendung seines 80. Lebensjahres gewidmet.

Eine Neubesinnung auf Wittgensteins Philosophie

Von *Friedrich Wallner*

Zur leichteren Orientierung sei zunächst ein Inhaltsverzeichnis in Stichworten vorausgeschickt:

(1) Die Beziehung „Sprache — Welt"
(2) Wittgensteins Philosophie der Logik
(3) Die Überprüfung von Bezügen zwischen dem Sagbaren und dem Unsagbaren im Rahmen einer Handlungstheorie der Erkenntnis
(4) Abgrenzung des Traktats gegenüber anderen philosophischen Positionen, insbesondere dem Wr. Kreis
(5) Wittgensteins Beziehung zur „Transzendentalphilosophie"
(6) Begriff und Stellenwert der Philosophie im Traktat

Ad (1)

Es ist das bleibende Verdienst von Erik Stenius[1], durch die klare Entwicklung eines Deutungskonzepts der „isomorphen Abbildung" vielen Passagen des Traktats einen eindeutigen Sinn gegeben zu haben. Doch wollte dies der junge Wittgenstein?

Zunächst fällt auf, daß die Ausführungen von Stenius dem Philosophieverdikt des Traktats zweifellos nicht entsprechen. Sie sind vielmehr klare Bestandteile mathematisch-logischer Theorie, welche nur durch pedantisches Bestehen auf der Selbstanwendung des Bildbegriffes in gekünstelter Weise als „unsinnig" aufzufassen sind. Bei einer solchen Verharmlosung des Verdikts der Philosophie wird aus diesem eine bloße Redewendung ohne schwerwiegende Konsequenzen. Damit befindet sich Stenius in der Gesellschaft des Wr. Kreises, in welchem die von Wittgenstein betonte Unaussprechbarkeit der Beziehung von Sprache und Welt keineswegs die Ausbildung wissenschaftstheoretischer Metatheorien dieser Beziehung verhinderte.

Unter solchen Gesichtspunkten sinkt Wittgensteins Sprachbildtheorie auf die Ebene einer philosophischen Banalität herab; der Wert des Traktats läge in diesem Fall ausschließlich in der Entwicklung bestimm-

---

[1] Wittgensteins Traktat. Frankfurt a. M. 1969.

ter Techniken der Logik. Seine philosophischen Ausführungen wären bei einer solchen Auffassung weniger unsinnig als nichtssagend. Man wird unwillkürlich an den Par. 128 der „Philosophischen Untersuchungen" erinnert:

> Wollte man *Thesen* in der Philosophie aufstellen, es könnte nie über sie zur Diskussion kommen, weil Alle mit ihnen einverstanden wären.

Doch die im Traktat entwickelte Philosophie stellt einen höheren Anspruch:

> Dies Buch wird vielleicht nur der verstehen, der die Gedanken, die darin ausgedrückt sind — oder doch ähnliche Gedanken — schon selbst einmal gedacht hat. (Trakt., Vorwort)

Die Auffassung Wittgensteins über die Beziehung von Sprache und Welt läßt sich an Hand der Betrachtung der Tautologien und tautologieähnlicher Formulierungen im Traktat besonders herausarbeiten.

> Was wir nicht denken können, das können wir nicht denken;
> (Trakt. 5.61)

> Occams Devise ist natürlich keine willkürliche, oder durch ihren praktischen Erfolg gerechtfertigte Regel: Sie besagt, daß *unnötige* Zeicheneinheiten nichts bedeuten... (Trakt. 5.47321)

> Der Name bedeutet den Gegenstand. Der Gegenstand ist seine Bedeutung... (Trakt. 3.203)

Wer in der Isomorphie von Wirklichkeit und Sprache bereits die letzte Weisheit der Traktatphilosophie erblickt, wird in den zitierten Stellen bloß eine Demonstration dafür sehen, daß Sprache außerhalb ihrer Bildfunktion versagt.

Um dem Sprachkonzept des Traktats gerecht zu werden, empfiehlt es sich, noch zwei weitere Textstellen heranzuziehen:

> Das Wesen des Satzes angeben, heißt, das Wesen aller Beschreibung angeben, also das Wesen der Welt. (Trakt. 5.4711)

> Daß die Sätze der Logik Tautologien sind, das *zeigt* die formalen — logischen — Eigenschaften der Sprache, der Welt. Daß ihre Bestandteile *so* verknüpft eine Tautologie ergeben, das charakterisiert die Logik ihrer Bestandteile.

> Damit Sätze, auf bestimmte Art und Weise verknüpft, eine Tautologie ergeben, dazu müssen sie bestimmte Eigenschaften der Struktur haben. Daß sie *so* verbunden eine Tautologie ergeben, zeigt also, daß sie diese Eigenschaften der Struktur besitzen. (Trakt. 6.12)

Aus der ersten zitierten Stelle (5.4711) scheint sich zunächst ein Primat der Sprache zu ergeben; doch bereits aus dem ersten Satz der danach zitierten Textstelle ersehen wir, daß eine solche Annahme fragwürdig ist und die Texte in ungerechtfertigter Weise simplifiziert. Dieser Satz ist ein schönes Beispiel dafür, wie Wittgenstein „philosophischen Unsinn" stilistisch illustriert. Dem Leser soll hier klargemacht werden, daß Subjekt und Objekt durchaus ausgetauscht werden können. Die Pointe dieses Satzes liegt aber darin, daß keines von beiden einen Beitrag zur Bestimmung des anderen leistet. Dies ist der Sinn der Traktatthese, daß die logische Form, welche Sprache und Welt gemein haben müssen, nicht dargestellt werden kann. Man könnte in stilistischer Imitation Wittgensteins sagen: *Die Logik der Sprache bestimmt die Logik der Welt; die Logik der Welt ist ihre Bestimmung.* Diesen Zirkel illustriert Wittgenstein in den folgenden Sätzen von 6.12. Besonders eindrucksvoll sind der dritte und vierte Satz. Denn mit diesen beiden Sätzen soll wohl zum Ausdruck gebracht werden, daß — zumindest für die Logik — die Alternative „vorgegeben-konstruiert" entfällt.

Bevor wir diese These einer genauen Prüfung unterziehen, wollen wir uns die Frage vorlegen, ob man aus diesem Konzept der Logik nicht auch Rückschlüsse auf das Konzept des sinnvollen Satzes ziehen kann. Zu diesem Zweck wollen wir wieder einige Traktatstellen untersuchen:

> ... („Sokrates ist identisch' heißt darum nichts, weil es keine Eigenschaft gibt, die „identisch" heißt. Der Satz ist unsinnig, weil wir eine willkürliche Bestimmung nicht getroffen haben, aber nicht darum, weil das Symbol an und für sich unerlaubt wäre.) ... (Trakt. 5.473)
>
> Der Mensch besitzt die Fähigkeit Sprachen zu bauen, womit sich jeder Sinn ausdrücken läßt, ohne eine Ahnung zu haben, wie und was jedes Wort bedeutet ... (Trakt. 4.002)
>
> Der Satz ist ein Bild der Wirklichkeit.
> Der Satz ist ein Modell der Wirklichkeit, so wie wir sie uns denken.
> (Trakt. 4.01)

Diesen Textstellen ist die Bemühung gemeinsam, den Gegensatz von menschlichem Entwurf und vorgefundener Wirklichkeit als nichtig hinzustellen. Dies ist nur im Rahmen des solipsistischen Konzepts im Traktat möglich, welches dort eine zentrale Funktion besitzt. Das solipsistische Ich Wittgensteins ist von jeglicher Subjektivität entbunden; denn — so argumentiert Wittgenstein — sofern das Ich sprachlich darstellbare Eigenschaften hat, gehört es zur Welt und ist nicht Subjekt; sofern es Subjekt ist, läßt es sich nicht beschreiben und gehört deshalb nicht zur Welt. Da das so konzipierte „Ich" keinen Einfluß auf das Zustandekommen der Erkenntnis hat, kann Wittgenstein den Solipsismus mit dem Realismus zusammenfallen lassen. (Vgl. Trakt. 5.64!) Der solipsistische Standpunkt hat hier also keine Relativierung der Erkenntnis zur Folge, sondern im Gegenteil ihre Absicherung gegen jeglichen Zweifel. Sofern Zweifel möglich sind, befinden wir uns auf der Ebene der Erfahrung; hier kann die Philosophie nichts ausrichten, es ist vielmehr Sache etwa der Psychologie. Deshalb:

> ... Erkenntnistheorie ist die Philosophie der Psychologie ...
> (Trakt. 4.1121)

Ein weiterer wichtiger Gesichtspunkt für den Solipsismus im Traktat ergibt sich aus Trakt. 5.62:

> ... Daß die Welt *meine* Welt ist, das zeigt sich darin, daß die Grenzen *der* Sprache (der Sprache, die allein ich verstehe) die Grenzen *meiner* Welt bedeuten.

Zunächst stellt sich die Frage, wodurch die Sprache begrenzt ist. Hier ist es für Wittgenstein ausgemacht: die Grenze wird durch die Sprache *selbst* gezogen. (Vgl. z. B. Trakt., Vorwort!) Sie wird nicht durch ein empiristisches Sinnkriterium bestimmt. Wittgenstein deutet die Unmöglichkeit, die Sprache „von außen" zu begrenzen, durch tautologieähnliche Formulierungen an.

Ein Beispiel dafür ist die meist mißverstandene Traktatstelle 4.116:

> ... Alles was sich aussprechen läßt, läßt sich klar aussprechen.

Dieser Satz ist nicht so zu verstehen, daß in einer Art von Exaktheitswahn weite Teile der Sprache der Befolgung eines unangemessenen Ideals geopfert werden sollen. Vielmehr soll damit gesagt werden, daß die Klarheit eine Leistung der Sprache ist. Deshalb bringt die Sprache die Rechtfertigung der Logik bei und nicht umgekehrt. (Vgl. Trakt. 5.4731! Vgl. dazu auch Trakt. 6.233!) Unter diesem Gesichtspunkt läßt sich auch der erste Satz von Trakt. 5.5563, welcher sonst bei Traktatinterpreten gewöhnlich Verwunderung auslöst, verstehen:

> Alle Sätze unserer Umgangssprache sind tatsächlich, so wie sie sind, logisch vollkommen geordnet.

Die Absicht des Traktats liegt nicht darin, eine Idealsprache als Norm für alle Sprachen zu gewinnen; dies haben erst seine Interpreten gefolgert. Seine Intentionen sind durchaus von größerem philosophischen Gewicht. Man könnte sie — unter anderem — in der folgenden Formulierung zum Ausdruck bringen: Wie ist sprachliche Weltdeutung möglich, ohne die unüberblickbare Vielzahl möglicher Sätze vorwegzunehmen? Von diesem Horizont her sind die Anforderungen an die Welt, den Sprecher und die Logik zu verstehen.

Die Welt muß eindeutige Entscheidungen ermöglichen. Der Sprecher darf nicht durch mögliche Selbstinterpretationen eine ständige Bedrohung für den einmal erlangten Sinn eines Satzes sein. Wenn aber der Einfluß des Sprechers ausgeschaltet ist, können auch die „Gesetze" der Logik nicht über das „Bewußtsein" des Sprechers wirken. Die Logik muß in den Möglichkeiten der Zeichen selbst liegen.

Wenn man damit Wittgensteins Äußerungen in der späteren Phase seines Philosophierens vergleicht, muß man sich klar sein, daß nunmehr ein anderer Begriff von „Sprache" zugrunde liegt. Während man im Hinblick auf den Traktat von einer Weltdeutungssprache reden könnte, läßt sich das spätere Konzept mit dem Stichwort „intersubjektive Verständigungssprache" andeuten. Damit verliert Sprache ihre undifferenzierbare Einmaligkeit; sie ist jetzt Teil einer Tätigkeit (vgl. PU I 23!), welche intersubjektiver Kontrolle unterliegt, und läßt sich nach verschiedenen Gesichtspunkten differenzieren. Durch die übliche Alternative „Bildtheorie — Spieltheorie der Sprache" werden die Beziehungen zwischen der frühen und der späteren Phase im Lebenswerk Wittgensteins simplifiziert und damit verfälscht. Der philosophische Hintergrund der Traktatüberwindung ist nicht eine Senkung des Anspruchsniveaus der Logik, sondern die Aporie des Sprachsolipsismus. Der Zusammenfall von Solipsismus und Realismus im Zeichen des metaphysischen Subjekts erbringt nicht die gewünschte Leistung, da die Sätze durch das empirische Subjekt gebildet werden.

Ad (2)

In der Frage der Rechtfertigung der Sätze der Logik ging Wittgenstein ganz andere Wege als Frege und Russell. Der gravierendste Unterschied ist seine Abkehr vom Platonismus in der Logik. Damit in Verbindung steht seine Ablehnung des Evidenzkriteriums. Denn in der Einschaltung des Bewußtseins sah er ein psychologistisches Argument. Psychologistische Begründungen lehnte er vehement ab, um einen unendlichen Regreß zu vermeiden.

Da sich bei der Erkenntnistheorie die Einschaltung des Erlebens nicht vermeiden läßt, sieht er in ihr „die Philosophie der Psychologie" (Trakt. 4.1121). Er will damit zum Ausdruck bringen, daß die Philosophie zur Erkenntnistheorie nicht mehr beitragen könne, als die diesbezüglichen Aussagen der Psychologie einer logischen Klärung zuzuführen. Ein Beispiel dafür finden wir in Trakt. 5.541 ff.

Anders liegen die Dinge in der Logik:

> Das Einleuchten, von dem Russell so viel sprach, kann nur dadurch in der Logik entbehrlich werden, daß die Sprache selbst jeden logischen Fehler verhindert. — Daß die Logik a priori ist, besteht darin, daß nicht unlogisch gedacht werden *kann*." (Trakt. 5.4731)

Der zweite Satz ist ein Beispiel für die tautologieähnlichen Formulierungen, mit welchen Wittgenstein dem Umstand Rechnung trägt, daß es — nach seinem Konzept der Philosophie — keine „philosophischen Sätze" geben kann. Doch dies ist nicht etwa als Resignation eines Erkenntnispessimismus zu verstehen, sondern Wittgenstein erhebt mit solchen Formulierungen durchaus einen argumentativen Anspruch.

Dies ergibt sich auch aus Ramseys Kritik. Ramsey meint dazu in den „Foundations of Mathematics" (S. 269), daß man mit dem gleichen Argumentationsschema auch die Behauptung vertreten könne, es sei unmöglich, die Regel des Bridge zu brechen. Denn: Wer Bridge spielt, hält sich an bestimmte Regeln. Wer sich nicht an die Regeln des Bridge hält, spielt eben nicht Bridge.

Doch Wittgenstein baute das Logikkonzept des Traktats nicht auf einen logischen Trugschluß auf; vielmehr versteht er sein Argument von der Unhintergehbarkeit der Sprache her:

> Der Satz kann die gesamte Wirklichkeit darstellen, aber er kann nicht das darstellen, was er mit der Wirklichkeit gemein haben muß, um sie darstellen zu können — die logische Form.
> Um die logische Form darstellen zu können, müßten wir uns mit dem Satze außerhalb der Logik aufstellen können, das heißt außerhalb der Welt. (Trakt. 4.12)

Die Logik wird also vom Funktionieren der Sprache her begründet. Wir erinnern uns nochmals an Trakt. 5.5563. Diese Stelle hat nun von unserem Horizont her jeglichen Anschein, ein Fremdkörper im Traktat zu sein, verloren.

Dieses Konzept der Logik hat zwei Konsequenzen:

(a) Die Sätze der Logik sind bloß Scheinsätze.

(b) Auf Sätze der Logik kann auch verzichtet werden.

Beide Konsequenzen finden sich im Traktat expliziert:

(a) die Logik kommt mit Tautologien bzw. Kontradiktionen aus. (Vgl. Trakt. 4.461 ff., außerdem Trakt. 6.1 ff.!) Tautologie und Kontradiktion sind Grenzfälle der Zeichenverbindung, da sie — wenn auch dem Anschein nach Sätze — nicht das erbringen, was Zeichenverbindung leistet: nämlich die Darstellung eines Sachverhaltes. Sie sagen nichts, oder — was gleichbedeutend ist —: sie tragen nichts zur Bestimmung der Wirklichkeit bei. Ihre Leistung richtet sich auf die Sätze: in ihnen zeigen sich die logischen Eigenschaften von Sätzen, da sie deren Gleichgewichtszustand darstellen. (Vgl. Trakt. 6.121, außerdem Trakt. 5.142 f.!)

(b) Aus diesen Gründen sind sie aber auch entbehrlich: Die logischen Eigenschaften kommen bereits in einer genügenden Notation zum Vorschein. (Vgl. Trakt. 6.122!)

Das Logikkonzept des Traktats weist einen Zwiespalt auf: Einerseits ist die Logik keinesfalls τέχνη, sondern als Bedingung der Möglichkeit von Weltbeschreibung aller sinnvollen Sprache vorausgesetzt, andererseits zeigt sie sich erst an den jeweiligen sprachlichen Konstrukten. Im solipsistischen Konzept des Traktats wurde dieser Zwiespalt von Voraussetzung und Entwurf übergangen, da das von subjektiver Willkür freie solipsistische Subjekt sozusagen im Einklang mit der Welt handelt.

Dazu gibt es einen interessanten Beleg in den „Tagebüchern 1914 - 16": Nach einer längeren Eintragung, welche sich im Umkreis des Gedankens vom Zusammenfall des Solipsismus mit dem Realismus bewegt, ist am 17. 10. 1916 eingetragen:

> Und in diesem Sinne kann ich auch von einem der ganzen Welt gemeinsamen Willen sprechen.
> Aber dieser Wille ist in einem höheren Sinne *mein* Wille. Wie meine Vorstellung die Welt ist, so ist mein Wille der Weltwille.
> (Schriften 1, S. 178)

Nach dem Aufgeben des solipsistischen Konzepts können freilich Zwanglosigkeit und (überindividuelle) Eindeutigkeit nicht mehr zusammengedacht werden. Es stellt sich das Problem der Verbindlichkeit; dieses wird nunmehr konventionalistisch — durch Festlegungen — zu lösen versucht.

Aus diesen Gründen tritt in der Spätphilosophie das Problem der Abgrenzung *und* der Beziehung der Logik zur Erfahrung unter anderen Gesichtspunkten wieder auf. Diesbezüglich ist PU I,81 besonders interessant.

Ad (3)

Zunächst eine Bemerkung zur Wendung „Handlungstheorie der Erkenntnis": Hier wollen wir „Handlung" in einem ganz allgemeinen Sinn verstanden wissen, so daß mit dieser Wendung alle Erkenntniskonzepte, welche den Aktionen des jeweiligen Erkenntnissubjekts Bedeutung beimessen, gemeint sein können. Dieser Terminus wurde vor allem aus drei Gründen geprägt:

(a) um jene Momente der Traktatdoktrin, welche bei einem einseitigen Festhalten an der Bildtheorie übersehen werden müssen, berücksichtigen zu können;

(b) um eine Brücke vom Sprachkonzept zur Ethik des Traktats schlagen zu können;

(c) um unter diesem Gesichtspunkt die Früh- und die Spätphilosophie Wittgensteins vergleichen zu können.

Bei dieser Thematik empfiehlt es sich, von einer zunächst etwas merkwürdig anmutenden Tagebuchnotiz auszugehen:

> ... Die Ethik handelt nicht von der Welt. Die Ethik muß eine Bedingung der Welt sein, wie die Logik ... (Tb. v. 24. 7. 1916, Schriften 1, S. 170)

Die Logik ist insofern eine Bedingung der Welt, als diese unter dem Primat der Beschreibbarkeit gesehen wird. Daß ein solcher Gesichtspunkt Wittgenstein durchaus geläufig war, ergibt sich z. B. aus Trakt. 3.031:

> Man sagte einmal, daß Gott alles schaffen könne, nur nichts, was den logischen Gesetzen zuwider wäre. — Wir könnten nämlich von einer ‚unlogischen' Welt nicht *sagen*, wie sie aussähe.

Man könnte sagen, daß die Welt deshalb „logisch" sei, weil alles, was sich nicht beschreiben lasse, *nicht* Welt sei.

Eine entsprechende Argumentationsstruktur im Hinblick auf die Ethik finden wir in einer Tagebuchaufzeichnung vom 29. 7. 1916 (Schriften 1, S. 170; vgl. dazu auch Trakt. 6.43!):

> Die Welt des Glücklichen ist eine andere als die des Unglücklichen.
> Die Welt des Glücklichen ist *eine glückliche Welt*.
> Kann es also eine Welt geben, die weder glücklich noch unglücklich ist?

Diese Textstelle suggeriert geradezu den Vergleich der Ethik mit der Logik. Dies hätte wesentliche Konsequenzen für den Status ethischer Aussagen; diese wären dann *nicht* „unsinnig", sondern „sinnlos". Um diesen — vom Horizont bisheriger Interpretationen her — kühnen Deutungsvorschlag am Text zu überprüfen, befassen wir uns zunächst mit der Stellung des Willens in diesem Ethikkonzept:

> Vom Willen als dem Träger des Ethischen kann nicht gesprochen werden. Und der Wille als Phänomen interessiert nur die Psychologie.
> (Trakt. 6.423)
> ... Ist aber ein Wesen denkbar, das nur vorstellen (etwa sehen), aber gar nicht wollen könnte? In irgendeinem Sinne scheint dies unmöglich. Wäre es aber möglich, dann könnte es auch eine Welt geben ohne Ethik.
> (Tb. 21. 7. 1916; Schriften 1, S. 169)

Bei der Interpretation all der soeben zitierten Stellen spielt eine entscheidende Rolle, daß wir uns des solipsistischen Hintergrunds von Wittgensteins früher Philosophie bewußt sind: „Ich bin meine Welt." (Trakt. 5.63). Denn die Ethik und auch die Logik sind Bedingungen der Welt unter dem Aspekt, daß die Welt *meine* Welt ist. Sie ist aber erst *meine* Welt, wenn sie sich in Sätzen darstellen läßt.

Aus den vorgelegten Belegen und den anschließenden Überlegungen ergibt sich wohl, daß der Aspekt der „Handlung" auch für die Traktatdoktrin eine Rolle spielt. Ebenso wird aber auch die bereits erwähnte Aporetik des solipsistischen Konzepts sichtbar: Das empirische Ich kann das Anspruchsniveau der Logik und der Ethik (nämlich überrelativ zu sein) nicht erfüllen. Vom metaphysischen Ich kann nicht gesprochen werden außer in negativer Weise (Trakt. 5.641: „Grenze — nicht ein Teil der Welt").

Es gibt aber noch eine wichtige Beziehung zwischen Sprache und Ethik: Die „Erfahrung" der Ethik ist gerade die „Erfahrung" der Begrenztheit unserer Sprache.

> Dieses Anrennen gegen die Grenze der Sprache ist die *Ethik*...
> (Schriften 3, S. 68)

Das heißt: Der Mensch muß die Sprache als etwas erfahren, was sie nicht ist — als Käfig. (Vgl. Schriften 3, S. 117!) Hier zeigt sich erneut die Aporetik des solipsistischen Konzepts: Das schattenhafte Handeln des solipsistischen Ichs beim sprachlichen Entwurf wird nunmehr — unter den Anforderungen einer Ethik — als defizient erkannt.

Nur in einer so radikalen Abkehr von unserer Weltbeschreibungssprache ist die „Erfahrung" der Ethik möglich. Wer sich hingegen um ethische Aussagen bemüht, richtet den Blick in die falsche Richtung. Die Ethik würde eine Verschmelzung von empirischem und metaphysischem Ich erfordern. Damit würde der Zusammenfall von Solipsismus und Realismus hintangehalten; die je eigene Welt des Ich wäre dann nicht eine bloß schattenhafte (weil überrelative), sondern es ließen sich je eigene Welten als Ausdruck je eigener Subjektivität errichten.

Ein wesentlicher Unterschied im Sprachkonzept der späteren Phase ist neben der Konkretisierung des Handlungsbegriffes — gegenüber seiner defizienten Abstraktheit im Traktat —, daß nunmehr auf den Vorgang des Handelns geachtet wird, nicht bloß auf sein Ergebnis. Dies ist aber bereits bei der ethischen Handlung im Traktat geschehen. (Vgl. dazu: „... Es muß zwar eine Art von ethischem Lohn und ethischer Strafe geben, aber diese müssen in der Handlung selbst liegen" — Trakt. 6.422).

Im sog. „Blauen Buch" (Schriften 5, S. 48 ff.) lassen sich Parallelen zwischen der — sozusagen methodischen — Theorielosigkeit der Ethik im Traktat und dem Theorieabbau in der Spätphilosophie aufzeigen.

Ad (4)

Ein empiristisches Sinnkriterium ist dem Traktatkonzept nicht nur fremd und für seinen Argumentationsaufbau überflüssig, sondern sogar die Angabe eines Sinnkriteriums ist mit seinem Sprachkonzept unvereinbar: Sprache kann nicht nach außersprachlichen Normen beurteilt werden.

An Hand von Texten Schlicks läßt sich aufzeigen, daß auch ein bis in die einzelnen Formulierungen reichender Einfluß nicht davon entbinden kann, den argumentativen Kontext zu prüfen. Dies läßt sich z. B. durch einen Vergleich des Sprachkonzepts im Traktat mit demjenigen in Schlicks Aufsatz „Meaning and verification" (Gesammelte Aufsätze, S. 338 - 67) belegen.

Im Traktat greift die Sprachhandlung nicht über den Satz hinaus, sie „berührt" gewissermaßen nur die Wirklichkeit (vgl. z. B. Trakt. 2.1515: „Diese Zuordnungen sind gleichsam die Fühler der Bildelemente, mit denen das Bild die Wirklichkeit berührt.") und hat mit ihr die „logische Form" gemein. Schlicks Verifizierbarkeitsprinzip hingegen legt ein Konzept der Erkenntnishandlung zugrunde, in welchem das Begriffsinventar der Sprache die Rolle eines Erkenntnisinstruments spielt; ein Handlungskonzept also, welches die Brücke von der Sprache zur Welt schlägt.

Sehr aufschlußreich ist der Vergleich des Traktats mit Carnaps Schriften während seiner Wiener und seiner Prager Zeit. Das Ergebnis dieser Untersuchungen in Stichworten: Die wesentlichen Anregungen Wittgensteins, welche Carnap selbst wiederholt hervorhob (zuletzt und in aller Ausführlichkeit in seiner Autobiographie), dienten ihm letztlich bloß als Ausgangspunkte zur Entfaltung eines ganz andersartigen Philosophems. Die wichtigsten Gesichtspunkte dieser Divergenz sind:

(1) Carnap steht in empiristisch-sensualistischer Tradition.

(2) Carnap war der radikal-puristische Anspruch an die Philosophie, wie ihn Wittgenstein stellte, fremd. Die Abhängigkeit seines philosophischen Entwurfes von einzelwissenschaftlichen Theorien (wie z. B. im „Aufbau" von bestimmten psychologischen Konzepten) störte ihn nicht.

(3) Er faßte Sprache instrumental auf, während Wittgenstein im Traktat letztlich einem metaphysischen Verständnis der Sprache verhaftet blieb.

(4) Die verschiedenartige Rolle, welche der Solipsismus im *Traktat* und im *Logischen Aufbau* spielt, weist die verschiedenartigen Intentionen dieser beiden Werke auf:

Während Wittgenstein mit seinen Ausführungen ein ontologisches Argument — freilich unter dem Verdikt der Unsinnigkeit philosophischer Sätze — vorbringen will, sieht Carnap darin eine mögliche Basis für den Aufbau seines Konstitutionssystems.

(5) Die verschiedenartigen Intentionen der beiden Philosophen kulminieren in Carnaps wissenschaftstheoretischen Bemühungen. In diesem Konzept sollen die wissenschaftlichen Aussagen als wissenschaftlich

erwiesen und die metaphysischen Behauptungen als unwissenschaftlich ausgesondert werden. Nach dem Traktat hingegen ist Wissenschaftstheorie unmöglich, da die gemeinsame logische Form von Satz und Wirklichkeit sprachlich nicht darstellbar ist. Das heißt: Wittgenstein sah, daß ein solcher Versuch zu einem unendlichen Regreß führen müßte.

Wir erkennen hier, daß Wittgenstein durchaus von traditionellen Gedankengängen beeinflußt ist; „Überwindung der Philosophie" bedeutet für ihn ein Aufrollen von innen. Carnap hingegen will unwissenschaftliche Philosophie durch wissenschaftliche ersetzen.

Ad (5)

Wittgenstein stellte nicht die Frage nach den Bedingungen der Möglichkeit der Erkenntnis. Er stellte diese Frage deshalb nicht, weil er einen unendlichen Regreß vermeiden wollte. Deshalb ist auch die von P. Geach für den Traktat geprägte Wendung „Kritik der reinen Sprache"[2] höchst irreführend. Denn wie es im Traktat keine Erkenntnis von der Erkenntnis geben kann, kann es keine Sprache der Sprache, also keine Metasprache, geben. Die Königsidee des Traktats ist vielmehr, daß für Sprache eine Rechtfertigung weder möglich noch notwendig ist.

Wenn Stenius behauptet, „daß die logische Analyse der Sprache, wie ... ([Wittgenstein]) sie auffaßt, eine Art transzendentaler Deduktion im Sinne Kants ist mit dem Ziel, die apriorische Form der Erfahrung anzugeben"[3], so entbehrt dies nicht einer gewissen Kuriosität. Denn die „logische Analyse" im Sinne des Traktats erklärt keineswegs, wie sich z. B. Sprache auf Welt beziehen könne, sondern zeigt die logische Auflösung der Sätze in der Auflösung der Zeichenverbindung und damit ihren Rückzug von der Wirklichkeit zur Selbstgenügsamkeit von Tautologie und Kontradiktion.

Es scheint also die Traktatdoktrin eher zu verfälschen, wenn man dieses Werk — ohne besondere Vorkehrungen — in die transzendentalphilosophische Tradition stellt. Andererseits gilt für den Traktat die positivistische These, daß ontologische Sätze „*in Wirklichkeit*" Sätze über die Sprache seien (vgl. J. O. Urmson: Philosophical Analysis, Oxford 1956, Kap. 8!), zweifellos nicht. Vielmehr stellt Wittgenstein durchaus ontologische Behauptungen auf, wenn er z. B. von Gegenständen, Dingen, Tatsachen usw. spricht — freilich unter dem Verdikt, Unsinn zu sprechen.

---

[2] Vgl. *Stenius*, a. a. O., S. 287.
[3] A. a. O., S. 287.

Ich meine daher, daß man die Beziehung des Traktats zur Transzendentalphilosophie differenzierter sehen muß. Man könnte sagen: Wittgenstein hat die Aporien des Transzendentalismus umgangen. (Nebenbei ist vielleicht ganz amüsant, daß man ein zwiespältiges Verhältnis zur Transzendentalphilosophie auch am Gebrauch des Wortes „transzendental" feststellen kann; er gebraucht dieses Wort gelegentlich mit positiver Bewertung, gelegentlich mit negativer.) — Dadurch werden manche Thesen des Traktats einer Interpretation, die mehr zufriedenstellt als die früheren, zugeführt.

Aus der Reaktion auf die Transzendentalphilosophie — Quellenfragen kann ich hier nicht behandeln; Wittgenstein machte sich vor allem über Schopenhauer und vielleicht auch den einen oder anderen Neukantianer ein Bild dieses Philosophems — ist zu erklären:

die These, daß die Erkenntnistheorie die Philosophie der Psychologie sei;

die Eliminierung der Subjektivität;

die Selbstbegründungsstruktur der Logik;

die Selbständigkeit der Sätze gegenüber dem Bewußtsein der Sprecher;

die Bildung der Sätze durch das Zusammenspiel von Willkür und Notwendigkeit unter Ausschaltung von jeglicher Subjektivität und zugleich die Ablehnung einer vorgegebenen Hierarchie der Elementarsätze;

die Ausschaltung der Problematik der Erfahrung durch die Identifizierung des solipsistischen Subjekts mit der ihm koordinierten Realität.

Den Hintergrund dieser Charakteristika des Traktats bildet Wittgensteins Ablehnung der kantischen Unterteilung der Erkenntnis in empirische und in Erkenntnis a priori. Denn Wittgenstein hatte einen anderen Begriff von Erfahrung; dieser Begriff fußte bei ihm nicht auf einer Anthropologie, welche zwischen Sinnlichkeit, Verstand und Vernunft differenzierte, sondern bestand — wie es für die nomina actionis im Traktat charakteristisch ist — in einem Zwiespalt, dessen eine Seite weitgehend mit aktuellem Erleben synonym war, dessen andere Seite eben der Inhalt der Erfahrung, also die Welt, war. Deshalb mußten Erkenntnisse a priori, welche vor aller Erfahrung — im kantischen Sinne — liegen, in seinen erweiterten Erfahrungsbegriff fallen und damit — als selbst erfahren — ihre Sonderstellung verlieren.

Wittgenstein war sich in seinem philosophischen Purismus bewußt, daß jegliches Erkenntniskonzept, welches anthropologische oder psychologische Einsichten voraussetzt, in den unendlichen Regreß führen muß. Da aber Erkenntnistheorie — so meinte er jedenfalls — darauf nicht verzichten kann, ist sie „die Philosophie der Psychologie". Diese Wendung will gemäß dem Traktatkonzept von „Philosophie" besagen: Erkenntnistheorie soll die logische Klärung des Erlebens, in welchem sich die „koordinierte Realität" darstellt, betreiben; wenn sie aber selbst Sätze aufstellen würde, wären diese unsinnig.

Auch die anderen angeführten Charakteristika des Traktats haben die Intention gemeinsam, Erfahrung von zweierlei Art — wie sie Wittgenstein bei seinen transzendentalphilosophischen Autoren (zu Recht oder zu Unrecht) vorzufinden glaubte — auszuschalten. Von daher ist auch die Sonderstellung der Logik und die Ablehnung des Evidenzkriteriums zu verstehen.

Aus dem bisher Gesagten wird uns der tiefere Sinn von Trakt. 5.47 klar:

> Es ist klar, daß alles, was sich überhaupt *von vornherein* über die Form aller Sätze sagen läßt, sich *auf einmal* sagen lassen muß...

Das heißt: Die Bedingungen der Möglichkeit der Erkenntnis können nicht einem Prozeß der Entfaltung unterliegen, weil sie sonst selbst Erfahrung darstellen würden. Das bedeutet aber: sie können überhaupt nicht sprachlich dargestellt werden. Denn auch: „... Das Satzzeichen ist eine Tatsache" (Trakt. 3.14).

Zusammenfassend könnte man sagen:

Der charakteristische Tenor des Traktats ist nicht das Anpeilen einer von der Subjektivität gereinigten vollkommenen Technik — wie W. Schulz[4] meinte —, sondern das Umgehen der transzendentalphilosophischen Aporien; dies selbst um den Preis, mit Hilfe von Tautologien andeuten zu müssen, daß *über* die sinnvollen Sätze nichts gesagt werden kann.

Bei Wittgenstein weist bereits die transzendentale Frage über die theoretische Behandlung hinaus zur Praxis. (Wir erinnern uns an den Vergleich von Ethik und Logik!) Allerdings wird im Traktat auf eine Praxis ohne jegliche theoretische Bestimmbarkeit Bezug genommen. Auch darin können wir eine Reaktion auf Thesen aus dem Bereich der Transzendentalphilosophie vermuten. Zu diesem Zweck ziehe ich einen Text aus den „Tagebüchern 1914-16" heran:

> ...Es ist klar: Es ist unmöglich zu wollen, ohne nicht schon den Willensakt auszuführen.
> Der Willensakt ist nicht die Ursache der Handlung, sondern die Handlung selbst.

---

[4] *Wittgenstein:* Die Negation der Philosophie. Pfullingen 1967.

Man kann nicht wollen, ohne zu tun. ...
...
Kann ich denn versuchen, etwas zu wollen?
Es scheint nämlich durch die Betrachtung des Wollens, als stünde ein Teil der Welt mir näher als ein anderer (was unerträglich wäre)...
So stünde also der Wille der Welt nicht äquivalent gegenüber, was unmöglich sein muß... (Tb. vom 4. 11. 1916; Schriften 1, S. 180 f.)

Dieser Text ist von zwei — für den jungen Wittgenstein typischen — Gedanken bestimmt: der Vermeidung eines unendlichen Regresses und der strikten Trennung von Theorie und Praxis. Diese Trennung ist durchaus nicht mit der positivistischen Abgrenzung des wissenschaftlichen Bereiches von jenem des Lebensgefühls (bei gleichzeitiger Geringschätzung des letzteren) zu identifizieren. Vielmehr stehen bei Wittgenstein Theorie und Praxis gleichberechtigt einander gegenüber: Die Handlung darf nicht selbst in Theorie (hier als Frage nach der Ursache) gezwängt werden; die Welt als das Feld der Theorie darf nicht der Willkür des Handelns ausgesetzt werden.

Doch Praxis und Theorie berühren einander; deshalb — könnte man in Form eines Paradoxons sagen — müssen sie voneinander ganz unabhängig sein. Dies soll an Textstellen demonstriert werden:

...Wir sagten, manches an den Symbolen, die wir gebrauchen, wäre willkürlich, manches nicht... (Trakt. 6.124)

Wird ein Zeichen *nicht gebraucht,* so ist es bedeutungslos. Das ist der Sinn der Devise Occams... (Trakt. 3.328)

Was in den Zeichen nicht zum Ausdruck kommt, das zeigt ihre Anwendung. Was die Zeichen verschlucken, das spricht ihre Anwendung aus.
(Trakt. 3.262)

Die hier skizzierte Praxis mit Zeichen ist nur dann möglich, wenn die jeweilige Praxis nicht bereits eine Theorie beibringt. — Ein naheliegendes Mißverständnis wäre hier, zu meinen, Wittgenstein gehe es darum, ein Ideal der reinen Erkenntnis herauszuarbeiten. Der Grund für die strikte Trennung von Theorie und Praxis ergibt sich aus der Haltung gegenüber der Transzendentalphilosophie. Denn das Konzept vom Zusammenfall des Solipsismus und des Realismus machte die Frage nach der Möglichkeit der Erkenntnis überflüssig. Dieses Konzept würde aber zerstört, wenn ein Ich zugelassen wäre, dem „ein Teil der Welt ... näher als ein anderer" ist. In diesem Fall wäre das Ausbrechen aus dem Psychologismus letztlich doch mißlungen.

Wir können daher die folgende These anbieten: Die strikte Trennung von Theorie und Praxis ist bereits in dem spezifischen solipsistischen Konzept des Traktats angelegt. —

Ein Rückblick auf die Ausführungen dieser Thematik vergegenwärtigt uns wohl, wie wichtig die Transzendentalphilosophie für die Traktatdoktrin war und wie sehr ihre Beachtung bei der Traktatinterpretation dieses Werk von positivistischen Konzeptionen — trotz der gelegentlich verblüffenden Ähnlichkeit — wegrückt.

Ad (6)

Eine solche Neubesinnung soll zweierlei zutage fördern:

(a) was Wittgenstein im Traktat explizit unter „Philosophie" versteht;

(b) ob der Traktat fundamentalphilosophische Relevanz hat bzw. worin diese besteht.

(a) Es wird gezeigt, daß „Unsinn" im Zusammenhang mit philosophischen Sätzen in zwei verschiedenen Weisen — sozusagen als kontingenter Unsinn wegen aufzeigbarer Verstöße gegen die Logik und als notwendiger (sowohl im Sinne von „unüberwindbar" als aber auch im Sinne von „unabdingbar") — gemeint ist.

> Der Zweck der Philosophie ist die logische Klärung der Gedanken. Die Philosophie ist keine Lehre, sondern eine Tätigkeit. Ein philosophisches Werk besteht wesentlich aus Erläuterungen. Das Resultat der Philosophie sind nicht ‚philosophische Sätze', sondern das Klarwerden von Sätzen.
>
> Die Philosophie soll die Gedanken, die sonst, gleichsam, trübe und verschwommen sind, klar machen und scharf abgrenzen.   (Trakt. 4.112)

Der Begriff „Philosophie" entbehrt bei Wittgenstein nicht einer gewissen Zwiespältigkeit. Einerseits sind die philosophischen Probleme überhaupt zu überwinden, da sie — angeblich — auf einem Mißverständnis der Logik unserer Sprache beruhen. Andererseits bleibt die Philosophie als „logische Analyse" erhalten.

Doch auch dieser kommt nur die Rolle eines Krisenkommandos zu; das normale Funktionieren der Sprache bedarf eines solchen nicht (dies gilt bereits für Wittgensteins frühe Phase, also auch den Traktat! Vgl. Trakt. 5.5563!). In Situationen der „leerlaufenden Räder" (vgl. Schriften 3, S. 48!) der Sprache besteht die Aufgabe des Philosophen im Sinne des Traktats in logischen Manipulationen.

Das Spezifische an der Tätigkeit des Philosophen — nach dieser Auffassung — liegt darin, daß er — ohne irgendein zusätzliches Wissen im Hinblick auf die jeweilige Situation — die nötigen Maßnahmen (also logische Umformungen zur Erhellung des jeweiligen Tatbestandes) durchführt.

Hier wollen wir auf *einen* Aspekt des Auffassungsunterschiedes von „Philosophie" in der Früh- und der Spätphilosophie hinweisen:

> Die Arbeit des Philosophen ist ein Zusammentragen von Erinnerungen zu einem bestimmten Zweck. (PU I/127)
>
> ...Alle *Erklärung* muß fort, und nur Beschreibung an ihre Stelle treten. Und diese Beschreibung empfängt ihr Licht, d. i. ihren Zweck, von den philosophischen Problemen. Diese sind freilich keine empirischen, sondern sie werden durch eine Einsicht in das Arbeiten unserer Sprache gelöst, und zwar so, daß dieses erkannt wird: *entgegen* einem Trieb, es mißzuverstehen... (PU I/109)

Zunächst entnehmen wir, daß natürlich auch in der „Spätphilosophie" die philosophischen Probleme *keine* empirischen sind. Doch allein der ausdrückliche Hinweis darauf ist von Bedeutung; er wäre im Traktat gänzlich unnötig gewesen.

Ebenso muß sich der Philosoph — im Sinne der späteren Phase von Wittgensteins Denken — Einsicht in das Arbeiten unserer Sprache verschaffen. Diese „Einsicht" „zeigt" sich nicht bloß wie im Traktat, sondern muß durch geeignete Maßnahmen herbeigeführt werden: durch Zusammentragen von Erinnerungen, durch Beschreibungen des Funktionierens unserer Sprache usw. Denn der ältere Wittgenstein verwendet in diesem Zusammenhang nicht nur gerne Metaphern aus dem Themenkreis „Krankheit" (z. B. „philosophische Krankheit", „einseitige Diät", „behandeln" im Doppelsinn — vgl. PU I/255: „Der Philosoph behandelt eine Frage; wie eine Krankheit"! — usw.), sondern die Verstöße gegen den Sprachgebrauch tragen nunmehr tatsächlich das Stigma des Krankhaften oder Abnormalen. Zu ihrer Vermeidung bedarf es eines gewissen Kraftaufwandes. Demgegenüber versteht der Philosoph im Sinne des Traktats bereits alles für ihn Nötige, sobald sich ihm die logische Form von Sprache und Welt „zeigte".

Bildlich gesprochen: Während der Traktatphilosoph ein Technokrat der Sprache ist, ist der Philosoph im Sinne der Spätphase ein Botaniker der Sprache.

(b) Die fundamentalphilosophische Relevanz des Traktats sehe ich vor allem darin, daß er eine Begründung der Erkenntnis versucht, die jenseits der bekannten empiristischen, psychologistischen, transzendentalistischen und operationalistischen Versuche liegt. Allerdings endet sein eigener Lösungsversuch — wenn man sich der Argumentationsweise der traditionellen Philosophie bedient — aporetisch. Doch dem Traktatkonzept von „Philosophie" wird er durchaus gerecht: Durch das „Anrennen an die Grenzen der Sprache" kam es zu einer „logischen Klärung" dessen, was „Sprache" sei; allerdings nur für denjenigen, der das Traktatkonzept von „Sprache" bereits zugrunde gelegt hatte. Jegliche Begründung dieses Sprachkonzepts lehnt Wittgenstein — in Konsequenz zu diesem — ab. (Vgl. Trakt. 6.54!) So ist der Traktat zur Gänze als ein Sprachspiel im Sinne der Spätphilosophie aufzufassen. Deshalb läßt sich das philosophische Anliegen des Traktats folgendermaßen formulieren:

Letztbegründung ist weder möglich noch nötig, da die Sprache unhintergehbar ist.

Humanität in der Weltgesellschaft
Zur Bedeutung der Ethik heute

Von *Rudolf Weiler*

Der unermüdliche gesellschaftliche Einsatz Leo Gabriels, der die späten Jahre seines philosophischen Schaffens besonders begleitet, gilt dem Frieden in der Völkergemeinschaft. Ausgehend von der Verbindung der Universität mit der Friedensidee wurde sein Wirken auch von politischer Aktualität, ohne seinem philosophischen Wort Kraft und Tiefe zu nehmen! Wäre dieses Wirken nicht so von Spannkraft des Oktogenariers getragen und von sich noch entwickelnder Resonanz in Wissenschaft und breiter Öffentlichkeit, möchte man es als philosophisches Testament bezeichnen. So aber ist es die von ihm weiter mitgetragene Frucht seiner gesamten Philosophie, das die „anthropologischen Perspektiven der Friedensproblematik"[1] offengehalten werden für die Suche nach dem Frieden, eines Friedens, der zwar nur unteilbar verfügbar ist, aber sich nur je im Miteinander von Teilen der einen Menschheit gedanklich und politisch verwirklicht. Gabriels Wort vom „schöpferischen Dialog" als „Dialog der Positionen" hat (wie seine ganze Philosophie) die Anlage, die komplexe Wirklichkeit einzufangen. Diesen Gedanken weiß sich der Autor im folgenden Beitrag besonders verpflichtet, wenn er die Bedeutung der Ethik für eine humane Weltgesellschaft überlegt, im Hinblick auf die sittliche Ordnung der Völkergemeinschaft als Friedensordnung.

I. Empirische Wissenschaften und Ethik

Ethik war zumindest in der aristotelischen Tradition aus dem menschlichen Erleben des Guten als dem von Natur aus Erstrebtem konzipiert und damit erfahrungsbezogen. Sie war aber immer Teil der Philosophie als Anthropologie. Im Zusammenhang mit der Suche des Menschen nach dem Frieden hat dies wieder Leo Gabriel eindrucksvoll dargestellt[2]. Diese Tradition steht aber angesicht der erweiter-

---

[1] Vgl. *Erwin Waldschütz*: Interview mit Prof. DDr. Leo Gabriel aus Anlaß seines 80. Geburtstages, in: Wiener Blätter zur Friedensforschung, Nr. 32/33 Dez. 1982, 2 - 5.

[2] Anthropologische Perspektiven der Friedensproblematik, in: Festschr. für E. Heintel, Wien 1983, 333 - 346.

ten empirischen Erkenntnisse über menschliches Handeln vor Herausforderungen, die die Einheit der Wissenschaften betreffen.

August Comte, gest. 1859 in Paris, hat in seinem „Dreistadiengesetz" der Menschheit die 3. und letzte Stufe der Entwicklung die „positive", die eigentlich wissenschaftliche Stufe genannt, in der wir jetzt lebten. Wie neue „Hohepriester" der Menschheit treten danach diese Soziologen als positive Wissenschaftler in die Fußstapfen der Theologen und Metaphysiker. Mit den großen Fortschritten der empirischen Wissenschaften von Mensch und Gesellschaft ist es in diesen zu einer Spaltung in der Bewertung der Daten gekommen. Es kam zum Streit um die Wertfreiheit in der deutschen Soziologie zu Anfang des Jahrhunderts und wieder in den 60er Jahren. Bezeichnend ist also die Trennung der Sozialwissenschaften in solche eines „technokratischen" und eines „kritischen" Selbstverständnisses.

Aurelio Peccei[3] hat zugegeben, das es die Absicht des Club of Rome mit seinen Weltmodellen war, die Menschheit durch düstere Prognosen zu alarmieren. Die Rückkehr der Wertfrage spiegelt sich im Begriff der Lebensqualität ebenso wider wie im Versuch, den Zustand der Gesellschaft durch Sozialindikatoren zu diagnostizieren. Das Ende des 2. Weltkrieges hat nach der Periode des Rechtspositivismus zunächst auch eine Wiederkehr des Naturrechts gebracht. Die Entwicklung des Bewußtseins von Rechten ist in der Formulierung der Menschenrechte weltweit deutlich geworden. Viele neue Probleme, die die ungeheuren neuen technischen Möglichkeiten in der industriellen Gesellschaft aufwerfen, stellen immer dringender die Frage: was darf der Mensch? Damit ist die Frage letztlich unumgänglich: was ist der Mensch; wer bin ich, wer ist der andere?

Es sei dies noch näher erläutert am Beispiel einer modernen Sozialwissenschaft, an der Friedensforschung. Gerade weil sie eine empirische politische Wissenschaft ist, setzte man bei der großen Welle von Gründungen von Instituten derselben um das Jahr 1960 große Hoffnungen in sie: ihre Ergebnisse sollten den Regierungen und Völkern einen raschen Weg zum Frieden eröffnen. Dies berichtete jüngst William Eckhardt in einem kurzen historischen Rückblick auf die Gründung des Canadian Peace Researche Institute (CPRI)[4].

Anfang der 70er Jahre setzte aber die Ernüchterung über die Möglichkeiten der Friedensforschung ein. Nach Georg Picht[5] haben die bis-

---

[3] Qualität des Menschen, Plädoyer für einen neuen Humanismus, Stuttgart 1977.

[4] In: international peace research newsletter, Nr. 3/1982, 27.

[5] Zum Begriff des Friedens, in: Manfred Funke (Hrsg.), Friedensforschung — Entscheidungshilfe gegen Gewalt, München 1975, 24 - 30.

herigen Angebote an Friedensmodellen versagt. Man habe den Eindruck, „vor einem großen Scheiterhaufen der bisherigen Weltgeschichte zu stehen". Mit noch so vielen Modellen, die vorgeschlagen werden, könne der Friede, wie ihn die Menschen wünschen, daß er sein soll, nicht erreicht werden. Die analytischen Strategien versagen, aber ebensowenig läßt sich der Friede aus einer Idealvorstellung heraus praktikabel ableiten, also ideologisch definieren und dann politisch durchsetzen. Die Wertproblematik der Friedensforschung hat Valentin Zsifkovits[6] sehr treffend sozialethisch herausgearbeitet. Selbst der neueste Versuch eines hervorragenden Vertreters der Friedensforschung, von Ernst-Otto Czempiel[7], ein „Gittermodell" zur Erklärung der internationalen Politik von der Welt zu entwerfen „als eines asymmetrisch gebrochenen Gitters von Handlungszusammenhängen", um für richtiges politisches Friedenshandeln einen kritischen wissenschaftlichen Rahmen zu gewinnen, läßt die Entscheidung des Politikers weithin offen und den Frieden in weiter Ferne.

Es kann folglich gar nicht darum gehen, die Politik oder überhaupt menschliches Handeln so zu verwissenschaftlichen, daß die Ratio wie ein Computer das geforderte richtige Verhalten ausdrückt. Das Gesollte bleibt im Sittlichen normativ in einer Allgemeinheit, die erst durch das Gewissen in Verbindung mit möglichst umfassenden Sachkenntnissen zum Wagnis der Entscheidung für das Tun hier und jetzt konkretisiert werden kann. Nochmals, im Blick auf das Problem des sittlich geordneten Zusammenlebens der Völker am Beispiel des Völkerrechts gesagt: das nachgrotianische positivistische Völkerrecht als reines Vertragsrecht konnte den Frieden als Wert, als mehr denn als Nicht-Krieg, nicht ausdrücken. Es operierte mit dem Begriff von der Souveränität der Staaten als Subjekten des Völkerrechts, die ihre Souveränität gerade am Merkmal erweisen, daß sie über Krieg und Frieden gleicherweise bestimmen können.

Heute ist eine Situation eingetreten, daß eine so verstandene Souveränität der Staaten zugunsten des Krieges letztlich Selbstmord der Staatengemeinschaft bedeuten würde. Die Politik steht vor einem unbedingten Verbot des atomaren Massenmordes. Dieses Verbot aber wirkt nicht mit technokratischer Automatik, sondern eben ethisch normativ: als ein Sollen. Diese Norm wird daher nicht vom Staat als sozialer Institution gewonnen, sondern gilt als völkerrechtliche Pflicht: sie ergibt sich letztlich aus der Würde jedes menschlichen Lebens und dem Recht der Bürger aller politischen Gemeinschaften, im Frieden leben zu können. Höchster internationaler Ausdruck dafür ist die sitt-

---

[6] Der Friede als Wert, München 1973.
[7] Internationale Politik, Ein Konfliktmodell, Paderborn 1981.

liche Idee vom Weltgemeinwohl. Dieses wieder hat zur Voraussetzung sowohl eine internationale Autorität, zu der auch ein entsprechendes Weltrecht gehört, als auch eine internationale Gerichtsbarkeit.

Es ist daher notwendig, die sozialwissenschaftliche Erforschung des Faktischen mit dem ethisch Gebotenen zu verbinden. Es sind dies zwei Argumentationsebenen, so wie der Mensch auch geistiges Wesen ist durch Verstand und Willen. Dabei sind diese zwei Ebenen nicht strikt getrennt zu sehen, sondern in Wechselwirkung, die ihre Mitte in der menschlichen Person haben. Beides, das Faktische und das Normative, entheben den Menschen nicht der sittlichen Entscheidung, wenn er als Handelnder auftritt. Gefahren sind dabei besonders: ideologische Verengung der Sicht bis zur Wertblindheit, fehlende oder falsche Informationen über die Faktenlage wie Mängel der sittlichen Persönlichkeit des Entscheidungsträgers und Charakterschwächen. Gerade die Wissenssoziologie zeigt hierbei den Einfluß und die Bedeutung von Geschichte und sozialer Umwelt für sittliche Entscheidungen.

Anders gesprochen ist das Wissen um den Menschen, um seine sittliche Ausstattung, um seine Natur und desen innere Erfahrung eine Grundvoraussetzung dafür, daß Menschlichkeit gelebt wird und in der Gesellschaft sich durchsetzt. Die Systemzusammenhänge der Gesellschaft bis zur Weltgesellschaft müssen nicht nur analytisch erkannt werden, sondern auch in ihrer Bedeutung vom Menschen bewertet werden, sollen sie human sein. Die Bedeutung der Ethik als normative Wissenschaft für die Erziehung auf allgemein menschliche Werte hin ist dadurch offenkundig.

Welches sind nun die wesentlichen Normen oder Grundwerte, die die Ethik zur Entscheidungsfindung einbringt und wie werden sie erkannt?

II. Die Frage nach dem Menschen

Das Ziel sittlicher Lebensführung ist es, gemäß der Erkenntnis des sittlichen Gesetzes als Grundgesetz des menschlichen Lebens (der Wesensnatur des Menschen), sich selbst in Wahrheit zu verwirklichen, sein besseres Ich zu werden. Die Erfüllung der sittlichen Bestimmung macht die Persönlichkeit des Menschen aus. So steht am Anfang die Pflicht zur Wahrheit. In einer Welt des Zweifels, der Selbsttäuschung, des Scheines und Betruges, der Lüge, bedarf es der ständigen (Selbst)-erziehung zur Wahrheit gegen die grundsätzliche ethische Skepsis.

Wer ist der Mensch?

Der Mensch ist Geist ebenso wie Leib, Vernunft und freier Wille zeichnen ihn ebenso aus, wie er auch von Gefühlen, Neigungen, Stimmungen und Trieben, von Leibabhängigkeit geprägt ist. Seine Bestimmung als Lebewesen ordnet ihn in den Haushalt der Natur ein. Seine geistige Begabung stellt ihn an die Spitze der Schöpfung und gibt ihm eine ewige Bestimmung. Darum ist der Mensch in seiner Situation letztlich nicht der Angst und der Verzweiflung ausgeliefert, sondern hat er die Hoffnung, an den ewigen Werten teilzuhaben. Er kann aber auch seinen Geist mißbrauchen, um sich als Materialist zu bekennen und seine Geistigkeit zu leugnen. In der Sphäre des Psychischen, der Triebe und Gefühle hat der Mensch eine Ordnungsaufgabe, nämlich diese Gaben zu ordnen und auf Werte hinzuführen und so zur Quelle von Freude zu machen. Seine biologische Situiertheit, seine Sinnlichkeit, wirkt z. B. besonders im Geschlechtlichen mit. Auch hier gilt nicht das „Natürliche" als Norm, sondern das Vernünftige! Zucht und Maß im Sinnlichen ist aber nicht die Verneinung dieser Bestimmung des Bios, sondern seine Bewältigung, rechte Pflege und Erfüllung. Schließlich gehört es zur notwendigen Bestimmtheit des Menschen, in Gemeinschaft zu leben.

„Sozial" kann heute ein ideologisches und politisches Schlagwort, ein Kampfwort und Vorwand für Egoismus sein. Es bedeutet aber wesentlich, daß der Mensch den Mitmenschen braucht, um Hilfe zu erfahren und Hilfe mitzuteilen in wechselseitiger Kooperation. Soziale Gerechtigkeit ist daher nicht in erster Linie ein Aufmessen von Forderungen, sondern ein solidarisches Miteinander, bei dem niemand zu kurz kommt, bei dem (neben den Einzelnen) die in der Gemeinschaft verbundenen sozialen Gruppen und Schichten nach Leistung und Bedürfnis zu ihrem Recht kommen. Das Maß ist die Verhältnismäßigkeit, mit der alle und jeder einzelne das erhalten, was sie brauchen, um ihre Lebensaufgaben zu erfüllen oder um menschenwürdig zu leben.

Die *Erkenntnis des Anderen* als von gleicher menschlicher Würde ist Grundlage der Solidarität. Der Mensch sei dem Menschen Bruder! Am Anfang der Gemeinschaft steht das Sozialsein jedes Menschen und nicht erst ein Gesellschaftsvertrag. Die *Grundwerte: Freiheit* — ist Ausdruck der gleichen Menschenwürde und nicht Gleichmacherei; *Brüderlichkeit* — zeigt die gemeinsame Bestimmung aller, ohne jemanden davon auszuschließen, ohne jemand von Natur aus als Mensch höher oder niedriger zu stellen.

Die Ethik in der Tradition von Aristoteles über Thomas v. Aquin zur naturrechtlichen Ethik heute hält an der Fähigkeit der menschlichen Vernunft fest, zwischen Gut und Böse unterscheiden zu können, sittliche Wahrheit und entsprechende Normen zu erkennen und danach das Handeln auszurichten (Gewissen). Warum auch sollte die Vernunft des Menschen nur an logische Wahrheiten herankommen können, wie der Mensch aber leben soll, nicht wissen? Gerade die sittlichen Wahrheiten entscheiden über ein gelungenes Menschenleben. So sind die fundamentalen sittlichen Sätze von allgemeiner Gültigkeit: Das Gute sollst Du tun, das Böse meiden! Tue anderen nicht, das du nicht willst, daß sie dir tun! oder positiv formuliert: Tue anderen, was du willst, daß sie dir tun! Erweise dich für Wohltaten dankbar! Halte Maß! Die ersten Prinzipien, insoweit sie das Recht betreffen, sind als sittlichrechtliches Apriori Teil des natürlichen Sittengesetzes und bilden das dem positiven Recht vorgegebene Naturrecht.

III. Die Naturordnung der Gesellchaft — die sozialethischen Grundgesetze

Diese ergeben sich aus der sozialen Wesensnatur des Menschen auf Grund der Menschenwürde und sind von allgemeiner Gültigkeit. Grundlegend ist die Einsicht in die Personwürde jedes Menschen, der als Person die Gesellschaft überschreitet, der zugleich aber seine personale Erfüllung nicht ohne Gemeinschaft findet. Wir sprechen vom *Personprinzip*. Solidarität drückt als Prinzip die gesellschaftliche Bestimmung des Menschen aus, daß er als Individuum nicht ohne den Anderen gedacht werden kann und daher auch für den Anderen da ist.

Als Sinnbestimmung des Sozialen und als Rechtsregel gelten: Das *Gemeinwohlprinzip* — es besagt, das das Gemeinwohl der Gesellschaft das oberste Ziel ist und bei der Erreichung des Gemeinwohls im selben Güterbereich das Einzelwohl zurücksteht. Das *Subsidiaritäts-Prinzip* ordnet die Zuständigkeit für das Gemeinwohl so, daß die Initiative jeweils beim Einzelnen und der kleineren Gemeinschaft liegt, das Gemeinwohl zu sichern, bzw. ordnet es die Intervention zur Hilfe von oben auf ihre Notwendigkeit: Hilfe durch Intervention der nächsten größeren Einheit, aber nur wann und soweit als nötig. Dieses Prinzip führt auch zum optimalen Gemeinwohl. So erweist sich die freie gesellschaftliche Betätigung mit dem Ziel der Erreichung der personalen und sozialen Entfaltung als Regelprinzip der Gesellschaft — soviel Freiheit als möglich im Sinne eines sittlichen Freiheitsbegriffes. Wir sprechen also vom *Freiheitsprinzip* gegen Dirigismus und Kollektivismus. Aktuell ist auch die Betonung des *Prinzips der Partizipation*: soviel verantwortliche Teilnahme der Gemeinschaftsmitglieder als möglich, nicht nach einem vorgefaßten Mitbestimmungsmodell, aber im Wissen um Recht und Bedeutung der Teilnahme aller an den Angelegenheiten des Gemeinwohls und der gesellschaftlichen Leitung.

Die Frage ist nun, was geben solche allgemeine soziale Normen her zur Lösung konkreter Probleme. Es sei dies am Beispiel eines wichtigen Bereichs der sittlichen Sozialordnung gezeigt.

IV. Einige sozialethische Normen für die Völkergemeinschaft

Da wir das Beispiel der neuen Sozialwissenschaft „Friedensforschung" gebracht haben, sollen auch einige ethische Prinzipien aus dem Anwendungsbereich der internationalen Ethik gebracht werden.

Das Ziel der Völkergemeinschaft ist die Erstellung eines umfassenden Weltgemeinwohls als Bedingung von Friede und Gerechtigkeit zwischen den Staaten und für das Zusammenleben aller Menschen dieser Erde. Subjekt der internationalen Ordnung sind zunächst die Staaten, letztlich aber auch jeder Mensch kraft seiner Menschenrechte und seines Anspruchs, im Frieden zu leben.

Die *Souveränität der Staaten* ist nicht absolut, sondern im Weltgemeinwohl, dem Wohl der ganzen Menschheit, begrenzt. Die Staaten sind zwar eigenverantwortlich, aber in gemeinsamer Sorge verpflichtet, Frieden zu halten, eine Friedensordnung unter den Völkern zu erstellen und eine wirksame internationale Autorität zu entwickeln (Vereinte Nationen).[8]

Wichtiges Ziel im einzelnen ist ferner die *Abschaffung des Krieges* zur Konfliktlösung durch einen gerechten Frieden. Dieser ist der offene und freie Friede. Dagegen verstoßen die Staaten, deren Herrschaft expansiv ist und die auf einer geschlossenen Ideologie basieren. Die internationale Ordnung verlangt den Staat der freien und offenen Gesellschaft, den Rechtsstaat, den Staat der Menschenrechte.

Zwischen den Staaten besteht die Pflicht *weltweiter Solidarität,* also die Pflicht zur Entwicklungshilfe der reichen Staaten den Entwicklungsländern gegenüber.

Der Friede ist erst gesichert durch Abschaffung des Krieges auf dem Weg der Abrüstung. Die Schritte auf diesem Weg dürfen aber nicht auf Kosten der Sicherheit der Staaten gehen. Daher gelten für Rüstungskontrolle und Abrüstung die Prinzipien der Ausgewogenheit, Gleichzeitigkeit und Kontrollierbarkeit. Die enormen Rüstungskosten stellen ein Verbrechen an der notleidenden Menschheit dar und können nur soweit gerechtfertigt werden, als noch kein Ersatz für das derzeitige System der Sicherheit durch gegenseitige Abschreckung besteht.

So ist die Einigung der Menschheit auf sittliche Grundsätze durch Einsicht und die daraus folgende Rechtsordnung mit Verbindlichkeit

---

[8] Vgl. *Rudolf Weiler,* Zur Begründung eines Menschenrechts auf Frieden, in: Das Naturrechtsdenken heute und morgen, Gedächtnisschr. f. René Marcic, Hrsg. von Dorothea Mayer-Maly, Peter M. Simons, Berlin 1983, 669 - 677.

heute eine Überlebensfrage der Menschheit geworden. Dies kann nicht durch die Sozialwissenschaften allein geschaffen werden. Die Ethik hat wissenschaftlich zu bearbeiten, was der gute Wille des Menschen gemäß dieser Normen aber allein zu verwirklichen vermag.

Das Weltübel als Einwand gegen Gottes Dasein
Fragen einer heutigen „Theodizee"

Von *Augustinus Karl Wucherer-Huldenfeld*

I. Der Einwand

1. Atheismus im Namen eines guten Gottes

Das Argument für den Atheismus, der das Dasein eines (guten) Gottes leugnet, kommt aus einem bestimmten Verständnis der Betroffenheit durch das Übel in der Welt: Die Welt von heute sieht nicht nach der Herrschaft eines gütigen Gottes aus. Wenn es wahr ist, daß Gott alles mit göttlichem Ernst liebt, müßte dann die Menschenwelt nicht anders aussehen als sie sich uns zeigt? Statt dessen erfahren wir Unrecht, Lüge, Gewalt, Leiden und sinnlosen Tod in ungeheuerlichem Ausmaß, und noch Schrecklicheres droht zu kommen. Die Annahme des Daseins Gottes erscheint daher mit dem schlimmen Zustand der Welt unvereinbar, ja geradezu eine unredliche, unmoralische und blasphemische zu sein, weil sie ein böswilliges oder unfähiges Wesen als Gott voraussetzt.

2. Zur Verbreitung des Einwandes

Der Einwand ist selbstverständlich nicht völlig neu. So hat z. B. *Thomas von Aquin* der bekannten Kurzfassung seiner Gottesbeweise für Anfänger in der Theologie den Einwand gegen das Dasein Gottes vorausgeschickt, der sich auf die unleugbare Erfahrung des Übels in der Welt stützt: si ... Deus esset, nullum malum inveniretur. Invenitur autem malum in mundo. Ergo Deus non est (Sum. theol. I, q.2, a.3). Doch scheint mir ein massenhaft verbreiteter Atheismus, der sich durch diesen Einwand motiviert, etwas Neuartiges zu sein[1]; wenigstens hat dieses Modell einer atheistischen Argumentation in der Aufarbeitung von Leidenserfahrung eine große Chance und ist gesellschaftlich in euro-

---

[1] Dieser Atheismus ist den Vätern des II. Vat. Konzils nicht entgangen. Wo das Konzil die außerordentliche Differenziertheit des Phänomens des Atheismus auch hinsichtlich seiner Formen und Wurzeln herausstellt, wird u. a. festgestellt, der Atheismus entstehe „nicht selten aus dem heftigen Protest gegen das Übel in der Welt" (Pastoralkonstitution über die Kirche und die Welt von heute, Nr. 19/II. Abschnitt „De formis et radicibus atheismi").

päischen Staaten so etabliert, daß es sich auf allen Bildungsstufen quer durch die ganze Gesellschaft vorfindet.

Nach Ergebnissen von Meinungsumfragen scheint die beunruhigende Kraft dieser atheistischen Argumentation auch in denen, die an Gottes Dasein glauben, das Eigenleben des Unbewältigt-Verdrängten zu spielen. So finden sich viele durchaus gläubige Christen in ihrem Glauben an Gottes Dasein nicht nur durch das Übel in der Welt angefochten, sondern konfrontiert mit dem Problem des Übels zeigen sie eine eigentümliche „Inkonsistenz" in ihrer Glaubensüberzeugung von Gottes Dasein: wenn z. B. einerseits 89 % der befragten Katholiken (in Oberösterreich, Tirol und Kärnten) dem Satz zustimmen, „ich glaube, daß es Gott gibt, denn irgend jemand muß die Welt erschaffen haben — nur 6 % stimmen dieser Aussage nicht zu —", und zugleich andererseits 18 % der Meinung sind, wenn es einen Gott gäbe, würde er nicht so viel Unrecht zulassen.[2] Diese Inkonsistenz gibt die Frage auf: Ist der durchschnittliche Vulgärglaube so oberflächlich oder unsicher, daß im selben Interview so widersprechende Behauptungen aufgestellt werden? Oder zeigt sich eine tiefer wurzelnde Ambivalenz, die sich der logisch geschulte Akademiker (Intellektuelle) verbietet und verhehlt? Wie steht es überhaupt diesbezüglich mit dem Unglauben der Gläubigen?

In Meinungsumfragen (z. B. in der BRD), welche die Gründe erforschen, warum nach Auffassung der Befragten so viele Menschen heute ihre Einstellung gewechselt haben und nicht mehr an Gott glauben, spielen Kriege, Kriegserlebnisse, Grausamkeiten und Elend in der Welt, Enttäuschungen und Schicksalsschläge, Verbitterung, Verzweiflung, und Depression eine gewichtige Rolle. Berücksichtigt man dabei nicht nur die Auffassung derjenigen Personen, die von sich sagen, daß sie nicht mehr an Gott glauben, sondern vielmehr die Menge aller Befragten, dann finden sich in der Einschätzung der Gesamtbevölkerung diese Erfahrungen des Übels in der Welt mit Abstand an erster Stelle unter den Motiven, die für eine Abkehr vom Glauben an das Dasein Gottes angegeben bzw. vermutet werden. Das Motiv des Übels spielt dagegen in der Einschätzung der eigenen Einstellungsänderung eine viel geringere Rolle.[3] Anscheinend wagt man die Angefochtenheit des eigenen Glaubens oft erst an der Projektionsfläche des Nichtglaubenden sichtbar zu machen.

---

[2] Nach H. *Bogensberger*: Zu einer Analyse von Atheismus in Österreich, in: Mitteilungen des Instituts für kirchliche Sozialforschung Nr. 14 (1976) 1 - 14.

[3] Vgl. H. *Bogensberger*: Zur Verbreitung des Atheismus in der Welt von heute: Eine kritische Sichtung sozialwissenschaftlicher Befunde, in: Weltphänomen Atheismus, hrsg. von A. K. Wucherer-Huldenfeld, J. Figl, S. Mühlberger, Wien 1979, 11 - 34, hier: 26 ff.

Eine andere Frage ist ebenfalls nicht leicht zu beantworten: Besteht zwischen dem tatsächlich verbreiteten vulgären und dem sich akademisch (philosophisch) oder literarisch artikulierenden Atheismus auf Grund der Weltübel ein Zusammenhang? Artikuliert der Philosoph oder Literat, was der Sprachlosigkeit verfallen ist? Ist er wie ein Seismograph, der nicht für das Beben verantwortlich ist? Oder löste er es aus und bahnt er theoretisch-initiativ eine (elitäre) Bewegung mit eigener Wirkungsgeschichte an, innerhalb derer das kreierte „Kulturgut" von der Oberschicht zur Unterschicht absinkt? Geschichtliche Kontingenz macht hier vermutlich eine allgemeingültige Antwort unmöglich. Doch fragt man sich, ob sich ein Atheismus von Rang überhaupt mit dem Argument aus dem Weltübel abgegeben hat.

Der niveauvollste Atheismus findet sich vermutlich unter Theorien, die man zur Gestalt des postulatorischen Atheismus zählen kann, angefangen mit Feuerbach über Bruno Bauer, Marx, Nietzsche, Freud, Nicolai Hartmann, Bloch, Sartre bis Camus u. a. Sie leugnen das wesenhafte Dasein Gottes um der freien Selbständigkeit und Mündigkeit des Menschen willen. Wenn sie überhaupt das Argument mit dem Übel als Einwand gegen Gottes Dasein formulieren, dann anscheinend nur mehr oder weniger nebenbei[4], und sonst gehen sie in ihrem Denken andere Wege. Aber ist diese Annahme richtig?

Der postulatorische Atheismus sagt: Die Annahme Gottes fixiert die Unwesentlichkeit, Unselbständigkeit, masochistische Unmündigkeit des Menschen. Wie soll die als Gott vorgestellte repressive Macht und Gewalt (für den Menschen) „gut" sein? Gibt der Mensch seine Vorstellung von der Existenz Gottes auf, so befreit er sich von einem folgenschweren Übel. Der Protest gegen das Weltübel schließt den Protest gegen einen Gott ein, der das Übel menschlicher Ohnmacht naturalisiert, der also implizit für nicht gut, für amoralisch und/oder unfähig (ungöttlich) gehalten wird. Somit wäre der postulatorische Atheismus auch nur eine Variante des Einwandes gegen das Dasein Gottes auf Grund der Weltübel — eine Variante, weil er aus dem Protest gegen ein bestimmtes Übel, der Herrschaft des Menschen über den Menschen oder überhaupt der (selbstverschuldeten) Ohnmacht und Unmündigkeit des Menschen, entspringt und im Gottesgedanken nur eine Fortsetzung dieses Übels mit anderen Mitteln (illusionären Trost, Lebenslüge, Rechtfertigungsideologie für übelerzeugende Zustände) erblickt. Jede Theodizee und mit ihr auch jede Bemühung um die Befestigung eines Glau-

---

[4] Z. B. *J. P. Sartre:* Le Diable et le bon Dieu, Paris 1951, 19 - 26 (= 3. Akt, 10. Bild, 4. Szene) und besonders *A. Camus:* La Peste, in: Théâtre, Récits, Nouvelles (Bibliothèque de la Pléiade 161), Paris 1962, 1395 f., und L'Homme Révolté in: Essais d'Albert Camus (Bibliothèque de la Pléiade 183) Paris 1965, 436.

bens an Gottes Dasein muß sich gefallen lassen, als Kakodizee entlarvt zu werden. Damit rückt das Weltübel zum Hauptargument gegen Gottes Dasein auf.

3. Zur geschichtlichen Situation

Eine Weltsituation, in der das Übel als Einwand gegen das Dasein Gottes überhaupt verstanden wird, scheint etwas Neuartiges zu sein. Bisher lehrte Not beten, vielleicht auch fluchen, aber man verlor deswegen wohl kaum jeden Glauben an höhere Mächte oder an Gott. Gerade die Religionen haben Lebenspraktiken angeboten, die helfen sollten, die Übel sinnvoll zu bestehen und zu bewältigen.[5] Nun werden diese Übel zum *schwerwiegendsten* Argument für den Atheismus. Zwar verbinden Atheismus und die Religionen der Protest gegen das Leiden, aber die tiefsinnigen Antworten der Religionen auf die menschliche Leidens- und Todesgeschichte zählen mehr. Das scheint doch innerhalb der Religionsgeschichte etwas Einzigartiges zu sein.

Beklagte sich früher der Mensch vor dem unverständlichen Gott (vgl. Ijjob; Ps 22 [21], 2), so klagt er ihn nun an (etwa seit *Pierre Bayles* Dictionnaire historique et critique 1697 und dem Erdbeben, das 1755 Lissabon verwüstet hat), um ihn schließlich zu leugnen, weil ein göttlicher Gott, der allmächtig *und* moralisch gut sein müßte, mit dem Weltübel unvereinbar ist.

Der Anklage im Namen der aufgeklärten Vernunft begegnen die „Essais de Théodicée" von *G. W. Leibniz* (Amsterdam 1710) als Rationalisierung (Verklärung) des menschlichen Leidens durch eben dieselbe Aufklärung, oder richtiger: Barockphilosophie.[6] Widerlegt werden die Einwände gegen die „Vereinbarkeit" der Weltübel mit dem Dasein eines zugleich unendlich mächtigen, weisen und guten Gottes. Das Prozeßverfahren der Theodizee endet mit dem Freispruch Gottes. Der Angeklagte Gott kommt als Urheber des Übels nicht in Frage. Anders gewendet: Wirklichkeit und platonische Idee des Guten widersprechen einander nicht. Aber gerade die so verstandene Lösung des Problems ist unglaubwürdig geworden: Von Bayle über Feuerbach bis

---

[5] Eine gute Übersicht über die verschiedenen Praktiken zur Überwindung des Leidens gibt *E. Schillebeeckx:* Christus und die Christen, Freiburg i. B. 1977, 651 - 704.

[6] Vgl. auch *Christian Wolff:* Theol. nat. I, §§ 615 - 623. Eine seltsame Ausweitung fand der Titel „Theodizee" innerhalb der christlichen Schulmetaphysik des 19. Jahrhunderts für die *theologia naturalis* und die später noch weiter gehende Verwendung des Titels „Theodizee" innerhalb der Religionssoziologie seit *M. Weber* für jede Stellungnahme und Sinndeutung religiöser Art im Hinblick auf die Übel, die einfach mit ihrer „Erklärung durch religiöse Legitimation" gleichgesetzt wird. Vgl. *P. L. Berger:* Zur Dialektik von Religion und Gesellschaft: Elemente einer soziologischen Theorie, Frankfurt a. M. 1973, 52 f.

Camus wird gerade dieser Widerspruch von Wirklichkeit und Idee des Guten geltend gemacht. Es ist ein Widerstreit von Erfahrung und Denken (Sinnforderung), der nicht aufgeht. Es ist die im Platonismus angelegte Bruchlinie, an der die Welt zerbricht; insofern die erfahrene Welt gemessen wird an der Ideenwelt, ist die eine Welt so, wie sie nicht sein sollte, eine schlechte Welt.

Fragt man, warum sich gerade in dieser geschichtlichen Situation eine atheistische Weltauslegung durch Übel motivieren läßt, so könnte es daran liegen, daß die atheistische Kritik durch Gründe provoziert wurde, die sich erst bei näherer Betrachtung des Adressaten der Kritik zeigen. Dem Anschein nach richtet sich die Kritik gegen die höchste Entwicklungsstufe der Religion, die in der Vereinigung von Metaphysik und Christentum eine Art Volksreligion geschaffen hat, die Nietzsche bekanntlich pointiert „Platonismus fürs Volk" genannt hat. Nach ihr ist Gott einfachhin der *gute* Gott: nach den Zensurvorschriften in Platons „Politeia", die das Sagen über Gott regeln sollen, ist „Gott hinsichtlich seines Seins gut (agathós) und auch so darzustellen" (379 b); ähnlich ist nach dem Alten Testament das vollkommene Gutsein Jahwes, das in seiner Güte besteht, wiederholt ausgedrückt (vgl. etwa 1 Chr 16,34; 2 Chr 5,13; 2 Esr 3,11 f.; Ps 118 [117] 1 ff. u. ö.) und nach dem Neuen Testament ist allein Gott der *agathós* und außer ihm keiner (Mt 19,17; Mc 10,18; Lk 18,19).

Sobald man das Bild vom guten Gott, wie es wenigstens die atheistische Kritik (mit Recht oder nur vermeintlich) sieht und wodurch sie sich provoziert weiß, genauer hinterfragt, zeigt sich freilich, daß es weder dem guten Gott des frühen oder metaphysischen Denkens (insbesondere dem Platons) noch dem Gott des jüdisch-christlichen Glaubens genau entspricht, und zwar nicht nur weil man den differenzierten Reichtum vergangenen Denkens und Glaubens zuwenig gekannt und in den beschränkten Möglichkeiten der damaligen Zeit zu wenig berücksichtigt hätte, sondern weil etwas anderes, eine vermutlich erst typisch neuzeitliche Verbindung dieser großen Traditionen vermeintlich *als* diese Tradition auf- und angegriffen wurde. Diese läßt sich (ohne beabsichtigte Vollständigkeit) in einigen Grundzügen charakterisieren: durch die ontotheologische Gedankenführung im Horizont der Subjektivität, durch die Auslegung des Christentums als der höchstentwickelten Religion sowie durch den Glauben an eine repressive Allmacht Gottes, die das Geschöpf nur in passiver Abhängigkeit als das Unselbständige und Unfreie hervorbringen kann.

Das Gutsein Gottes wird im Horizont des ontologischen Argumentes der Vergewisserung über das Dasein Gottes gedacht: Wird von Gott gesagt, er sei gut, dann stellt man sich ein höchstes Wesen vor, ein

Höchstdenkbares, über das hinaus sich nichts Mächtigeres und moralisch Besseres denken läßt. Diese Weise, sich ohne Erfahrung nur auf Grund von Begriffen etwas von Gott auszudenken, die ontotheologische Gedankenführung, dürfte eher für das neuzeitliche als für das griechische und auch noch das mittelalterliche Daseinsverständnis charakteristisch sein. Mit dem biblischen Gottesverständnis hat sie schon gar nichts zu tun.

In Israel kann sich z. B. die Gemeinde aufgefordert wissen, *ihm* zu danken, „denn er ist gütig, denn in Weltzeit währt seine Huld". Die versammelte Kraft des Dankes vergegenwärtigt hier das in der Geschichte persönlich und befreiend *erfahrene* Gute, in dem sich Gottes Güte *ereignet* und damit Gott selbst als der Gute dem Menschen offenbart und schenkt[7].

Insofern das griechische (metaphysische) Denken im mythischen Dasein wurzelt, liegt ihm eine wenn auch andere Gottes*erfahrung* zugrunde. Es abstrahiert nicht überhaupt von der Erfahrungswelt, um von einer ewig gültigen Idee (als Vorstellung eines Subjektes) auszugehen. Gott und nicht das Göttliche wird ursprünglich, im mythischen Dasein (übrigens nicht völlig unähnlich dem semitischen auch) ereignishaft verstanden: Im beglückenden Ereignis, das dem Menschen widerfährt, geschieht „Gott" und ist das Göttliche gegenwärtig. Das in solcher unvermuteter Erfahrung „Aufleuchtende" läßt in gleicher Weise von Gott wie vom Guten (nicht von Göttern, Dämon oder Schicksal!) sprechen. „Das Ereignis, das deós ist, ist also immer gut, und der Mensch geht aus ihm beschenkt hervor[8]." In diesem Sinne denkt *Platon* den Gott als das Gute, als die in allem (existentiell) Guten anwesende und aufleuchtende Quelle: „Nicht von allem ist das Gute (tó agathón) Urheber, sondern was sich gut verhält, davon ist es Urheber; an den Übeln aber ist es unschuldig. Für das Gute darf man keinen anderen Urheber, für das Schlechte hingegen muß man irgendwelche Ursachen suchen, aber nicht Gott" (Politeia 379 b). Das ursprünglich Chaotische der Materie setzt der Teilhabe an der Ordnung, der Welt der Ideen, Grenzen. Aber es ist eben doch das Gute, in dessen Licht wir alles schauen und durch dessen Anwesenheit (paróntos) wir gut sind (Gorgias 506 d).

Metaphysik (philosophische Theologie), die sich allein auf das ontologische Argument stützt und insofern ontotheologisch strukturiert ist, ist im Mittelalter etwas völlig Unbekanntes. Es ist nicht richtig, das ontologische Argument als *das* anselmsche zu bezeichnen, weil Anselm ja noch andere, die Erfahrung berücksichtigende Gottesbeweise dar-

---

[7] Vgl. dazu auch G. *Hasenhüttl:* Einführung in die Gotteslehre, Darmstadt 1980, „Der Gott des Alten Testaments" 18 - 38.

[8] A. a. O., „Die griechischen Götter und der eine Gott" 1 - 17, hier 11.

gelegt hat. Im 12. Jahrhundert hat kein Theologe das ontologische Argument erwähnt, verteidigt oder angegriffen. Im 13. Jahrhundert wird es von mehreren bedeutenden Gelehrten nicht beachtet, findet aber schon bei einigen Zustimmung und Ablehnung. In der Neuzeit kommt es über Descartes für das metaphysische Denken maßgebend zu Ehren und empfiehlt sich durch seine logische Struktur, die dem Anliegen entspricht, das Wissen nach mathematischer Methode aufzubauen, d. h. im Rückgang auf der Begründung unbedürftige Sätze, Begriffe oder Ideen, die im unmittelbaren Vollzug des Denkens einsichtig und gewiß sind. Zur Idee des höchst vollkommenen Wesens gehört evidentermaßen das Gutsein, dessen Widerspruch zur Erfahrungswelt dann unter bestimmten Bedingungen hervortreten muß.

Wenn alles, was ist und Seiendes begründet, nur dadurch als seiend in den Blick kommt, daß es von einem denkenden Subjekt (ego cogito) in Begriffen und Ideen vorgestellt werden kann, dann ist alles grundsätzlich aus dem menschlichen Vermögen der Vorstellung heraus zu verstehen und ihm untergeordnet. Das gilt auch von der Annahme des Daseins eines höchst vollkommenen Wesens. Damit ist in der neuzeitlichen Subjektivität ein Atheismus latent vorstrukturiert[9], der hinsichtlich seiner Idee eines höchst vollkommenen und daher guten Wesens durch die Erfahrung des Übels in einer Weise zur Auslösung kommen kann, wie das vor dem neuzeitlichen Entwurf der Subjektivität noch gar nicht möglich war.

Was die atheistische Ablehnung des ontotheologischen vorgestellten Gutseins Gottes weiter begünstigt, ist das (Selbst-)Verständnis des Christentums als der höchstevoluierten absoluten Religion, für die alle anderen Religionen (also auch die gegenwärtigen Weltreligionen) im Grunde so überholt und aufgehoben sind, daß es zwischen ihnen und dem Christentum gar keinen echten Dialog, keine Begegnung zum Austausch im Wesen und zur gegenseitigen Anteilnahme in Zukunft mehr geben kann. Ein für dialog- und für wandlungsunfähig gehaltenes Christentum markiert dann auch den Höhepunkt und das Ende aller Religionsentwicklung. Von einer bestimmten historischen Gestalt des Christentums im Zuge der beginnenden Europäisierung der Welt kann atheistische Kritik dann meinen, mit ihr auch implizit alle anderen Religionen im Sinne eines Fortschrittes (der Vernunft) überholt zu haben[10]. Daher können auch die anderen, für minderwertig angesehenen

---

[9] Vgl. dazu E. *Rudolph*: Die atheistische Struktur der neuzeitlichen Subjektivität, in: Neue Zeitschr. für systematische Theologie und Religionsphilosophie 21 (1979) 190 - 238.

[10] Paradigmatisch dazu die Position von *Marx* und *Engels* in: Karl Marx/ Friedrich Engels: Werke I, Berlin 1961, 231 und 544.

Antworten der Religionen auf das Problem des Übels nicht ernsthaft in Betracht kommen.

Nach christlichem Glaubensverständnis trägt Gott in absoluter Freiheit für alles, was geworden ist, die Verantwortung. Das Übel hat demnach keine eindeutig außerhalb seiner Möglichkeiten liegende Quellen (wie z. B. bei Platon, wo es als unvermeidlicher Mangel der materiellen Werdewelt erscheint). Dadurch kann das Problem einer Theodizee so radikal gestellt werden, daß es zum Einwand gegen seine monotheistischen Voraussetzungen umschlägt. Aber dazu bedarf es noch m. E. einer ganz bestimmten Auslegung des Verhältnisses von Gott und geschaffener Welt: Man rechnet sich zur Schöpfung, die in Abhängigkeit von Gott als dem ganz Anderen gesehen wird, und glaubt sich seiner absolut willkürlichen Macht gegenüber als Objekt völlig passiv und verdinglicht ausgeliefert. Man stellt sich Gott so ungöttlich vor, daß er unfähig ist, in sich selbst und in Abhängigkeit von sich Seiendes zur Würde des eigenen Seins — zum Grundsein im Sinne der *causae secundae* — freizugeben. Wie sich dann das Problem des Übels stellt, mag ein Beispiel aus der neueren Religionssoziologie zeigen: „Daß sich das Problem der Theodizee am schärfsten für den radikalen ethischen Monotheismus, also im Geltungsbereich der biblischen Religionen (sc. des Judentums, Christentums und Islams), stellen mußte, ist unschwer einzusehen. Wenn alle Rivalen des einen Gottes und selbst niedere Götter rigoros ausgetilgt sind, wenn nicht nur alle Macht, sondern auch alle sittlichen Werte ausschließlich bei ihm liegen, der alles in dieser oder jener anderen Welt erschaffen hat, dann wird das Problem der Theodizee zu einer Frage, die unmittelbar gegen ihren Inhalt gerichtet ist. So läßt sich denn auch für kein anderes religiöses Gebilde so wie für den biblischen Monotheismus sagen, daß er damit steht und fällt, ob und wie er die Grundfrage der Theodizee ‚Wie kann Gott zulassen...?' beantworten kann." Versteht man nun unter „religiösem Masochismus" eine Haltung, die den Menschen zum passiven und dinghaften Objekt der mächtigen Wirklichkeit eines Gottes degradiert, dann nimmt der religiöse Masochismus „im biblischen Bereich deshalb eine besondere Gestalt an, weil das Problem der Theodizee unerträglich wird, wenn der andere als allmächtiger *und* allgerechter Gott, Schöpfer des Himmels und der Erde, des Menschen und des Alls definiert wird. Die Stimme dieses furchtbaren Gottes muß so überwältigend sein, daß sie den Protestschrei der gequälten Kreatur erstickt, ja, in ein Bekenntnis der Selbsterniedrigung *ad majorem dei gloriam* verwandelt. Der biblische Gott ist total jenseitig, d. h. er steht dem Menschen als der ganz andere (totaliter aliter) gegenüber. In dieser Transzendentalisierung ist von Anbeginn an die masochistische Einstellung *par excellence* angelegt. Sie ist die Lösung des Problems der Theodizee: Unterwerfung unter den ganz anderen, der weder in Frage gestellt noch negiert werden kann und seinem Wesen nach über allen ethischen und allgemein nomischen Maßstäben steht... die eigenartige Beziehung zwischen Theodizee und Masochismus halten wir für eines der Grundmotive biblischer Religionen."[11] Das Theodizeeproblem wird hier mit dem religiösen Masochismus genau unter den Bedingungen der Auslegung des Verhältnisses von Gott und geschaffener Welt formuliert, wie es die Gestalten des postulatorischen Atheismus als unhaltbar und unerträglich voraussetzen und es auch eine atheistische Antwort provozieren mußte.

II. Der Lösungsversuch

Vorbemerkungen zur Fragestellung und Vorgangsweise

Es sollen nun einige Grundfragen der „Theodizee" erörtert und eine mir möglich erscheinende Antwort fragmentarisch skizziert werden. Diese Antwort versteht sich freilich nicht als fraglos abschließende Lösung, weil das Philosophieren es mit dem je immer mehr Fragwürdigen zu tun hat und sich stets dem noch Unverstandenen und Unbegreiflichbleibenden verdankt. Gilt das für die Frage, warum ist etwas und nicht vielmehr nichts, dann vermutlich ebensosehr wenn nicht noch mehr für die Frage, warum dies, was ist, doch so sehr anders und nicht ist, als es uns zu sein verheißt. Auch soll nicht verschwiegen werden, daß die hier versuchten Überlegungen in Begegnung mit der christlichen Offenbarungstheologie erwachsen sind. Wenn sie auch bis zu einem Denken aus christlicher Offenbarung heranführen, können sie logisch unabhängig von diesem gewürdigt werden.

Um sich vor einer fraglosen Übernahme der Fragestellung neuzeitlicher Theodizee zu hüten, seien hier einige Bemerkungen zur Fragestellung und Vorgangsweise vorausgeschickt:

1. „Daß die Welt im Argen liege", ist nach *Kant* „eine Klage, die so alt ist, als die Geschichte"[12]. Dabei zitiert er nur die Heilige Schrift in *Luthers* Übersetzung: „Wir wissen, daß... die ganze Welt im Argen liegt" (1Joh 5,19). Das Übel (das Schlechte, das Böse) ist somit nicht zu verharmlosen, um es mit der Idee eines guten Gottes zu versöhnen. Häufig läuft der Versuch einer Theodizee darauf hinaus, Unvereinbares vereinbaren zu wollen, indem man das Übel über eine Erklärung verstehen, begründen, d. h. seine Notwendigkeit einsichtig ma-

---

[11] *P. L. Berger:* a. a. O., 71 ff.
[12] Kant's Werke, hrsg. von der Akadamie der Wissenschaft VI, Berlin 1914, 6.

chen, rechtfertigen, gutheißen und schließlich (dadurch) verharmlosen will. (Ist nicht *Hegels* Philosophie die Vollendung solcher Theodizee, weil sie das Übel als etwas „begreift", das mit Notwendigkeit in das Selbstwerden Gottes gehört?). Die Fragestellung der „Theodizee" nach der Vereinbarkeit von übler Welt*wirklichkeit* und *Idee* des Guten kommt also hier nicht mehr in Frage.

2. Als Hauptmotiv solcher Erklärung des Übels in der „Theodizee" läßt sich ein Versöhnungswille vermuten, der dem Drängen des infantilen Schutz- und Trostbedürfnisses eine Rationalisierungsmöglichkeit verschaffen will. Angesichts unerträglicher Sinnlosigkeit und der Notwendigkeit, mit dem Übel fertig zu werden, fordert man, es müsse doch irgend etwas Höheres, Sinnerfüllendes, Rettendes geben. Die Dringlichkeit eines Bedürfnisses sichert aber noch lange nicht seine Erfüllung. Z. B. herrscht Hunger, aber deswegen gibt es kein Brot. Ein „Denken", das unbefriedigte Vatersehnsucht imaginär tröstet, unabzahlbares Leiden illusorisch entschädigt und schlechtes Gewissen beruhigt, ist zu vermeiden[13].

3. Die theoretische Grundfrage der Theodizee nach dem Ursprung des Übels ist nicht von der existentiell-praktischen Frage, wie wir uns im Leiden und überhaupt zum Schlechten und Bösen verhalten sollen, zu trennen[14]. Schon die Erklärung übler Vorkommnisse steht im Dienst eines Interesses an der Mehrung oder Minderung des Übels in der Welt. Ebenso ist die Frage „Warum müssen wir leiden? Warum gibt es das Böse?" nicht von der Frage abzulösen „Warum trifft es gerade uns — mich oder diejenigen, die wir lieben? Warum kann es nicht ausbleiben oder vorbeigehen?" Zwar führt diese Frage doch wieder auf die theoretische Problematik „Woher kommt es, daß wir leiden müssen? Woher kommt das Übel? Wer ist schuld am Bösen?" Aber diese Fragen haben eben ihren Sitz im Leben, in den unvermeidlichen, praxisorientierten Fragen: Wie können wir mit den Übeln leben und sterben? Können Leid, Leiden und Schmerz etwas Gutes bringen? Welchen Sinn hat das Leiden (bzw. Übel) hier und heute, aber auch letzten Endes für uns? Vermögen wir etwas dagegen zu tun? Ruft es uns auf anders zu werden?

4. Die allgemeine Fragestellung, die auf Grund der Übel zum Atheismus geführt hat, ist die übliche Frage nach dem Ursprung des Übels. Wenn Gott das Leiden und die freie Entscheidungstat zum Bösen zu-

---

[13] Vgl. dazu *P. Ricœur:* Religion, athéisme, foi, in: Le conflit des interpréations: essais d'herméneutique, Paris 1969, 431 - 457.

[14] Zur Unterscheidung einer theoretischen und praktischen Theodizeeproblematik vgl. *H. Pfeil:* Die Übel und Gott: Zur zweifachen Theodizeeproblematik von heute, in: Akten des XVI. Intern. Kongresses für Philosophie V, Wien 1970, 384 - 392.

läßt, was ja zuletzt doch seine freie Tat sein müßte, dann kann es keinen wirklich guten Gott geben und so kommt er als für das Übel verantwortlich auch nicht mehr in Frage. Doch die Voraussetzung dieser Antwort, die Frage nach dem Ursprung des Übels, ist einseitig und abstrakt gestellt, weil sie aus dem Zusammenhang mit der Frage nach dem Ursprung des Guten gerissen ist. Hier müßte das Niveau der klassischen Fragestellung des *Boëthius* wiedergewonnen werden. Seine Frage, bekanntlich in der Bedrängnis der Kerkerhaft formuliert, ist eine Doppelfrage: „Wenn es Gott gibt: woher dann das Böse? Wenn es ihn nicht gibt: woher dann das Gute?"[15] Wenn also der Atheismus recht hat, woher dann das Gute? Woher?

Bei der Berücksichtigung der Doppelfrage ergibt sich für die weitere Überlegung eine Gliederung in drei Teile:

1. Woher das Übel? Wer ist schuld am Bösen?
2. Woher das Gute?
3. Wie steht es praktisch mit dem Verhältnis von Gut und Böse? Läßt sich das Übel zurückdrängen? Und ist dies nicht allein durch das Tun des Guten möglich? Ist nicht der einzige Ausgang einer „Theodizee" die Praxis des Guten?

1. *Die Schuld am Übel*

Einige Voraussetzungen, die für das Verständnis der hier gegebenen Antwort auf die Frage nach der Herkunft des Übels mehr oder weniger wichtig sind, seien in Kürze angeführt:

1.1 Als berechtigt sei die relativ grobe Schuldistinktion von einem *moralischen* Übel (das Böse *sensu stricto*) und einem *physischen* Übel (das Schlechte) vorausgesetzt[16], der für den Gesamtvollzug des menschlichen Daseins die Unterscheidung von menschlicher Natur (Was wirkt?) und Person (Wer wirkt? Wer handelt?) zugrunde liegt. Das moralische Übel entspringt der Freiheit, meint genauer die frei vollzogene böse Tat selber, also die schuldhafte Freiheitstat und nicht die (moralische)

---

[15] Philosophiae consolationis I, 4, 30: CC Series Lat. XCIV, 9: Si deus est, unde mala? Bona vero unde, si non est?

[16] Auf die beachtlichen Verschiedenheiten in der Fassung dieses Unterschiedes ist hier nicht einzugehen. Vgl. z. B. *Augustinus:* Dupliciter enim appelatur malum: unum quod homo facit. Alterum quod patitur; quod facit, peccatum est; quod patitur, poena (Contra Adimantum 26; CSEL 25/1, p. 184), oder *I. B. Lotz: Malum physicum* perfectionem debitam tollit, quae ad ordinem legum naturalium pertinet, v. g. amputatio membri. *Malum morale* perfectionem debitam tollit, quae ad ordinem ethicum pertinet seu eas leges respicit, quae actum liberum regunt eumque ad hominis perfectionem supremam seu finem ultimum dirigunt; ita peccatum vel culpa oritur (Ontologia, Barcelona 1963, Nr. 260).

Schuld als Zustand oder gar das Schuldgefühl, das keineswegs notwendig Folge oder unmittelbarer Ausdruck einer solchen Tat sein muß. Dagegen meint das physische Übel nicht nur Leid, Leiden und Schmerz, sondern auch Verblendungszusammenhänge, illusorisches Glück usf., überhaupt strukturelles und „institutionalisiertes" Übel im menschlichen Dasein sowie das Naturübel („Dysteleologien" der untermenschlichen Natur usf.). Das Problem des Übels wird gewöhnlich verzerrt und verharmlost, wenn unter dem (physischen) Übel nur das Leiden verstanden wird, das ja nicht ohne weiteres das Ausmaß des Übels indiziert. Es fragt sich sogar, ob ein Leben, das weitgehend von Not und Krankheit verschont bliebe und sich erfolgreich dem Schmerz der Erfahrung entziehen könnte, kein Übel sei[17].

1.2 Die persönliche Entscheidung für das Böse in unserem Leben ist für uns insofern eigentümlich *verborgen*, als sie für unser reflektierendes Gewissen nicht unparteiisch und sicher feststellbar ist. Dagegen sind die Folgen existentieller Grundentscheidungen oder Anfechtungen zum Bösen, die Unrechtsordnungen, die strukturellen Zwänge aufdringlicher. Dadurch wird es möglich, daß sich das Bedürfnis nach Entlastung von wirklicher oder vermeintlicher persönlicher Schuld zuweilen so erfolgreich in der Beschuldigung anderer oder der schlechten Zustände entladet. Mit Ausreden und Bemäntelungen für die eigenen Untaten ist man selten verlegen: „Nicht der einzelne, die Gesellschaft ist böse[18]."

1.3 Der wichtigste Grund zur Abwehr der Unerträglichkeit eigener Schuld liegt kaum in einem mangelnden Umkehrwillen, sondern eher in der dunkel geahnten Einsicht in die Tragweite des moralischen Übels. Das *schlimmste* Übel ist nicht das Ausgebeutetwerden und Unfreiheit, auch nicht Beleidigt- und Entehrtwerden, das Erleiden von Schmerz, Vereinsamung, qualvoller Tod, auch nicht das Leiden Unschuldiger, sondern das schuldhafte Tun des Bösen. „Der Übel größtes aber ist die Schuld" (*Friedrich Schiller*, Die Braut von Messina, Schlußvers), also das moralische Übel, die persönlich verantwortete existentielle Entscheidung für das Böse. Daher ist das Schlimmste nicht einmal, daß Menschen vergast, verbrannt oder als Märtyrer gefoltert starben. So Ungeheuerliches konnte ausgedacht, erfunden, beabsichtigt und

---

[17] Dazu vgl. *H. Vetter:* Der Schmerz und die Würde der Person, Frankfurt a. M. 1980.

[18] Zum Anliegen dieser These vgl. *A. Plack:* Die Gesellschaft und das Böse: Eine Kritik der herrschenden Moral, München ²1979. Dazu kritisch *V. Veith:* „Unsere Schuld ist zu groß für uns, doch du wirst sie vergeben" (Psalm 65, 4): Das Böse in der Sicht der theologischen Anthropologie, in: Wissenschaft und Weisheit 41 (1978) 180 - 198, hier: 185 und 187 f. Vgl. auch *R. Schwager:* Brauchen wir einen Sündenbock? Gewalt und Erlösung in den biblischen Schriften, München 1978.

geplant werden, weil der unergründliche Wille zum Töten die Menschen mit Leidenschaft und Wut erfüllt, die blind macht, und dazu führt, dem Gegner alles Böse anzudichten, d. h. schließlich weil schuldhafte existentielle Entscheidungen Geschichte gemacht haben. Insofern man es hier mit der Auswirkung und strukturierten Geschichte freiwilliger existentieller Entscheidungen (und nicht schon direkt mit dem freien Vollzug dieser Entscheidung) zu tun hat, darf einzelnen Henkern und planenden Organisationen grauenhafter Verbrechen nicht ohne weiteres die (volle) moralische Verantwortung (die existentiell schuldhafte Entscheidung) zugeschoben werden. Weil das schuldhafte Tun des Bösen das schlimmste Übel ist, gilt es als besser, Unrecht zu erleiden, als Unrecht zu tun, bzw. ist es schlimmer, am Leiden Unschuldiger existentiell schuldig zu werden, als unschuldig zu leiden.

1.4 Zwischen dem moralischen und dem physischen Übel besteht ein doppelter *Zusammenhang:* Das physische Übel kann als die Leibhaftigkeit der ursprünglich moralisch-bösen Tat aufbrechen. Weil in der Entscheidungssituation der ganze Mensch betroffen ist, weil er *sich selbst* entscheidet, wirkt sich diese Entscheidung notwendig so aus, daß er (mehr oder weniger) leibhaftig diese Entscheidung geschichtsmächtig artikuliert, also dementsprechend lebt, handelt, sich verstellt, lügt oder sich täuscht usf. Dabei kann sich die böse Tat und Gesinnung auch anonym auswirken oder eine vom Täter unbeabsichtigte Wirkungsgeschichte zeitigen. Aber auch umgekehrt kann das physische Übel die moralisch-böse Tat provozieren. Insofern selbst nach dem Aufhören der ursprunggebenden Schuld die leidvolle oder überhaupt strukturierte Übelsituation noch weiter bestehen bleibt, kann sie zu einer das Übel mehrenden Beantwortung nötigen (herausfordern), ja auch zur Anfechtung für eine schuldhafte Beantwortung werden. Z. B. findet Gewalt ihre Nachahmer, die Gegengewalt üben. Und ist nicht in jedem von uns Holocaust so latent, daß es unter anderen geschichtlichen Bedingungen zum Ausbruch kommen könnte?

1.5 Eine konkrete Ontologie könnte zeigen, daß alle Seienden einander durchdringen und darstellen, einander annähern und vergegenwärtigen, wie das z. B. *Nikolaus von Kues* in dem ontologischen Grundsatz „omnia in omnibus" ausgesprochen hat[19]. In diesem Kontext muß sich der Mensch als ein personales und gesellschaftliches Wesen ernst nehmen, das auf die Welttotalität immer schon bezogen ist. Tut er das, dann weiß er: im Guten wie im Bösen ist er *solidarisch* mit allen Menschen — nicht nur mit seinem „Nächsten". Daß wir im Guten wie im Schlimmen einander zum Schicksal werden, das erfahren wir innerhalb eines kleinen Kreises von Personen ge-

---

[19] Vgl. vor allem in: De docta ignorantia II c. 3 - 5.

wöhnlich sehr intensiv. Doch die Solidarität als Zusammengehörigkeit im gemeinsamen Schicksal und innerhalb der gemeinsamen Geschichte erstreckt sich weltweit. Das bedeutet, persönliche Schuld ist nie reine Privatsache, sondern setzt sich irgendwie in eine schlimme Faktengeschichte um, die andere in das Weltübel hineinverstrickt — sei es zwanghaft oder schuldhaft durch freiwilliges Nachgeben gegenüber der Versuchung. Die Solidarität besteht auch — ungewollt und ohne Wissen — mit den Gewesenen sowie mit den Zukünftigen. Die menschliche Vergangenheit ist hinsichtlich des Sinnes, den wir ihr im gegenwärtigen Augenblick geben oder verweigern, durchaus offen, modifizierbar; ebenso die Zukunft: Dort wird man ernten, was wir in der Gegenwart gesät haben.

1.6 Wie wir solidarisch d. h. (mit)verantwortlich sind für das Kommende, so trägt die bisherige Menschheitsgeschichte unsere Möglichkeiten und definiert ihre eigenen mit. Insbesondere gilt das für den Anfang der Menschheitsgeschichte, denn als Anfang bestimmt und betrifft er das Ganze, das er eröffnet; er ist nicht wie der Beginn nur ein erstes, verschwindendes Moment innerhalb dieses eröffneten Geschichtsraumes, als etwas, das nur zu dem gehört, was einmal war und nun vorbei ist und niemals wiederkehrt, sondern vielmehr etwas, das sich in allem Folgenden auswirkt, etwas, in das wir hineingehören und das durch uns und durch uns hindurch erst endgültig wird.

1.7 Bei Berücksichtigung des unter 1.4 bis 1.6 Gesagten kann dann zur Klärung unseres gegenwärtigen Weltzustandes angenommen werden, daß der bisherige Verlauf der Menschheitsgeschichte in seinem Anfang auf ein Versagen hinweist. Diese geschichtsphilosophische Annahme möchte hier logisch (nicht psychologisch oder wissenssoziologisch) unabhängig vom jüdisch-christlichen Offenbarungsglauben verstanden werden, wobei die Analogie zur ätiologischen Erzählung vom Paradies und Sündenfall nicht übersehen werden will. Was damit genauer gemeint ist, mag in vieler Hinsicht fragwürdig bzw. eine *quaestio disputata* sein. Die relative Verborgenheit eines Sachverhaltes ist ja kein Argument gegen ihn. Inwiefern würde also ein Versagen im Anfang der Menschheitsgeschichte erklären, daß unsere „ganze Welt im Argen liegt"?

Unterscheidet sich der Mensch von allen umweltgebundenen Lebewesen durch sein In-der-Welt-sein, durch seine Weltzugehörigkeit, ist er (nicht nur, aber doch erst) Mensch durch seine weltoffene Daseinsweise, dann war dem Menschen von Anfang an die Welt, die Vollendung seines Daseins und der Naturgeschichte anvertraut gewesen. Hätte er sich aber schon anfänglich dieser Aufgabe gegenüber verweigert, so müßte durch diesen Verrat an sich selbst und an der Welt eine tiefe Verstörung über ihn gekommen sein, die sich im Miteinandersein sowie im Verhältnis zur außermenschlichen Natur in allem ausgewirkt hätte. Wenn also dem Menschen die Aufgabe zugefallen ist, die Weltevolution als seine eigene Geschichte in die Hand zu nehmen und er vom Anfang seiner Geschichte an die Weiterführung und Wandlung im Guten nicht nur bedroht, sondern behindert hat, dann stehen wir heute unter der Erblast versäumter Möglichkeiten, der wir (wenigstens von uns aus) nicht mehr völlig entrinnen können. Der Mensch muß in ganz entschiedener Weise für seine Leidensgeschichte aufkommen sowie für die selbst blockierte Möglichkeit, mit aus der Natur kommenden Übeln fertig zu werden.

Ist die zur Erklärung unserer Gesamtsituation versuchte Annahme zutreffend, so könnte man fragen, was der Mensch wäre, wenn seine Geschichte vom Anfang an anders verlaufen wäre. Würde er sein Dasein vom Wesen her aufgebaut und nicht zugleich gestört und zerstört haben, so hätte sich das im leibhaftigen Ganzen seiner Geschichte ausgewirkt haben müssen. Was könnte das hinsichtlich seines Endes bedeutet haben? Wäre der Tod wirklich das Dunkel, Ängstigende und Erniedrigendste gewesen als was er uns heute erscheint? Würde uns die naturhafte Herkunft in gleicher Weise zum Verhängnis werden können, wie das heute der Fall ist? Gibt es nicht Indizien für Wandlungskräfte, die der Mensch verloren hat oder die unter der geschichtlichen Verflechtung der Schuld unterbunden sind? Lebt nicht jeder z. B. mehr oder weniger im Widerspruch mit sich, wenn er die andere Seite seines Daseins in der Welt, das Traumleben, vergißt und verdrängt und sich dazu durch verharmlosende Deutungen ein Alibi verschafft[20]? Sind nicht gewisse paranormale Lebensäußerungen wie ein Aufblitzen unterbundener Daseinsmöglichkeiten, die vielleicht rudimentär massenhafter verbreitet sind, als man das gewöhnlich annimmt[21]? Vielleicht verweisen ätiologische Überlegungen zum Anfang des menschlichen Daseins auf verschüttete oder ausstehende Daseinsmöglichkeiten. Die Frage, „Was wäre gewesen wenn..?", ist ja nicht von vornherein immer sinn- und aussichtslos, wenn auch hier nicht der Ort ist, sie weiter zu verfolgen.

Um uns nicht noch länger bei der zum Verständnis notwendigen Klärung gewisser Voraussetzungen aufzuhalten, soll endlich ausdrücklich gefragt werden: Wer ist eigentlich schuld am schlechten Zustand der Menschenwelt? Die zu begründende Antwort lautet: *Was an der Menschenwelt schlimm ist, ist in einem nicht genau zu bestimmenden,*

---

[20] Zur Kritik der „neuzeitlichen Traumtheorien" vgl. *M. Boss*: Der Traum und seine Auslegung (Kindler TB 2137), München 1974, 1. Teil.
[21] Vgl. dazu u. a. *H. Bender*: Parapsychologie — ihre Ergebnisse und Probleme, Bremen 1970, 77 ff.

aber mindestens beachtenswerten Ausmaß, wenn nicht überhaupt allein der menschlichen Freiheitstat zuzuschreiben. Daraus folgt, daß weder Gott als Schöpfer noch die vormenschliche Natur, aber auch nicht eine bestimmte Gruppe von Menschen damit zu belasten ist. Die Argumentation für diese These erfolgt hier selbstverständlich in der gebotenen Kürze und formal gesehen indirekt, indem einmal die wichtigsten Lösungsversuche für ihre Leugnung und danach die praktischen Folgen ihrer Leugnung bedacht werden. Daß hierbei ebenso hellsichtige wie brillante Überlegungen zur Theodizee von Odo Marquard berücksichtigt wurden, möchte ausdrücklich hervorgehoben werden[22].

Bei der probeweisen Leugnung unserer These geht es um eine Art Anthropodizee. Sie will den Menschen oder wenigstens eine Gruppe von Menschen freisprechen, die maßgebende Quelle der Übel zu sein. Da die Anklage anderer sich oft als beste Verteidigung bewährt hat, wurden im Dienst der Anthropodizee Prozeßverfahren angestrengt, die den eigentlichen Schuldigen, also den sogenannten „Täter" anderswo ermitteln sollten. Wer ist nun anderswo der Täter, der schuld ist am Übel? Ist es Gott als Schöpfer? Ist es die vormenschliche Natur? Ist es eine bestimmte Gruppe von Menschen?

Der erste Entlastungsversuch stellt die alte, den Frommen quälende Frage erneut: Wenn es einen Gott gibt: woher dann das Böse? Warum läßt Gott das Übel zu? Warum hat er uns unter der Voraussicht, daß wir schuldig werden, geschaffen? Ist nicht Gott der Alleswirkende? Wenn er angeblich das Schlechte und Böse nicht will, warum ist es letztlich doch er, auf dessen freie Tat es zurückgehen muß?

Man könnte dem entgegenhalten, wer ist doch dieser Mensch, daß er sich aufspreizt, um Gott anzuklagen. Gott gegenüber kann der Mensch überhaupt keine Ansprüche erheben. Sein Dasein in Schöpfung und übernatürlicher Heilsgnade ist ihm doppelt ungeschuldet. Wenn auch die Frage nach dem Übel durch keine Theodizee beschwichtigt werden kann, sondern vielmehr unauflösbar vor Gottes Angesicht weiterbesteht, dann bleibt nur übrig, sich bedingungslos der Unbegreiflichkeit Gottes zu überlassen. Das einzige, was sich hier einsehen läßt, ist dies: „Die Unbegreiflichkeit des Leidens ist eben ein Stück der Unbegreiflichkeit Gottes."[23]

Wir sind davon ausgegangen, daß sich die theistische Voraussetzung für diese radikal ins Unbegreifliche führende Antwort dem neuzeitlichen

---

[22] „Idealismus und Theodizee" und „Wie irrational kann Geschichtsphilosophie sein?" In: O. Marquard, Schwierigkeiten mit der Geschichtsphilosophie, Frankfurt a. M. 1973, 52 - 82.

[23] *K. Rahner:* Schriften zur Theologie XIV, Einsiedeln 1980, Warum läßt Gott uns leiden? 450 - 466, hier: 463.

Menschen mehr und mehr entzogen hat. Der Verdacht keimt, daß der Gott der Theodizee gar nicht existiert, denn das Schlechte und Böse kann niemals die wirkliche Erscheinung Gottes in seinem Wesen und in seiner Freiheit sein. Der sich erhebende Protest, daß Gott nicht so sein kann, wie er zu sein scheint, nämlich unheimlich, ungeheuerlich, sadistisch-repressiv, führt zur Verabschiedung Gottes: Weist man angesichts des schlimmen Weltzustandes darauf hin, daß ja doch ein alles wirkender Gott sie geschaffen hat, wie sie eben ist, dann wird das wie eine versteckte Beschimpfung Gottes, eine Blasphemie, empfunden, die nicht folgenlos bleibt, die vielmehr in Atheismus umschlägt, d. h. in die Abkehr von einem Gott, der an allem Übel die Schuld trägt. Unter diesen Umständen kann zynisch vermerkt werden, daß es für Gott besser sei, wenn es ihn nicht gäbe. Kommt somit der Schöpfer als Sündenbock nicht mehr in Frage, so ist dies nach Odo Marquard „die radikale, die mögliche verbleibende Theodizee, die Theodizee durch einen Atheismus *ad maiorem Dei gloriam*"[24].

Man kann sich für den zweiten Entlastungsversuch nun der verbliebenen Schöpfung und Vorgeschichte des Menschen zuwenden: Sofern es nur auf den Menschen ankommt, so macht er sich in der Welt gar nicht so übel, allein die Natur hat den Menschen mangelhaft ausgestattet: er ist ein Mängelwesen, eine Fehlkonstruktion, eine Perversion der Natur. Es gelingt ihm immer weniger, diese Benachteiligung zu korrigieren oder zu kompensieren. Oder dasselbe optimistisch gedeutet: Alles Schlimme in seinem Wesen und Verhalten ist eben als Überbleibsel aus überwundenen Entwicklungsstufen, aus dem unvermeidlichen animalischen Kampf ums Dasein zu verstehen.

Zunächst ist es sehr schwierig, über Tatsache und Ausmaß von Übeln in der vormenschlichen Natur etwas auszumachen, weil wir diese immer schon „anthropomorph", im Horizont menschlicher Geschichte erfahren und deuten. Dazu gehört auch der Versuch, die eigene weltoffene Daseinsart zu verleugnen, sich „exzentrisch" vom Tier her als Mängelwesen zu verstehen[25] und alles Übel als notwendige Begleiterscheinung der sich entwickelnden Welt für restlos erklärbar zu halten. Von uns her gesehen gibt es die sogenannten „Dysteleologien" der Natur, Sinnwidrigkeiten, wie die Verschwendung lebender Substanz, Krankheit, Schmerz, tödlicher Kampf, schädliches Schmarotzertum, Fehlleitungen durch starre Instinkte usf. Ihre Bedeutung nimmt erst auf höheren Stufen der Entwicklung zu. Die Dysteleologien messen wir

---

[24] *O. Marquard*: a. a. O., 70.
[25] Zur Diskussion der Hypothese vom Mängelwesen vgl. *A. K. Wucherer-Huldenfeld*: Geburtszustand und weltoffene Daseinsweise: A. Portmanns Deutung der „normalisierten Frühgeburt" beim Menschen, in: Geburt, Eintritt in eine neue Welt, hrsg. S. Schindler, Göttingen 1981, 173 - 191.

an Teleologien, die, wenn sie ausgefallen sind, erst nach unserem Verständnis der Natur ein Übel darstellen. Über den oft maßlos übertriebenen Kampf ums Dasein, der ja nur im metaphorischen Sinn das Naturgeschehen erklärt, vergißt man leicht das schöpferische Spiel eines wie durch Gesetze gelenkten Zufalls, den überschwenglichen Reichtum der Wunder der Natur, ihre Kontrastharmonie, den Kreislauf des Stirb und Werde, eine Selektion ohne Grausamkeit, eine moralische Unschuld des Werdens — und auch des Tötens.

Man müßte hier auch bedenken, inwiefern das, was *uns* als Naturübel erscheint, im Evolutionsganzen einen Sinn hat oder haben sollte[26] — oder auch als Folge menschlichen Verhaltens ist, das die Erde verwüstet, statt sie zu schonen und sie zu verwandeln. Damit kommt die eigentliche Schwierigkeit einer Problemlösung, welche die untermenschliche Natur für das Übel verantwortlich macht, zur Sprache: Sie verharmlost das Übel im menschlichen Bereich, insbesondere das sittliche Übel, das Böse, die böse Entscheidung und Schuld sowie das durch menschliche Freiheit erzeugte unermeßliche Leid und namenlose Elend. Das Böse läßt sich vom Phänomen her nicht auf das Naturübel reduzieren. Die Verantwortung für einen „bestialischen" Mord ist vom Wesen her etwas ganz anderes als die instinktgeleitete Tötung der Drohne durch ihre Artgenossen.

Mit Recht wird der Kosmos immer wieder gegenüber üblen Beschuldigungen verteidigt. „Kosmodizee" wehrt sich gegen Theorien, die Wesen und Ursprung des Übels in die Kosmo- und Biogenese des Menschen verlegen wollen; in die Materie, in die Pluralität, in die (negativ mißverstandene) Kontingenz, Herrschaft der Zufälligkeit und Vergänglichkeit usf. Damit ergibt sich erneut eine Situation, in der sich die Frage nach dem „Täter" des Übels erhebt.

„Wo der außerweltliche Sündenbock verlorengeht, muß ersatzweise ein innerweltlicher und dort, wo die Natur dafür als ungeeignet gilt, ein menschlicher Sündenbock gefunden werden."[27] Mutet sich nun der Mensch das bürdenreiche Amt eines Täters und Lenkers der Welt zu, dann fällt auf ihn der Schrecken des Mißlingens, die Enttäuschung über den mangelhaften Fortschritt, die Ungewißheit darüber, ob die Menschheit überhaupt noch Zukunft hat. Kein Gott ist da, der den Menschen retten könnte. Es fehlt das geschlachtete Lamm, das hinwegträgt die Schuld der Welt. Die damit steigende Belastung entlädt sich in der Suche nach einem neuen, geeigneten Sündenbock, der die Wendung zum Besseren verhindert und an allem Übel die Schuld trägt.

---

[26] Vgl. dazu *G. Greshake*: Leiden und Gottesfrage, in: Geist und Leben (1977) 102 - 121.

[27] *O. Marquard*: a. a. O., 77.

So schafft sich, wie Odo Marquard deutlich gemacht hat, das Bedürfnis nach Entlastung vom schlechten Gewissen und vor der drückenden, unerträglich erscheinenden Verantwortung in Ideologien (Geschichtsphilosophien) Alibisysteme und entwickelt die Kunst, es nicht gewesen zu sein. Ist man selber es nicht gewesen, so müssen andere Gruppen, die uns hindern, Schuld haben: Rassisch- oder erblich Minderwertige, Parasitäre, Klassenfeinde, Extremisten, das andere Geschlecht, die Alten oder die Jungen oder noch allgemeiner: nicht ich, die Gesellschaft ist an allem schuld. Die soziale Einheit wird durch solche Gegnerschaft nicht nur stark erlebt, sondern oft erst gebildet. Angst und Abscheu vor einem Gegner macht einig, mobilisiert Aggressionen und lockt ihn so in eine Falle, durch die er erst zum wirklichen Gegner wird.

So sehr menschliche Selbständigkeit und Freiheit durch die Verflechtung von Schuld und ihren Folgen eine Minderung erfahren hat, so ist diese doch nicht solcher Art, daß nicht doch Möglichkeiten zum Guten entweder weiter vertan oder neuentdeckt werden könnten. Es ist daher die Schuldabwehr und Preisgabe menschlicher Möglichkeiten an Selbständigkeit und Freiheit keineswegs nur die Leugnung einer philosophischen Meinung, sondern sie hat ruinöse Folgen, weil sie von der Bemühung um die eigenen schöpferischen Möglichkeiten des Guten ablenkt. Nach Odo Marquard ruiniert die Schuldabwehr das positive, „affirmative Verhältnis zu mindestens drei entscheidenden Wirklichkeiten", die an menschliche Selbständigkeit und Freiheit gebunden sind:

„1. das zur exakten Naturwissenschaft und Technik; solches aber bedeutet — in äußerster Konsequenz — den Tod vieler und den Hunger der meisten.

2. das zur Innerlichkeit und privaten Subjektivität; solches aber bedeutet — in äußerster Konsequenz — Terror: die Unmöglichkeit ‚ohne Angst anders zu sein'.

3. das zum Politischen und zum Recht als Wirklichkeiten, die der Mensch nicht nur interpretieren, sondern verändern kann; solches aber bedeutet — in äußerster Konsequenz — die Preisgabe der Hoffnung auf eine bessere und gerechtere Welt."[28]

Wenn alle Entlastungsversuche zur Abwehr der Schuld am Bösen scheitern, dann bleibt uns nur die Fügung in jene umfassende Solidarität, in der wir am Guten und am Schlimmen der Menschheitsgeschichte ebenso teilhaben wie auch Mitverantwortung tragen. Hier stehen Sinn und Widersinn des ganzen Daseins (Miteinanderseins) auf dem Spiel. Jede Art von Gleichgültigkeit hinsichtlich des Guten und

---

[28] A. a. O., 56.

des Bösen impliziert schon eine Entscheidung für das Böse. Hier eine neutrale Position beziehen zu wollen ist unmöglich und unmenschlich. Eine distanziert theoretische Einstellung angesichts des Übels muß scheitern, weil es keinen Standpunkt jenseits von Gut und Böse gibt, der bei vorerst neutraler Haltung gestatten könnte, zwischen Gut und Böse abzuwägen und eine Bilanz zu ziehen. Ist doch das Böse vermutlich viel schlimmer als wir annehmen, aber auch das Gute viel gewaltiger, größer und herrlicher als wir nur zu wünschen wagen und ertragen können. Sehen wir abwartend zu, wie die Sache zwischen Gut und Böse ausgeht, dann können wir zu keinem endgültigen Urteil kommen. Wir laufen dabei Gefahr, zu versäumen, was uns einzig zu tun übrig bleibt — nämlich das Gute.

Ist die spekulative Theodizee durch Umschlagen in den Atheismus gescheitert und die Verantwortlichkeit des Menschen für das Gute ebenso wie für das Übel hervorgetreten, so bleibt hier noch der Weg einer praktischen Philosophie begehbar, der unbeabsichtigt auf einen anthropologischen (moralischen) Gottesbeweis bzw. auf Ethikotheologie hinausläuft. Die Frage ist, wenn es also Gott nicht gibt, woher dann das Gute?

2. *Woher das Gute?*

Vermutlich sind die Möglichkeiten Gutes zu tun und gut zu sein oft größer und andere, als wir erwarten oder wünschen. Die Welt ist voll von unentdeckten Möglichkeiten. Wer könnte sagen, er habe alle seine Möglichkeiten so ausgeschöpft, daß er nichts versäumt und unterlassen hätte[29]?

Das Gute tun zu können zeigt sich in uns als eine immer wieder sich erneuernde Möglichkeit; selbst noch in der Ohnmacht von Krankheit oder Verfolgung haben noch viele die Wahl zu fluchen oder zu segnen, verbittert oder geläutert zu werden. In der Möglichkeit zum Guten erfahren wir eine Unbedingtheit und Unverfügbarkeit des sittlichen Anspruchs: Das Gute soll getan werden, einfach weil es gut ist, weil es das Sinnspendende ist, das allein Grund gibt, glücklich zu sein.

Wenn wir wiederholt im Nachdenken darüber verweilen, nehmen wir wahr, daß diese Unbedingtheit, diese sich stets erneuernde Möglichkeit, wie aus einer Quelle aufsteigt, die sich uns als das unverfügbare Geheimnis unseres Daseins entzieht. Daß wir uns zum Tun des Guten ermächtigt erfahren, kann als religiöse Erfahrung verstanden werden. In der Kraft des Neu- und Ganzmachens, des „Heilens" er-

---

[29] Vgl. dazu das Phänomen als „Vor-Schein" eines ontologischen Noch-Nicht bei *E. Bloch:* Gesamtausgabe V, Das Prinzip Hoffnung, Frankfurt a. M. 1959.

eignet sich das Heilige. Daß sich im absichtslosen Tun des Guten Göttliches ereignet, wußte schon antike Religiosität. So sagt *Plinius der Ältere*: „Es ist Gott dem sterblichen Menschen, wenn der eine dem anderen hilft."[30] Das in diesem Sichereignen des Guten erfahrene Da-sein (Gegenwärtigsein) Gottes ausrufen, heißt anerkennen, daß die Quelle solchen Tuns, so sehr wir darin die zum selbständig-freien Tun Begabten sind, nicht in unserer Verfügung liegt, und daß die Auf-gabe des sittlichen Handelns als jeweils uns zu-gesprochener Gabe in diesen Ursprung verweist. Gott ist dann der, der uns gut sein läßt, nämlich jeden ganz persönlich — mich, dich, und zwar einmalig in dieser Situation, die unwiederbringlich versäumt werden kann.

In diese Erfahrung können wir uns zurück-rufen lassen, indem wir gegenwärtig werden und uns sammeln. Holen wir uns aus der Zerstreuung zurück und nehmen wir uns zusammen, so öffnet sich die Situation und wir nehmen die Aufgabe als Gabe *und* als ureigenstes Vermögen wahr. Wir erfahren Freiheit als konkrete Gnade. Hier kann einem Gottes Gegenwart aufgehen im Charakter des Vertrauens und der Großmut sowie der zurückhaltenden Vornehmheit, die nicht in unterdrückende Abhängigkeit zwingt, sondern den weltweiten Spielraum schöpferischen Handelns und Selbstseins im Guten eröffnet[31]. Theodizee wird so praktisch und zum (anonymen) Erweis des Daseins Gottes durch eine Praxis des Guten.

3. Praktische „Theodizee"

Aus der ungeteilten Annahme dessen, was wir in uns als die einzige und ursprünglichste Quelle des Vermögens zum Guten, ja überhaupt alles Guten, erfahren können, ergeben sich wichtige praktische Weisungen:

3.1 Gegenüber allen Übeln ist *Gelassenheit* zu üben. Oder mit einem Wort aus der Bergpredigt: „Widersteht nicht dem Bösen" (Mt 5,39). Das hat nichts mit Resignation, Passivität oder gar Verhärtung zu tun, sondern spricht eine realistische Einsicht aus: Wer Vergeltung übt, wird selbst zum Raum, in dem das Böse eindringt; er vermehrt so, was er zu beseitigen vorgibt. Jeder Widerstand gegen das Böse, der daraus kommt, daß wir böse über das Böse geworden sind, ist unfruchtbar und vermehrt nur das Übel. Jeder Schlag fordert zum Gegenschlag heraus; Gewalt provoziert Gegengewalt über die ganze Kette der Eskalation hin bis zum pathologischen Wahnsinn, der Selbstvernichtung in Kauf nimmt, wenn er nur dem Gegner schaden kann. Die rasch erhobene

---

[30] Deus est mortali iuvare mortalem (nat. hist. II 18).
[31] Vgl. *R. Guardini:* Gläubiges Dasein, Würzburg ²1955, 53 f.

Forderung, das Übel zu *bekämpfen,* statt es zu erklären, ist nicht nur kurzsichtig, sondern gefährlich, wenn erlittenes Unrecht sie motiviert. Eine „gut gemeinte", aber aus dem Ressentiment, dem Haß und Neid des unterdrückten, geschändeten, entwürdigten Menschen geborene Gesellschaftsveränderung führt — wenn nicht Wunder geschehen — nur zu neuen, größeren Übeln. Das bloße Nein der Negation kann *als* Negation niemals fruchtbar sein. Böses läßt sich eben nicht durch Böses beseitigen.

3.2 Dialektik besagt, wie etwas durch die Negation der Negation wird und gedacht werden kann. Aber das Gute kommt nicht dadurch, sondern trotz einer doppelten Negation zustande, allein aus der unversiegbaren Kraft des Guten selber. Als Prinzip des Handelns ist die Negation der Negation daher unsittlich. Sie gestattet Übel als geschichtsnotwendige Mittel im Dienst des Guten zu rechtfertigen und zu verharmlosen. Gewiß kann die Situation des Leidens für uns eine Prüfung bedeuten, in der wir uns zu bewähren haben und aus der manche geläutert und gereift hervorgehen. Aber selbst dort, wo das zutrifft, hat uns nicht das Übel gebessert, sondern die verwandelnde Kraft des Guten. Der Sinn des Übels liegt nicht in ihm selber, sondern kommt allein aus dem Guten. Damit ist nicht geleugnet, daß oft erst in der Not die Kräfte des Guten mobilisiert werden und daß erst unter harten Anforderungen entsprechende Leistungen erbracht werden. Es gilt in der Not erfinderisch zu werden. Oder mit einem Wort aus dem Römerbrief: „Vergeltet niemand Böses mit Bösem... Wenn dein Feind Hunger hat, gib ihm zu essen, wenn er Durst hat, gib ihm zu trinken; tust du das, wirst du glühende Kohlen auf sein Haupt sammeln. Laß dich vom Bösen nicht besiegen, sondern *besiege das Böse mit dem Guten*" (12,17 - 21, vgl. 1 Thess 5,21; Röm 12,2). D. h. sich völlig der ursprünglichen Quelle des Guten eröffnen, sich den schöpferischen Antrieben des Geistes überlassen, Phantasie zur Lösung von Konflikten entwickeln... Nicht aus der Not eine Tugend machen, sondern in der Not auf den heilenden Grund, der uns zum Guten ermächtigt erneut zurückgehen. Zum Beispiel: Den anderen nicht in der Sinnwidrigkeit seiner Schuld festnageln, sondern in die Möglichkeit der Vergebung eintreten, d. h. das Getane weder weglügen noch den Täter demütigen, vielmehr einen neuen Anfang möglich machen. So kann die aus Freiheit gegebene Chance aus ihrem tiefen Grund das Miteinander neu und tiefer werden lassen.

3.3 Das Übel ist zur Nebensache, zum Gegenstands- und Bestandslosen, zum Nichtigen zu machen und herabzusetzen. Das ist praktisch, nicht theoretisch-verharmlosend gemeint. Über die Möglichkeit es völlig zu beseitigen und das Ausmaß des Gelingens ist spekulativ hier nichts gesagt, sondern nur: Wer angesichts des Kreuzes bloß zuschaut, neugierig den Ausgang abwartet, wird mitschuldig am bösen Ausgang; und wer auch nur lässig ist, ist schon ein Bruder dessen, der niederreißt (vgl. Spr 18.9). Hier gibt es keine Neutralität. Das Problem des Übels führt so auf eine praktische Einsicht: Das Übel ist in uns und um uns zurückzudrängen durch das schöpferische Tun des Guten, durch das Stiften oder Zulassen von Sinn in aller Sinnlosigkeit. Dadurch machen wir das Übel zu dem, was es zu sein verdient, zur Nebensache, zum ganz und gar Nichtigen, das weder sein soll noch irgend ein Recht hat zu sein[32].

Gewiß Gottes Dasein ist unvereinbar mit dem Bösen. Aber diese Einsicht darf nicht zur Scheinlösung verleiten: Es gibt das Böse und Schlimme, also kann ein (guter) Gott nicht existieren. Dagegen kann gegenüber dem Schlechten und Bösen eine vernünftig vertretbare Einstellung angesprochen werden: In der Annahme Gottes als dem unversiegbaren Quell alles Guten erfahren wir uns selber angenommen, selber gewürdigt, zum persönlichen Einsatz, zur Sinngebung aufgerufen, zur Bewältigung des Übels durch das Gute. Damit ist freilich keine letzte, abschließende Auflösung der uns bedrängenden Fragen gegeben, schon deswegen keine, weil sie nur Gott selber geben kann, wenn er solidarisch mit den Leidenden wird, so daß alle Leiden wie zu Geburtswehen seines Kommens werden...

---

[32] Vgl. dazu besonders Le Millieu divin, Œuvres de Teilhard des Chardin IV, Paris 1957: Passivités de diminution, 80 - 102.

Prinzipien politischer Bildung

Von *Herbert Zdarzil*

Politische Bildung, nicht als eine beiher sich ereignende, sondern als bewußt geplante und ins Werk gesetzte sowie als eine allgemeine, hat eine vergleichsweise junge Geschichte — sie ist zugleich mit dem modernen, dem sich demokratisierenden Staat aufgetreten. Dies ist kein Zufall. Denn das Prinzip des modernen demokratischen Staates ist dasselbe wie das der politischen Bildung. Diesen Gedanken auseinanderzusetzen und seine Konsequenzen zu bedenken, soll Aufgabe der folgenden Überlegungen sein.

Der Mensch lebt seit altersher in Institutionen, in Einrichtungen also, die das Leben ihrer Mitglieder regeln, einer bestimmten Ordnung unterwerfen und auf gemeinsame (auch gemeinsam zu erreichende) Ziele ausrichten. Zu diesen Institutionen zählt auch der Staat. Doch tritt der Staat als eine Institution besonderer Art in Erscheinung. Denn der Staat verlangt nicht nur von seinen Bürgern bestimmte Leistungen und gibt ihnen gewisse Rechte, er beansprucht in seinem Territorium auch, die allen anderen Institutionen übergeordnete Institution zu sein: Rechtsnormen, Akte der Verwaltung und Urteile der Gerichte entscheiden darüber, ob und welche politischen Parteien, Verbände und Vereinigungen tätig werden dürfen; durch Gesetz wird festgelegt, ob dem Staat ein Monopol auf dem Gebiet der elektronischen Massenmedien zusteht oder ob auch private Rundfunk- und Fernsehsender errichtet werden dürfen und welchen Regeln die Presse und die anderen Massenmedien unterworfen sind; Recht und Gesetz bestimmen, welche Formen Wirtschaftsbetriebe annehmen können, an welche Normen sie gebunden sind und in wie weit sie sich frei entfalten können; der Staat fixiert über Mindesturlaub oder Mindestlöhne wesentliche Merkmale des Arbeitsverhältnisses, er sichert durch seine Sozialgesetzgebung die Versorgung im Krankheitsfalle und im Alter und räumt den Mitarbeitern (über ihre gewählten Vertreter) Mitbestimmungsbefugnisse bei der Unternehmensführung ein; der Staat greift in das Wirtschaftsgeschehen durch Änderung der Wechselkurse der nationalen Währung, durch Ein- und Ausfuhrbeschränkungen, durch Preisregelung und Preisstützung, aber auch durch Übernahme von Forschungs- und Entwicklungskosten, durch Übernahme von Kreditgarantien für Exporte oder durch direkte Subventionierung zahlungsunfähiger Betriebe ein; der Staat entscheidet über Art und Umfang kirchlicher Aktivitäten; legislative und exekutive Maßnahmen ordnen das Bildungswesen, und es ist der Staat, welcher der wissenschaftlichen Forschung und Lehre, den schaffenden und den nachschaffenden Künstlern und der Verbreitung künstlerischer Werke Freiheit gewährt oder (durch Zensurmaßnahmen etwa) Einschränkungen auferlegt. Der Staat ist also seinem Anspruch nach für sein Territorium und die darin lebenden Menschen die *umfassende* Institution, deren Rechte, deren Souveränität nur durch von ihm selbst gesetzte Akte beschnitten werden können (indem sie etwa an übernationale Instanzen abgetreten werden). Zu diesem einen Merkmal tritt ein anderes: Der Staat, zumindest der moderne Staat, beansprucht das Gewaltmonopol. Er und nur er darf nach außen und vor allem in seinem Inneren Gewalt, in Extremfällen auch physische Gewalt anwenden. Dem Einzelnen steht somit nicht das Recht zu, ihm zugefügtes Unrecht selbst zu rächen, er darf sich nicht mit Gewalt sein Recht verschaffen.

Der Staat erlegt den einzelnen Bürgern und den Institutionen seines Territoriums eine bestimmte Ordnung auf, er fordert von ihnen die Erfüllung bestimmter Pflichten, verfolgt bestimmte Ziele, erfüllt seinerseits (für seine Bürger) gewisse Aufgaben, räumt den Bürgern bestimmte Freiheiten und Möglichkeiten ein. Indem er all dies ins Werk setzt, und da er hiebei, wenn nötig, auch Zwangsgewalt anwendet, tritt er dem Einzelnen als eine dessen Freizügigkeit beschränkende, den Willen beugende Instanz entgegen: er übt Herrschaft aus. Als Herrschaftsinstanz engt er den Einzelnen in seinen Wünschen, Bedürfnissen, in seinem Willen ein — er bewirkt eine Entfremdung des Menschen. Wenn man vom Staat als Herrschaftsinstanz spricht, sollte man allerdings nicht allein an die von ihm gesetzte Entfremdung denken; denn staatliches Handeln erlegt dem Einzelnen nicht nur Beschränkungen auf, sondern erbringt — wir haben schon darauf hingewiesen — für ihn auch Leistungen. Schon gar nicht wird staatliches Handeln, das dem Einzelnen Einschränkungen auferlegt, ausschließlich von den gruppenspezifischen Interessen der Herrschenden diktiert. Ein Verständnis des Staates, das ihn auf ein Instrument der Entfremdung der Beherrschten im Dienste der Herrschenden und ihrer Interessen reduziert, bedeutet daher eine ideologische Verkürzung seiner Wirklichkeit.

Staatliche Herrschaft wird von denjenigen, die an ihrer Ausübung nicht beteiligt, ihr vielmehr unterworfen sind, in vielen Fällen nicht einfach hingenommen, sie braucht Anerkennung, und derjenige, dem diese Anerkennung abgefordert wird, fragt nach Gründen: Herrschaft verlangt nach einem Rechtsgrund, nach einer — auch von den Herrschaftsunterworfenen angenommenen — Legitimation. Diese Legitimation staatlicher Machtträger geschah durch die Gotteserwähltheit und Gottesbegnadetheit des Herrschers (womöglich zugleich vermittels der Wahl durch ein Kurfürstenkollegium oder die Versammlung der Notabeln des Landes), über die Rechtmäßigkeit des (eingesessenen) Herrschergeschlechtes, durch die plebiszitäre Anerkennung des (charismatischen) Führers und seiner Usurpation der Macht oder auch durch die Respektierung des Adels als eines auf Grund seiner Herkunft und seiner tradierten Rechte zur Herrschaft berufenen Standes. Der Herrscher konnte von seinen Untertanen Dienst, Treue und Gehorsam fordern, ihm waren Schutz und Obsorge aufgetragen. Bei all dem ist nur von den Gründen die Rede, vermittels deren Herrschaftsansprüche erhoben und bejaht wurden. Daß die Herrschaftsausübung von Personen, Gruppen und Schichten im Laufe der Geschichte nicht selten einfach hingenommen wurde, weil die Beherrschten sich gegen die Machtfülle der Machtträger nicht auflehnen konnten oder weil sie ihre Interessen von den Mächtigen gewahrt bzw. berücksichtigt wußten, soll damit nicht in Frage gestellt werden.

Der Rechtsgrund für Herrschaft im modernen demokratischen Staat liegt in dem Umstand, daß die Herrschaftsunterworfenen in Wahlen die Herrschenden mit der Herrschaft beauftragen bzw. über sie in ihrer Herrschaftsführung ein gewisses Maß an Kontrolle ausüben. In seltenen Fällen kommt es auch zu Akten direkter Demokratie (in denen Identität zwischen Herrschenden und Beherrschten vorhanden ist): wenn die Gesamtheit der Bürger zu einer Volksabstimmung über ein Gesetz aufgerufen wird. Zum überwiegenden Teil ist unsere Demokratie eine repräsentative: Die staatliche Macht liegt in den Händen von Personen oder Gruppen (Parteien); sie werden als Machtträger bei Wahlen installiert, wobei der wählende Staatsbürger mit der Zustimmung zu bestimmten Personen und Parteien im allgemeinen auch eine Zustimmung zu den von ihnen vertretenen Programmen verbindet. Wenngleich die formelle Beauftragung und Legitimierung der Herrschaftseliten nur über Wahlen erfolgen kann, besteht doch daneben auch die Möglichkeit einer ständigen informellen Beeinflussung und Kontrolle der Macht- und Entscheidungsträger durch die ihrer Macht und ihren Entscheidungen Unterworfenen: Die moderne Demokratie kennt die Kritik politischer Maßnahmen durch die Massenmedien, durch die öffentliche Meinung also (in der wenn nicht alle, so doch wichtige Gruppen der Gesellschaft zu Wort kommen), und sie kennt die direkte Artikulation der Einstellungen der Bürger in der Meinungsbefragung. Dies kann und soll nicht besagen, daß alle Bürger eines demokratischen Staates im selben Maße Einfluß auf die staatliche Machtausübung nehmen: Bestimmte Gruppen, Institutionen und Personen haben einen größeren Einfluß auf die Entscheidungen und die Entscheidungsträger; und gewisse Gruppen besitzen auch größere Chancen als andere, die öffentliche Meinung und die Meinung der Wahlbürger im Sinne eigener Überzeugungen und Interessen zu beeinflussen.

Weder das direkt-demokratische noch das repräsentativ-demokratische Verfahren der Herrschaftsausübung bzw. Herrschaftsübertragung und Herrschaftslegitimation kann verhindern, daß der staatliche Wille zum Willen einzelner Bürger in Gegensatz tritt. Solcher Gegensatz könnte nur bei strenger Identität des staatlichen Willens mit dem Willen all derjeniger vermieden werden, die ihm unterworfen sind. Da aber bei Abstimmungen immer die Mehrheit entscheidet, die Meinung der Minderheit somit unberücksichtigt bleibt, ist eine solche Identität wohl (theoretisch) möglich, aber weder erforderlich noch in der Realität zu erwarten. Demokratie kennt einen wohlgeordneten Vorgang der Herrschaftsübertragung und Herrschaftslegitimation, sie schließt aber keineswegs Entfremdung des Einzelnen durch den staatlichen Willen aus. Die berühmte Formel, Demokratie sei Regierung des Volkes durch das Volk und für das Volk suggeriert demnach eine nie erreichbare Einheit zwischen Volk und Staatsmacht, sie umschreibt ein utopisches Verständnis von Demokratie.

Demokratie kennt ein geregeltes, gewaltfreies Verfahren der Ablösung der herrschenden Gruppen im Wechsel der Parteien zwischen Regierung und Opposition. Gerade dieser Umstand setzt voraus, daß in einem demokratischen Staat mehrere Parteien um die Macht im Staate konkurrieren. Das muß nicht bedeuten, daß die in einem Staate agierenden Parteien immer in Konfrontation zueinander stehen, daß sie ständig und in allen Fachfragen der Politik gegensätzliche Positionen beziehen, daß sie etwa gar zueinander in einem Freund-Feind-Verhältnis stehen. Konsens und Kompromiß sollen in der politischen Willensbildung erstrebt und erreicht werden. Und ohne Zweifel sollten, wo immer nur möglich, nicht die politischen Gegensätze, sondern das Füreinander und Miteinander der Bürger hervortreten. Es war Theodor Wilhelm (zunächst unter dem Pseudonym Friedrich Oetinger schreibend), der diese Auffassung von Politik und politischer Erziehung bereits nach dem Zweiten Weltkrieg vertrat[1]. Wilhelm entwarf ein Konzept politischer „Partnerschaft" und richtete es an den Grundsätzen genossenschaftlicher Kooperation aus: an der Rechts- und Wirtschaftsgemeinschaft derer, die in der Nachbarschaft wohnen,

---

[1] *F. Oetinger* (d. i. Th. Wilhelm): Wendepunkte politischer Erziehung, Stuttgart 1951; in 3. Aufl. u. d. T.: Partnerschaft, Stuttgart 1956.

ihre Interessen gemeinsam wahrnehmen, welche durch Mitbestimmung und Mitarbeit verbunden sind, ihr Tun auf die Erfordernisse aller Beteiligten abstimmen und zu selbstverständlicher Hilfe bereit sind, wo solche not tut. Wilhelm sprach von drei Spielregeln kooperativen Verhaltens: vom Kompromiß, von der Toleranz und von der Fairneß; im politischen Kontrahenten solle man nicht den Feind, sondern den Partner sehen. Der politischen Erziehung falle die Aufgabe zu, eine „kooperative Gesinnung" zu fördern und sie in Familie, Schule und Jugendgruppe, im Spiel und Gespräch erfahren und üben zu lassen.

Es gab gute Gründe, wenn gegen diese Auffassung von Politik (und das darauf aufbauende Programm politischer Erziehung) namhafte Erziehungswissenschaftler wie Theodor Litt, Erich Weniger und (der mit diesen beiden Pädagogen in den weiteren Konsequenzen allerdings nicht konform gehende) Friedrich W. Foerster grundsätzliche Einwände anmeldeten[2]: Eine auf die Fähigkeit des Interessenausgleiches, des Kompromisses abzielende Erziehung mache wohl für das Leben in *sozialen* Bezügen tauglich, bereite aber nicht auf das Verständnis des im engeren Sinne *staatlichen Bereiches,* für die Lösung *politischer* Fragen vor. Denn im staatlichen Bereich stoßen immer wieder Lebensinteressen und Lebensüberzeugungen aufeinander, deren Gegensätze nicht durch gutwillige Zusammenarbeit überwunden werden können. Auf politischer Ebene vermöge man den Kampf der diese Interessen und Überzeugungen vertretenden Gruppen nicht auszuschalten. Der Kampf dieser Gruppen um die staatliche Macht (vermittels derer sie allein in die Lage kommen, ihre Ziele durchzusetzen) sei ein gerade für den demokratischen Staat wesentlicher und daher zu bejahender Vorgang. Einigkeit und Harmonie, für die persönlichen Lebensbezüge von überragender Bedeutung, können in einer Demokratie für den politischen Bereich nicht durchwegs den höchsten Wert darstellen. Das Programm einer partnerschaftlichen Bildung sei Ausdruck einer „Utopie des bloß Menschlichen", des Glaubens an die Möglichkeit einer machtfreien Friedensordnung und der Überwindung von Gewalt und Herrschaft (Weniger). An diese nun bereits Jahrzehnte zurückliegende Diskussion zu erinnern, erscheint durchaus sinnvoll: Denn wir erleben heute — wenn auch unter veränderten ideologischen Vorzeichen — das von vielen Menschen in allen Staaten getragene Verlangen nach konflikt- und gewaltfreien Verhältnissen zwischen den Staaten und innerhalb der Staaten. Und so sehr diese Wünsche verständlich sind, so sehr sie mit dem größtmöglichen Nachdruck unterstützt werden müssen, mit derselben Entschiedenheit sollte man sich

---

[2] *Th. Litt:* Die politische Selbsterziehung des deutschen Volkes, 7. Aufl. Bonn 1963; *E. Weniger:* Politische Bildung und staatsbürgerliche Erziehung, Würzburg 1954; *F. W. Foerster:* Politische Erziehung, Freiburg/Br. 1959.

der Konfrontation stellen, wenn es eigene berechtigte Interessen und begründete Überzeugungen zu verteidigen und durchzusetzen gilt.

Unser politisch-gesellschaftliches System ist also das einer repräsentativen Demokratie. Die Entscheidungs- und Kontrollfunktionen können heute in Ansehung der häufig außerordentlich komplizierten Sachfragen und in Anbetracht des erforderlichen Zeitaufwandes nicht mehr zum Großteil von Honoratioren wahrgenommen werden, sie verlangen in steigendem Maße den hauptamtlichen Funktionär, der sich durch seine Ausbildung und auf Grund problemspezifischer Einarbeitung für seine Aufgaben qualifiziert und auch über ausreichende Zeit für die Wahrnehmung seiner Funktionen verfügt. Politik wird immer mehr zum Beruf.

Diese Feststellungen sollen allerdings keineswegs besagen, Demokratie bestehe in ihrer gegenwärtigen Gestalt einerseits aus der breiten Masse der Stimmbürger, die nur punktuell Einfluß auf den Gang der Entwicklung nehmen, indem sie durch Wahlen eine entscheidungsfähige und entscheidungsbefugte Funktionärsschicht bestätigen oder auswechseln, und andererseits aus eben jener Schicht hauptamtlicher Funktionäre, welche staatliche und gesellschaftliche Macht ausüben bzw. kontrollieren und damit völlig unbeeinflußt von denjenigen, in deren Namen sie tätig sind, die maßgeblichen Entscheidungen fällen. Eine solche plakative Entgegensetzung erweist sich als unzutreffend und irreführend. Gibt es doch in nahezu allen politisch und gesellschaftlich relevanten Institutionen neben hauptamtlichen Funktionsträgern auch jenes abgestufte System von (neben- und ehrenamtlichen) Funktionären, die nicht nur die von den Spitzen der Hierarchie ausgegebenen Weisungen weitergeben und ausführen, sondern auch selbst — zumindest mittelbar — an der Willensbildung mitwirken, indem sie etwa die an sie herangetragenen Meinungen ihrer Klientel artikulieren.

Wir geben uns mit den existierenden Strukturen unserer zum überwiegenden Teil repräsentativen Demokratie keineswegs zufrieden. Wir verlangen eine Ausweitung repräsentativer und auch direkter Partizipation an der Ausübung und Kontrolle institutioneller Macht — wir fordern die Demokratisierung unserer staatlichen und gesellschaftlichen Institutionen. Daß diese Forderung nach vermehrter Mitbestimmung im Betrieb, in Schule und Hochschule, in Gewerkschaften und Parteien, aber auch im Staat und in der Kommune (über Volksabstimmungen und Volksbefragungen etwa) seit kurzem immer entschiedener angemeldet wird, hat mehrfache und einsichtige Gründe: Eine steigende Zahl von Mitgliedern unserer Gesellschaft wird heute durch die ihnen vermittelte höhere Bildung befähigt und motiviert, sich nicht mit der Rolle des Untertanen der für ihn denkenden und entscheidenden Machtträger zu begnügen, sie verlangen vielmehr, an den sie betreffenden Entscheidungen des staatlichen und gesellschaftlichen Lebens teilzuhaben — die Forderung nach Demokratisierung ist eine Folge des steigenden Bildungsniveaus und der damit gegebenen höheren politischen Reife der Staatsbürger. Vor allem aber ziehen staatliche Einrichtungen und gesellschaftliche Großorganisationen immer mehr Befugnisse und Dienstleistungen an sich, so daß der Einzelne von dem Wirken dieser Institutionen in steigendem Maße betroffen wird und daher ein höheres Maß an Mitwirkung oder zumindestens von Kontrolle verlangt — die Forderung nach Demokratisierung erweist sich als Folge der wachsenden Abhängigkeit des Einzelnen von den politischen und gesellschaftlichen Institutionen.

Wir müssen die Demokratisierung unseres Lebens und unserer Gesellschaft als einen wünschenswerten und sinnvollen, als einen notwendigen Vorgang verstehen, nicht zuletzt auch deshalb, weil sie die Entfremdung des Menschen von den gesellschaftlichen Großinstutionen verringern hilft und sein Engagement in ihnen zweifelsohne zu fördern in der Lage ist. Wir sollten allerdings auch jene Tatbestände im Auge behalten, welche es nützlich erscheinen lassen, Grenzen einer umfassenden Demokratisierung zu erwägen: Die Verwirklichung demokratischer Partizipation und Kontrolle kann durch die Übertragung der zu treffenden Entscheidungen an kollektive Instanzen persönliche Initiative, Leistungsbereitschaft und Verantwortung zurückdrängen. Demokratisierung kann auch zu einer „Politisierung" der betroffenen Institutionen unter Hintansetzung sachlicher und rationaler Gesichtspunkte, zur Indienstnahme dieser Institutionen für parteiliche Zwecke führen. Helmut Schelsky[3] konnte überzeugend darlegen, daß mehr Demokratie nicht selten weniger Rationalität, weniger Sachlichkeit und weniger Freiheit bedeutet. Denn eine Vermehrung demokratischer Entscheidungs- und Kontrollgremien, eine steigende Beteiligung an Wahlen und an der Arbeit gremialer Körperschaften führt häufig genug zu einer Verschärfung und Primitivisierung der zur Entscheidung angebotenen Alternativen, läßt partikuläre Interessen auf Kosten der den Institutionen aufgetragenen Zwecke zur Geltung kommen, und eine aus all dem resultierende Verschärfung der Konflikte fördert das Übergreifen politischer Frontstellungen auf nicht-politische Institutionen (auf Rundfunkanstalten, auf Justiz und Militär), wodurch jene Institutionen stärker unter Einfluß politischer Gruppierungen geraten oder für deren Zwecke eingesetzt werden.

---

[3] H. *Schelsky:* Systemüberwindung — Demokratisierung — Gewaltenteilung. München 1973.

Ein weiterer Punkt soll in diesem Zusammenhang wenigstens angedeutet werden: Eine wichtige Voraussetzung für die Begrenzung und Kontrolle institutioneller Macht ist deren Teilung. Daher gilt es für die institutionelle Verankerung demokratischer Mitsprache und Kontrolle vor allem in jenen Fällen, wo diese Mitsprache und Kontrolle von Interessenvertretern bzw. Interessenvertretungen ausgeübt wird, Wege zu finden, welche den Aufbau neuer und umfassender Machtpositionen hintanzuhalten.

Faßt man die Ausführungen zusammen, so kann man feststellen, daß demokratische Mitbestimmung und Kontrolle in mehrfacher Weise ihre Verwirklichung findet: durch Wahlen, bei denen die Bestellung von Repräsentanten in den politischen und gesellschaftlichen Institutionen in der Person haupt-, neben- oder ehrenamtlichen Funktionären erfolgt, und über die Tätigkeit dieser Funktionäre selbst; über Meinungsbildung und Meinungsäußerung des Einzelnen, welche die Entscheidungen seiner Funktionäre zu beeinflussen imstande ist; und schließlich über eine direkte Beteiligung des Einzelnen an Entscheidungs- und Kontrollvorgängen in den für ihn überschaubaren Lebensbereichen. Es ist also weder ein enthusiastisch-utopisches Demokratieverständnis angebracht, welches das Wort Lincolns, Demokratie sei die Regierung des Volkes durch das Volk und für das Volk, wörtlich nimmt, noch auch ein pessimistisches Demokratieverständnis, das den Bürger einer modernen Demokratie so gut wie überhaupt keinen Einfluß auf Herrschaftseliten und Herrschaftsprozesse einräumt.

Prinzip der Demokratie ist die Legitimation der Machteliten durch die Herrschaftsunterworfenen sowie — zumindest fallweise — die Partizipation der Bürger an der politischen Willensbildung. Eben diese Beteiligung der Bürger an der Auswahl der politischen Funktionsträger sowie am Prozeß der politischen Willensbildung selbst macht in der Demokratie — neben der Funktionärsbildung — politische Bildung für alle Bürger erforderlich. Die Geschichte bietet zahlreiche Beispiele dafür, daß Demokratie für ihren Bestand ein bestimmtes Mindestniveau an Bildung, auch an politischer Bildung der Bevölkerung voraussetzt. Wir konnten daher einleitend die Feststellung treffen, daß der moderne demokratische Staat und politische Bildung auf demselben Prinzip beruhen.

*

Welche Kenntnisse, Einstellungen und Fähigkeiten sind es nun, die bei *jedem* Bürger eines *demokratischen* Staates als relevant für sein politisches Verhalten erachtet werden müssen? Es sind dies, um nur einige zu nennen: politisches Interesse und Engagement als Gegensatz zu politischer Apathie und Resignation, geringe Beeinflußbarkeit und Abhängigkeit von Gruppenmeinungen, kritisches Urteilsvermögen, eine möglichst weitgehende Freiheit von Vorurteilen, Diskussionsfähigkeit (und insbesondere auch die Fähigkeit, die eigene Position in optimaler Weise zur Geltung zu bringen), Toleranz und selbstverständlich jene Kenntnisse und Einsichten, welche für die Urteilsfindung in den anstehenden politischen Fragen erforderlich sind. Lassen wir das Insgesamt dieser Fähigkeiten, Einstellungen, Kenntnisse und Erkenntnisse Revue passieren und fragen wir, durch welche Lernvorgänge sie zustande kommen, so erkennen wir, daß sie — vor allem was die politisch relevanten Einstellungen und Fähigkeiten anlangt — keineswegs primär aus Bildungsprozessen im engeren Sinne (aus verstehend-kognitiven Lernprozessen also) resultieren und daß sie ihre erste Ausformung auch nicht ausschließlich durch schulisches Lernen erhalten. Die erste Instanz politischer Erziehung und Sozialisation ist vielmehr die Familie. Ob ein Mensch eine hohe oder eine geringe Bereitschaft zeigt, sich vorgegebenen Strukturen (etwa hierarchischer Art) einzuordnen, ob er Konfliktsituationen aus dem Wege zu gehen trachtet (auch um den Preis der Aufgabe seiner eigenen Ansichten und Wünsche) oder ob er geneigt und fähig ist, solche Situationen durchzustehen (und seine Intentionen durchzusetzen), ob er bei der Beurteilung von Personen, sozialen Gruppen und gesellschaftlichen Fakten in überdurchschnittlichem Maße Stereotypen anwendet, ob er Individuen oder Gruppen, die anders sind und andere Ansichten vertreten als er selbst, ob er gesellschaftliche Randgruppen und Minoritäten abwertet und anfeindet und sich von ihnen in einem In-group-out-group-Denken distanziert oder ob er Toleranz und Verständnis übt — all diese Verhaltenstendenzen und Einstellungen werden zunächst in der Familie grundgelegt und ausgebildet. Politisches Interesse bzw. Desinteresse, Bereitschaft zu politischem Engagement oder aber Apathie und Resignation, bisweilen eine negative Wertung des Politischen überhaupt übertragen sich nicht selten von den Eltern auf deren Kinder. Und auch die Einstellung zum eigenen Staat und seinem Verfassungssystem, zu führenden politischen Persönlichkeiten und die Parteipräferenz werden in hohem Maße zunächst von den Eltern übernommen, wie vor allem amerikanische Untersuchungen zu zeigen vermochten[4].

Wir können annehmen, daß die meisten Kinder ihre ersten mit Wertungen verbundenen Informationen von den Eltern bzw. im Gespräch mit Verwandten und Freunden der Familie erhalten. Die von den Erwachsenen hingeworfenen Kommentare zu gemeinsam gesehenen bzw.

---

[4] Vgl. dazu das Referat der Ergebnisse einschlägiger amerikanischer Untersuchungen durch B. *Claußen*: Politische Sozialisation, in: Claußen (Hrsg.): Materialien zur politischen Sozialisation, München 1976.

gehörten Fernseh- und Rundfunksendungen etwa — und nicht nur deren ausführliche Diskussion — beinflussen die politische Einstellung der Heranwachsenden. In die gleiche Richtung wirken die im Elternhaus aufliegenden Zeitungen und — soweit vorhanden — Zeitschriften durch die von ihnen gebotene Berichterstattung, Problemerörterung und Meinungsrichtung. Nicht übersehen dürfen wir schließlich, daß es auch eine indirekte Wirkung der Familie im Bereich der politischen Einstellungsbildung zu beobachten gilt: Sind es doch zumeist familiäre Einflüsse, welche darüber entscheiden, ob und welchen Jugendorganisationen oder informellen Jugendgruppen sich ein Heranwachsender anschließt; darüber hinaus wirken die von der Familie gestifteten Einstellungen und Präferenzen bis zu einem gewissen Grade als „Selektionsfilter", d. h. sie bestimmen, welche von anderer Seite an den Jugendlichen herangetragenen Informationen und Einflüsse bei ihm wirksam werden.

Jugendverbände, formelle und informelle Jugendgruppen und Freundeskreise üben zweifelsohne einen zum Teil nicht unerheblichen Einfluß auf die politischen Einstellungen junger Menschen aus. Bei den in ihren Mitgliederzahlen stark geschrumpften politischen Jugendorganisationen ist es ein erklärtes Ziel, die Bindung an eine politische Partei durch Schulung und durch politische Betätigung zu verfestigen. Aber auch in anderen (sportlichen und religiösen) Jugendgruppen sind vielfach politische Einstellungen wirksam und werden durch sie weitergetragen. Man sollte beachten, daß Einstellungsbildung innerhalb von Jugendgruppen zumeist nicht durch objektive Information und rationale Argumentation erfolgt, sondern über personelle und gruppenmäßige Bindungen: weil man einer bestimmten Gruppe angehört, weil man sie oder bestimmte ihrer Mitglieder schätzt, übernimmt man auch deren politische Einstellung; und weil man die Zugehörigkeit zu solch einer Gruppe nicht aufs Spiel setzen will, tabuisiert man auch bestimmte, ihrer politischen Einstellung zuwiderlaufende Argumente.

Nur in den seltensten Fällen bieten die Familien, die Jugendorganisationen und die Gleichaltrigengruppen die Möglichkeit zu einer auf umfassenden Kenntnissen basierenden eigenständigen Urteils- und Einstellungsbildung. Diese Aufgabe wahrzunehmen, und zwar in einem für alle Staatsbürger erforderlichen Ausmaß, bleibt im allgemeinen der Schule vorbehalten. Zwar bietet auch die Schule nicht nur auf Information und Einsicht beruhende politische Bildung: Politische Einstellungen werden durch Erlebnisse in der Schulklasse, durch das Verhalten der Lehrpersonen und durch Erfahrungen im Rahmen der Schule als Institution beeinflußt. Dennoch besitzt die Schule im Zuge ihres geplanten Unterrichtsgeschehens ohne Zweifel die Möglichkeit, den heranwachsenden Staatsbürger zu mündigem politischen Urteil, zu eigenständiger politischer Entscheidung hinzuführen und dadurch bis zu einem gewissen Grade eine Verstärkung, aber auch eine Korrektur der dem jungen Menschen durch die unterschiedlichen Sozialisationseinflüsse in und außerhalb der Familie zugewachsenen politisch relevanten Einstellungen herbeizuführen.

Bürger demokratischer Staaten sind, so stellten wir fest, im allgemeinen nicht ständig und unmittelbar an politischen Entscheidungen und ihrer Kontrolle beteiligt; sie üben ihren politisch-gesellschaftlichen Einfluß vielmehr auf indirekte Weise — über Wahlen, in Urteilsbildung und Meinungsäußerung — aus. Wichtigste Aufgabe politischer Allgemeinbildung, jener politischen Bildung, die allen Staatsbürgern zuteil werden soll, ist es daher, die politische Urteilskraft[5] zu entfalten und zu stärken. Dabei gilt es zunächst, eine politische Sensibilisierung zu erreichen: das Interesse für politische und gesellschaftliche Sachverhalte und Probleme zu wecken sowie die Fähigkeit zu fördern, dasjenige, was zur politischen Entscheidung ansteht, was die Situation beeinflußt und prägt, zu erkennen. Sodann geht es um die Fähigkeit, politische Entscheidungen selbst zu fällen oder Entscheidungen anderer kritisch voraus-, mit- oder nachzuvollziehen. Bei all dem soll der Einzelne in die Lage versetzt werden, jene politisch relevanten Einstellungen, die ihm durch die unterschiedlichen Sozialisationsinstanzen bisher zugewachsen sind, bewußt und rational aufzuarbeiten und gegebenenfalls zu modifizieren.

Da die Aufgabe, politische Allgemeinbildung zu vermitteln, in der Hauptsache der allgemeinbildenden Schule zufällt, definiert die eben getroffene Umschreibung in groben Zügen auch den politischen Bildungsauftrag der Schule. Versucht man die gewonnene Formel genauer zu analysieren, so besagt sie zunächst, daß politische Bildung in der Schule — wie jede Bildung — zu *mündigem* Urteil befähigen soll. Nicht Urteilsbildung überhaupt, sondern Urteilsbildung aus eigener Einsicht muß sie sich zum Ziele setzen. Nur unter dieser Bedingung werden politische Einstellungen und Meinungen rationaler Prüfung in einem umfassenden Wirklichkeits- und Problemhorizont standhalten, vermögen sie und die an ihrer Ausformung beteiligte politische Bildung zu einem „Handeln nach eigenständigen Wertauffassungen" zu führen[6]. Politische Bildung darf daher nicht durch Manipulation und Indoktrination das Resultat der Urteilsbildung vorwegnehmen und vorweg zu bestimmen trachten, sie hat vielmehr eigenständige Urteils-

---

[5] H. *Schneider* in der Einleitung zu dem von ihm herausgegebenen Werk „Politische Bildung in der Schule", Bd. 1, Darmstadt 1975, S. XXIX.
[6] „Politische Bildung in der Schule", Erlaß des österr. Bundesmin. f. Unterricht und Kunst vom 11. 4. 1978.

bildung zu ermöglichen und freizugeben. Unterstellt sie sich in dieser Weise dem Prinzip der Mündigkeit, dann respektiert sie bereits im Heranwachsenden die den Menschen auszeichnende Möglichkeit einsichtiger Selbstbestimmung, anerkennt ihn als Person und zollt seiner daraus erfließenden Würde die gebotene Achtung.

Mit Nachdruck ist dieser Gedanke der auf Vernunft und Selbstbestimmung beruhenden Würde des Menschen seit der Aufklärung und dem deutschen Idealismus ins Bewußtsein getreten und hat nicht nur im Bereich der Pädagogik die Wirklichkeit mitzubestimmen vermocht. Versteht man Mündigkeit jedoch nicht als oberstes normatives Prinzip, sondern als faktische Beschreibung der Bildungswirklichkeit, dann trägt dies zu einer unheilvoll idealisierenden Verfälschung derselben sei. Denn Bildungspraxis steht immer und überall — auch wenn sie sich ausdrücklich den Forderungen des Mündigkeitsprinzips beugt — in einem unaufhebbaren Zwiespalt: dem Zwiespalt zwischen der Freigabe des eigenständigen Urteils des zu Bildenden und den die Bildungsarbeit formenden Vormeinungen des den Unterrichtsprozeß organisierenden Lehrers. Dabei schlägt nicht so sehr das vom Lehrer als seine politische Überzeugung geäußerte Urteil zu Buche; der Lehrer könnte sich einer solchen Äußerung zu enthalten suchen und die Schüler vermögen sich dem Einfluß solch einer Meinung, eben weil sie deklariert ist, noch am ehesten entziehen. Schwerer wiegt die vom Lehrer zu treffende Auswahl der Informationen und der Probleme, ihre Aufbereitung, die Auswahl der zur Diskussion gestellten Positionen und die Art und Weise ihrer argumentativen Präsentation. Darin kommt notwendigerweise und zugleich von den Beteiligten oft unbemerkt die Subjektivität des Lehrenden zur Geltung. Politische Bildung teilt somit mit aller Bildung das Merkmal der *Voraussetzungshaftigkeit.* Mündigkeit darf aber nur als ein *regulatives Prinzip* verstanden werden, als eine Norm, an der sich pädagogisches Tun ausrichtet, ohne sie je voll befolgen zu können. Dieser Tatbestand einer unbestreitbaren Voraussetzungshaftigkeit auch politischer Bildungspraxis darf allerdings — was bisweilen geschieht — nicht zu Anlaß genommen werden, das Mündigkeitsideal als realitätsfern abzuwerten und Bildung bewußt auf die Vermittlung einer bestimmten (als richtig betrachteten) politischen Überzeugung abzustellen. Denn der Unterschied zwischen einer Bildung, die ihre Voraussetzungshaftigkeit als unvermeidlich erkennt, aber soweit als möglich zu reduzieren trachtet, und gewollter Indoktrination, intendierter Bewußtseinsmanipulation ist erheblich, er kann nicht geleugnet und sollte nicht verwischt werden. Soferne solche Versuche unternommen werden, verweisen sie auf die unaufhebbare Voraussetzungshaftigkeit auch politischer Bildung zumeist nur mit der Absicht, parteiischer Bildung eine Legitimation zu verschaffen.

Vom Mündigkeitsprinzip zu entbinden ist politische Bildung in der Schule auch dann nicht, wenn sie zum eigenen Staat und seiner spezifischen Staatsform erzieht. Denn der dem Lehrer übermittelte Auftrag, „Erziehung zu einem demokratisch fundierten Österreichbewußtsein"[7] zu leisten, fordert von ihm ja nicht, seine Schüler zu einer blind-emotionalen Bindung an ihre österreichische Heimat zu führen; er gibt durchaus Raum für ein in historischer und politischer Einsicht wurzelndes Bekenntnis zu unserem Staat.

Die Versuchung, politische Bildung zur Indoktrination und Apologie zu mißbrauchen, entsteht vor allem bei den Verfechtern politischer Ideologien. Denn Ideologien bieten ein Ablaufsschema des geschichtlichen Prozesses, das die wesentlichen Ziele politischen und gesellschaftlichen Handelns erkennen läßt, und treten zugleich mit dem Anspruch allgemeiner und alleiniger Gültigkeit auf. Daß eine ideologische Bindung politische Bildung in einen Gegensatz zum Mündigkeitsprinzip führt, zeigen in der Gegenwart mit aller wünschenswerten Deutlichkeit die Verfechter einer *emanzipatorischen* bzw. *neomarxistischen* Theorie politischer Bildung[8]. Denn diese Theoretiker beschreiben politische Bildung nicht als einen Vorgang, der dem Adressaten helfen soll, seine eigene Position zu finden; indem sie der Theorie und — über sie — der Praxis politischer Bildung Thesen marxistischer Geschichts- und Gesellschaftstheorie zugrundelegen, betrachten sie politische Bildung als einen Teil des realen politischen Prozesses und verlangen daher, politische Bildungsarbeit wie alle politische Aktion auf das vom Marxismus proklamierte Ziel auszurichten: auf die Emanzipation des Menschen und auf die einer Beendigung der Herrschaft des Menschen über den Menschen dienende Demokratisierung. Der ideologisch gebundene Pädagoge ist — wie das Beispiel zeigt — nicht bereit, den Lernenden zu einem eigenständigen Urteil und dazu eigenen Entscheidung zu führen: er handelt vielmehr aus dem Bewußtsein, im Besitze der Wahrheit zu sein, und gibt dem Lernenden diese Wahrheit als einzig gültige vor. Er bringt damit nicht — was wünschenswert und notwendig scheint — politische Theorien in den Bildungsprozeß ein, sondern verschreibt politische Bildung einer bestimmten, deskriptiv wie auch normativ einseitigen Sicht der Gesellschaft und des geschichtlichen Prozesses[9].

---

[7] A. a. O.

[8] Als Vertreter einer emanzipatorischen bzw. neomarxistischen Theorie politischer Bildung seien genannt: O. *Negt* (Soziologische Phantasie und exemplarisches Lernen, Frankfurt 1968 u. ö.), W. *Gottschalch* (Zur Soziologie der politischen Bildung, Frankfurt 1970), R. *Schmiederer* (Zur Kritik der politischen Bildung, Frankfurt 1971), H. *Giesecke* (Didaktik der politischen Bildung, Neue Ausg. München 1972).

Ideologische Einflüsse werden unter anderem dann wirksam, wenn eine pädagogische Theorie gesellschaftspolitische Strukturvorstellungen auf den pädagogischen Bereich überträgt. Dies zeigt selbst eine scheinbar ein Maximum an Voraussetzungslosigkeit anstrebende Erziehungs- und Bildungstheorie wie die „Kommunikativen Pädagogik" *Klaus Schallers*[10], welche an die von J. Habermas vorgelegte Konsenstheorie der Wahrheit anknüpft. Bedeutet es nicht, die das Resultat des Bildungsprozesses präformierenden Faktoren auszuschalten und geradezu ideale Bedingungen für eine auf Mündigkeit abzielende Bildung herzustellen, wenn man — der Theorie Schallers folgend — Bildung in einer herrschaftsfreien Kommunikation geschehen läßt, in einer Sprechsituation also, in welcher sich Lehrer und Schüler nicht in hierarchischer Über- bzw. Unterordnung, sondern als gleichrangige Partner gegenüberstehen, so daß sie sich frei von Autoritätsverhältnissen, frei von Zwängen entfalten können und einzig und allein in der Absicht miteinander kommunizieren, die Wahrheit theoretischer Aussagen und die Richtigkeit von Normen zu prüfen? In solch herrschaftsfreier Kommmunikation wirken dann keine an sich von außen herangetragenen Kriterien. Denn geleitet wird sie allein von kritischer Rationalität, von dem in den Diskurs eingebrachten rationalen Argument, und der im Laufe des Diskurses erreichte Konsens bestimmt Verfahren und Ergebnis solch bildender Interaktion. Der Schein trügt: Denn zum einen will Schaller alle Bildung als politische Bildung verstanden und auf eine den Fortschritt gesellschaftlicher Emanzipation fordernde Veränderung ausgerichtet wissen (eine Zielsetzung, die allerdings nicht in einem unmittelbaren und notwendigen Zusammenhang mit seiner Auffassung pädagogischer Praxis als einer herrschaftsfreien Kommunikation steht); zum anderen fordert er, die Struktur emanzipierter Gesellschaftsverhältnisse bereits in der Erziehungswirklichkeit bzw. im Bildungsprozeß vorwegnehmend zu realisieren (und verkennt damit die grundsätzlich asymmetrische Struktur pädagogischer Bezüge und übersieht obendrein, daß sich in Kommunikationsgruppen nur allzu leicht und unvermerkt Strukturen herstellen, welche einzelnen Gruppenmitgliedern überdurchschnittlichen Einfluß einräumen und damit herrschaftsfreie Kommunikation in Frage stellen). Für unseren Problemzusammenhang bleibt festzuhalten, daß damit auch diese den Anspruch einer universalen Bildungstheorie er-

---

[9] Zum Begriff der Ideologie vgl. vom Verf.: Ideologie und Pädagogik, in: Aspekte und Probleme einer pädagogischen Handlungswissenschaft, Festschr. f. J. Derbolav, hrsg. v. D. Benner, Kastellaun 1977.

[10] Vgl. dazu *K. Schaller:* Einführung in die kritische Erziehungswissenschaft, Darmstadt 1974; *K.-H. Schäfer* und *K. Schaller:* Kritische Erziehungswissenschaft und kommunikative Didaktik, 3. Aufl. Heidelberg 1976; *K. Schaller:* Einführung in die kommunikative Pädagogik, Freiburg 1978.

hebende Pädagogik in entscheidenden Punkten Auffassungen der neomarxistischen Ideologie Raum gibt.[11]

Ideologische Einflüsse machen sich in der Erziehungstheorie und Bildungspraxis jedoch nicht nur bemerkbar, wenn der Pädagoge sich auf das explizite Aussagensystem einer Ideologie stützt bzw. den Bildungsvorgang in den Dienst der Verbreitung einer Ideologie stellt. Die Gefahr einer Ideologisierung tritt auch auf, wenn politischer Unterricht sich grundsätzlich der Kritik an Bestehendem widmet und ausschließlich Fragen aufgreift, deren Erörterung auf eine Veränderung vorhandener Strukturen hinausläuft. Die Gefahr einer Ideologisierung droht auch bei Anwendung der sogenannten „Fallmethode" oder des „Konfliktmodells" politischer Bildung, welche politische Bildung bei den in der Alltagswirklichkeit sich einstellende Fragen, bei konkreten und womöglich von den Schülern selbst erfahrenen „Fällen" und Konflikten einsetzen lassen. Daß politische Bildung nicht „affirmativ" verfahren, ihre Aufgabe also nicht vornehmlich in der Apologie des Bestehenden sehen sollte, steht außer Frage — sie sollte sich allerdings auch nicht in die Alternative von „Affirmation" oder „Kritik" drängen lassen. Ebenso kann kein Zweifel daran bestehen, daß Bildungsmotivation und Bildungsertrag ansteigen, wenn konkrete politische Fragen und Konflikte als Ausgangspunkt des Bildungsprozesses gewählt werden. Man sollte allerdings auch nicht die Möglichkeit übersehen, daß schon bei der Darlegung und erst recht bei der Erörterung der einzelnen Probleme und Konflikte eine einseitig-ideologische Deutung derselben erfolgt oder daß vornehmlich solche Fälle und Konflikte ausgewählt werden, welche die von einer bestimmten Ideologie praktizierte Sichtweise der gesellschaftlichen Realität abstützen.

Vielfach wird heute auch der Gedanke propagiert, politische Bildung über politische Aktion zu betreiben: Politische Bildung besteht dann primär nicht aus der Sammlung und Aufbereitung von Informationen, aus der Erörterung bestimmter politischer Probleme, sie geschieht vielmehr in der gemeinschaftlichen Verfolgung, in der tätigen Planung und Realisierung bestimmter Projekte — wenn etwa im Rahmen der „Gemeinwesenarbeit" eine Gruppe von Bürgern versucht, für ihren Stadtteil einen Kindergarten oder eine Volksbibliothek durchzusetzen und einzurichten. Solch konkretes politisches Handeln steigert das Engagement der Beteiligten, da sie ja ihre ureigensten Interessen verfolgen; und es bietet die Möglichkeit zu Erfahrungen, die sich bei Bildungsprozessen herkömmlicher Art niemals einstellen können: man

---

[11] Vgl. dazu vom Verf.: Die Ambivalenz der Bildung durch Kommunikation und Aktion, in: Aspekte praxisbezogener Pädagogik, Festschr. f. K. Wolf. Salzburg 1980.

erfährt etwa, welche Probleme sich bei der Realisierung solcher Projekte ergeben, welche Hindernisse sich auftun und welche Wege zu ihrer Überwindung eingeschlagen werden müssen. Neben diesen Vorteilen einer politischen Bildung durch politische Aktion müssen allerdings auch deren Nachteile zur Sprache kommen: Aktionsgruppen legen sich notwendigerweise auf bestimmte Handlungsziele fest, sie stellen diese und damit zumeist auch bestimmte politische Wertausrichtungen außer Diskussion und veranlassen im übrigen die Gruppenmitglieder, sich nicht selten aus irrationalen Beweggründen (etwa um in der Gruppe voll akzeptiert und integriert zu werden) der Meinungsbildung der Gruppe anzuschließen. Aktionsgruppen fragen dann nur noch nach den geeigneten Mitteln und Wegen, um einmal gewählte Ziele zu verwirklichen. Der politische Problemhorizont wird notwendigerweise eingeengt, was eine umfassende Verarbeitung aller einschlägigen Informationen und Positionen, aber auch eine mündige Urteilsbildung behindert. Die Befähigung zu mündigem politischen Urteil ist somit offensichtlich nicht eine Bildungsaufgabe, der die gemeinschaftliche Aktion primär dient.

All die im Vorstehenden zur Geltung gebrachten Einwände gegen bestimmte Formen und Vorgangsweisen politischer Bildung sind inspiriert vom Mündigkeitspostulat als der Formulierung des obersten und allgemeinsten Bildungszieles. Die immer wieder geäußerten Bedenken, die Mündigkeitsformel sei als Umschreibung des Bildungszieles zu abstrakt, um konkrete Folgerungen zuzulassen und um für die pädagogische Praxis Bedeutung zu erlangen, erweisen sich somit als unzutreffend. Man muß nur die durchaus vorliegenden Konsequenzen aufzeigen, um die Mündigkeitsformel auch als Zielangabe politischer Bildung in ihrer Relevanz erkennen zu können.

*

Nach diesen Ausführungen zum Ziel politischer Bildung wollen wir einige grundsätzliche Überlegungen zu ihrem Verfahren anstellen. Erörtern wir zunächst den seit Pestalozzi, Spranger und der Reformpädagogik (Kerchensteiner) immer wieder in die Diskussion geworfenen Vorschlag, politische Bildung am Modell jener Kleingruppen zu betreiben, die — wie die Familie oder die Schulklasse — der Erfahrung des Heranwachsenden unmittelbar zugänglich sind. Der Vorschlag scheint ebensoviel Plausibilität für sich zu haben, wie er Einwände auf sich zu ziehen vermag. Denn wenn es auch gewisse Strukturzusammenhänge und Strukturparallelen zwischen den staatlichen Institutionen sowie den anderen gesellschaftlichen Großorganisationen einerseits und Kleingruppen wie der Familie andererseits gibt, so sind doch ihre Strukturunterschiede unverkennbar. Kann man die Familie, auch wenn die in ihr anzutreffenden Machtkämpfe nicht übersehen werden dürfen, in derselben Weise wie etwa den Staat als einen Bereich der Auseinandersetzung konkurrierender Gruppen (Parteien) um die Macht verstehen? Ist es zulässig, die Autorität des Staates bzw. staatlicher Organe an der elterlichen Autorität zu verdeutlichen und damit auch grundsätzlich gleichzusetzen? Darf man übersehen, daß zwischenmenschliche Bezüge in der Familie in hohem Maße von Rücksicht, von liebevoller Obsorge, von Verzicht- und Opferbereitschaft getragen sind, das Verhältnis staatlicher Instanzen zum Staatsbürger aber von Recht und Gesetz, vom Gleichheits- und Gegenseitigkeitsgrundsatz oder dem Prinzip der (distributiven) Gerechtigkeit bestimmt wird? Um zu verstehen, was mit den angesprochenen Unterschieden zwischen staatlichen und gesellschaftlichen Großinstitutionen und den sozialen Kleingruppen gemeint ist, muß man nur den Tatbestand ins Auge fassen, daß allein der Staat die Möglichkeit der Gewaltanwendung zur Durchsetzung seiner Intentionen besitzt, während grundsätzlich alle anderen Institutionen und Einzelpersonen mit anderen Mitteln oder durch Inanspruchnahme staatlicher Gewalt ihre Interessen durchsetzen müssen. In der Intimsphäre der Familie oder Freundschaft geschieht die Regelung zwischenmenschlicher Probleme im allgemeinen nicht unter Berufung auf die Rechtsordnung des Staates und Inanspruchnahme seiner Organe; ist dies doch der Fall, dann sind die lebendigen Bande der Familie und der Feundschaft zumeist schon zerrissen.

Auch die Hoffnung, die Schule als Erfahrungs- und Übungsfeld demokratischer Haltungen nutzen zu können, trügt nur allzuleicht: Denn bei den einem Schulgemeinschaftsausschuß vorliegenden Problemen kann wohl eher ein Konsens gefunden werden als in politischen Grundsatzfragen (der Bildungspolitik, der Wiedereinführung der Todesstrafe); vor allem aber ist die Struktur staatlich-politischer Entscheidungsprozesse eine andere, weil wesentlich komplexer, so daß in diesem Belang überhaupt kaum Parallelisierungs- und Lernmöglichkeiten vorhanden sind. Eine falsch verstandene Parallelisierung von Familie und Staat (und ein Rückbezug auf den monarchischen Staat der vordemokratischen Epoche) führten und führen bisweilen noch immer dazu, die politische Auseinandersetzung und den Kampf um die Macht als etwas Negatives zu verurteilen, während sie doch — recht besehen — als das Lebenselement demokratischer Staaten aufzufassen sind.

Die strukturelle Ungleichheit zwischen staatlichen und gesellschaftlichen bzw. ökonomischen Großinstitutionen und dem Kleingruppenbereich läßt auch den Versuch problematisch erscheinen, politische

Bildung vermittels gruppendynamischer Prozesse zu betreiben[12]. Mit dieser Feststellung soll weder bestritten werden, daß in der Kleingruppe praktizierte Verhaltensformen vielfach mit gesamtgesellschaftlichen Strukturen zusammenhängen, auf sie zurückweisen, noch soll in Abrede gestellt werden, daß Sensibilisierungsprozesse die in der Kleingruppe anzutreffenden Interaktionsschwierigkeiten aufzudecken vermögen, so daß — nimmt man beides zusammen — gruppendynamische Sensibilisierungsvorgänge über die Bewußtmachung von Interaktionsprozessen und deren Problemen auf gesamtgesellschaftliche Strukturen verweisen können. Mehr als einen solchen Rückverweis auf Gesellschaftsstrukturen, welche zwischenmenschliche Beziehungen in der Kleingruppe zu belasten geeignet sind, kann das gruppendynamische Verfahren jedoch nicht leisten. Gilt es doch, die durch solche Hinweise zur Diskussion gestellten politischen, gesellschaftlichen oder betrieblichen Strukturen darauf hin zu prüfen, ob sie modifizierbar oder ersetzbar erscheinen oder aber ob eine „Güterabwägung" ergibt, daß ihre positiven Folgen überwiegen und sie daher beibehalten werden sollen. Diese Prüfung fällt sicherlich nicht mehr in die Kompetenz der Gruppendynamik, sondern einer umfassenden politischen und gesellschaftlichen Theorie. Daher können gruppendynamische Verfahren und ihre Ergebnisse sehr wohl Problemansätze politischer Bildung aufzeigen, aber sicherlich nicht selbst zu einer unverkürzten politischen Urteilsbildung führen

Die in der jüngsten Zeit in Österreich abgeführte Diskussion um die politische Bildung in der Schule hat die Alternative aufgeworfen, politische Bildung entweder als Schulfach einzuführen oder aber, indem alle Lehrfächer ihrer Unterrichtsinhalte auf politische Problemstellung hin auswerten, politische Bildung als „Unterrichtsprinzip" aller Lehrfächer zu verankern. Die Verfechter eines eigenen Unterrichtsfaches vermögen ein starkes Argument für ihre Position anzuführen: Die Zuweisung der politischen Bildungsaufgabe an grundsätzlich alle bestehenden Schulfächer kann mit einer Vernachlässigung eben dieser Bildungsaufgabe enden, da andere und ähnlich gelagerte Beispiele (etwa die Forderung nach Schulung eines korrekten sprachlichen Ausdrucks in allen Unterrichtsfächern) zeigen, daß solche fächerübergreifende Bildungsaufgaben gerne vernachlässigt werden. Für die Einführung eines eigenen Lehrfaches spricht auch der Umstand, daß es spezielle politologische Themen gibt, welche nur geringe Chancen besitzen in den etablierten Lehrfächern erörtert bzw. fachkundig behandelt zu werden. Und solche Themen, auf deren Darlegung nicht verzichtet werden sollte, gibt es nicht wenige, wie z. B. die Frage nach

---

[12] Vgl. dazu P. *Heintel:* Politische Bildung als Prinzip aller Bildung, Wien 1977.

den tatsächlichen Entscheidungsvorgängen in unseren Parteien und Gewerkschaften.

Neben diesen im engeren Sinne politologischen Themen gibt es aber eine Vielzahl von Problemstellungen für den politischen Unterricht, die — da sie Sachfragen gewisser Lebens- und Wissenschaftsbereiche implizieren — in der Tat im Rahmen des jeweils zuständigen Unterrichtsfaches erörtert werden können. Formulieren wir noch präziser: Ökonomische bzw. wirtschaftspolitische Fragen sollten im Rahmen des wirtschaftskundlichen Unterrichts, Fragen der Energiepolitik jedenfalls auch auf der Basis der Fachinformationen des Physikers behandelt werden, was verallgemeinert besagt, daß die große Zahl der politischen Fragestellungen, deren Lösung wissenschaftliche Information und Sacheinsicht voraussetzt, nicht aus dem Unterricht des jeweiligen Spezialfaches herausgelöst werden soll. Der politologisch, soziologisch und rechtskundlich ausgebildete Lehrer eines Unterrichtsfaches „Politische Bildung" könnte auf Grund seiner Ausbildung nicht den notwendigen Sachverstand für all diese politisch relevanten Fragen mitbringen, vor allem könnte er sich und seinen Schülern bei Themen, zu denen die Experten widersprüchliche Ansichten äußern, kaum ein den Expertenmeinungen gegenüber kritisches und eigenständiges Urteil bilden. Daß solch ein Lehrer, auch wenn er nicht als Verkünder einer politischen Heilslehre auftreten möchte, sehr leicht ideologischer Indoktrination erliegt, die er dann — bewußt und ungewollt — an seine Schüler weitergibt, scheint durchaus möglich. Sicherlich kann man dem politischen Unterricht u.a. das Ziel stecken, er solle den Schüler anleiten, Vorgangsweisen (Strategien) zu entwickeln, welche ihn befähigen, zwischen gegensätzlichen Expertenmeinungen in überlegt-kritischer Weise Position zu beziehen. Man muß dabei im Auge behalten, daß manches an einem solchen Vorgehen generalisierbar ist (z. B. die Berücksichtigung der politischen Position des Experten), anderes (wie die Würdigung spezifischer Sachargumente) nicht unter Absehung von Fachinformationen geleistet werden kann. Unter diesem Gesichtspunkt bleibt die Zuweisung der politischen Bildungsaufgabe an die einschlägigen Fachvertreter im höchsten Grade wünschenswert, ja der allein verantwortungsbewußt einzuschlagende Weg, auch wenn der Physik- oder Biologielehrer nicht so sehr darauf vorbereitet ist, seine Einsichten in die Diskussion politischer Fragen einzubringen.

Es gibt noch ein durchaus praktisch gerichtetes Argument, das für die Etablierung politischer Bildung als Unterrichtsprinzip der unterschiedlichen Fächer spricht. Man muß damit rechnen, daß sich einzelne Lehrer als Anwälte einer bestimmten politischen Programmatik, einer bestimmten Ideologie verstehen; eine solche apologetisch-missionarische Einstellung kann man bei jenen, welche aus Interesse und Engagement ein politologisches Studium wählen, noch häufiger erwarten als bei Studenden anderer Fächer. Politischer Unterricht wird in den Händen solcher Lehrer zumeist zur ideologischen Indoktrination. Der davon ausgehenden Gefahr kann man mit einiger Wahrscheinlichkeit entgegenwirken, wenn politisch relevante Fragen in mehreren Schulfächern und damit von mehreren Lehrern behandelt werden: Die Schüler sind dann in politischen Fragen nicht vornehmlich dem Einfluß eines einzigen Lehrers ausgesetzt, und selbst wenn mehrere Lehrer einer Klasse ihre vorgefaßten politischen Meinungen zu vermitteln suchen, werden die von ihnen ausgehenden Einflüsse verschiedenartige sein, so daß die Schüler durch die Konfrontation mit unterschiedlichen politischen Positionen erst recht zur eigenen Urteilsbildung angeregt werden.

Die wissenschaftliche Analyse vermag diese Argumente für politische Bildung als Unterrichtsprinzip wie auch für politische Bildung als Unterrichtsfach darzulegen, sie kann aber, wie auch in anderen bildungspolitischen und bildungsorganisatorischen Fragen, keine Entscheidung für die eine oder die andere Lösung fällen. Bedenkt man allerdings, daß die Erörterung politischer Fragen im Zusammenhang von Bildungsprozessen ebenso wenig ohne den notwendigen Sachverstand möglich ist wie im Zusammenhang von Entscheidungsprozessen, erwägt man des weiteren die versteckte Möglichkeit einer einseitigen ideologischen Beeinflussung bei Etablierung eines eigenen Faches, dann sollte jener Lösung der Vorzug gegeben werden, welche auch die österreichische Unterrichtsverwaltung vor einigen Jahren für die allgemeinbildenden Schulen gewählt hat: der Einführung politischer Bildung als Unterrichtsprinzip aller in Betracht kommender Fächer.

Kommen wir zur Zusammenfassung unserer Darlegungen und zu ihrem Ende. Politische Einstellungen sind keineswegs ausschließlich und auch nicht primär das Resultat formaler (schulischer) Bildungsprozesse, sondern das Ergebnis einer umfassenden, zunächst vor allem durch familiäre Einflüsse getragenen politischen Sozialisation. Die geplante, auf die Fähigkeit zu eigenständigem Urteil ausgerichtete politische Unterweisung vor einem umfassenden Informations- und Problemhorizont bleibt dessen ungeachtet wichtig, da sie allein die Möglichkeit zu rationaler Korrektur bzw. Modifikation erworbener Haltungen bietet. Eine repräsentative Demokratie benötigt auf allen institutionellen Ebenen Funktionäre als Vertreter des Bürgers bei der Ausübung und der Kontrolle der Macht; in einer repräsentativen Demokratie stellt daher die Funktionärsbildung einen wichtigen Teil politischer Bildungsarbeit dar. Daneben fällt den Bildungseinrichtungen die Aufgabe politischer Allgemeinbildung zu, d. h. die Aufgabe, dem Staatsbürger ganz allgemein jenes Maß an politischer Bildung anzubieten, das für ihn wünschenswert und sinnvoll erscheint. Und diese politische Allgemeinbildung hat vornehmlich auf eine Befähigung zu mündigem politischem Urteil über die für die Gesamtheit der Staatsbürger (bzw. für bestimmte Gruppen von ihnen) bedeutsamen Probleme abzuzielen. Wie immer man politische Bildung in Schule und anderen Bildungseinrichtungen organisiert, eines bleibt zu beachten: Ebenso wie das Politische keinen besonderen Ort hat, da „schlechthin alle zwischenmenschlichen Bezüge — von der Familie bis zur Menschheitsgemeinschaft, von der nächsten Nachbarschaft bis zum Volk, Staat und Über-Staat" als Szene und Zielpunkt politischen Handelns in Frage kommen[13], ebenso beziehen sich politisches Urteil und politische Bildung nicht ausschließlich auf bestimmte Sachgebiete. Politische Bildung ist daher weitgehend eine Funktion von Allgemeinbildung; ihr Spezifikum liegt nicht in der Thematik, sondern in der Auswertung der unterschiedlichsten Wissensbestände für bestimmte, eben politische Fragestellungen. Es gehört mit zum Auftrag einer kritischen politischen Bildung, keine unerfüllbaren Hoffnungen auf direkte politische Partizipation des Einzelnen zu wecken, vielmehr die Einsicht zu vermitteln, wo die sinnvollen Möglichkeiten und zugleich die notwendigen Grenzen direkt-demokratischer Verfahren liegen. Denn auch in guter Absicht geweckte, aber enttäuschte Hoffnungen schlagen nur allzu leicht in Resignation und Apathie um.

---

[13] H. *Döpp-Vorwald:* Über das Wesen der Politik und die Aufgaben der „politischen Erziehung", in: S. Oppolzer (Hrsg.): Erziehungswissenschaft 1971, Wuppertal o. J.

Besinnung auf das Ganze

Es ist die Aufgabe der Philosophie als Weltbild- und Systemlogik, den Totalitätsanspruch der Systeme kritisch abzuweisen und ihren Absolutheitsanspruch aufzuheben, und dies durch die systemlogische Erschließung, wonach die Totalität nur in der Form des Systemdenkens, aber nicht in seinen Inhalten gültig bestehen kann. Die Systeme gestalten objektive Perspektiven, je immer Aspekte der Wirklichkeit von einem bestimmten Standort des Menschen in der Welt. Es erschließen sich damit in Systemen durchaus mögliche objektive Seiten, zu ihrer Bewährung, aber niemals das Ganze des Seins. So wie das Licht durch ein Prisma in seine Komponenten zerlegt wird, so wird auch die Welt im Prisma des weltbildlichen Denkens der Spektralanalyse in die Systeme unterworfen, worin die möglichen Aspekte und die tatsächlich auch zutreffenden Seiten des Seins der Welt zur Darstellung kommen. Und so wie das beim Licht, so können wir auch bei der Erkenntnisweise der Systeme um die tatsächlich innere Einheit des Erkenntnisgegenstandes wissen, der hinter dieser Brechung als einer und ganzen in seiner Gestalt existiert. Und so wie das Licht selbst das eine Mal korpuskelartig, das andere Mal wellenartig sich verhält und doch in beiden Fällen ein und dasselbe Licht, ist, so besteht eine Einheit der Gegensätze, eine ‚coincidentia oppositorum' (Cusanus) im universalen Seinsganzen, in der synthetischen Einheit, die mit dem Begriff des Seins vermeint wird. Sobald diese Einheit des Seins aber *Gegenstand* der Erkenntnis wird, löst sie sich — und dies wußte schon Plotin — wegen der Eigenart menschlicher Erkenntnisweise sofort in Unterschiede auf, entfaltet sich zu verschiedenen Weltbildern, die verschiedene Seiten des identischen Ganzen erschließen. Doch hat dieses weltbildliche Offenbarwerden des Seins in der Mannigfaltigkeit der Systeme, soferne sie gestaltlogisch durchschaut wird, darin Mittel und Möglichkeit, sich der Einheit dieser anscheinend widerstreitenden Gegensätze klar zu werden und daher einerseits die falschen Totalisierungen der Weltbilder zurückzuweisen, andererseits aber positiv auf den gemeinsamen Einheitsgrund auf ‚das Eine' als Grund des Ganzen in seiner Entfaltung zu kommen. Auf die Konvergenz zum Einen hin ist ja unser Denken strukturgemäß gerichtet, und in dieser Richtung des Denkens liegt ja auch die Einheit der Realität in der Mannigfaltigkeit ihrer Aspekte.

Eines scheint gewiß: daß die Identifikation eines Teiles oder einer Teilkomponente (welcher immer) mit dem Ganzen die Teilhabe an der Wahrheit des Ganzen und die ihm als Teil zukommende Gültigkeit unmöglich macht. Durch totalitäre Identifikation verschließt sich das Denken der Differenz des anderen, setzt sich und seinen begrenzten Gegenstand in seiner Identität absolut, isoliert sich gegenüber dem anderen, wird kommunikationsunfähig, radikal monologisch. Die Konsequenzen solcher Systeme und Denkweisen erfüllen mit den aus ihnen hervorgehenden Destruktionen aus Aggression und Intoleranz die geschichtliche Erfahrung der Menschheit.

In der Offenheit als logischer Gestalt verwirklicht das System aus Selbstrelativierung gültige Teilhabe an der Wahrheit des Ganzen aus seinem metalogischen Bezugsgrund zur ‚Idee, die ihm zum Grunde liegt' (Kant) in Offenheit zu anderem, drückt damit einen absolut gültigen Teilaspekt aus, bedeutet darum keinen Relativismus, bewahrt vielmehr in der Relativierung des Relativen seinen absoluten Bezug, in metalogischer Spannung zur nicht ausgeschöpften und nicht ausschöpfbaren Idee des Ganzen, der Wirklichkeit, aus dem das System seinen Gehalt in seine Gestalt ‚schöpft', wodurch es zugleich das absolute System in sich als geschichtswidrige Pseudotheologie abweist und die ideologischen Religionskriege aus dem Bewußtsein der Menschheit verbannt.

Das grundoffene System verhält sich in seiner Gestalt als logisches Ganzes dialogisch zu anderen Systemen, mit denen es ständig im Gespräch ist, in einem fruchtbaren, schöpferischen, die Differenzen nicht in Identitäten auflösenden Gespräch, in fruchtbarer Auseinandersetzung, wodurch jede Position eigene Entfaltung, Bereicherung und Vertiefung erfahren kann. Erst diese ‚Revolution der Denkart' (Heisenberg), in der die Dialektik in den Dialog übergeht, beginnt schon als integrale Denkweise in der Philosophie und Wissenschaft, ja sogar in den Entwicklungsbahnen neuer Ökonomik und Politik in einem enstprechenden Bewußtsein uneingeschränkter Kommunikation ihren Durchbruch erfahren, aus der geistigen Grundhaltung einer kommenden dialogischen Gesellschaft — die Zeichen der Zeit sprechen dafür — das geistige Fundament für den Frieden der Welt zu schaffen, der, wie wir heute schon wissen, nur aus einem durch umfassende Kommunikation veränderten Weltbewußtsein im Horizont einer die Welt als einiges Ganzes umspannenden integrativen Daseinsgestaltung in „integraler Humanität" (Gabriel Marcel) möglich und notwendig ist: durch eine „radikale Veränderung der Denkstrukturen" (Heisenberg).

Leo Gabriel

Biographie

Geboren am 11. September 1902 in Wien; Matura in Graz, Universitätsstudien: scholastische Philosophie und 4 Semester Theologie in Innsbruck, Erlangung des Doktorates der scholastischen Philosophie 1926, des philosophischen Doktorates an der Universität Wien (Dissertation bei Heinrich Gomperz über „Gottesbegriff Plotins") 1929, Lehramt (Staatsprüfung für Philosophie und Geschichte bei M. Schlick, von Srbik und Hirsch) 1930, Gymnasialprofessor für diese Fächer 1932 - 1948, Habilitation für Philosophie 1947 bei Alois Dempf, Lehrbeauftragter, 1950 a. o. Professor, 1951 o. Professor für Philosophie an der Universität Wien (Inhaber der Lehrkanzel I und Vorstand des II. Philosophischen Institutes), Präsident des XIV. Internationalen Kongresses für Philosophie Wien 1968, Präsident der Fédération Internationale des Sociétés de Philosophie (FISP) 1968 - 1973; Emeritierung 1972; präsidierte den XV. Internationalen Kongreß für Philosophie in Varna 1973; Ehrenpräsident der FISP; ord. Mitglied des „Institut International de Philosophie" (Paris); ordentliches Mitglied der Wiener Katholischen Akademie; Präsident des „Universitätszentrums für Friedensforschung" (Wien); ehem. Präsident der Wiener Internationalen Hochschulkurse und Mitglied des österreichischen Pen-Klubs.

Bibliographie

Bücher

1) Logik der Weltanschauung, Graz—Salzburg—Wien 1949 (A. Pustet).
2) Von Brahma zur Existenz, Wien—München, 1. Aufl. 1949 (Herold); 2. umgearbeitete und ergänzte Aufl. 1954 (Herold).
3) Existenzphilosophie, Wien—München 1954 (Herold); 2. Aufl. (vollständig überarbeitet und ergänzt) Wien—München 1968 (Herold).
4) Mensch und Welt in der Entscheidung, Wien 1961 (Herder).
5) Integrale Logik, die Wahrheit des Ganzen; Wien—Freiburg—Basel 1965 (Herder).
6) Einführung in indisches Denken — Einleitung in E. Frauwallner, Geschichte der indischen Philosophie, Salzburg 1957 (O. Müller).

Aufsätze

Integrale Logik, in: Zeitschrift für philosophische Forschung Bd. 10, H. 1 (1956) S. 44 - 62.

Sinn und Wahrheit, in: Sinn und Sein, Ein philosophisches Symposion, herausgegeben von Richard *Wisser*, Tübingen 1960 (Niemeyer), S. 135 - 155.

Entwicklungshilfe als Bildungshilfe — ein Weg zur geistigen Integration, Akademia, Wien 1962, S. 53 - 58.

Lebensphilosophie, Existentialphilosophie und Fortschrittsglaube, in: Festschrift für Kardinal Dr. Franz *König*, Graz—Wien—Köln 1965 (Styria), S. 109 - 120.

Die philosophische Situation der Gegenwart, in: Jahrbuch der Wiener Katholischen Akademie, Wien 1947 (Herder), S. 43 - 64.

Logik und Sprachkritik bei Leibniz, in: Religion, Wissenschaft und Kultur 22. Jg., Wien 1971, S. 41 - 54.

Philosophie und das wissenschaftliche Weltbild, in: Festschrift für Aloys *Wenzl*, Meisenheim a. Glan 1972 (A. Hain), S. 28 - 39.

Die Philosophie in der geistigen Situation der Zeit, in: Akten der III. Internationalen Tagung deutsch-italienischer Studien, 1962, Meran, S. 195 - 224.

Das Geschichtsbild von Karl *Jaspers*, in: Akten der IV. Internationalen Tagung deutsch-italienischer Studien, 1963, Meran, S. 515 - 520.

Integrale Einheit. Zum Problem des Ganzen, in: Integritas. Geistige Wandlung und menschliche Wirklichkeit, Festschrift f. K. *Holzamer*, hg. von R. *Wisser*, Tübingen 1966, S. 584 - 592.

Die logische Problematik der Totalität, in: Festschrift für M. *Schmaus*, Paderborn 1967 (F. Schöningh), S. 17 - 29.

Das Verhältnis der Synthese zur Analyse im integrativen Denken, in: Akten des XIV. Internationalen Kongresses für Philosophie 1968, Wien 1968 (Herder), Bd. II, S. 369 - 375.

Gestalten und Strukturen des integrativen Denkens, in: Akten des XIV. Internationalen Kongresses für Philosophie 1968, Wien 1968, Band VI, S. 215 - 259.

Philosophische Selbstbetrachtungen (Herbert Lang, Bern, Frankfurt/Main, München 1976, vol. 8).

Informationen und Dialog in: Die i-Waffen
Information im Kräftespiel der Politik (herausgegeben von Gabriel/Radnitzky/Schopper, Berlin 1982, Herbig).

Anthropologische Aspekte der Friedensproblematik (in Festschrift für Erich Heintel Wien 1983, Braunmüller).

Im Erscheinen begriffen:

Entfremdung als Grenzsituation.

Die unbemerkte Wende
(Zur geistigen Situation unserer Zeit).

Neue Sicht des Leib-Seele-Problems
(Die Eccles-Hypothese).

Aufsätze in der Zeitschrift „Wissenschaft und Weltbild" (Wien 1948 ff)

Die Position der neuen Logik, 1. Jg. H. 1 (1948) S. 20 - 35.

Freiheit und Existenz, 1. Jg. H. 4 (1948) S. 116 - 123.

Was ist Existenzphilosophie?, 3. Jg. H. 10 (1950) S. 441 - 449.

Das neue Weltbild I, 4. Jg. H. 8 (1951) S. 249 - 259.

Der dialektische Materialismus, 4. Jg. H. 4 (1951) S. 77 - 189.

Das neue Weltbild II, 4. Jg. H. 10 (1951) S. 328 - 334.

Gabriel *Marcel*, Philosophie der zweiten Person, 5. Jg. H. 2 (1952) S. 41 - 46.

Das werdende Menschenbild, 5. Jg. H. 3 (1952) S. 73 - 82.

Forschung und Glaube, 5. Jg. H. 10 (1952) S. 329 - 338.

Der Mensch in Geschichte und Gegenwart, 5. Jg. H. 6 (1952) S. 185 - 192.

Karl *Jaspers:* Zum 70. Geburtstag — Philosophische Orientierung, 6. Jg. H. 3 (1953) S. 102 - 105.

Zum Problem der religiösen Aussage (C. G. *Jung*), 6. Jg. H. 2 (1953) S. 49 - 82.

Die Einheit der Wissenschaften, 7. Jg. H. 1/2 (1954) S. 48 - 54.

Logische Magie. Ein Nachwort zum Thema Wittgenstein, 7. Jg. H. 7/8 (1954) S. 288 - 293.

Das große Abstrakte als das große Reale, 8. Jg. H. 2 (1955) S. 126 - 131.

Sein und Geschichte — Martin *Heideggers* geschichtsontologischer Denkversuch, 9. Jg. H. 1 (1956) 25 - 32.

Das Menschenbild der Psychoanalyse, Zum *Freud*-Zentenar, 9. Jg. H. 3 (1956) S. 88 - 99.

Gespräche mit Martin *Heidegger*, 9. Jg. H. 4 (1956) S. 285 - 290.

Auguste *Comte* und der Positivismus, 10. Jg. H. 3 (1957) S. 161 - 170.

Erfahrung des Seins in der Zeit, 11. Jg. H. 2 (1958) S. 144 - 152.

Wesen und Existenz der Freiheit (Übers. aus: „Essence et existence de la liberté", Vortrag an der Universität Fribourg), 11. Jg. H. 3 (1958) S. 161 - 173.

Zur Frage des Verhältnisses von Philosophie und Naturwissenschaft, 12. Jg. H. 1 (1959) S. 351 - 358.

Wege zum Sein: Martin *Heidegger* und Gabriel *Marcel,* 12. Jg. H. 4 (1959) S. 610 - 617.

Zur Überwindung des Materialismus im Denken der Gegenwart, 13. Jg. H. 1 (1960) S. 145 - 154.

Weltbild und Kunst, zum Phänomen der modernen Kunst, 13. Jg. H. 4 (1960) S. 244 - 253.

Evolution und Zeitbegriff. Von H. *Bergson* zu Teilhard de *Chardin,* 15. Jg. H. 1 (1962) S. 31 - 36.

Europa, Idee und Wirklichkeit, 16. Jg. H. 4 (1963) S. 249 - 259.

Existentialismus und Metaphysik, 17. Jg. H. 4 (1964) S. 241 - 252.

Monade und Ganzheit bei G. W. *Leibniz,* 19. Jg. H. 4 (1966) S. 252 - 260.

Franz *Brentano* und seine Nachfolge, 20. Jg. H. 2 (1967) S. 85 - 94.

Philosophie in Österreich (Sammelband, hgg. zus. mit Johann *Mader),* 1968, S. 3 - 9.

XIV. Internationaler Kongreß für Philosophie, Wien 1968, Bericht und Bilanz, 21. Jg. H. 4(1968) S. 37 - 46.

Alois *Dempf* (Zum 80. Geburtstag), 24. Jg. H. 1 (1971) S. 1 - 3.

Tod und Existenz, 24. Jg. H. 4 (1971) S. 257 - 264.

Dialektisches Denken: *Cusanus* und *Hegel*, 23. Jg. H. 3 (1970) S. 328 - 348.

Philosophie und Naturwissenschaft heute, 25. Jg. H. 1 (1972) S. 28 - 34.

Nominalistische Sprachkritik von *Roszellin* bis *Wittgenstein*, 27. Jg. H. 2 (1974) S. 111 - 115.

Übersetzungen der Bücher

Hombre y mundo en la encrucijada, Madrid 1963 (Editorial Gredos).

Logica integral, Madrid 1971 (Editorial Gredos).

Filosofia de la Existencia, Madrid 1974 (Biblioteca de Autores Cristianos).

Uoma e Mondo in decisione, Torino 1972 (Marietti Editori-Classici del pensiero moderno e contemporaneo).

Übersetzungen der „Integralen Logik" in englischer (Dr. *Deutsch*), italienischer (Dr. *Casanova*), chinesischer Sprache (Dr. *Wang-Mei-Huan*) und japanischer Sprache (Dr. *Kim*) in Vorbereitung.

Aufsätze in Fremdsprachen

In: Folia humanistica; Ciencias, artes, letras; Editorial Glarma, Barcelona:

1) Unidad integral sobre el problema de la Totalidad, Tom. V, Num. 58 (Octubre 1967).
2) Configurationes y estructuras del pensamiento integrativo, Tom. X, Num. 109 (Enero 1972).
3) En homenaje a Gabriel *Marcel*. Filosofia de la segunda persona, Tom. XII, Num. 144 (Diciembre, 1974).
4) Exigencia de verdad en el arte, Tom. XIII, Num. 145 (Enero, 1975).

Filosofia y ciencia natural hoy; in: Naturaleza y gracia 20 (1973) S. 111 - 121.

Natura, Storia, libertà e la logica integrale, in: Giornale di Metafisica Jg. 22 f. (1967) Torino (Soc. ed. internationale), S. 627 - 642 (continua).

Ideologia e Filosofia, in: Atti del XXI Convegno di studii filosofici — Gallerate 1966, Brescia (Morcelliana), Bologna (Molino 1967) S. 75 - 99.

Il pensiero dialettico in Cusano e in *Hegel*, in: Filosofia (Guaderni della Biblioteca Filosofica di Torino), 1970, S. 217 - 238.

Il problema del dialogo nella società contemporanea, in: Atti del XXII Congresso Nazionale di Filosofia, Roma (Ed. Atenea) 1971, S. 134 ff.

Filosofia i estestvoznanie iz: Problemi filosofii i metodologii sovramennogo estestvoznania, str. 230 - 240, Izdatelstvo „Nauka", Moskva 1973.

Formi i strytoyri na integrationogo mislene in: Filosofska misl (Ztsch. der bulgarischen Akademie der Wissenschaften), 27. Jg. H. 11 (1971) S. 10 - 52.

Logica i kritika ne ezika y Leibnic, in: Filosofska misl 31. Jg. H. 4 (1975) S. 10 - 52.

Bibliographie

Herausgeber

Gabriel *Marcel*, Das Geheimnis des Seins, herausgegeben mit einem einführenden Nachwort (siehe S. 513 - 539) von Leo *Gabriel*, Wien 1962 (Herder).

Louis *Lavelle*, Der Irrtum des Narziß, herausgegeben und eingeleitet von Leo *Gabriel*, Wien 1955 (Herold) (Einleitung: S. 3 - 17).

Nikolaus *von Kues*, Philosophisch-Theologische Schriften, herausgegeben und eingeführt von Leo *Gabriel*, Band I - III, Wien 1964 - 1965 (Herder).

Akten des XIV. Internationalen Kongresses für Philosophie, herausgegeben von Leo *Gabriel*, Band I - VI, Wien 1968 ff. (Herder Wien).

Zeitschrift „Wissenschaft und Weltbild" (1948 ff.) Wien.

Mitherausgeber des „Wiener Jahrbuch für Philosophie", 1 (1967 ff.) Verlag Braumüller, Wien—Stuttgart.

Zur „Integralen Logik" (Darstellungen und Stellungnahmen)

Milan *Damnjanovic* (Belgrad), Die integrale Logik Leo *Gabriels*, in: Wissenschaft und Weltbild, 11. Jg. H. 2 (1958) S. 111 - 127.

Otto *Muck*, Auf dem Wege zu einer neuen Logik, in: Wissenschaft und Weltbild, 4. Jg. H. 7 (1951) S. 225 - 231.

Pavel *Kopnin*, Auf der Suche nach einer neuen Logik, in: Wissenschaft und Weltbild 20. Jg. H. 3 (1967) S. 221 - 229.

Erhard *Albrecht* (Greifswald), Bemerkungen zur integralen Logik Leo *Gabriels*, in: Akten des XIV. Internationalen Kongresses für Philosophie, Wien 1968 (Herder), Bd. II, S. 315 ff.

Klaus *Harter*, Dialektische Totalität bei Georg *Lukacs* und integrale Ganzheit bei Leo *Gabriel*, in: Wissenschaft und Weltbild, 25. Jg. H. 3 (1972) S. 178 - 187.

E. *Rivera de Ventosa* (Salamanca), Dialectica y Dialogo III: La lógica integral, fundamento del dialogo, in: Naturaleza y gracia 20 (1973), S. 31 ff

In: „Festgabe für Leo *Gabriel*" 1967 (20. Jg. H. 3 von „Wissenschaft und Weltbild"), herausgegeben von J. *Mader:*

A. *Wucherer-Huldenfeld*, Integrale Logik und systematische Theologie (S. 162 bis 174).

Johann *Mader*, Personalität und Integralität (S. 174 - 184);

Peter *Kampits*, Logik und Existenz (S. 185 - 193);

Werner *Koenne*, Zum Begriff „Integral" bei Leo *Gabriel* (S. 194 - 201);

Fridolin *Wiplinger*, Die Frage nach dem konkreten Ganzen, I (S. 201 - 220);

— II. Teil in: Wissenschaft und Weltbild, 21. Jg. H. 1 (1968) S. 54 - 67 —;

F. J. *von Rintelen* (Mainz), Integrale Logik und die Wahrheit des Ganzen (S. 229 - 231);

Werner *Leinfellner* (Nebraska) Integrale Logik (S. 231 - 233).

Gianfranco *Morra*, Leo Gabriel e la logica dell'integralità, in: Uomo e mondo in decisione, Torino 1972 (Marietti Editori), S. 187 - 196.

Mitarbeiterverzeichnis

Univ.-Prof. Dr. *Michael Benedikt,* A-1190 Wien, Reimersgasse 16/C/5

em. Univ.-Prof. Dr. *Erich Heintel,* A-1190 Wien, Bauernfeldgasse 7/2/6

Univ.-Prof. Dr. *Peter Kampits,* A-1080 Wien, Josefstädter Straße 52

Univ.-Prof. Dr. *Andre Mercier,* CH-3028 Bern-Spiegel, Bellevuestraße 124

Univ.-Prof. Dr. *Otto Muck,* A-6020 Innsbruck, Sillgasse 6

Univ.-Prof. Dr. *Erhard Oeser,* A-1170 Wien, Promenadegasse 22/5/14

Univ.-Prof. Dr. *Günther Pöltner,* A-1180 Wien, Schopenhauerstraße 68

Univ.-Prof. Dr. *Armando Rigobello,* I-00193 Roma, Borgo Pio 47/6

Hochsch.-Ass. Dr. *Werner Schulze,* A-1010 Wien, Karlsplatz 3

Univ.-Doz. *Helmuth Vetter,* A-1090 Wien, Harmoniegasse 2

Univ.-Ass. Dr. *Erwin Waldschütz,* A-3500 Krems, St.-Paul-Gasse 2/24

Univ.-Doz. *Friedrich Wallner,* A-2604 Theresienfeld, Renngasse 10

Univ.-Prof. Dr. *Rudolf Weiler,* A-1190 Wien, Bauernfeldgasse 9/2/5

Univ.-Prof. Dr. *Karl Wucherer-Huldenfeld,* A-1040 Wien, Kreuzherrengasse 1

Univ.-Prof. Dr. *Herbert Zdarzil,* A-1060 Wien, Lehargasse 3 a/12

Univ.-Prof. Dr. *Peter Kampits,* A-1080 Wien, Josefstädterstraße 52

Univ.-Prof. Dr. *Johann Mader,* A-1180 Wien, Dr.-Heinrich-Maier-Straße 46—50

Univ.-Ass. Dr. *Erwin Waldschütz,* A-3500 Krems, St. Paul-Gasse 2/24

9783428054527